FREIZEITFÜHRER

RHEINLAND MIT KINDERN

Ausflüge & Aktivitäten bei jedem Wetter

VON INGRID RETTERATH

Vor die Haustür, fertig – los!

W0177695

pmv

1. Auflage Frankfurt am Main 2005

PETER MEYER VERLAG

Raus in die Natur

Handwerk und Geschichte

BONN

Tipps für Wasserratten

Beethoven und Bundesstadt

Raus in die Natur

Handwerk und Geschichte

Bühne, Leinwand & Aktionen

SERVICE & KARTEN

Info & Verkehr

VORWORT

Wo liegt eigentlich »das Rheinland«? Mit dieser Frage startete ich in das neue Buchprojekt. Ist das überall dort, von wo man den Kölner Dom sehen kann? Oder wo rheinischer Karneval gefeiert wird? Oder gar ein 50-km-Streifen entlang dem Rhein von der Quelle bis zur Mündung? Anfangs war ich ein wenig ratlos und befragte Freunde in ganz Deutschland und Europa. Sie erklärten mir, dass das Rheinland und die Rheinländer etwas ganz besonderes sind: nicht genau festzulegen, aber sehr, sehr weltoffen! Wie sonst hätte ich – als typische Rheinländerin entlarvt – kurzerhand die Eifel, den Niederrhein, das Sauerland, den Westerwald, die Euregio und das halbe Ruhrgebiet in dieses Buch eingeladen?

Ingrid Retterath ist im Rheinland geboren und aufgewachsen. Von klein auf hat sie ihrer Mutter in der Hürther Jugendherberge geholfen, wo sie jungen Gästen aus aller Welt Ausflugstipps für Eifel und Rheinland gab. Sie ist Juristin und ehrenamtliche Rotkreuzlerin, Reiseführer schreibt sie seit 1999. Aus ihrer Feder stammt auch der pmv Freizeitführer »Eifel mit Kindern«. Unterwegs war sie mit ihrem Freund Dirk Winter, ihrem Neufundländer Balou und Testkindern aus dem Freundeskreis.

Mehr über die Autorin auf ihrer privaten Homepage www.retterath.net.

Aus praktischen Gründen habe ich mich nun auf die Region rund um die Städte Düsseldorf, Köln und Bonn beschränkt. Das wird allgemein von Auswärtigen als »das Rheinland« angesehen. Alle Orte im Rheinland haben so viel zu bieten, dass man schnell den Überblick verlieren kann. Ich habe deshalb die schönsten Ziele zusammengestellt, um Kindern, Eltern, Lehrern und Kindergruppenleitern die Auswahl zu erleichtern. Bei der Vielzahl der Möglichkeiten kann dies selbstverständlich keine abschließende Aufzählung sein. Mein Augenmerk lag bei der Auswahl stets darauf, was Kindern zwischen 3 und 13 Jahren Spaß machen könnte bzw., ob die Aktivitäten familienfreundlich, preiswert und gut zu erreichen sind. Naturnähe und Umweltfreundlichkeit gaben schon mal den Ausschlag für »kleine« Attraktionen vor den großen, bekannten.

Ich wünsche euch allen viel Spaß und unvergessliche Begegnungen im Rheinland.

Ingrid Retterath,
Ostern 2005

Zur Gliederung dieses Buches

▶ In diesem Buch wird das Rheinland in acht Reise-kapiteln und einem Servicekapitel vorgestellt. Die Griffmarken am Seitenrand sind von Norden nach Süden sortiert und weisen euch den Weg zu den Regionen *Düsseldorf, Rhein-Kreis Neuss, Leverkusen, Rheinisch-Bergischer Kreis, Rhein-Erft-Kreis, Köln: Natur & Sport, Köln: Wissen & Kultur, Rhein-Sieg-Kreis* und *Bonn.*

Innerhalb einer Region findet ihr immer zuerst **Tipps für Wasserratten** und **Aktionen an der frischen Luft.** Wer also schwimmen, paddeln, wandern, skaten oder radeln will, findet hier ebenso gute Adressen wie die Naturfreunde und Umweltforscher unter euch. Zum Schluss der Frischluftaktivitäten findet sich der Winterspaß mit Ski, Rodeln und Eislauf.

Anschließend folgen interessante Ziele aus **Handwerk und Geschichte** wie Besucherbergwerke, Museumsbahnen, Fabrikbesichtigungen, Burgen und Museen, also eher Ziele, die man auch bei schlechtem Wetter ansteuern kann. Abgerundet wird jede Griffmarke mit einem Festkalender einschließlich Weihnachtsmärkten und Karnevalsveranstaltungen.

In der letzten Griffmarke **Service & Karten** mache ich euch Vorschläge zum umweltfreundlichen Reisen mit öffentlichen Verkehrsmitteln und zu kinderfreundlichen Unterkünften. Danach folgt der Kartenteil.

Tipp: In den Randspalten des Buches findet ihr Tipps zum Einkehren, Einkaufen oder Feiern sowie Hinweise auf weiterführende Literatur, Kartenempfehlungen, Spiel- und Wandertipps … ihr werdet ja sehen.

Hinweis in eigener Sache:

Die Adressen, Preise und Informationen habe ich an vielen Tagen im ganzen Rheinland zusammengetragen und in ebenso vielen Nächten in den Computer eingegeben. Doch trotz aller Sorgfalt können sich Fehler einschleichen. Und es lässt sich auch nicht verhindern, dass sich Daten noch während des Nie-

Gestatten? Ich bin Sam, die Wasserratte.

Meine Clique und ich begleiten euch mit noch ein paar Freunden auf euren Entdeckertouren durch dieses Buch und das Rheinland. Darf ich vorstellen:

Karlinchen, unsere Frischluftfanatikerin,

Herr Mau, Experte für Handwerk und Geschichte,

und Mockes, der liebt Musik und Action.

Schreibt an:

Peter Meyer Verlag
Rheinland mit Kindern
Schopenhauerstraße 11
60316 Frankfurt a.M.
www.PeterMeyer
Verlag.de
info@PeterMeyerVer-
lag.de

derschreibens oder nach dem Erscheinen des Buches ändern. Sobald ich von einer Änderung weiß,
könnt ihr dies auf meiner Homepage www.rheinland-
mit-kindern.de erfahren. Auf jeden Fall freuen wir –
der Verlag und ich – uns, wenn ihr uns auf Fehler und
Veränderungen aufmerksam macht. Auch Lob und zusätzliche Tipps sind jederzeit willkommen!

Danksagung: Mein Dank gilt all den hilfsbereiten Menschen in Schwimmbädern, Museen, Burgen, Spielparadiesen, Touristeninformationen und meinem Bekanntenkreis, die mir meine Fragen beantworteten, wertvolle Tipps
gaben und mich mit Informationsmaterial versorgten.
Mein Verleger Peter Meyer hat mir ein erstklassiges PC-System vorgegeben
und mich während der Recherchephase perfekt betreut.
Vielen Dank auch für die stete Unterstützung an Kurt Köhler, der mich in Bewegung hielt, und an meine Mutter, die während der Recherche meinen Garten versorgte. Ganz lieben Dank an Dirk Winter für die Begleitung bei vielen
Ausflügen und die gelungenen Fotos.

DÜSSELDORF

1 cm
20 km

Wenn Erwachsene an Düsseldorf denken, fällt ihnen meist als Erstes die Königsallee ein, von den Düsseldorfern liebevoll Kö genannt. Dort reihen sich edle Designerläden aneinander und es finden Modenschauen statt.

Für Kinder gibt es in der Landeshauptstadt von Nordrhein-Westfalen aber weitaus reizvollere Ziele. Zum Beispiel windet sich der Rhein mit seinen vielen Schlingen auf gut 42 km durch das Stadtgebiet, also viel Uferfläche zum Wandern, Skaten, Radeln und Sonnenbaden. Hier findet aber auch die große Düsseldorfer Kirmes, das Japanische Feuerwerk, der Langlauf-Skicup und vieles mehr statt.

Was Beethoven für Bonn ist, ist Heinrich Heine für Düsseldorf. Die Düsseldorfer sind sehr stolz darauf, dass dieser berühmte Dichter in ihrer Stadt geboren wurde. In einer der vielen Themenstadtführungen könnt ihr erfahren, was ihn so besonders macht. Und wenn ihr das Wasser mögt, werdet ihr die Schwimmbäder, die Schiffstouren auf dem Rhein und den Aquazoo Löbbecke lieben.

Selbst im Winter müsst ihr keinen Speck ansetzen, sondern könnt euch auf Eisbahnen oder Rodelstrecken austoben, so zu Beispiel im Grafenberger Wald, wo es kurze und längere Pisten gibt.

@ www.duesseldorf-tourismus.de.

 Die meisten Ziele in Düsseldorf lassen sich mit Bussen und Bahnen erreichen. Ein guter Liniennetzplan sowie Fahrpläne und Preise findet ihr unter www.rheinbahn.de.

DÜSSELDORF

Tipp: Mit der **Düsseldorf WelcomeCard** könnt ihr kostenlos Bus und Bahn fahren. Außerdem freier oder ermäßigter Eintritt in Museen, zu verschiedenen Sehenswürdigkeiten, Freizeitangeboten, Theater- und Musikveranstaltungen. Eine Familie mit 2 Erwachsenen und 2 Kindern unter 14 Jahren zahlt für 24 Stunden 18 €, für 48 Stunden 28 € und für 72 Stunden 38 €, Rabatt für ADAC-Mitglieder.

Vor das Kinder-Vergnügen hat Frau Holle den Vater-Schweiß gestellt: Rodeln im Grafenberger Wald

TIPPS FÜR WASSER-RATTEN

Hunger & Durst
Für das leibliche Wohl sorgt das Angebot der **Cafeteria Kliff.**

Frei- & Hallenbäder

Düsselstrand
Kettwiger Straße 50, 40233 Düsseldorf-Flingern.
✆ 0211/8216220, 8216411, duesselstrand@swd-ag.de. **Anfahrt:** Straßenbahn 706, Bus 725 Freizeitbad Düsselstrand. S8, S11 Flingern. **Zeiten:** Sportbecken Mo – Fr 6.30 – 10 Uhr, gesamtes Bad Mo – Fr 10 – 23 Uhr, Sa, So, Fei 9 – 20 Uhr. **Preise:** 90 Minuten 5,20 €, Tageskarte 8 €; Kinder ab 4 Jahre 90 Minuten 2,90 €, Tagestarif 5,20 €; Ermäßigungen für Früh- und Spätschwimmer, Familien (nur Do nachmittags und Sa vormittags), 10er-Karte.
▶ Der Düsselstrand bietet euch in seiner modern gestalteten Wasserlandschaft ein Warmwasserbecken und ein Plantschbecken. Spaß macht es im Mehrzweckbecken mit Strömungskanal, Bodensprudlern, Wasserfall und Geysir. In dem 100 m langen Black Hole und auf der Flussrutsche geht es rasant zu. Frischluft tankt man im Außenbecken mit Wasserschleierpilz und Liegemulden.

Allwetterbad
Flinger Broich 91, 40235 Düsseldorf-Flingern.
✆ 0211/8216616. **Anfahrt:** Bus 725, 730 Siedlerweg, Bahnunterführung, dann links Flinger Broich. **Zeiten:** Mo – Fr 6 – 20 Uhr, Sa, So, Fei 9 – 20 Uhr. **Preise:** 3 €; Kinder 1,80 €.
▶ In diesem Freibad könnt ihr das ganze Jahr über schwimmen und plantschen. Hier könnt ihr sportlich Bahnen schwimmen, euch im Nichtschwimmerbereich mit Elefantenrutsche und Wasserspeiern vergnügen oder ersten Wasserkontakt im Plantschbecken haben.

Gartenhallenbad Unterrath
Mettlacher Straße 55, 40468 Düsseldorf-Unterrath.
✆ 0211/8212672. **Anfahrt:** Straßenbahn 707, 715, Bus 730, 760 Eckener Straße. **Zeiten:** Di 7 – 22 Uhr,

Mi – Fr 7 – 21 Uhr, Sa 8 – 16 Uhr, So, Fei 9 – 18 Uhr. **Preise:** 3 €; Kinder 1,80 €.

▶ Es nennt sich zwar Garten*hallen*bad, bietet aber mehr: Das Unterrather Bad hat auch ein Außenbecken. Innen ist es für Kinder besonders nett in der Plantschmulde und im Spaßbecken mit Wasserfall. An manchen Tagen stehen Schwimmbad-Disco und Spielnachmittage auf dem Programm.

Rheinbad Düsseldorf

Europaplatz 1, 40474 Düsseldorf-Stockum. ✆ 0211/8212983. **Anfahrt:** U78, Bus 896 Europaplatz/Stadion. **Zeiten:** Mo, Mi, Fr 6 – 21 Uhr, Di, Do 6 – 20 Uhr, Sa, So, Fei 8 – 16 Uhr. **Preise:** 3 €; Kinder 1,80 €.

▶ Das Rheinbad ist ist ein kombiniertes Hallen- und Freibad mit Wasserpilz, 5-m-Sprungturm und einer ratzeroten Breitrutsche. Die Becken im Außenbereich sind übrigens aus Edelstahl, das soll leichter zu pflegen sein als Kacheln. Für die trockenen Momente eures Aufenthalts gibt es 22.000 qm Liegeplatz, Sonnenterrasse, zwei Beachvolleyball-Felder, Basketballplatz, Bolzplatz, Hartplatz und Kinderspielplatz.

Strandbad Lörick

Niederkasseler Deich 285, 40547 Düsseldorf-Lörick. ✆ 0211/8212579. **Anfahrt:** Bus 828, 829 Strandbad Lörick. **Zeiten:** Mo – Fr 6 – 21 Uhr, Sa, So, Fei 9 – 20 Uhr. **Preise:** 3 €; Kinder 1,80 €.

▶ Freibad mit zwei 50-m-Sportbecken, eins davon abfallend, großer Liegewiese und Wasserspielplatz. Hier könnt ihr in wadentiefem Wasser waten, rutschen und euch vom Wasserpilz nass regnen lassen.

Hallenbad Niederheid

Paul-Thomas-Straße 35, 40585 Düsseldorf-Niederheid. ✆ 0211/8216428. **Anfahrt:** Straßenbahn 701 Am Trippelsberg, Bus 724, Sportpark Niederheid. **Zeiten:** Di – Fr 7 – 22 Uhr, Sa 8 – 16 Uhr, So, Fei 9 – 18 Uhr. **Preise:** 3 €; Kinder 1,80 €.

Hunger & Durst

In der Sommersaison stehen vor der **Cafeteria** so viele Tische und Bänke, dass es selbst bei großem Andrang selten zu Sitzplatzmangel kommt. Bestellen könnt ihr die üblichen Schwimmbad-Snacks.

DÜSSELDORF

▶ Kleines Bad mit Schwimmbecken, Kinder- und Plantschbecken. Hier ist Schnorcheln erlaubt und es werden Spielenachmittage für Kinder angeboten.

Hallenbad Benrath

Regerstraße 5, 40595 Düsseldorf-Benrath. ✆ 0211/ 8219431. **Anfahrt:** S6, RE1, Straßenbahn 701, Bus 776, 779, 784, 788, 789 Benrath-Bahnhof. **Zeiten:** Di 7 – 22 Uhr, Mi, Do 7 – 20 Uhr, Fr 6 – 21 Uhr, Sa 8 – 16 Uhr, So, Fei 7 – 13 Uhr. **Preise:** 3 €; Kinder 1,80 €.
▶ Auch dieses Bad untertreibt mit seinem Namen »Hallen«bad. Innen gibt es zwar die üblichen Becken, eine Rutsche und ein 3-m-Sprungbrett, Sauna und Solarium. Außen wird dies aber ergänzt durch ein 50-m-Schwimmbecken, ein Matsch- und 4 (!) Kinderbecken.

Spaß an Seen & Flüssen

Erholungsgebiet Unterbacher See

Kleiner Torfbruch 31, 40627 Düsseldorf-Unterbach. ✆ 0211/8992094, Fax 8929132. service@unterbachersee.de. **Anfahrt:** U75 Endstation Eller, S6 Eller, S7 Eller Süd, Umsteigen in Bus 735 Seeweg, Strandbad Nord oder Strandbad Süd. Badesaison: zusätzlich Bus 891 Standbad Süd. A46 AS27 Erkrath/D.-Unterbach, Rothenbergstraße Richtung Düsseldorf. **Zeiten:** Mai bis Sept täglich 10 – 20 Uhr. **Preise:** Strandbäder Tageskarte 3 €, Abendkarte 2 €, 10er-Karte 25 €; Kinder 6 – 15 Jahre 1 €, Abendkarte 0,50 €, 10er-Karte 8,20 €. **Infos:** Strandkorb 7 €, Strandliege 4 €.
▶ An, in und auf dem Unterbacher See kann fast jede Sportart betrieben werden. Ihr könnt mit dem Tretboot über den See strampeln, surfen oder segeln. Im See könnt ihr plantschen, schwimmen und tauchen.
Den Badenixen und Wasserratten vorbehalten sind die beiden **Naturstrände Nord** und **Süd,** die vom üb-

Dieser große Baggersee ist durch die Auskiesung eines alten Rheinarms entstanden. Er ist 2000 x 500 m groß und 22 m tief.

rigen See durch Schwimmbalken abgeteilt sind. Stege führen in das Wasser und im flachen Uferbereich lässt es sich fantastisch mit Sand und Wasser matschen. An den Sandstränden befinden sich Liege- und Spielwiesen, es können Strandkörbe gemietet werden, es gibt einen Sprungturm, eine Sauna und Bräunungsanlagen. In den Restaurants oder im Biergarten wird für euer leibliches Wohl gesorgt.

Der Rundwanderweg um den Unterbacher See ist 6 km lang. Parallel zum Wanderweg führt ein Radweg um den See.

Weiße Flotte Düsseldorf

Fringsstraße 11 a, 40221 Düsseldorf. ✆ 0211/ 326124, 308672, Fax 3983774. www.weisseflotte-duesseldorf.de. ticketverkauf@weisseflotteduessel-dorf.de. Anlegestelle an der Altstadt. **Zeiten:** Ende März – Okt Di – So (Sommerferien auch Mo). **Preise:** 8,50 €; Kinder 4,20 €; Ermäßigungen für Gruppen ab 20 Personen.

▶ Die Weiße Flotte Düsseldorf bietet täglich 3 – 6 Ausflugsfahrten von der Altstadt nach Kaiserswerth und zurück an. Für Gruppen ab 40 Personen sind auch Sonderfahrten möglich.

Happy Birthday! Geburtstagskinder haben freie Fahrt.

Die Köln-Düsseldorfer

Köln-Düsseldorfer Deutsche Rheinschiffahrt AG, Frankenwerft 35, 50667 Köln. ✆ 0221/2088-318, -319 (Verkaufsservice), Fax 2088-345, -229. www.k-d.com. info@k-d.com. Anlegestelle am Burgplatz. **Zeiten:** April – Okt, Hauptsaison 29.4. – 3.10. **Preise:** Panorama-rundfahrt ab Düsseldorf 1 Std 6 €, Tagesfahrt Düsseldorf – Köln 20,80 €, Tagesfahrt Düsseldorf – Duisburger Hafen 17 €; Kinder 4 – 13 Jahre 2,50 € auf allen Linien- und Rundfahrten; Gruppenermäßigung für 10 Erwachsene 10 %, 20 Pers. 15 %, 30 Pers. 20 %, 40 Personen 25 %. An den KD-Anlegestellen können Bahnfahrkarten in Schifffahrtskarten zu 50 % umgewandelt werden. Am Di können 2 Radler auf 1 Ticket fahren. Bei Bahnanreise gegen Vorlage des Tickets 20 %.

▶ Zum umfangreichen Programm der Köln-Düsseldorfer gehören außer den Linienfahrten und zahlrei-

Happy Birthday! Geburtstagskinder fahren zum Nulltarif.

RAUS IN DIE NATUR

GeoMap Rad- und Freizeitkarte *Südlicher Niederrhein/Düsseldorf/Köln,* 1:75.000, ISBN 3-933671-12-4, 6,60 €.

ISBN 3-933671-12-4

Hunger & Durst

Etwa auf halber Strecke liegen an der Fähre das **Haus Wellem,** das **Langster Fährhaus** und das **Restaurant Zum alten Fährhaus.**

chen Rundtouren und Sonderfahrten auch speziell für Familien und Kinder gedachte Touren. Beim Piratenfest in den Sommerferien sind Zauberer, Clown und Animation an Bord. Preis: 19,40 € für Erwachsene und 9 € für Kinder, gestartet wird in Düsseldorf oder Köln.

Radeln & Skaten

Radeln am Rhein

Länge: 35 km, ebene Strecke, überwiegend auf geteerten, autofreien Wegen. Sogar für Anfänger und ohne Gangschaltung machbar. **Anfahrt:** S8, S11, S28 Hamm. A57 AS22 Neuss-Hafen, Südbrücke, Südring, Völklinger Straße (B1), Fährstraße. Parken an der Trinkhalle Fortuna. Rad: Erlebnisroute Rheinschiene.

▶ Start und Ziel ist der **S-Bahnhof Hamm.** Über Kopfsteinpflaster rumpelt ihr kurz Richtung Rheinbrücke. Wenn ihr den **Rheindamm** erreicht, fahrt ihr darauf rechts an Hafen und Golfclub vorbei. Den roten Radwegschildern folgt ihr zum Landtag und kurz darauf auf die **Rheinpromenade.** Unter der Oberkasseler Brücke müsst ihr erst hindurch fahren, bevor ihr auf der Hofgartenrampe die Höhe der Brücke erreicht und auf ihr den Rhein überquert. Nun geht es immer direkt am Rhein nach Norden. Dabei kommt ihr am Sporthafen, am **Strandbad Lörick** (Badesachen eingepackt?) und am Schiffsanleger Mönchenwerth vorbei. In Langst-Kierst geht es rechts auf der Straße Am Rheindamm zur **Fähre** nach Kaiserswerth. Das kostet mit Fahrrad für Kinder 90 Cent, für Erwachsene 1,40 €. Nun führt die Route auf einer Allee zum Radweg rechts. Folgt den Radwegmarkierungen bis zur Stadtmitte nach Süden. Hier könnt ihr kurz nach Stadion und Messe einen Besuch des Aquazoos einplanen. Von dort geht es immer am Rheinufer durch die Innenstadt zurück zur **Oberkasseler Brücke** und zum Startpunkt. Kurz vor dem Ziel lohnen sich Abste-

cher in den Medienhafen und auf den Rheinturm (Auf-
zugfahrt 3,20 €, Kinder die Hälfte).

Skaten in Düsseldorf
▶ Skater trifft man in Düsseldorf am ehesten auf
den Wegen durch die linksrheinischen Rheinwiesen
und auf der Rheinuferpromenade zwischen Altstadt
und Hafen.

Natur & Umwelt erforschen

Drachen steigen lassen
▶ Drachenpiloten finden in Düsseldorf einige schöne Stellen, wo sie ohne störenden Verkehr oder gefährliche Oberleitungen ihren Drachen steigen lassen
können. Auf der Rheinwiese Oberkassel genau gegenüber der Düsseldorfer Altstadt üben die »Düsseldorfer Drachenfreunde« mit ihren ganz besonders
schönen Drachen. Hier finden auch in den Herbstferien die Düsseldorfer Drachenfeste für Kinder statt,

Hüpfen kann man in den
Rheinwiesen natürlich
auch ...

bei denen ihr Drachen selbst bastelt und steigen lasst. Infos unter ℰ 0211/7885533.

Weiter im Süden der Stadt treffen sich die Drachenfans auf der Urdenbacher Rheinwiese.

Waldpädagogik — Erlebnisreisen durch die Natur

Zur Lindung 29, 40489 Düsseldorf-Angermund. ℰ 0203/7384875, Fax 740126. www.wald-paedagogik.de. kassemeck@wald-paedagogik.de. Treffpunkt nach Absprache.

▶ Das, was Herr Kassemeck und Herr Schnurbusch mit euch in der Natur unternehmen, ist alles andere als ein Standardprogramm. Genau nach euren Wünschen planen die beiden euren Ausflug mit eurem Lehrer, eurem Gruppenleiter oder euren Eltern. Ziele können Wälder, Wiesen, Hecken, Flüsse, Bäche, Seen oder ganz spezielle Orte wie Schluchten, Heiden und Feuchtgebiete sein. Ihr werdet einiges erleben. Vielleicht könnt ihr nach dieser Führung mit verbundenen Augen eine Buche von einer Eiche unterscheiden. Oder den Gesang eines Buchfinken erkennen. Oder den Geschmack von Brennesseln probiert haben. Bei einem anderen Angebot werdet ihr Rocky, Patia, Bubo und Mr. Harris kennen lernen, das sind ein Uhu, ein Falke, ein Bussard und ein Steinadler, die Freiflüge machen. Und wenn ihr weiter weg wohnt, kommen die Falkner sogar zu euch in den nächsten schön gelegenen Wald.

Mit der Imkerin im Bienenhaus

Am Ökotop 70, 40549 Düsseldorf-Heerdt. ℰ 0211/501312, 503305, Fax 562313. www.oekotop.de. oekotop.heerdt@t-online.de. **Anfahrt:** Bus 828, 833 Berzellusstraße. **Zeiten:** Im Sommer auf Anfrage und an ausgewählten Wochenendtagen, die auf der Homepage bekannt gegeben werden. **Preise:** Kinder 3 €.

▶ Wenn ihr zu Besuch bei der Imkerin Maja seid, kommt ihr sehr schnell dahinter, wie Honig entsteht.

Am Bienenschaukasten beobachtet ihr ein Bienenvolk und bekommt erklärt, wie die kleinen Insekten zusammen leben und arbeiten. Nun schwärmt ihr selbst aus wie die Bienen, bevor ihr im Bienenhaus erfahrt, wie Honig entsteht. Und am Schluss dürft ihr sogar selbst Bienenwachskerzen machen. Das ist eine tolle Aktion für einen Kindergeburtstag und einen Ausflug mit Kindergarten oder Grundschule.

Das Windrad gehört zu einer Kolben-Saug-Pumpe im Ökotop. Mit seiner Hilfe wird Grundwasser für die Bewässerung der Gärten gefördert

Ökotop Heerdt

Am Ökotop 70, 40549 Düsseldorf-Heerdt. ✆ 0211/ 501312, 503305, Fax 562313. www.oekotop.de. oekotop.heerdt@t-online.de. **Anfahrt:** Bus 828, 833 Berzellusstraße. **Preise:** frei zugänglich. **Infos:** Hunde bitte an die Leine nehmen.

▶ Was ist eine Sonnenfalle? Wie funktioniert eine Windpumpe? Und welche Pflanzen sind bei den Raupen und Schmetterlingen im Schmetterlingsgarten besonders beliebt? An über 30 Stationen im Ökotop lernt ihr irre viel über Maßnahmen zum Naturschutz und Biotope. Zum Beispiel am Reflexionsteich: Die glatte Wasseroberfläche reflektiert die Sonnenstrahlen im Laufe des Tages immer etwa zu den selben Pflanzen am Teichrand, die so mehr Licht abbekommen, als ständen sie an einer Stelle ohne Wasser in der Nähe. Hier seht ihr einen Duftgarten, einen Färbergarten, Kräutergärten, lebende Zäune, eine kleine Pflanzenkläranlage und eine Komposttoilette.

Hunger & Durst

Das **Café Ökotop** ist jeden 1. Sa im Monat 14.30 – 17.30 Uhr geöffnet.

Pferde & andere Tiere

Ponyreiten in Niederheid

Bonner Straße 121, 40589 Düsseldorf-Holthausen. ✆ 0211/8994800. **Anfahrt:** Straßenbahn 701 Niederheider Straße, Bus 724 Sportpark Niederheid. **Zeiten:** Di – Fr ab 15 Uhr. **Preise:** 5 €.

▶ Auf dem Gutshof Niederheid könnt ihr erste Reitversuche machen. Im Schritt werdet ihr auf Ponys durch den Niederheider Buchenwald geführt. Wer Spaß daran gefunden hat, kann ab 8 Jahre auf Ponys und Pferden Reitunterricht nehmen. Eine 10er-Karte für 10 x 60 Minuten Reiten kostet 105 €.

Streichelzoo im Südpark

Werkstatt für angepasste Arbeit, In den großen Banden (Südpark), 40225 Düsseldorf-Wersten. ✆ 0211/60127635, Fax 60127612. www.wfaa.de. Andrea.Schmidt@wfaa.de. **Anfahrt:** U74, U77, Bus 701, 706, 711, 713, S50. **Zeiten:** täglich 10 – 18 Uhr, im Sommer bis 19 Uhr. **Preise:** Eintritt frei.

▶ In diesem Streichelzoo freuen sich Kaninchen, Schafe und Ziegen auf euren Besuch. Bitte aber ausschließlich gewaschene Äpfel und Möhren zum Füttern mitbringen. Auch wenn dann die indischen Laufenten leer ausgehen, sie fressen nämlich am liebsten Schnecken.

Am äußersten Ende des Südparks liegt ein **Energiespielplatz** mit Solarzellen, Wasserrädern, Windrad und eine durch Sonnenenergie betriebene Warmwasseranlage. Im Sommer ist es besonders spannend, all die vielen verschiedenen Dinge auszuprobieren, die mit Wasser zu tun haben.

Aquazoo — Löbbecke Museum

Kaiserswerther Straße 380, 40474 Düsseldorf-Stockum. ✆ 0211/8996150, 8996157 (pädagogische Beratung), Fax 8994493. www.duesseldorf.de/aquazoo. aquazoo@stadt.duesseldorf.de. Im Nordpark.

Hunger & Durst

Café Südpark: Warme und kalte Getränke, hausgemachter Kuchen, Frühstück, Eis, Brötchen, Baguettes, frischer Salat vom Bio-Bauernhof, Suppen usw. Die meisten Kräuter- und Gemüsezutaten stammen vom Bauernhof der Werkstatt. Geöffnet täglich 10 – 18 Uhr, im Sommer bis 19 Uhr.

Anfahrt: Straßenbahn U78, U79 Nordpark/Aquazoo.
Zeiten: täglich 10 – 18 Uhr. **Preise:** 5,50 €; Kinder ab
6 Jahre 3,50 €, Schulklassen 2,50 €; Familien 11 €.
Infos: Behindertentoilette und Wickelraum im Erdgeschoss. Hunde nicht erlaubt.

▶ In den Schauräumen A bis Z ist alles, was im Wasser lebt, nach Themen sortiert zu sehen: einheimi-
sche und fremde Bewohner unserer Gewässer oder
der Lebensraum Korallenriff. Den Besuch bei den
Pinguinen werdet ihr sicherlich besonders genießen.
Mo – Fr dürft ihr zu festen Zeiten bei der Fütterung
der Bewohner zusehen. Im Insektarium werden Veranstaltungen angeboten, bei denen die Besucher
des Aquazoos in hautnahen Kontakt mit Insekten,
Spinnen und anderen Gliederfüßern kommen.
Sehr viel mehr als aus einem Lehrbuch lernt ihr beim
Biologieunterricht im Aquazoo. Der Aquazoo bietet so
viele Ferienaktionen an, dass es einen eigenen Feri-
enraum gibt.

Kinderbauernhof Niederheid

Bonner Straße 121, 40589 Düsseldorf-Holthausen.
✆ 0211/790734. **Anfahrt:** Straßenbahn 701 Niederheider Straße, Bus 724 Sportpark Niederheid. **Zeiten:**
Di – So ab 14 Uhr. **Preise:** Eintritt frei. **Infos:** Hunde
nicht erlaubt.

▶ Auf dem Düsseldorfer Kinderbauernhof können
Stadtkinder echte Hühner, Ziegen, Gänse, Meer-
schweinchen, Hasen, einen Hund und ein Schwein
beobachten.
In den Oster-, Sommer- und Herbstferien bietet der
Hof Kindern ab dem 3. Lebensjahr Ferien auf dem
Bauernhof an. Mit der Besonderheit, dass die Feri-
engäste nicht hier schlafen, sondern die Nacht zu
Hause in wohlbehüteter Umgebung verbringen. Die
Kinder werden morgens zwischen 7.30 und 9.30 Uhr
gebracht, verbringen den Ferientag auf dem Hof, und
werden gegen 17 Uhr von den Eltern wieder abgeholt.
Der Preis für eine Woche (Mo – Fr) beträgt 125 €.

Happy Birthday!
Bei einem dreistündigen
Geburtstagsfest können
Kinder ab dem 7. Ge-
burtstag allerhand Inte-
ressantes, Lustiges und
»Begreifbares« über die
Tiere des Aquazoos er-
fahren. Dieses Angebot
gilt Mo – Fr für bis zu 10
Kinder und kostet 60 €.
Für das leibliche Wohl
sorgen die Eltern.

Happy Birthday!
Auf dem Kinderbauern-
hof können auch Kinder-
geburtstage mit Pro-
gramm gefeiert werden.

Gefüttert wer-
den dürfen die
Tiere nur mit Obst und
Gemüse.

Wildpark Grafenberger Wald

Rennbahnstraße, 40629 Düsseldorf-Ludenberg.
℗ 0211/651903, wald@stadt-duesseldorf.de. **Anfahrt:**
Straßenbahn 703, 709, 713 Staufenplatz, dann 10 Minuten Fußweg, Richtung Rennbahn. **Zeiten:** ganzjährig
täglich 9 – 19 Uhr. **Preise:** Eintritt frei.

▶ In den Gehegen des Wildparks könnt ihr heimische Tiere sehen, also Tiere, die hier in der Region
auch wild in den Wäldern leben. Das sind zunächst
friedliche Gesellen wie Rothirsche, Rehe, Damwild,
Muffelwild und Wildschweine. Das Damwildgehege,
mit 10 Hektar das größte Wildgatter, ist frei zugänglich. Im speziellen Raubwildgehege leben Füchse,
Wildkatzen, Waschbären und Iltisse. Ein Naturteich
und ein Bienenhaus runden die heimische Tierwelt
ab. Im Herzen des Wildparks befindet sich die Waldschule, die interessierten kleinen und großen Besuchern Informationen zum Ökosystem Wald bietet.
Hier werden auch für Schulklassen, nach vorheriger
Absprache, Führungen durch den Grafenberger Wald
und Wildpark angeboten. Das ist eine lustige Angelegenheit: Ihr nehmt Ameisen unter die Lupe, nein, unter das Mikroskop, spielt Duftmemory und begleitet
die Försterin in den Grafenberger Wald.

Es ist auch ein kleiner Spielplatz vorhanden.

Muffelwild ist ein anderes Wort für Mufflons. Und das sind Wildschafe mit großen gedrehten Hörnern, die ihr auf den ersten Blick wohl eher für Ziegen halten könntet.

Erlebniswelten & Spielplätze

Monkeys Island

Robinson & Freitag GmbH, Speditionstraße 23, 40211
Düsseldorf-Hafen. ℗ 0211/3113854, Fax 3113857.
www.monkeysisland.com. info@monkeysisland.com.
Anfahrt: Straßenbahn 708 Weizenmühlenstraße.
Zeiten: April – Sept Mo – Sa 12 – 24 Uhr, So, Fei 10 –
24 Uhr. **Preise:** 3 € + 2 € Mindestverzehr; Kinder 7 –
12 Jahre 1,50 €.

▶ Mitten in Düsseldorf könnt ihr euch fühlen wie im
Südseeurlaub. Auf dieser Affeninsel im Rhein am
Medienhafen könnt ihr auf einer riesigen Sandfläche

inmittel tropischer Bepflanzung all das tun, was ihr auch in einem Urlaub in südlicheren Gefilden tun würdet: Sandburgen bauen, euch in der Sonne aalen oder Beachvolleyball spielen. Und natürlich herumtollen wie junge Affen. Es gibt auch einen schönen Kinderspielplatz mit Spielschiff und Kletterturm.

Hunger & Durst
Natürlich gibt es hier keine echten Affen, dafür aber eine stilechte **Strandbar!**

Bobbolino Kinderwelt

Kerlin + Glisin GbR, Schlüterstraße 95, 40235 Düsseldorf-Flingern-Nord. ✆ 0211/6696590, Fax 6696591. Handy 0172/2170473. www.bobbolino-kinderwelt.de. info@bobbolino.de. **Anfahrt:** Straßenbahn 9 Arbeitsamt/Schlüterstraße. **Zeiten:** Mo – Fr 13.30 – 19.30 Uhr, Sa, So, Fei, Ferien 10 – 19.30 Uhr. **Preise:** 2,50 €; Kinder 5,50 €.

Happy Birthday!
Ab 6 Kindern werden auch Geburtstagsfeiern veranstaltet.

▶ Im Bobbolino habt ihr viele verschiedene Möglichkeiten zum Toben. Es gibt einen riesigen Kletterturm, ein großes Luftkissen namens Softmountain, Trampoline, Air-Hockey, Kicker, Rutschen und einen Kleinkinderbereich. Für den Sommer 2005 ist zusätzlich ein Außenbereich geplant.

Hunger & Durst
Eure Eltern warten bestimmt gerne in der Gastronomie. Dort gibt es alles gegen Hüngerchen und Hunger.

Freizeitpark Uhlenbergstraße

Ulenbergstraße 11, 40549 Düsseldorf-Flehe. ✆ 0211/152520, 8994800. **Anfahrt:** Straßenbahn 712, 706 Aachener Platz/Merowinger Platz, Bus 723, 726 Ubierstraße, Bus 835, 836 Merowinger Platz. **Zeiten:** Nov – Jan Mo – Do 10 – 17.30 Uhr, Fr – So 10 – 18.30 Uhr, März, Okt täglich 10 – 19 Uhr, April, Mai, Sept täglich 9 – 20 Uhr, Juni – Aug täglich 9 – 21 Uhr.

▶ Im Freizeitpark Flehe kommen Spieler und Sportler aller Altersgruppen zu ihrem Recht. Es gibt Spielplätze für Kleinkinder und Schulkinder, ein Trampolin, eine Halle für Tischtennis und Tischfußball und Trimmgeräte. Spezielle Plätze für Volleyball, Basketball, Minigolf und Tennis runden das Angebot ab. Für die Benutzung der Tennisplätze und Grillplätze müsst ihr euch telefonisch anmelden. Tennis und Minigolf müssen bezahlt werden.

Hunger & Durst
Das **Eiscafé Unbehaun** (✆ 0211/153575) in der Aachener Straße 159 hat eindeutig Kultstatus. Die Leute kommen von Neuss, Hilden und sogar Köln angefahren, um hier Eis zu kaufen. Geöffnet täglich 10 – 22 Uhr.

DÜSSELDORF

Wohin, wenn draußen keine Kapriolen mehr zu schlagen sind? Ab in den Freizeitpark!

Hunger & Durst
Kalte Getränke und kleine Snacks gibt es im **Bistrocafé** in der Halle und draußen im **Biergarten**.

Freizeitpark Heerdt

Heerdter Landstraße 160, 40549 Düsseldorf-Heerdt. ℰ 0211/5047970, 8994800, Fax 8929058. www. duesseldorf.de. rathausinfo@duesseldorf.de. **Anfahrt:** U75, Bus 833, 862, 863 Heesenstraße. **Zeiten:** März 9 – 19 Uhr, April, Mai, Sept 9 – 20 Uhr, Juni – Aug 9 – 21 Uhr, Okt 10 – 19 Uhr, Nov – Feb 10 – 17.30 Uhr. **Preise:** Eintritt frei, Minigolf 1,80 € (Kinder 0,50 €), Billard 20 Minuten 1 €. **Infos:** Hunde und Fahrräder nicht erlaubt.

▶ Die Freizeitanlage Heerdt bietet euch viele Spiel-, Sport- und Erholungsmöglichkeiten bei jedem Wetter. Auf euch warten ein Spielplatz für Kleinkinder, Klettergerüste, Trampolin, Spielfelder für Handball, Volleyball oder Federball, Tischtennis, Billard, Minigolf und Bocciabahn. Sportbegeisterte können sich im Trimmgarten fit halten, die Weitsprunganlage ausprobieren oder am Gewichthebestand ihre Kräfte messen. Andere Spielangebote in der Mehrzweckhalle. Auch fünf Grillplätze stehen im Sommer zur Verfügung.

Klettermassiv

Wiesenstraße 72, 40549 Düsseldorf-Heerdt. ℰ 0211/5638789, www.klettermassiv.de. **Anfahrt:** U75 Heesenstraße. A52 bis Autobahnende in Büderich, geradeaus B7, rechts nach Heerdt, an der Ampel geradeaus, dem Straßenverlauf folgen, ℰ-Kreuzung links. **Zeiten:** Mo 17 – 23 Uhr, Di – Sa 11 – 23 Uhr, So 10 – 23 Uhr, Fei 11 – 19 Uhr, Juli – Sept Sa, So nur bis 19 Uhr. **Preise:** 8,50 €, 10er-Karte 75 €, Monatskarte 62 €; Kinder bis 16 Jahre 6 €, 10er-Karte 50 €, Monatskarte 39 €. **Infos:** Verleih: Klettergurt 2 €, Schuhe 3 €.

▶ In dieser Kletterhalle gibt es ganz verschiedene Kletterbereiche auf insgesamt 600 qm. Die höchste Wand misst 14 m. Außer den üblichen Strecken mit eingeschraubten Griffen gibt es eine Wand, bei der ihr Halt allein in der »Fels«-Struktur finden müsst. Von einer der Kinderkletterwände führt eine Rutsche in die Haupthalle. Für Anfänger und Fortgeschrittene werden Kurse angeboten, und ihr könnt eure Freunde zu einem sportlichen Kindergeburtstag einladen.

Freizeitpark Niederheider Wäldchen

Bonner Straße 121, 40589 Düsseldorf-Reisholz. ✆ 0211/7900394. **Anfahrt:** Straßenbahn 701 Niederheider Straße, Bus 724 Sportpark Niederheid. **Zeiten:** April – Okt täglich ganztägig bis 20 Uhr, längstens bis Einbruch der Dunkelheit, Nov – März Mo – Mi 7 – 15.30 Uhr, Do 7 – 15 Uhr, Fr 7 – 14.30 Uhr.

▶ Der Freizeitpark liegt rund um den ehemaligen Kinderbauernhof Niederheid. Es gibt einen großen Spielplatz mit Seilbahn und einer Wasserpumpe zum Wassermatschen. Tischtennis, Street- und Beachvolleyballspielen sind erlaubt. Im Mehrzweckgebäude können gegen Pfand Spielgeräte wie Tischtennisschläger und -bälle, Badminton, Fuß-, Volley-, Basketbälle, Boccia, Seile, Stelzen oder Würfel kostenlos ausgeliehen werden. Auf Großspielfeldern gibt es Schach, Mensch Ärgere Dich nicht, Mühle und Dame. Wer es beschaulicher liebt, kann sich im Sommer auf der großen Spiel- und Liegewiese sonnenbaden. Stühle, Tische und Grillgelegenheiten sind vorhanden.

 Das **Niederheider Wäldchen** lädt zu einem 1,5 km langen Rundwanderweg ein, der oft auch als Trimmstrecke genutzt wird.

Grillplätze in Düsseldorf

Heerdt, Freizeitpark Heerdt, Heerdter Landstraße 160, Kontakt ✆ 0211/5047970, Fax 8994895, Mobil 0171/7668058. Fünf offene Grills mit je 4 – 6 Sitzplätzen, kostenfrei, Anmeldung erforderlich.

Holthausen, Freizeitpark Niederheid, Bonner Straße 121, Kontakt ✆ 0211/7900394, April – Okt. Zwei offene Grills und 3 Tischgrills. Bänke und Tische sind vorhanden, direkt neben Kinderbauernhof und Spielplatz. Grillen kostenfrei, Anmeldung erforderlich.

Flehe, Freizeitpark Ulenbergstraße, Ulenbergstraße 11, Kontakt ✆ 0211/152520, Fax 8994895, Handy 0171/7668057, drei Grillplätze, Benutzung kostenfrei, Anmeldung erforderlich.

Wersten, Im Höfchen, In den großen Banden 60, Kontakt Werkstatt für angepasste Arbeit, ✆ 0211/782478.

Oberbilk, Südpark, Siegburger Straße 25, Kontakt Akki Aktion + Kultur mit Kindern e.V. ✆ 0211/7885533. Im Biergarten Vierlinden ist es erlaubt, sein Picknick selbst mitzubringen und sogar auf dem dortigen Grill seine mitgebrachten Leckereien zu brutzeln. Benutzung kostenfrei, nur Anmeldung erforderlich.

Unterbach, Kleiner Torfbruch 31, Kontakt Zweckverband Erholungsgebiet Unterbacher See, ✆ 0211/8992038, Fax 8992358. Mehrere Grillplätze am Nordstrand und am Südstrand. Pavillon, Tische und Bänke auf Anfrage, Miete bis 30 Personen 15 €, jede weitere Person 0,50 €, Kaution 30 €.

Wintersport

Monkeys Iceland

Robinson & Freitag GmbH, Speditionstraße 23, 40211 Düsseldorf-Hafen. ✆ 0211/3113854, Fax 3113857. www.monkeysisland.com. info@monkeysisland.com. **Anfahrt:** Straßenbahn 708 Haltestelle Weizenmühlenstraße. **Zeiten:** Mitte Nov – Mitte Feb Mo – Sa 12 – 24 Uhr, So, Fei 10 – 24 Uhr. **Preise:** 3 € + 2 € Mindestverzehr; Kinder 7 – 12 Jahre 1,50 €. **Infos:** Schlittschuhverleih 3 € für 2 Stunden.

▶ Habt ihr auf Monkeys Island im Sommer Sandburgen gebaut? Jetzt im Winter gibt es ein Wiedersehen als Monkeys Iceland, nun könnt ihr hier Eis laufen, rodeln, Schneekarussel fahren oder auf dem Schneespielplatz toben.

Eisstadion

Brehmstraße 27, 40239 Düsseldorf-Düsseltal.
✆ 0211/8995320. **Anfahrt:** Straßenbahn 706, 708
Brehmplatz. **Zeiten:** Sept – April für Kinder Mo – Do
15.30 – 17.30 Uhr, Fr 11 – 13 und 15.30 – 17.30 Uhr,
Sa 10 – 12, 14 – 16 und 17 – 19 Uhr, So 11 – 13, 14 –
16 und 17 – 19 Uhr. **Preise:** 2,30 €, 12er-Karte 23 €;
Kinder 6 – 17 Jahre 1,30 €, 12er-Karte 13 €. **Infos:**
Schlittschuhe 3 €.

▶ In diesem Eisstadion trainiert und spielt die DEG
üblicherweise. Nachmittags und an den Wochenenden bleibt aber auch für euch herrlich viel Zeit für
Spaß auf dem Eis.
DEG ist die Abkürzung für Düsseldorfer Eislauf Ge-
meinschaft.

Keine Gastro-
nomie, Pick-
nickkorb mitbringen er-
laubt.

Sparkassen Eissporthalle

Paulsmühlenstraße 6, 40547 Düsseldorf-Benrath.
✆ 0211/715959, Fax 8793275. www.eissporthalle-
benrath.de. info@sparkassen-eissporthalle.de.
Anfahrt: RB, S6 Bhf Benrath, Straßenbahn 701 Bahn-

Ganz aus dem Häuschen:
DEG-Fans feuern ihre Eis-
hockey-Mannschaft an

Foto: Düsseldorf Marketing & Tourismus

Am 6. Dezember wagt sich hier sogar der Nikolaus aufs Glatteis.

In der **Pistenbar** gibt es kalte Getränke und Snacks.

hof oder Betriebshof, Bus 776, 779, 784, 788, 789 Bahnhof. **Zeiten:** Ende Aug – Mitte April Mo 13.30 – 15.30 Uhr, Di, Mi, Fr 9 – 13, 14 – 16, 17 – 19, 20 – 22 Uhr, Do 14 – 16, 17 – 19, 20 – 22 Uhr, Sa, So 10 – 13, 14 – 16, 17 – 19, 20 – 22 (Di, Fr, Sa ab 20 Uhr Disco). **Preise:** 3 €, 6er-Karte 15 €; Kinder 6 – 17 Jahre 2 €, 6er-Karte 10 €. **Infos:** Schlittschuhe 3 €.

▶ Eine überdachte Eishalle, in der ihr nicht einfach nur eure Runden drehen könnt. Hier könnt ihr auch einen Schlittschuh-Kurs buchen oder zu fetziger Musik so richtig abtanzen. Einmal im Jahr gibt es ein großes Kinderfest auf dem Eis, den Termin erfahrt ihr auf der Homepage.

Rodeln in Düsseldorf

▶ Wenn es schneit, treffen sich die Düsseldorfer im **Grafenberger Wald** zum Rodeln. Auch, wenn ihr die in der Wanderkarte eingezeichnete Rodelbahn nicht findet, gibt es hier viele flache und steile, kurze und lange, einsame und betriebsame Abfahrten auf den Hängen des Grafenberges.

Nicht ganz so steil, aber immer noch lustig, sind Schlittenfahrten im **Südpark** und auf dem **linksrheinischen Rheindamm.**

Der Düsseldorfer Kinderbauernhof im Winter

Betriebsbesichtigungen

Feuerwehr Düsseldorf

Hüttenstraße 68, 40215 Düsseldorf-Friedrichstadt.
✆ 0211/38890, 3889180, Fax 371574. www.duessel-dorf.de/feuerwehr. feuerwehr@stadt.duesseldorf.de.
Anfahrt: S8, S11 Friedrichstadt, Straßenbahn 715 Helmholtzstraße. **Zeiten:** vormittags, Anmeldung erforderlich. **Preise:** kostenlos.

▶ Das wäre doch ein schöner Ausflug für den Sachkundeunterricht: Für Gruppen ab 10 Kindern bieten die netten Feuerwehrleute eine spannende Führung durch ihr Reich an. Das Wichtigste zuerst: Natürlich werdet ihr mit Helm auf dem Kopf in einem echten Feuerwehrauto sitzen. Und ihr werdet staunen, wie viele verschiedene Fahrzeuge es da gibt: Rüstwagen, Löschwagen, Drehleiterwagen, Einsatzleitwagen und viele andere stehen da. Und jeder hat eine andere Aufgabe.
Ihr dürft einen Blick in die neue Leitstelle werfen, in der euch erklärt wird, was alles passiert, nachdem ihr die 112 angerufen habt. Vielleicht ist sogar noch Zeit für einen Blick Richtung Tankstelle und Werkstatt.

Besucherkanal

Erwin-von-Witzleben-Straße 34, 40215 Düsseldorf-Golzheim. ✆ 0211/8997155, Fax 8929214.
www.duesseldorf.de/kanal. birgit.bremmen-kamp@stadt.duesseldorf.de. Gelände der Pumpstation.
Anfahrt: U79 Nordpark/Aquazoo. **Preise:** kostenlos.

▶ Einen echten Abwasserkanal gibt es hier zu besichtigen. Allerdings ist er nicht in Betrieb, das hat einen großen Vorteil: Es stinkt nicht! Der Kanal ist 176 m lang, 2,25 m breit, komplett abwasserfrei und kann von jedem besichtigt werden, der sich in einer Gruppe anmeldet und keine Angst im Dunkeln hat. Nager und Krabbeltiere sind nicht zu befürchten. Bei der Führung werdet ihr auch mit vielen Informationen

Jeder Mensch verbraucht Wasser und produziert damit Abwasser: pro Kopf und Tag in Deutschland etwa 127 Liter. Zusammen mit dem abgeleiteten Niederschlagswasser werden in Düsseldorf jährlich etwa 90 Milliarden Liter Abwasser durch ein weit verzweigtes Kanalisationsnetz in die beiden Düsseldorfer Klärwerke geleitet.

DÜSSELDORF

über die Düsseldorfer Stadtentwässerung und die Reinigung von Schmutzwasser versorgt.

Antenne Düsseldorf

Kaistraße 7, 40221 Düsseldorf-Hafen. ✆ 0211/9301010, Fax 9301099. www.antenneduesseldorf.de. service@antenneduesseldorf.de. **Anfahrt:** Straßenbahn 708 Franziusstraße. **Preise:** kostenlos.

▶ Hier könnt ihr erleben, wie Radio gemacht wird. Ihr schaut den Redakteuren über die Schulter und lasst euch erklären, wie ein Tonstudio funktioniert. Ihr erfahrt außerdem, dass nicht alles, was bei Antenne Düsseldorf gesendet wird, auch in Düsseldorf ins Mikro gesprochen wird, denn Antenne Düsseldorf ist ein Lokalradio. Und alle Lokalradios in Nordrhein-Westfalen haben sich für die Nachrichten zur vollen Stunde zusammengetan. Für eine Kinderführung bei Antenne Düsseldorf solltet ihr etwa 45 Minuten einplanen.

Happy Birthday!
Für kleinere Gruppen bis 8 Personen, z.B. als Geburtstagsausflug, könnt ihr die Flughafenführung zum Preis von 92,80 € buchen.

Foto: Andreas Wiese, Flughafen Düsseldorf International

Flughafen Düsseldorf International

Flughafenstraße 120, 40474 Düsseldorf-Lohausen. ✆ 0211/4212395, Fax 4212429. www.flughafen-duesseldorf.de. **Zeiten:** Mo – Fr 9, 11.30, 14.30 und 17 Uhr nur auf Voranmeldung. **Preise:** Führung bis 20 Personen 232 €, jede weitere Person 6,09 €; Kindergärten/Schulen 2,55 € pro Person. **Infos:** Maximal können 44 Personen teilnehmen.

▶ Zwei Stunden lang zeigen euch nette Führerinnen und Führer viele interessante Stellen in diesem riesigen Flughafen. Im Preis enthalten ist der Eintritt der zwei Besucherterrassen und die Fahrt mit dem Sky-Train.

Stadtbesichtigung

düsseldorf to go

Historikerbüro Düsseldorf GbR, Lenbachstraße 32, 41469 Neuss. ✆ 02137/929499, Fax 929500. Handy 0173/2682095. www.historikerbuero.de. wucherpfennig@historikerbuero.de. Treffpunkt in Düsseldorf nach Vereinbarung. **Preise:** 6 €; Kinder 3 €; Familien 8 €.

▶ Inliner aufgepasst! In Düsseldorf könnt ihr eine Stadtführung auf Rollen machen. Oder aber mit dem Fahrrad oder zu Fuß. In jedem Fall bietet *düsseldorf to go* viele spannende und lustige Stadtführungen an, die ihr auch speziell für Kinder buchen könnt. Gruppenführungen für Schulklassen und Jugendgruppen sind je nach Gruppengröße ab 50 € möglich. Bei den öffentlichen Führungen sind nicht nur lustige Themen wie »Pferdeäpfel, Fettecken und Bierhexen – von Kö, Kunst und Kneipen« zu finden. Bei der Führung »Hitler und das rosa Kaninchen« werdet ihr schnell merken, dass Jan Wucherpfennig nicht nur toll erzählen kann, sondern als studierter Historiker auch weiß, wovon er spricht. Auf diesem Rundgang vermittelt er euch einen deutlichen Eindruck vom Leben im Hitlerdeutschland. Anhand von Textauszügen aus Kinder- und Jugendbüchern, die sich mit der Zeit befassen, sowie Augenzeugenberichten aus Düsseldorf und historischen Erläuterungen, macht er euch auf einfache, behutsame Weise die wohl dunkelste Epoche der deutschen Geschichte verständlich.

Die tägliche Stadtrundfahrt

Düsseldorf Marketing & Tourismus GmbH, Postfach 102163, 40012 Düsseldorf. ✆ 0211/17202854, Fax 350404. incoming@duesseldorf-tourismus.de. Ab Königsallee/Steinstraße (Kö-Brücke) und Hauptbahnhof (Postvorplatz gegenüber der Tourist-Info an der Immermannstraße). **Zeiten:** Nov – März 11 Uhr ab Kö, 11.15 Uhr ab Hbf, Sa zusätzlich 14.30 Uhr ab Kö, 14.45 Uhr ab Hbf. April – Okt täglich 11 und 14.30 Uhr ab Kö,

 *Düsseldorf pflegt **Städtepartnerschaften** mit dem britischen Reading, dem polnischen Warschau, dem sächsischen Chemnitz, dem israelischen Haifa, dem russischen Moskau und dem chinesischen Chongqing.*

DÜSSELDORF

31

Die Düsseldorfer Altstadt wird von den Erwachsenen liebevoll die »längste Theke der Welt« genannt, weil es dort 260 Kneipen dicht an dicht gibt.

Foto: Düsseldorf Marketing & Tourismus GmbH

Hunger & Durst

Genau gegenüber im **Eiscafé am Schloss**, ☎ 0211/9968722, könnt ihr das ganze Jahr über Eisbecher und heiße Waffeln schlemmen.

Am Pfingstsamstag 14 – 17 Uhr ist **Kindertrödelmarkt** vor der Orangerie im Schloss Benrath.

11.15 und 14.45 Uhr ab Hbf. **Preise:** Vormittags 15 €, nachmittags 17,50 €; Kinder bis 12 Jahre 6 bzw. 7,50 €. **Infos:** Im Sommerhalbjahr umfasst die Nachmittagsfahrt auch eine kleine Bootstour.

▶ In zwei Stunden Stadtrundfahrt könnt ihr euch einen guten Überblick über die Landeshauptstadt von Nordrhein-Westfalen verschaffen. Im luxuriösen Reisebus fahrt ihr über die berühmte Königsallee (»Kö«) mit ihren exklusiven Läden und Passagen. Ein kurzer Spaziergang durch die legendäre Altstadt schließt sich an. Im wahrsten Sinne Höhepunkt eurer Stadtrundfahrt ist ein Blick auf Düsseldorf aus der Vogelperspektive. Mit dem Aufzug des Rheinturms gelangt ihr auf eine Höhe von 168 m und genießt die Aussicht auf Stadt und Strom, bei klarer Sicht bis zu den Spitzen des Kölner Doms!

Schlösser & Museen

Schloss Benrath

Stiftung Schloss und Park Benrath, Benrather Schlossallee 100 – 106, 40597 Düsseldorf-Benrath. ☎ 0211/8997271, Fax 8929463. www.schloss-benrath.de. museumspaedagogik@stiftung-schloss-benrath.de. **Anfahrt:** RB und S6 Benrath, Straßenbahn 701 Schloss Benrath. A59 AS22 Benrath.

▶ Die museumspädagogische Abteilung der Stiftung Schloss Benrath hat lustige und spannende Programmvorschläge für euch. Besonders beliebt sind: Spielen wie im 18. Jahrhundert (ab 6 Jahre): Dabei werden unter anderem Spiele der damaligen Zeit selbst gebastelt (Brettspiele, Kartenspiele, Puppenstube und Scherenschnitte). Außerdem: Handpuppenführung für Kinder ab 4 Jahren, Fuchsjagd durch den Schlosspark (ab 6 Jahre), Rätselraten rund ums Schloss (ab 7 Jahre), Verborgene Räume (ab 8 Jahre) und Von Gerüchen, Perücken und Flohfallen (ab 8 Jahre).

Theatermuseum

Hofgärtnerhaus, Jägerhofstraße 1, 40211 Düsseldorf. ℡ 0211/8994660, Fax 8929045. www.stadt.duessel-dorf.de/theatermuseum. theatermuseum@stadt.dues-seldorf.de. **Anfahrt:** U74 – 79 Heinrich-Heine-Allee, Straßenbahn 701, 706, 715 und Bus 780, 782, 785 Jan-Wellem-Platz. **Zeiten:** Di – So 13 – 20.30 Uhr. **Preise:** 2 €; Kinder 1 €, Düsseldorfer Schulklassen haben freien Eintritt; Familien 4 €. Klassenführungen kosten pro Person 1 €.

▶ Hier lernt ihr 400 Jahre deutsche Theatergeschichte am Beispiel von Düsseldorf kennen. Für Schüler gibt es viele Angebote rund um das Thema Theater. So könnt ihr u.a. selbst Theater spielen oder Papiertheater bauen. Vielleicht wollt ihr euch ja ein bestimmtes Stück im Theater ansehen. Das ist durch einen Workshop leichter verständlich, bei dem ihr entweder vor oder nach dem Theaterbesuch mit einem Kenner darüber sprecht.

Filmmuseum Düsseldorf

Schulstraße 4, 40123 Düsseldorf-Altstadt. ℡ 0211/8992232 (Kasse), 8992256 (Führungen), Fax 8993768. www.duesseldorf.de/kultur/filmmuseum. katharina.oesterreicher@stadt.duesseldorf.de. **Anfahrt:** U70, U74 – 79 Heinrich-Heine-Allee, Straßenbahn 703, 706, 712, 713, 715 Benrather Straße. Das Altstadtparkhaus liegt genau unter dem Museum. Zufahrt über den Rheinufertunnel. **Zeiten:** Di, Do – So 11 – 17 Uhr, Mi 11 – 21 Uhr. **Preise:** 3 €; Kinder 1,50 €; Familien 6 €. **Infos:** Angemeldete Führungen für Schulklassen 1 € je Schüler, Düsseldorfer Schüler haben freien Eintritt. Sonstige Gruppenführungen: Di – Sa 40 bzw. So 50 €.

▶ Für dieses spannende »Museum zum Anfassen« solltet ihr euch viel Zeit nehmen. Auf vier Etagen trefft ihr die Stars der Filmgeschichte, geht durch ein nachgebautes Filmstudio und seht die unterschiedlichsten alten Fotoapparate und Filmkameras. Die

Was ein Daumenkino ist? Dann blättert einmal dieses Buch schnell durch und achtet auf die Schnecke!

DÜSSELDORF

Happy Birthday!

Bei einem Kindergeburtstag im Museum habt ihr schöne Führungen und Workshops zur Auswahl. Das Angebot reicht von der Anfertigung von Schattenfiguren und dem Spielen an der Schattenwand bis zur Erstellung von Daumenkinos und Bildstreifen für die Wundertrommel, den kleinen Filmen ohne Kamera.

Camera Obscura, die Urform der fotografischen Kamera, lässt z.B. das eingefangene Außenbild, das durch eine kleine Öffnung in der vorderen Gehäusewand eindringt, sowohl seitenverkehrt als auch kopfstehend auf der Rückseite des Raumes oder Kastens erscheinen. Unzählige Dinge sind zu entdecken, die für die Entwicklung der Filmkunst von Bedeutung waren, so das Schattenspiel, die Zauberlaterne und Wundertrommel oder die Reihenfotografie.

Goethe-Museum Düsseldorf

Anton-und-Katharina-Kippenberg-Stiftung, Schloss Jägerhof, Jacobistraße 2, 40211 Düsseldorf-Pempelfort. ✆ 0211/8996262, 8996268 (Museumspädagogik), Fax 8929144. www.goethe-museum.com. goethe-museum@duesseldorf.de. **Anfahrt:** Straßenbahn 707 Schloss Jägerhof. **Zeiten:** Di – Fr, So 11 – 17 Uhr, Sa 13 – 17 Uhr. **Preise:** 2 €; Kinder ab 6 Jahre 1 €, Düsseldorfer Schulklassen frei; Familienticket 4 €, Ermäßigungen für Gruppen ab 10 Personen.

▶ Im **Schloss Jägerhof** sind Tausend Sachen ausgestellt, die mit dem Leben und Wirken des berühmten Dichters Goethe zu tun haben. Das sind nicht nur Manuskriptseiten, sondern auch Münzen, Medaillen und Plaketten mit den Reliefs von Staatsmännern, Gelehrten und Künstlern aus Goethes Welt.

An ausgewählten Wochenenden und in den Ferien finden **Workshops** für Kinder von 10 bis 14 Jahren statt. Für Schulklassen ab Klasse 5 gibt es bei Spezialführungen eine Antwort auf die Frage »Wie packt man einen Mantelsack?«, bei der ihr viel darüber lernt, wie Goethe und seine Zeitgenossen vor etwa 200 Jahren reisten.

Der Schlossturm am Burgplatz ist der einzige Überrest des Düsseldorfer Stadtschlosses.

SchifffahrtMuseum im Schlossturm

Burgplatz 30, 40213 Düsseldorf-Altstadt. ✆ 0211/8994195 (Kasse), 8996165 (Führungen), Fax 8994019. annette.fimpelerphilippen@stadt.duesseldorf.de. **Anfahrt:** U70, U74 – 79, Bus 780, 782, 785,

805, 809, 817, Straßenbahn 703, 706, 712, 713, 715 Heinrich-Heine-Allee. **Zeiten:** Di – So 11 – 18 Uhr. **Preise:** 3 €; Kinder 1,50 €; Düsseldorfer Schulklassen haben freien Eintritt. Auswärtige Schulklassen zahlen 1 €; Familien 7 €. Führung 1 €.

▶ Im alten Gemäuer des Schlossturmes findet ihr ein modernes Museum rund um die Schifffahrt auf dem Rhein. Nach dem Museumsbesuch wisst ihr, wie die Römer ihre Boote bauten und wie es sich auf einem modernen Rheinschiff lebt.

Zur Schifffahrt auf dem Rhein gehört natürlich auch der Rhein als Naturraum: Welche Tiere leben im Rhein? War das immer so? Wie wirken sich Niedrig- und Hochwasser auf Menschen und Tiere aus? Wie kalt muss es werden, damit der Rhein »Eisgang« hat, also Eisschollen den Rhein hinabtreiben?

Warum dies seit 1963 nicht mehr passiert ist, fragt ihr? Die Begradigungen und die darauf folgende höhere Fließgeschwindigkeit ist einer der Gründe dafür, ein zweiter die Verschmutzung und die damit verbundene Aufwärmung des Rheinwassers. Stellt euch vor:

Modernes Gesicht: Düsseldorfs Hafen

Foto: Düsseldorf Marketing & Tourismus GmbH

Im Winter 1928/1929 hatte der Rhein sogar eine geschlossene Eisdecke, auf der man eine Rheinüberquerung zu Fuß machen konnte!

Mahn- und Gedenkstätte Düsseldorf

Mühlenstraße 29, 40213 Düsseldorf-Altstadt. ✆ 0211/8996205 (Kasse), 8996192 (Führungen), Fax 8994019. www.ns-gedenkstaetten.de/nrw/duesseldorf. angela.genger@stadt.duesseldorf.de. **Anfahrt:** U70, 74 – 79, Straßenbahn 703, 706, 712, 713, 715, Bus 780, 782, 785, 805, 809, 817 Mühlenstraße. **Zeiten:** Di – Fr, So 11 – 17 Uhr, Sa 13 – 17 Uhr. **Preise:** Eintritt frei. **Infos:** Führungen nach Vereinbarung.

▶ Ganz allgemein habt ihr bestimmt schon einiges über den Nationalsozialismus gelesen und gehört. Aber: Wie lebten die Menschen in den Jahren 1933 bis 1945 in Düsseldorf? Wie wirkten sich Verfolgung und Widerstand im Nationalsozialismus auf diejenigen aus, die 60 – 70 Jahre vor euch hier lebten? In Führungen durch die Mahn- und Gedenkstätte, Stadtrundgängen und Begegnungen mit Zeitzeugen erfahrt ihr viel über einzelne Menschen. Zum Beispiel waren da die Kittelbachpiraten, auch Edelweißpiraten genannt. Diese Jugendlichen verweigerten sich der nationalsozialistischen Hitler-Jugend, verbrachten ihre Freizeit selbstbestimmt in ihren Gruppen und wurden deshalb von der Gestapo verfolgt.

Kunst mit Kindern im K20

Kunstsammlung am Grabbeplatz, Grabbeplatz 5, 40213 Düsseldorf-Altstadt. ✆ 0211/8381-130, 9381-204 (Führungen), Fax 8381-300. www.kunstsammlung.de. **Anfahrt:** U70, U74 – 79, Straßenbahn 703, 706, 712, 713, 715 Heinrich-Heine-Allee, Bus 780, 782, 785, 805, 809, 817 Oper. **Zeiten:** Di – Fr 10 – 18 Uhr, Sa, So 11 – 18 Uhr, 1. Mi im Monat bis 22 Uhr. **Preise:** 6,50 €, Gruppen ab 10 Personen 5 €, Kombiticket für K20 und K21 mit AudioGuide 10 €; Kinder/Jugendliche 4,50 €, Schulklassen 2 €, mit Betreuung

Hunger & Durst

Alles was euer Magen sich wünscht, findet ihr im **Café Op de Eck** im Eingangsbereich und im **Café Zwey** in der 2. Etage des Museums.

3 €, Kombiticket 8 €; Familien (2 + 4) 15 €. **Infos:** Audioguide 1 € extra.

▶ K20 ist keine Geheimbotschaft, sondern einfach nur die Abkürzung für Kunst des 20. Jahrhunderts. Genau diese wird hier ausgestellt. Ihr werdet beeindruckende Werke von Paul Klee, Pablo Picasso und Joseph Beuys zu sehen bekommen. Ihr könnt verschiedene Kurse buchen, in denen ihr euch den verschiedenen Kunstformen annähert und dabei dürft ihr auch selbst Hand anlegen. Am Ende geht ihr je nach Kursthema mit einem eigens geschaffenen Werk nach Hause.

K21: Noch mehr Kunst

Kunstsammlung im Ständehaus, Ständehausstraße 1, 40217 Düsseldorf-Friedrichstadt. ✆ 0211/8381600, 9381204 (Führungen), Fax 8381300. www.kunst-sammlung.de. **Anfahrt:** Straßenbahn 703, 704, 706, 709, 712, 713, 715, 719 Graf-Adolf-Platz. **Zeiten:** Di – Fr 10 – 18 Uhr, Sa, So 11 – 18 Uhr, 1. Mi im Monat bis 22 Uhr. **Preise:** ↗ K20.

▶ K21 steht für Kunst des 21. Jahrhunderts. Und weil unser 21. Jahrhundert noch reichlich jung ist, zeigt K21 internationale Kunst von den späten 1970er Jahren bis zur Gegenwart. Es werden Familienführungen angeboten. Außerdem gibt es für Kinder spezielle Führungen, Kurse und Ferienaktionen, bei denen gemalt, gebastelt und gewerkelt wird.

Stadtmuseum Düsseldorf

Berger Allee 2, 40213 Düsseldorf-Karlstadt. ✆ 0211/8996170 (Kasse), 8996172 (Museumspädagogik), Fax 8994019. www.duesseldorf.de/stadtmuseum. claudia.bender@stadt.duesseldorf.de. **Anfahrt:** U70, U74 – 79 Heinrich-Heine-Allee, Straßenbahn 704, 709, 715, 719 Poststraße. **Zeiten:** Di – So 11 – 17 Uhr, Mi bis 21 Uhr. **Preise:** 2,60 €; Kinder 1,30 €; Familien 5,20 €. **Infos:** Führungen nach Vereinbarung. Parkplätze für Behinderte am Haus.

Hunger & Durst

Stärken könnt ihr euch in der **Bar am Kaiserteich** im Museumsgebäude.

DÜSSELDORF

▶ In diesem Museum wurde alles zusammengetragen, was es Sehenswertes zur Geschichte Düsseldorfs gibt. Angefangen wird bei der Vor- und Frühgeschichte, immerhin liegt das Neandertal nur einen Steinwurf von Düsseldorf entfernt. Aber auch alle späteren Epochen werden in den einzelnen Ausstellungsräumen ausführlich behandelt.

Wer könnte euch besser erzählen, welche besonderen Stücke sich in den vielen Vitrinen verbergen als Altersgenossen? Dies haben auch die Museumsmacher erkannt und bieten nun schon seit Jahren erfolgreich die Museumsnachmittage »**Kinder führen Kinder**« an. Mädchen und Jungen, die sich im Stadtmuseum sehr gut auskennen, zeigen euch ihre Lieblingsstücke und erzählen deren Geschichte.

Heine-Museum

Heinrich Heine Institut, Bilker Straße 12 – 14, 40213 Düsseldorf-Karlstadt. ✆ 0211/89955-74, Museumspädagogik 89955-79, Fax 8929044. heineinstitut@duesseldorf.de. **Anfahrt:** U70, U74 – 79, Straßenbahn 703, 706, 712, 713, 715 Heinrich-Heine-Allee. **Zeiten:** Di – Fr, So 11 – 17 Uhr, Sa 13 – 17 Uhr. **Preise:** 2 €; Kinder ab 6 Jahre 1 €, Düsseldorfer Schüler frei; Ermäßigungen für Gruppen ab 10 Personen. **Infos:** Führungen und Lehrgespräche nach Voranmeldung, Preise auf Anfrage.

Harry mochte seinen Vornamen nicht und nannte sich lieber Heinrich Heine

Foto: Düsseldorf Marketing & Tourismus GmbH

▶ Das Heine-Museum ist weltweit das einzige Museum für den 1797 in Düsseldorf geborenen Dichter Heinrich Heine (gestorben 1856 in Paris). Es zeigt eine ständige Ausstellung zu Heines Leben und Werk sowie Sonderausstellungen zu literarischen, aber auch musikalischen oder anderen kulturellen Themen.

Für Schulklassen wird eine Einführung in Leben und Werk des Dichters mit Führung durch die Ausstellung angeboten, Dauer etwa 1 ½ Stunden, 1 € pro Person. Im Anschluss daran kann ein Unterrichtsgang auf Heines Spuren durch die Düsseldorfer Altstadt gebucht werden: Heine-Monument von Bert Gerresheim, Heines Schule, Marktplatz mit Jan-Wellem-Statue, Arche Noä (das Haus von Heines Onkel) und Heines Geburtshaus auf der Bolkerstraße.

museum kunst palast

Ehrenhof 4 – 5, 40479 Düsseldorf-Pempelfort. ✆ 0211/8996260, Fax 8929307. www.museum-kunst-palast.de. info@museum-kunst-palast.de. **Anfahrt:** U74 – 77 Tonhalle, U78, 79 Nordstraße. Rheinufertunnel. **Zeiten:** Di – So 11 – 18 Uhr. **Preise:** 2 €; Kinder 1 €.

▶ Ein Kunstmuseum mit Gemälden von Rubens, Skulpturen, Handzeichnungen und Glaskunst. Für Kinder gibt es Workshops, Führungen, Ferienprogramme und Kindergeburtstage, bei denen ihr euch näher mit Kunst befassen könnt und auch selbst etwas anfertigen dürft. Sonntags um 15 Uhr findet ein offenes Programm für Kinder statt.

An der Kasse könnt ihr euch einen Museumskoffer leihen. Was drin ist? Wird nicht verraten, schaut selbst!

Museum für Naturkunde

Stiftung Schloss und Park Benrath, Benrather Schlossallee 100 – 106, 40597 Düsseldorf-Benrath. ✆ 0211/ 8997271, 8993832 (Kasse, Museumsladen, Besucherzentrum), Fax 8929463. www.stiftung-schloss-und-park-benrath.de. museumspaedagogik@stiftung-schloss-benrath.de. **Anfahrt:** S6 Benrath, Straßenbahn 701 Schloss Benrath. A59 AS22 Benrath. **Zeiten:** 16. April – 31. Okt Di – So 10 – 18 Uhr, 1. Nov – 15. April Di – So 11 – 17 Uhr. **Preise:** 4 €, Verbundkarte für alle Museen im Schloss Benrath 6,50 €; Kinder 2 €, Schulklassen 1 €, Verbundkarte 3,25 €; Familien 8 €, Familienverbundkarte 13 €. **Infos:** Öffentliche Führungen 1. So im Monat 14.30 Uhr. Weitere Führungen können Mo – Fr 10 – 16 Uhr unter ✆ 8921903 vereinbart werden.

▶ In seiner Schausammlung behandelt das Museum die Naturgeschichte der Rheinischen Bucht und des Niederbergischen Landes. Dabei geht es unter anderem um Themen wie die Veränderungen des Rheinlaufes im Lauf der Jahrhunderte, Rheinfischerei, Moor und Heide, Fauna und Flora der Region, die

Im **Grünen Klassenzimmer** könnt ihr hier fern eurer Schulbücher bei netten Lehrern die Natur mit allen Sinnen erfahren.

Bäume im Schlosspark oder das Neandertal. Besonders wichtig bei eurem Besuch ist die Benrather Vogeluhr mit dem Morgengesang der Brutvögel des Schlossparks zur elektronisch vorgetäuschten Morgendämmerung, ebenso ein lebendes Bienenvolk im Beobachtungsstock mit Bienen-Tanzuhr. Darüber hinaus bietet die Ausstellung einen Streifzug durch die Erd- und Lebensgeschichte »vom Urknall bis zum Menschen«. Ein Kleinplanetarium eröffnet die Möglichkeit, in die Sternenwelt einzutauchen.

Museum für Europäische Gartenkunst

Stiftung Schloss und Park Benrath, Benrather Schlossallee 100 – 106, 40597 Düsseldorf-Benrath. ✆ 0211/8997271, 8993832 (Kasse), Fax 8929463. www.stiftung-schloss-und-park-benrath.de. museumspaedagogik@stiftung-schloss-benrath.de. **Anfahrt:** ↗ Museum für Naturkunde. **Zeiten:** 16. April – 31. Okt Di – So 10 – 18 Uhr, 1. Nov – 15. April Di – So 11 – 17 Uhr. **Preise:** ↗ Museum für Naturkunde.
▶ Alle Ausstellungsstücke in diesem Museum haben mit Gärten zu tun. Am schönsten ist der Raum »Klang und Duft«: In vielen kleinen Kästchen an den Wänden gibt es etwas zu Lauschen oder zu Schnüffeln für euch.

BÜHNE, LEINWAND & AKTIONEN

Musik & Theater

Kinder Macht Mit Oper!

Deutsche Oper am Rhein, Opernhaus Düsseldorf, Heinrich-Heine-Allee 16a, 40213 Düsseldorf. ✆ 0211/8908210, 8925211 (Tickets), Fax 8908365. www.deutsche-oper-am-rhein.de. info@deutsche-oper-am-rhein.de. **Anfahrt:** U70, U74 – 79, Straßenbahn 703, 706, 712, 713, 715 Heinrich-Heine-Allee, Bus 780, 782, 785, 805, 809, 817 Oper.
▶ Im Düsseldorfer Opernhaus stehen viele Opern und Ballette auf dem Programm, die Kinder schön

finden: Aschenputtel, Die Zauberflöte, Der Nussknacker und Hänsel und Gretel, um nur einige Beispiele zu nennen.

Einmal im Monat gibt es im Opern-Foyer einen besonderen Leckerbissen für euch: eine **Mitmach-Oper**, bei der ihr euch in edle Ritter, liebreizende Prinzessinnen, Musikanten oder schaurige Monster verwandeln könnt. Schaut auf dem Spielplan unter »Kinder macht Mit Oper!« nach.

Tipp: Der Theaterpädagoge der Oper, ✆ 0211/8908603, gibt Hinweise auf die für euer Alter passenden Stücke und Inszenierungen, bietet die Begleitung von Projekttagen an und organisiert Führungen für Gruppen und Schulklassen.

FFT Forum Freies Theater

Kasernenstraße 6, 40213 Düsseldorf. ✆ 0211/87678718 (Kasse), 8549987 (Tickets), 327210 (Gruppenbestellungen), Fax 87678727. www.forum-freies-theater.de. betriebsbuero@forum-freies-theater.de. **Anfahrt:** U70, U74 – 79 Königsallee, Straßenbahn 703, 706, 701, 711 – 713, 715, 801 Graf-Adolf-Platz, Bus SB50, 780, 782, 785 Berliner Allee.

▶ Das FFT bietet ein vielfältiges Programm im Kinder- und Jugendtheater an. Die Stücke sind zum Teil für die ganze Familie gedacht. Im Spielplan tauchen auch Gastspiele von Puppentheatern auf.

Düsseldorf Marionetten-Theater

Palais Wittgenstein, Bilker Straße 7, 40213 Düsseldorf-Altstadt. ✆ 0211/328432, Fax 133680. www.marionettentheater-duesseldorf.de. info@marionettentheater-duesseldorf.de. **Anfahrt:** U70, U76, U78, U79, Straßenbahn 713, 715 Heinrich-Heine-Allee. **Zeiten:** Di – Sa 20 Uhr, So auch 15 Uhr. **Preise:** Je nach Kategorie 12 – 16 €; Kinder bis 16 Jahre 8 €.

▶ Ein kleines Theater für knapp 100 Besucher, in dem Märchen, Fabeln und Dramen für Groß und Klein gespielt werden. Man strebt hier kein Menschen-Theater im Kleinen an, sondern schöpft die besonderen Möglichkeiten des Figurentheaters aus. Je nach Inszenierung wird die Spieltechnik durch Tischmarionetten, Schatten- und Flachfiguren, Masken und schwarzes Theater ergänzt.

Libelle, Stadtmagazin für Leute mit Kindern, ✆ 0211/370243, Fax 370242. www.libelle-mag.de. info@libelle-mag.de. Die Libelle ist ein kostenloses Stadtmagazin für Leute mit Kindern, in dem ihr aktuelle Termine, Infos über Neueröffnungen oder andere Kinderthemen findet. Es liegt an vielen Stellen wie Museen und Indoorspielplätzen im Stadtgebiet aus.

Theateratelier Takelgarn & Co.

Philipp-Reis-Straße 10, 40213 Düsseldorf-Friedrichstadt. ✆ 0211/312993, Fax 330699. www.takelgarn.de. info@takelgarn.de. **Anfahrt:** S6, S7 Volksgarten, S8, S11 Friedrichstadt, Straßenbahn 701, 701 Morsestraße, 707, 708 Fürstenplatz, Bus 725 Corneliusstraße. **Zeiten:** Sa 16 Uhr, So 15 und 17 Uhr. **Preise:** 7 €; Kinder 6 €.

▶ Ein kleines Zimmertheater, das vor 20 Jahren mit Puppentheater für Kinder begann und mittlerweile etwa 40 verschiedene Stücke für jedes Alter im Repertoire hat. Inzwischen sind nicht nur Marionetten, sondern auch Tischpuppen und Klappmaulpuppen Hauptdarsteller in den Figurentheaterstücken. *Der Kleine Prinz* ist bei Erwachsenen und Kindern gleich beliebt. Für Kinder werden Geschichten von bekannten Autoren gespielt, z.B. *Aschenputtel, Urmel aus dem Eis, Der kleine Hobbit* und *Wir pfeifen auf den Gurkenkönig.*

Puppentheater Helmholtzstraße

Helmholtzstraße 38, 40215 Düsseldorf-Friedrichstadt. ✆ 0211/372401, Fax 372441. www.puppentheater.de. info@puppentheater.de. **Anfahrt:** Bus 725 Helmholtzstraße, Straßenbahn 707, 708, 715 Helmholtzstraße, S8, S11 Friedrichstadt, S6, S7 Volksgarten. **Preise:** Spiele für Kinder ab 2 Jahren: Kinder 5 €, Erwachsene 6 €; Spiele für Kinder ab 3 und 4 Jahren: Kinder 6 € Erwachsene 7 €; Für Kindergärten und Schulen gibt es Ermäßigung. **Infos:** Sondervorstellungen sind nach Vereinbarung jederzeit möglich.

▶ In diesem Puppentheater könnt ihr Hexen, Räubern und Weihnachtsgänsen begegnen, vor allem aber Kindern, die schwierige Situationen zu meistern wissen. Wenn ihr die kluge kleine Hexe kennen gelernt habt, wisst ihr, dass es einfach viel zu voreilig ist, ihre Essenseinladung mit dem Satz »Hässlichekeligdoofböse bist du!« abzulehnen.

Kindertheater im Schauspielhaus

Neue Schauspiel GmbH, Münsterstraße 446, 40470 Düsseldorf-Rath. ✆ 0211/312993, 8523711 Kartentelefon, Fax 8523730. www.volldastheater.de. kjt@duesseldorfer-schauspielhaus.de. **Anfahrt:** S6 Rath-Mitte, Straßenbahn 701 Am Schrein. **Preise:** 8 €; Kinder 5 €; Familien 5 €, Schulklassen bis 4. Schuljahr 3 €, ab 5. Schuljahr 4 €.

▶ Im Düsseldorfer Schauspielhaus passiert für Kinder mehr als nur Theater. Selbstverständlich gibt es viele lustige, ernste, traurige und nachdenkliche Theaterstücke für Kinder, aber auch Märchenlesungen und Malaktionen für Kinder ab 3 Jahren.

Open-Air Frankenheim Kino

Robert-Lehr-Ufer, 40474 Düsseldorf-Golzheim. www.frankenheimkino.de. frankenheimkino@kukulies.com. An den Rheinterrassen. **Anfahrt:** U78, U79, Bus 722. **Zeiten:** Juli und Aug.

▶ Im Sommer gehen die Düsseldorfer fürs Kino nicht in ein Gebäude, sondern ans Rheinufer. Im Frankenheim Kino laufen alle aktuellen Streifen. In jedem Jahr steht eine FamilyNight auf dem Programm, bei der die Organisatoren euch stets einen besonderen Leckerbissen aus den neuen Kinderfilmen heraussuchen, meist sogar als Deutschland-Premiere.

Hunger & Durst

In den verschiedenen **Filmbars** gibt es Snacks und Getränke zu kaufen. Der eigene Picknick-Korb muss leider draußen bleiben.

Feste & Märkte

Festkalender Düsseldorf

▶ Düsseldorf ist weit über seine Stadtgrenzen für die riesige Kirmes und die Feuerwerke am Japantag und bei der Kirmes bekannt.

Mai: 3. Wochenende: Rheinpromenade, Japantag mit Japanfeuerwerk.

Juni: 1. oder 2. So: Benrath, Benrather Spielefest.

Mitte Juni: Königsallee, Radschlägerturnier.

Der Brauch des Radschlagens geht zurück auf das Jahr 1288, als Düsseldorf nach der Schlacht von Worringen die Stadtrechte erhielt und die Kinder ihre »Freudendreher« aufführten.

Juli: 2. – 3. Wochenende: Rheinwiesen Oberkassel: Größte Kirmes am Rhein.

September: So nahe dem 20. Sept: Weltkindertag.

September/Oktober: Düsseldorfer Altstadtherbst – Festival für junge Kultur.

Oktober: 1. So: Urdenbach, Erntedankfest mit Zug der Erntewagen und Schürreskarrenrennen.

November: 10. Nov und Nachbartage: Martinszüge in allen Stadtteilen.

Adventszeit in Düsseldorf

November/Dezember: Ab Ende Nov gibt es täglich den Weihnachtsmarkt auf der Nordstraße, den Weihnachtsmarkt am Schadowplatz und auf der Schadowstraße, den Nikolausmarkt in der Altstadt, den Weihnachtsmarkt Garath und den Kaiserwerther Winterzauber

November: Fr, Sa vor Totensonntag: Benrather Weihnachtsdörfchen.

1. Advent: Do – So: Benrather Adventsmarkt.
So 15.30: Schloss Benrath, Adventssingen.

Sankt Martin   **Termin:** 10. Nov 17 Uhr.

▶ Im ganzen Rheinland wird am 10. November St. Martin gedacht. Das war ein römischer Legionär, der der Legende nach seinen Mantel mit einem frierenden Bettler teilte. Bei Einbruch der Dunkelheit reihen sich in allen Städten, Stadtteilen und Dörfern Kinder zu Hunderten in Fackelzüge ein. Mancherorts gibt es große Martinsfeuer. Die Straßen der Stadt erstrahlen im Lichte der meist selbst gebastelten Laternen. Höhepunkt jedes Zuges ist die Mantelteilung, die besonders eindrucksvoll in der Düsseldorfer Altstadt vor dem Alten Rathaus nachgestellt wird. Die Erwachsenen genießen in diesen Tagen gern das traditionelle Martinsgans-Essen. Die Kinder ziehen nach der Mantelteilung los zum Gripschen, um noch einen Süßigkeitenvorrat anlegen zu können. ◀

Weihnachtsmarkt am Schadowplatz

✆ 0211/403842, Fax 4057434. www.weihnachts-markt-am-schadowplatz.de. weihnachtsmarkt.hoff-mann@t-online.de. **Termin:** 18. Nov – 22. Dez täglich 11.30 – 20 Uhr, Totensonntag 18 – 21 Uhr.

▶ Ein Weihnachtsmarkt, auf dem sich Kinder wohl fühlen können. Schon am Eröffnungstag geht es los, da dürfen nämlich die Kinder aus Düsseldorfer Schulen und Kindergärten die Weihnachtsbäume auf dem Marktgelände mit selbst Gebasteltem schmücken. Auf der Bühne werden täglich von den unterschiedlichsten Musikern Weihnachtsstücke gespielt. Für Kinder gibt es Mitmachprogramme, bei denen gespielt, gebastelt und gewerkelt wird. An manchen Tagen ist ein Kasperletheater auf der Bühne, an anderen bietet sich euch eine Mitfahrgelegenheit mit einem Kohlen befeuerten Dampflokomobil. Jeden Nachmittag im Dez öffnet der Nikolaus um 15.30 Uhr ein Türchen am Adventskalender. Was drin ist? Lasst euch überraschen!

Karneval in Düsseldorf

▶ Mal sehen, ob euch beim Straßenkarneval in Düsseldorf der **Hoppeditz** begegnet. Hier und in Neuss treibt er sich am liebsten herum.
Altweiberfastnacht: Altstadt, Karnevalistisches Treiben am Rathaus.
Karnevalssamstag: 18 Uhr Kö, Tuntenrennen (da seht ihr viele Kerle in Frauenkleidung).
Karnevalssonntag: Innenstadt, Straßenkarneval auf der Königsallee.
Rosenmontag: Altstadt-Innenstadt, Rosenmontagszug.

 Der Hoppeditz, mundartlich für hüpfender Knirps, wird am 11.11. aus dem Sarg geholt und am Aschermittwoch wieder beerdigt. Er gilt als Nachfahre des Hofnarren, der seinem Herren, heute dem jeweiligen Stadtoberhaupt, die Leviten liest. Für Karnevalisten in der Nähe von Düsseldorf ist es der jecke Ritterschlag, einmal in die Rolle des Hoppeditz schlüpfen zu dürfen.

Der Rosenmontagszug in Düsseldorf

Termin: Mo vor Aschermittwoch 13.45 Uhr.

▶ Habt ihr den Düsseldorfer Rosenmontagszug schon einmal im Fernsehen gesehen? Live ist er viel schöner: Ihr seht die vielen bunt kostümierten Menschen und hübsch geschmückten Festwagen, schmeckt von Zugteilnehmern geworfene Bonbons und Schokolade, ihr hört Karnevalslieder, riecht die Pferdeäpfel der Reitergruppen, spürt die dicht an dicht stehenden Karnevalsjecken um euch herum. Und bestimmt werdet ihr bei manch einem Lied an den Ellenbogen gepackt und zum Schunkeln aufgefordert. Nehmt euch einige Durstlöscher mit: Geworfen werden nur Süßigkeiten, Spielzeug, Blumen und Alkohol. **Tipp:** Frostbeulen kostümieren sich als Bär, Yeti oder Skifahrer, da kann man sich warm drunter anziehen. ◀

 Der Schlachtruf Helau der Düsseldorfer Narren kommt von Hallo.
Achtung! Sowohl für Alaaf als auch für Helau gilt: Niemals den falschen Schlachtruf in der falschen Umgebung benutzen, das könnte Ärger geben!

Die »Möhnen« vorm Rathaus

Foto: Düsseldorf Marketing & Tourismus GmbH

RHEIN-KREIS NEUSS

Der Rhein-Kreis Neuss ist ein Zusammenschluss der früheren Kreise Grevenbroich und Neuss. Hier mündet die Erft, deren Quellgebiet in der Nordeifel ihr vielleicht schon aus meinem Ausflugsführer »Eifel mit Kindern« kennt. Entlang der Erft verläuft der Erft-Radweg, eine seit 2004 gut markierte Route von 110 km, die auch von Kindern ohne große Schwierigkeiten gefahren werden kann.

Neuss gehört zu den ältesten Städten Deutschlands. Bereits als Augustus römischer Kaiser war, um 16 vor Christi Geburt, errichteten Römer südlich der heutigen Neusser Altstadt ein Militärlager. Im ersten Jahrhundert entstand die erste Zivilsiedlung namens Novaesium, die vorwiegend von Handwerkern und Fernhändlern bewohnt wurde. Viele Funde aus dieser Zeit findet ihr im Clemens-Sels-Museum. Die Kreisstadt hat auch aktuell einiges zu bieten, die Highlights sind das große Schützenfest, der Kinderbauernhof, der Barfußpfad und die Skihalle.

Obwohl die Region sehr dicht besiedelt ist, findet ihr überall idyllische Fleckchen zum Wandern, Radeln und Picknicken. In Kaarst und Nievenheim gibt es schöne Badeseen, Landwirtschaftsmuseen in Rommerskirchen und Kaarst, Wildparks in Dormagen und Neuss, eine Windmühle in Kaarst und viele andere Ziele, bei denen Landwirtschaft und Natur noch einen sehr großen Stellenwert haben. Erfahren könnt ihr das u.a. im Maisfeldlabyrinth von Dormagen.

Frei- & Hallenbäder

Hallenbad Meerbusch

Friedenstraße 21, 40667 Meerbusch. ✆ 02132/916349. **Anfahrt:** U70, U74, U76 Büderich-Landsknecht. **Zeiten:** Mo 14 – 19.30 Uhr, Di 15 – 19.30 Uhr, Mi, Fr 14 – 20.30 Uhr, Do 14 – 18 Uhr, Sa 6.30 – 18.30, So 8 – 12 Uhr. **Preise:** 2,80 €; Kinder 6 – 18 Jahre 1,30 €.

STADT, LAND, FLUSS

@ www.rhein-kreis-neuss.de.

Zur 2000-Jahr-Feier gab es in Neuss ein ganz besonderes Comic zu kaufen: Asterix in Novaesium. Vielleicht findet ihr es beim Stöbern in einem Antiquariat.

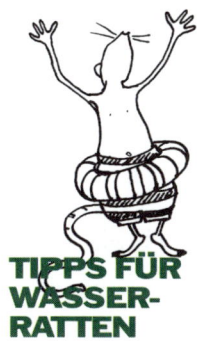

TIPPS FÜR WASSER-RATTEN

Wie bestellt und nicht gegessen sitzen die beiden Kürbis-Damen am Eingang zum Maisfeldlabyrinth von Dormagen

▶ Städtisches Hallenbad mit 5-m-Sprungturm. Spielstunden für Kinder gehören Sa 13 – 15 Uhr und in den Ferien zusätzlich Di – Fr 10 – 12 Uhr zum Angebot.

Stadtbad Neuss

Neusser Bäder und Eissporthalle GmbH, Niederwallstraße 3, 41460 Neuss. ✆ 02131/124779-0, www.neuss.de. wolfram.franken@stadtwerke-neuss.de. **Anfahrt:** Straßenbahn 709, Bus 828, 830, 841, 842, 843, 844, 848. **Zeiten:** Di, Mi, Fr 7 – 21 Uhr, Do 10 – 18 Uhr, Sa 8 – 15 Uhr So 8 – 17 Uhr. Wellen Di – Fr ab 14 Uhr, Sa ab 10 Uhr, So ab 9 Uhr. **Preise:** 2,80 €, 12er-Karte/Monatskarte 30,50 €; Kinder 5 – 18 Jahre 1,25 €, 12er-Karte/Monatskarte 12,50 €; Familien (2 + 2) 6,50 €. **Infos:** Am Warmbadetag Zuschlag von 25 Cent.

▶ Hallenbad in der Innenstadt mit 50-m-Vario-Wellenbecken, der Wellenbetrieb ist halbstündlich für jeweils 10 Minuten. Außerdem Freizeitbecken, Plantschbecken mit Kinderrutsche, Suhlbecken mit 34 Grad, Fitnessraum, Zuschauertribüne für Wettkämpfe und Wickeltisch. Di und Do 14 – 17 Uhr finden lustige Spielnachmittage statt.

Nordbad Neuss

Neusser Bäder und Eissporthalle GmbH, Neusser Weyhe 14 – 16, 41462 Neusserfurth. ✆ 02131/295720, www.neuss.de. wolfram.franken@stadtwerke-neuss.de. **Anfahrt:** Bus 828, 854 Am Katzenberg, Bus 841, 843, 844, 851, 852 Nordpark. **Zeiten:** Mo 13.30 – 21 Uhr, Di 10 – 21 Uhr, Mi 8 – 18 Uhr, Fr – So 8 – 17 Uhr. **Preise:** 2,80 €, 12er-Karte/Monatskarte 30,50 €; Kinder 5 – 17 Jahre 1,25 €, 12er-Karte/Monatskarte 12,50 €; Familien (2 + 2) 6,50 €. **Infos:** Wickeltisch vorhanden. Mo, Di Warmbadetag Zuschlag von 0,25 €, Kinder unter 7 Jahre dürfen nur in Begleitung ins Bad.

▶ **Hallenbad** mit 5-m-Sprunganlage und Allwetterrutsche von 65 m Länge. Spielnachmittage Sa 14 – 16

Happy Birthday!
Freier Eintritt für Geburtstagskinder.

Hunger & Durst
Unter Garantie werdet ihr satt: Badebar, Cafeteria und Straßencafé vorhanden.

Happy Birthday!
Freier Eintritt für Geburtstagskinder.

Uhr. Das Hallenbad ist während der Freibadsaison zeitweilig geschlossen.

Im Mai – Aug ist das **Freibad** geöffnet. Es hat ein 50 m langes Becken getrennt für Schwimmer und Nichtschwimmer, Liegewiesen, eine Kinderwasserlandschaft, einen Spielplatz, Beachvolleyball und einen Kiosk mit Terassencafé zum gleichen Eintrittspreis.

Südbad Neuss

Neusser Bäder und Eissporthalle GmbH, Am Südpark, 41466 Neuss-Reuschenberg. ✆ 02131/746920, www.neuss.de. wolfram.franken@stadtwerke-neuss.de. **Anfahrt:** Bus 843, 844, 869, 872, 873 Südpark. A57 AS21 Neuss-Reuschenberg. **Zeiten:** Di, Mi 7 – 17 Uhr, Do, Fr 7 – 21 Uhr, Sa 8 – 18 Uhr, So 8 – 13 Uhr. **Preise:** 2,80 €, 12er-Karte/Monatskarte 30,50 €; Kinder 5 – 18 Jahre 1,25 €, 12er-Karte/Monatskarte 12,50 €; Familien (2 + 2) 6,50 €. **Infos:** Poollift, Behindertenumkleide. Do, Fr Warmbadetag, Zuschlag von 25 Cent.

▶ **Hallenbad** mit Schwimmer-, Nichtschwimmer-, Sprung-, Lehr-, und Plantschbecken, Sauna und Solarien. Sa 14 – 17 Uhr ist Spielnachmittag. Das Hallenbad ist in der Freibadsaison zeitweilig wegen Grundreinigung geschlossen.

Freibad mit 50-mBecken Mai – August, 24 Grad, mit Springerbecken 1 – 10 m, Nichtschwimmer- und Lehrschwimmbecken, Riesenwasserrutsche 61 m, weitläufigen Liegewiesen, Spielplatz, Beachvolleyball, Tischtennis, Kiosk, Restaurant und Grill zum gleichen Eintrittspreis.

Schlossbad

Schlossstraße 9, 41515 Grevenbroich. ✆ 02181/659568. **Anfahrt:** RB Bhf Grevenbroich, Bus 91, 98, 858, 865, 869, 871, 877 – 879, 891, 892, 893 Rathaus. Rad: Energiepfad. **Zeiten:** Sept – April Hallenbad Di – Fr 8 – 11.30 Uhr, 14 – 21 Uhr, Sa, So 8 – 13 Uhr, Mai – Aug Hallenbad Di – Do 8 – 11.30 Uhr, Freibad täglich 10 – 19 Uhr. **Preise:** 3,60 €, 10er-Karte 33 €;

Achtung: Für den Sommer 2005 ist ein Umbau geplant. Bislang weiß keiner, welche Angebote hinzukommen oder wegfallen.

Happy Birthday!
Freier Eintritt für Geburtstagskinder.

Kinder 2 – 7 Jahre 0,80 €, 8 – 17 Jahre 1,80 €, 10er-Karte 16,50 €; Familie/Minigruppe bis 4 Personen davon höchstens 2 Erwachene 7 €. **Infos:** Verweildauer 120 Minuten, Wickeltisch vorhanden.

▶ Ein Hallen- und Freibad mitten in der Stadt, gleich neben dem alten Schloss. Im Freibadteil gibt es neben dem Schwimmbecken mit 5-m-Sprunganlage und Rutsche eine große Liegewiese mit einigen Schatten spendenden Bäumen und Basketball-Körben. Drinnen warten ein weiterer 5-m-Strungturm und eine 70-m-Rutsche auf Mutige.

Für den kleinen Hunger nach dem Schwimmen steht ein Süßigkeiten-Automat im Kassenbereich bereit.

Römer Therme

TSV Bayer Dormagen, bei Bayer Tor 1, An der Römerziegelei, 41539 Dormagen. ☎ 02133/515600, Fax 516300. info@tsv-bayer-dormagen.de. **Anfahrt:** Bus 885e Alte-Neusser-Landstraße. **Zeiten:** Mo 11 – 19 Uhr, Di – Fr 6 – 19 Uhr, Sa, So, Fei 9 – 19 Uhr, Okt – April Sa nur 9 – 17 Uhr, So, Fei 9 – 14 Uhr. **Preise:** 4 €, 10er-Karte 36 €; Kinder 6 – 17 Uhr 3 €, 10er-Karte 27 €.

▶ Großes Freibad, das sogar im Winter geöffnet ist, mit 50-m-Becken, Nichtschwimmerecke, Erlebnisbereich mit Luftsprudelsitzen und großer Liegewiese. Es ist schon ein ganz besonderes Gefühl, bei Schneefall in einem Freibad zu schwimmen. Frieren werdet ihr nicht, denn das Wasser hat angenehme 31 Grad.

Das flache Plantschbecken, das die kleinsten Besucher meist mit Schwimmflügelchen, Badereifen & Co bevölkern, ist im Bereich der Liegewiese angesiedelt und für Mütterblicke extra gut einsehbar.

Sonnenbad

Nettesheimer Weg 50, 41569 Rommerskirchen. ☎ 02183/9244. **Anfahrt:** Bus 871, 891 Giller Straße Fußweg 300 m. **Zeiten:** Di 7 – 13 Uhr, 16 – 19.30 Uhr,

---

Nehmt euch an einem Regentag die Tauchermaske oder Schwimmbrille mit und schaut euch die Regentropfen von unten an, wenn sie in die Wasseroberfläche eintauchen.

Hunger & Durst

Verhungern und Verdursten müsst ihr keinesfalls, denn es gibt ein gutes Bistro.

Mi 8 – 13 Uhr, 18 – 21 Uhr, Do 8 – 19.30 Uhr, Fr 8 – 13 Uhr, 16 – 21 Uhr, Sa, So 9 – 13 Uhr. **Preise:** 2 €, 10er-Karte 18 €; Kinder/Jugendliche 1 €, 10er-Karte 9 €.

▶ Kleines, aber feines Familienbad mit freundlichem Personal. Das Hallenbadteam bietet für die Kinder Spielvormittage mit einem großen Wassertier an, lässt Geburtstagsfeten steigen und bietet jederzeit Spaß am Wasser mit vielen Spielgeräten. Mi und Fr 15 – 18 Uhr ist Spieltag für Groß und Klein. In den Sommermonaten kann man die Sonnenstrahlen auf der angrenzenden Liegewiese genießen, also im Sonnenbad ein Sonnenbad nehmen.

Happy Birthday!
Das Geburtstagskind hat freien Eintritt, seine anderen Gäste zahlen den regulären Eintrittspreis. Für das leibliche Wohl kann man selber sorgen, indem man alles in Behältern aus bruchsicheren Materialien mitbringt – oder man bestellt in den Abendstunden Pizza.

Badespaß am See

Kaarster See
Am Kaarster See, 41564 Kaarst. ✆ 02131/67155. **Anfahrt:** Regiobahn Kaarster See. A52 AS11 Willich/Schiefbahn, links Richtung Korschenbroich, wieder links auf L390. **Zeiten:** Mai – Aug täglich 10 – 20 Uhr.

▶ Der Kleine Kaarster See ist der Teil der Naherholungsanlage Kaarster See, der zum Schwimmen freigegeben ist. Vorhanden sind Imbiss, Badeinseln, Kinderspielplatz, Tischtennis und Liegewiesen. Für unterschiedliche Wassersportarten wie Surfen, Segeln, Tauchen oder Angeln steht der Große Kaarster See gleich nebenan zur Verfügung.

Seid ihr gut im Brustschwimmen? Dann macht doch einmal einen »**Fuß-Schwimm-Wettkampf**«! Legt euch auf den Rücken ins Wasser und schwimmt mit den Füßen voran mit Brust-Armzug so schnell es geht zu einem vorher vereinbarten Ziel. Das macht sogar den Zuschauern Spaß, denn ihr liegt mit dem ganzen Körper ruhig im Wasser wie auf einem Sofa und nur die Arme rudern heftig.

RAUS IN DIE NATUR

 Die Fietsallee ist insgesamt rund 100 km lang und führt von Neuss bis ins niederländische Nederweert. Wem die Tour also zu kurz ist, der fährt einfach weiter bis Nettetal, Venlo oder gar Nederweert.

Zwei Flyer mit den Teilstrecken Neuss – Mönchengladbach und Viersen – Straelen erhaltet ihr kostenlos bei der Niederrhein Tourismus GmbH in Viersen, ✆ 02162/817903, info@niederrhein-tourismus.de.

Hunger & Durst
Viele gute Einkehrmöglichkeiten entlang dem Weg.

Radeln & Skaten, Wandern & Spazieren

Auf Napoleons Spuren: Die Fietsallee am Nordkanal

Länge: 25 km, leichte Radtour von Neuss bis Viersen, mit Schild oder Stele und weiß-orange-geringeltem Logo sowie einem blauen Band als Bodenmarkierung gekennzeichnet. Start: 4 km vom Hbf Neuss, Ziel: 400 m vom Hbf Viersen. **Anfahrt:** RB Hbf Neuss, **Rückfahrt:** Hbf Viersen. www.nordkanal.net.

▶ Napoleon Bonaparte wünschte sich immer einen »grand canal du nord«. Dieser Nordkanal wurde nie vollendet, aber schon die fertig gestellten Fragmente waren für die politische Stellung des Niederrheins sehr wichtig. Ihr radelt auf den Spuren Bonapartes und erfahrt auf Infotafeln viel über den Mann und seinen Kanal. Die Fietsallee-Tour beginnt am ursprünglich geplanten Ost-Ende des Nordkanals, an der **Rheinmündung der Erft** bei Neuss-Grimlinghausen. Im Stadtgebiet von Neuss führt die Fietsallee über den Scheibendamm und am alten Brückenwärterhäuschen vorbei. Vor dem Stadtgarten gibt es das **Entlastungbauwerk Epanchoir** zu bewundern. Ab hier ist die Fietsallee stets begleitet vom Wasserlauf des ehemaligen Kanals.

Der **Rastplatz in Willich** markiert den Endpunkt des Wasser führenden Abschnitts des Nordkanals. Hier löschten vor gut 200 Jahren die Schiffer ihre Ladung. Die Kohle, die an den Niederrhein gebracht wurde, musste auf Pferdekarren umgeladen werden und zu einem an der Straße Neersen – Gladbach gelegenen Kohlelager transportiert werden. Von hier aus wurde das Hinterland mit dem Brennstoff versorgt. Entlang der Niers verläuft die Fietsallee nun abseits von Straßen durch Wiesen und Felder. Dem kleinen Flüsschen fiel bei den Planungen zum Nordkanal eine sehr wichtige Rolle zu: Gemeinsam mit der Erft sollte es den Kanal mit Wasser speisen. Am Kreuzungspunkt der geplanten Kanaltrasse mit der Niers wartet ein besonderes Bonbon auf »zugkräftigen« Besuch: eine Erlebnisbrücke nach historischem Vorbild. Bis zum alten **Brückenwärterhaus** in Viersen, dem Ziel der Tour, sind es jetzt nur noch 5 km.

Wandern auf dem Barfußpfad

Hochzeitshain, Berghäuschensweg, 41468 Neuss. www.barfusspfad-neuss.de. **Länge:** keine 500 m. Kleine Runde, die ihr in 10 – 15 Minuten geschafft habt. **Anfahrt:** ab Neuss Hbf Bus 849 Richtung Erfttal, Bus 854 Richtung Weckhoven. A57 AS23 Neuss-Norf, L142, rechts auf den Berghäuschensweg L380, hinter der Autobahnbrücke links zur Erft. Rad: Erft-Radweg.

▶ In der Nähe der Erft könnt ihr zu jeder Jahreszeit barfuß auf Erde, Gras, Kies, Rindenmulch, Sand und Muscheln laufen. Dazwischen gibt es zum Neutralisieren immer Streifen mit Gras und Klee. Ihr werdet spüren, wie empfindlich eure Füße sind, weil sie ja den ganzen Tag in den Schuhen stecken. Macht beim

Mit einem nassen Waschlappen und einem Handtuch sind die Füße nach der Wanderung ruckzuck wieder sauber.

Kies, Rinde, Sand … mit geschlossenen Augen ist es ganz schön schwierig, das herauszufinden!

RHEIN-KREIS NEUSS

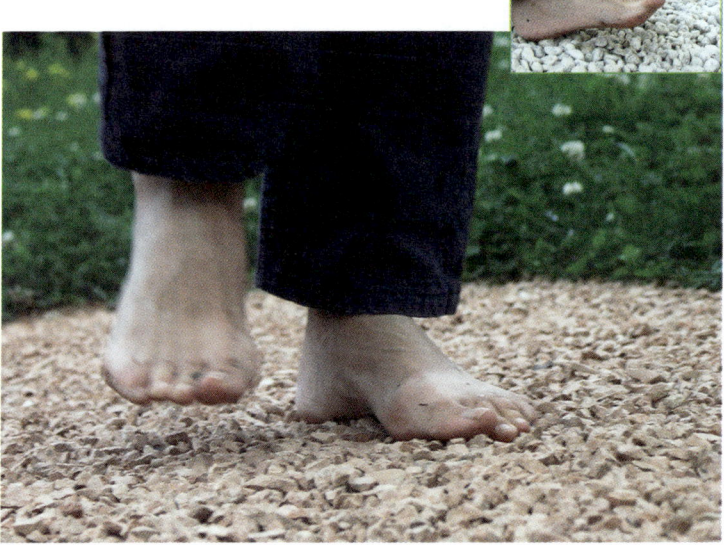

Junge Brautpaare können auf dem »Hochzeitshain« am Berghäuschensweg aus Anlass ihrer Vermählung einen Baum pflanzen. So haben sie immer eine Erinnerung an ihre Hochzeit. Romantisch, nicht?

Wandern die Augen zu und lasst euch ein wenig von einem Freund an der Hand führen. Spürt ihr, wie unterschiedlich es sich unter der Fußsohle anfühlt, wenn man über kitzliges Gras, sonnenwarmen Kies oder feuchten Rindenmulch geht?

Natur & Umwelt erforschen

Arche Noah

Jugendfarm Meerbusch e.V., Marienburger Straße, 40667 Meerbusch-Büderich. ✆ 02132/73461, Fax 759505. Handy 0172/2401003 oder 2114316. www.archenoah-meerbusch.de. **Anfahrt:** Bus 828, 838 Grünstraße, Bus 830 Deutsches Eck. A52 AS14 Büderich/Neuss, B9. **Zeiten:** täglich 15 – 18 Uhr, im Winter bis zum Einbruch der Dunkelheit. **Preise:** 2 €; Kinder ab 2 Jahre 0,50 €, Ponyreiten 1,50 €.

▶ Wie will man diesen Ort nennen? Jugendfarm, Streichelzoo oder Gnadenhof? Es stimmt alles. Die Arche Noah ist Zufluchtsort und Heimat für viele Tiere, die ein neues Zuhause brauchen. Die Ponys, Esel, Schweine, Schafe, Bergziegen, Zwergziegen, Angoraziegen, Ziervögel, Tauben, Kaninchen, Meerschweinchen, Hühner, Enten, Gänse, Truthähne, Pfaue, Fasane, Teichhühner usw. werden von Kindern, Jugendlichen und Erwachsenen betreut. Natürlich sind auch Hund und Katze an Bord der Arche Noah.

Di, Do, Sa und So können schon die Kleinsten auf den Ponys reiten. Ponyreiten und Rikschafahren ist auch für

Na? Könnt ihr das auch: Auf einem Bein stehen und euch mit dem anderen Fuß am Kopf kratzen?

die Kinder und Jugendlichen des Arche Noah-Teams nach getaner tierpflegerischer Arbeit das Höchste. Ab 8 Jahre werden Kinder in dieses Team aufgenommen.

Neben den Tierhäusern und Gehegen gibt es auch **Spielbereiche** mit Schaukeln, Rutschen, Karussells und Fahrzeugen.

Landschaftslehrpfad Selikumer Park

Länge: 1,5 km. **Anfahrt:** Bus 854 Kinderbauernhof. A57 AS21 Neuss-Reuschenberg, Richtung Kinderbauernhof. **Infos:** Grünflächenamt ✆ 02131/90-8500.

▶ Nur wenige Schritte von den Freigehegen des Kinderbauernhofs entfernt findet ihr den Landschaftslehrpfad mit zentralem Infopunkt und sechs Stationen. Der Weg zu den Stationen ist im Wald mit Wegweisern markiert. Einige der Stationen sind Arboretum, so nennt man ein Baummuseum, Wald, Wasser, Landwirtschaft, Natur- und Landschaftsschutz und der Kinderbauernhof.

Ihr lauft dabei durch einen verwunschenen Wald mit einem Wildpark und gruselig grünen Tümpeln, in dem viele Bäume so über Gräben gefallen sind, dass man prima darauf klettern kann.

Energiepfad Grevenbroich

Stadtverwaltung Grevenbroich, Ostwall 6, 41515 Grevenbroich. **Länge:** 20 km. Leichte Radtour auf ebenen, meist autofreien Strecken. Kennzeichnung: gelbes Kreuz mit rotem Schriftzug »Energiepfad«. **Anfahrt:** Bhf Grevenbroich (für Teilstrecken Bhf Gustorf, Bhf Frimmersdorf).

▶ Dies ist endlich einmal ein Lehrpfad für Radler. 20 Kilometer lang geht es vorbei an Stellen, an denen ihr sehen könnt, wie früher und heute Energie gewonnen wurde und wird. Vom Grevenbroicher Bahnhof geht es ins Stadtpark-Museum zum Dokumentationszentrum und weiter nach Süden, wo ihr euch Tagebau, Kraftwerke, Braunkohlewäldchen, den Neu-

RWE-Karte Straße der Energie, kostenlos im Schloss Paffendorf.

 Einen ähnlichen Lehrpfad gibt es bei Paffendorf, ↗ Straße der Energie, Rhein-Erft-Kreis.

Nicht weit entfernt, in Titz-Jackerath, gibt es einen weiteren Aussichtspunkt. A61 am Autobahnkreuz Jackerath Richtung Titz-Jackerath fahren, links abbiegen, nach 700 m rechts in den Wirtschaftsweg fahren und hinter der Autobahnbrücke links abbiegen.

Hunger & Durst

Im **Waldgasthaus**, ✆ 02133/80606, Mo Ruhetag, könnt ihr gut euren Hunger und Durst stillen.

Für die Sportler unter euch gibt es im Tannenbusch einen 3 km langen Trimm-Dich-Parcours mit verschiedenen Fitness- und Klettergeräten. Etwas weniger anstrengend ist der Rundwanderweg A1, den ihr in etwa einer Stunde schaffen könnt.

rather See mit Photovoltaikanlage und die Vollrather Höhe mit Windpark ansehen könnt.

Braunkohletagebau Garzweiler

Grevenbroich. **Anfahrt:** Bhf Jüchen, zur Ortsmitte gehen, an der Jülicher Straße rechts abbiegen, Autobahn unterqueren, rechts und Richtung Otzenrath etwa 300 m laufen. A46 AS13 Grevenbroich, Richtung Grevenbroich, nächste Ampel rechts. Aussichtspunkt nach etwa 4 km links.

▶ In Grevenbroich könnt ihr große Braunkohlebagger und Absetzer bei der Arbeit sehen. Ein Absetzer füllt die Löcher wieder mit Erde auf, die der Bagger vorher abgetragen hat. Auf Schautafeln ist auch einiges zum Braunkohletagebau erklärt.

Tannenbusch Dormagen

Haus Tannenbusch, 41540 Dormagen. ✆ 02133/257871, Fax 92477. www.sdw-dormagen.de. kremer@sdw-dormagen.de. **Anfahrt:** Bus 883 Tannenbusch. A57 AS25 Dormagen, dann Richtung Zons. Rad: Euroga-Radroute. **Zeiten:** Di – So 10 – 18 Uhr. **Preise:** Eintritt frei. **Infos:** Führungen und Waldpädagogik nach Vereinbarung unter ✆ 02133/92477.

▶ Im »Haus Tannenbusch« werden vier schützenswerte Landschaften in Dormagen in ihrem ökologischen Zusammenhang vorgestellt. Das sind die Naturschutzgebiete Stürzelberger Grind und Wahler Berg sowie der Knechtstedener Busch mit seinem trockenen Buchen-Eichenwald und dem Eschen-Ulmen-Auewald.

In diesem Wald könnt ihr gut auf »Spurensuche« gehen. Unter diesem Motto bietet euch ein aus 13 Stationen bestehender Naturerlebnispfad verständlich aufbereitete Informationen zu Natur- und Umweltfragen. Er ist frei zugänglich. Außerdem warten ganz besondere Baumstämme auf euch. Mehr wird aber nicht verraten.

Pferde & andere Tiere

Reit- und Ponyhof Löwenzahn

Isabel Meßthaler, Am Rheinblick 5, 40668 Meerbusch-Langst-Kierst. Handy 0173/5736076. **Zeiten:** Mo – Fr 14.30 – 20.30 Uhr.

▶ Hier können Kinder ab 4 Jahre versuchen, sich auf dem Rücken von Shetlandponys, Warmblütern und Haflingern zu halten. Es gibt einen Mini-Club für 4- bis 6-Jährige, ein Ferienprogramm für 4- bis 8-Jährige, Einzelreitstunden und Gruppentraining für ältere Kinder und Jugendliche. Ihr lernt, wie man reitet und die Tiere richtig pflegt. Wenn ihr mögt, könnt ihr auch auf ein Reitabzeichen trainieren.

Kinderbauernhof Selikum

Nixhütter Weg 141, 41466 Neuss-Selikum. ✆ 02131/908521, Fax 908527. www.kinderbauernhof-neuss.de.
Anfahrt: Bus 854 Kinderbauernhof. A57 AS21 Neuss-Reuschenberg, B477 Bergheimer Straße queren und am Ende der Lupinenstraße links. **Zeiten:** täglich ab 9

Neugier auf beiden Seiten: Ziegen füttern im Kinderbauernhof

Viel Abwechslung bietet der Kinderbauernhof

 Wer hinter Spielplatz und Freigehegen weiterwandert, kommt rechts über eine Brücke in ein schönes Wäldchen. Dort geradeaus an der Erft entlang und später auf der anderen Erftseite zurück seht ihr viele grün bewachsene Tümpel, Wassertiere und fliegende Fische (!). Hinterm Schloss Reuschenberg steht St. Cornelius, eine Wallfahrtskapelle von 1628, vor der bei schönem Wetter die Messebesucher unter freiem Himmel sitzen.

Uhr, Scheune Di – Fr 10 – 17 Uhr, Sa und So 14 – 17 Uhr. **Preise:** Eintritt frei. **Infos:** für Gruppen beim Grünflächenamt, ✆ 02131/90-8521, Fax -8527, pädagogische Betreuung für Kindergärten ✆ 90-4134. Quartalsprogramm im Internet. Hunde müssen an der Leine geführt werden.

▶ Die Stadt Neuss hat diesen Bauernhof speziell für Stadtkinder angelegt, die sonst wohl nur aus Bilderbüchern und Fernsehfilmen Schweine, Hasen, Hühner, Gänse, Pfauen, Enten, Ziegen, Ponys, Kühe, Esel und Schafe kennen. Die Tiere sind auch fast alle ziemlich zutraulich.

Außer den Tieren findet ihr einen großen Spielplatz, einen Bauerngarten mit Wasserpumpe und eine kleine Ausstellung mit historischem Spielzeug rund um den Bauernhof. Dabei sind etliche Schaukelpferde. In der Scheune ist ein Natur- und Landschaftszentrum eingerichtet. Darin wird unter anderem erklärt, welche Tiere auf dem Dachboden eines Bauernhofs leben und ihr könnt an einer Streichelwand fühlen, wie unterschiedlich sich ein Kaninchen, ein Vogel und ein Igel anfühlen.

Die Scheune ist auch Startpunkt für die vielen Kurse, die für 2- bis 10-Jährige (je nach Thema) angeboten werden. Es gibt pro Quartal ein Programmheft, in den Kursen lernt ihr viel über Kräuter, Vögel, Frösche, Wasserschnecken, Bauerngärten, Esel, Ponys, Kühe, Wasser, Schmetterlinge, Maulwürfe und Rosen. Für die Mutigen, Kreativen und Handwerker unter euch gibt es aber auch Kurse, in denen ihr nachts in den Wald geht, mit Hammer und Säge Spielzeug baut, Seife herstellt oder ein Hexenfest feiert.

Wildpark und Geopark im Tannenbusch

Haus Tannenbusch, 41540 Dormagen. ℃ 02133/ 257871, www.sdw-dormagen.de. kremer@sdw-dormagen.de. **Anfahrt:** Bus 883. A57 AS25 Dormagen, dann Richtung Zons. Rad: Euroga-Radroute. **Preise:** Eintritt frei.

▶ Im Tannenbusch könnt ihr in einem Wildfreigehege mit Wildpark viel Federwild, aber auch Wildschweine & Co sehen. Natürlich dürfen auch Hirsche und Rehe nicht fehlen, die friedlich am Waldrand grasen.

Im benachbarten Geopark gibt es einiges über die Erdgeschichte und die verschiedenen Gesteine zu lernen. Die unterschiedlichsten Gesteine sind als riesige Brocken dort zu sehen. Die Erdgeschichte könnt ihr sogar als Zeitstrahlen entlanglaufen. Und zur Entspannung könnt ihr euch auf dem großen Waldspielplatz austoben.

Hunger & Durst

Im Sommer steht gegenüber immer ein **Eiswagen.** Große Portionen gutes kroatisches Essen gibt es nebenan im **Restaurant-Café Zimmermann,** ℃ und Fax 02131/466475, geöffnet Di – Fr ab 15 Uhr, Sa, So ab 12 Uhr.

Hunger & Durst

Am Waldspielplatz gibt es einige schöne Stellen für ein Familien-Picknick. Außerdem ist da eine Grillhütte im Tannenbusch.

Erlebniswelten

Jungle Town

Nierster Straße 94, 40668 Meerbusch-Lank-Latum. ℃ 02150/706380, Fax 706381. www.jungletown.de. weuthen@jungletown.de. **Anfahrt:** Bus 839 Zum Heidberg. **Zeiten:** Mo – Fr 13.30 – 19 Uhr, Sa, So, Fei 10.30 – 19 Uhr, Ferien ab 12 Uhr; für Schul- oder Kindergartenausflüge auch nach Vereinbarung.

Es ist nicht gestattet, Speisen und Getränke außer Babynahrung mitzubringen. Damit ihr dennoch während eures Dschungel-Trips nicht verhungert, gibt es in Jungle Town Pommes, Eis, Snacks und Limo.

Preise: Erwachsene haben freien Eintritt; Kinder Mo – Fr 3 €, Sa, So, Fei, Ferien 4,50 €.

▶ Für Kinder von 12 Monaten bis 12 Jahren gibt es in diesem Spielhaus viele verschiedene Dinge zum Spielen und Toben. Ein Bereich für die Minis ist von dem Dschungel für die Großen getrennt, damit euch kein Windelpo in die Quere kommt, wenn ihr euch auf den Riesenrutschen, Trampolins, drehenden Tonnen, Lianen und Kletterstangen amüsiert. Natürlich fehlen auch Bobbycars, Hüpfburgen, Kicker, Airhockey, Auto-Scooter und Skisimulator nicht. Bei einer Geburtstagsfeier in Jungle Town habt ihr die Wahl zwischen Bambi-, Panda-, Affen- und Tiger-Arrangement für 6 – 8,20 € pro Kind, je nachdem, wie viel Hunger und Durst ihr mitbringt.

Kletter- und Hochseilgarten

Schloss Dyck, 41363 Jüchen. ✆ 02181/6014086, Fax 6014095. mecky.fischer@ksbneuss.de. **Anfahrt:** Busse von Jüchen Markt und Neuss Busbahnhof. A46 AS14 Grevenbroich-Kapellen.

▶ Im Schlosspark von Jüchen könnt ihr lernen, wo eure Grenzen sind und wie ihr mit Angst umgeht. Denn Mut ist es auch, zu sagen »Nein, ich trau mich nicht!« Kinder ab 6 Jahre üben im Niedrigseilgarten auf Seilbrücken, wackeligen Holzbalken und Stegen, ab 12 Jahren geht es dann mit Helm und Seilsicherung in den Hochseilgarten. Der Trainer kostet bei einem zweistündigen Gruppenprogramm pauschal für Gruppen bis 20 Personen 90 €, jedes Kind zahlt zusätzlich 3 €.

Happy Birthday!
Auch als Erlebnisprogramm zum Geburtstag ab 12 Personen für 12,50 € pro Person möglich.

Kletterwand Neuss

An der Skihalle 1, 41472 Neuss. ✆ 02131/1244-0, Infotelefon 0180/5005665, Fax 1244300. www.allrounder.de. info@allrounder.de. **Anfahrt:** Neuss Hbf, Bus 843 Skihalle. A46 AS15 Neuss-Holzheim, Richtung Jever Skihalle. **Zeiten:** Mai – Anfang Okt Mo – Fr ab 14 Uhr, Sa, So, Fei ab 10 Uhr. Schließung ab Einbruch der

Wow: Ganz schön hoch! An der Kletterwand wird das Selbstbewusstsein trainiert

Foto: allrounder.de

Happy Birthday!

Kindergeburtstag »Cliffhanger«: Bei einer ganz besonderen Geburtstagsparty lernt ihr die Grundlagen des Sicherns und die richtigen Kletterknoten. Danach geht's direkt in die Senkrechte! Nach 1,5 Stunden erwartet euch ein leckeres Geburtstagsessen. Ab 5 Kinder Paketpreis: 109 €, jedes weitere Kind 15 €.

Dunkelheit und bei schlechtem Wetter. **Preise:** Mo – Fr 10 €, Sa, So, Fei 13 €; Kinder/Jugendliche 6 – 17 Jahre Mo – Fr 8 €, Sa, So, Fei 11 €; Testklettern auf zwei speziellen Routen am Wochenende jeweils um 12, 14, 16, 18 Uhr 5 €. Außerdem 6er-Ticket, Mondschein-Ticket ab 18 Uhr und Climbing-Day am Freitag: einer zahlt, zwei klettern.

▶ Das ist das Paradies für Kletterer: über 1000 qm Kletterfläche in 6 Sektoren an 37 Umlenkungen ergeben über 100 Routen, meist sogar mit einer Routenvariante. Die Kletterwand ist draußen an der frischen Luft und hat neben einer Bouldering-Strecke einen senkrechten überhängenden 32-m-Sektor, zwei 16-m-Sektoren (senkrecht und liegend/senkrecht), zwei 10-m-Sektoren (senkrecht und überhängend/senkrecht) und einen 15-m-Sektor überhängend.

Die Schwierigkeitsgrade nach UIAA liegen zwischen 3- und 9+. Für Kinder ab 6 Jahren, Jugendliche und Erwachsene werden verschiedene Kurse angeboten. In den Sommerferien finden *Kids Camps* für Anfänger und Fortgeschrittene zwischen 6 und 14 Jahren statt. An zwei Tagen lernt ihr die Grundlagen der Kletter- und Sicherungstechnik und könnt unter Anleitung unterschiedlich schwierige Routen klettern. Von 12 bis 17 Uhr an zwei Tagen 2 x 2 Std Unterricht inkl. Mittagessen und Betreuung, Preis pro Kind 99 €.

Darauf ist Verlass: Die Lehrerin zeigt, wie es geht

Foto: allrounder.de

Durch den Irrgarten zur Strohhüpfburg

Bauer Spix, Kohnacker 200, 41542 Dormagen-Nievenheim. ✆ 02133/535117, www.pumpkin-island.de. info@kuerbisausstellung.com. **Anfahrt:** S11 Bhf Nievenheim, zu Fuß Richtung Nievenheim und dem Schild »Gesamtschule« folgen. An dieser vorbei etwa 1 km geradeaus. A57 AS25 Dormagen Schilder »Nievenheim/

Kohnacker«. **Zeiten:** Pumpkin Island Juni – Okt täglich ab 11 Uhr, Kürbisausstellung ab Ende Aug. **Preise:** 3 €; Kinder bis 11 Jahre 2 €.

▶ Die Bauernfamilie Spix lässt sich in jedem Sommer etwas ganz Besonderes einfallen. Da ist eine Kürbisausstellung mit jährlich wechselndem Motto. Der Irrgarten besteht aus einem Sonnenblumenlabyrinth und einem **Maisfeldlabyrinth**. Der Idealweg ist 3 km lang, insgesamt gibt es 10 km Wege durch das Feld. Im Okt werden auch Nachtwanderungen durch den Irrgarten angeboten. Der Clou ist Pumpkin Island: Mitten im Rheinland kommt ihr euch mit ein wenig Fantasie vor wie in der Karibik. Einfach bei den Maiskolben an Zuckerrohr denken, und schon ist die Idylle perfekt. Im extra aufgeschütteten feinen Sand könnt ihr Sandburgen bauen, Beachvolleyball spielen und Saft schlürfen. Dann sitzt ihr auf Sonnensesseln, die aus Holz-Paletten zusammengenagelt wurden oder geht in einem Pool zwischen Strohballen plantschen.

Im **Farmhauszelt** könnt ihr Zierkürbisse kaufen, Kürbissuppe essen, Kürbisse schnitzen oder euren Geburtstag feiern. Direkt daneben gibt es einen Kinderspielplatz mit Wippen, Trampolin, einer Strohhüpfburg und einem Maiskornschwimmbad! Spezielle Aktionen wie Kartoffelfest und Sandburgenbauwettbewerb findet ihr auf der Homepage.

Grillhütten im Rhein-Kreis Neuss

Dormagen-Delhoven: Tannenbusch, Kontakt Frau Dries ✆ 02133/43188. Geschlossene Grillhütte mit Sitzgelegenheiten direkt am Wildpark.

Jüchen: Kontakt Grenadierzug Jüchen, ✆ 02165/1898, 2439 Grillhütte mit WC, 5 Bänke innen und weitere Sitzgelegenheiten außen. Miete 50 €.

Jüchen-Gierath: Kontakt Jungmarinezug, ✆ 02181/499755 Grillhütte mit 5 Tischen und 10 Bänken, Wasser, WC mitten im Grünen. Miete 50 €.

Hunger & Durst

In der urigen **Beach Bar Pumpkin Island** gibt es Getränke, heiße Waffeln und Eis.

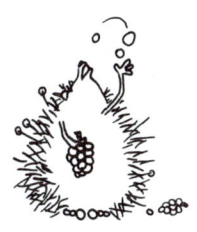

Jüchen ist partnerschaftlich verbunden mit Leers/Frankreich und Rebesgrün/Sachsen.

Neuss-Reuschenberg: Südpark, Kontakt Grünflächenamt, ✆ 02131/908511, gruenflaechenamt@stadt.neuss.de, nackter Grill ohne alles.

Neusserfurth: Jröne Meerke, Kontakt Grünflächenamt, ✆ 02131/908511, eMail ↗ oben. Hütte mit Außengrill, WC, Strom und Wasser, direkt neben dem Wasserspielplatz mit Blick auf die Seefläche. Bis 49 Personen 12 €, 50 – 100 Pers. 25 €.

Wintersport

Eissporthalle Südpark Neuss

Neusser Bäder und Eissporthalle GmbH, Carl-Diem-Straße, 41466 Neuss-Reuschenberg. ✆ 02131/746930, www.neuss.de. wolfram.franken@stadtwerke-neuss.de. **Anfahrt:** Bus 843, 844, 869, 872, 873 Südpark. A57 AS21 Neuss-Reuschenberg. **Zeiten:** In der Eislaufsaison Mitte Sept – Ende März Di 9.45 – 10.45 Uhr, 11 – 15.45 Uhr, Do 11 – 12.45 Uhr, Fr 11 – 15.45 Uhr, Sa 11 – 17.15, So 9 – 16 und 17 – 19 Uhr. Disco Mo 17 – 18.45 und 20.30 – 22.15 Uhr, Mi 17.30 – 19.30 und 19.45 – 22 Uhr. **Preise:** 3,30 €, 6er-Karte 16,50 €, 12er-Karte 33 €, Discozuschlag 0,50 €; Kinder/Jugendliche 5 – 18 Jahre 1,50 €, 6er-Karte 7,50 €, 12er-Karte 15 €, Discozuschlag 0,25 €. **Infos:** Preise gelten jeweils für 2 Stunden Laufzeit einschließlich Umkleiden. Schlittschuhverleih 3 €.

▶ In dieser Eissporthalle könnt ihr auf einer Eisfläche von 30 x 60 m Schlittschuh laufen. Wer es noch nicht kann, hat Mi 15 – 15.45 Uhr und Sa 11 – 12.45 Uhr die Gelegenheit, es unter Anleitung und vor Rasern geschützt zu versuchen. Di außerdem Kindergarteneislaufen mit netten Übungsleitern 11 – 12.45 Uhr. Ihr könnt auch bei Sportveranstaltungen wie Eishockeyspielen, Eisstockschießen und Eiskunstlauf zusehen, die Halle hat fast 2850 Zuschauerplätze. Alle zwei Jahre wird ein großes Eismärchen aufgeführt, das nächste im Dez 2006.

Hunger & Durst
Wintersport macht Hunger. Den könnt Ihr in der **Cafeteria Sporting Life** stillen.

Inliner aufgepasst: Halfpipe und Rampen hinter der Eishalle.

Allrounder Winter World

An der Skihalle 1, 41472 Neuss. ℡ 02131/1244-0, Fax 1244300. www.allrounder.de. info@allrounder.de. **Anfahrt:** Neuss Hbf, Bus 843 Richtung Grefrath bis Skihalle. A46 AS15 Neuss-Holzheim, Beschilderung Jever Skihalle Neuss. Rad: Niederrheinischer Radwanderweg, 150 Fahrradstellplätze. **Zeiten:** Täglich 9 – 23 Uhr. **Preise:** Skipass Mo – Fr 29 €, Sa, So, Fei 34 €; Kinder 6 – 17 Jahre Mo – Fr 21 €, Sa, So, Fei 26 €; Stunden-Ticket, Good-Morning-Ticket, Mondschein-Ticket. Mit einem kleinen Bonusheft kann man »Flocken sammeln«, d.h. für Eintrittskarten gibt es Marken und bei 9 Marken ist ein Tagespass frei. Spezielle Preise für Gruppen, Klassen- und Kursfahrt, Exkursion und Projektwoche im Rahmen des wöchentlichen Schulsports oder als Tagespaket.

▶ Die Jever Skihalle Neuss ist mit 300 m Länge und 60 m Breite die größte Indoor-Wintersport-Region Europas und die erste Deutschlands. Eindeutiger Vorteil gegenüber anderen Indoor-Pisten ist der »echte« Pulverschnee, der den ganzen Tag aus Mini-Schneekanonen vom Dach schneit. Darauf fährt es sich sehr angenehm. Die Anfänger- und Kinderpisten haben ein Gefälle von 10 – 18 %, weiter oben hat der Hang stolze 28 %. Zur Bergstation in Höhe von 110 m führen zwei Schlepplifte und ein Vierersessellift. Kinder und Anfänger dürfen sich vom Förderband »Zaubertep-

Happy Birthday!
Buntes Kindergeburtstagsprogramm mit Rodeln oder Ski-/Snowboard. Nach der Piste erwartet die Gäste ein gedeckter Geburtstagstisch mit kleiner Überraschung und Geburtstagsessen »Yeti« oder »Schneehaserl«.

**Erste Schritte:
Ooooh, laaangsaaam!**

Foto: allrounder.de

Hunger & Durst

Es gibt vier verschiedenen Jausenstationen. Draußen ist die **Salzburger Alm,** drinnen gibt es das Selbstbedienungsrestaurant **Jausenstadl,** den **Hasenstadl,** wo es leckeres Fleisch- oder Käsefondue gibt, und ganz neu die **Salzburger Hochalm** mit leckerem Sonntags-Familienbrunch und einer weiteren erfreulichen Besonderheit: Pro zahlendem Erwachsenen darf ein Kind unter 10 Jahren kostenlos essen.

pich« nach oben bringen lassen. Die Snowboard-Profis unter euch können auf speziellen Rampen und Rails üben und an manchen Tagen kostenlose Trainingscamps mit Profis besuchen. Ein besonderer Spaß ist Tubing: Dort rutscht ihr in einem Reifen eine Rodelbahn hinunter.

Natürlich gibt es Ski- und Snowboard-Kurse sowie eine **Verleihstation** für Skier und Snowboards. Ski/Snowboard 6 € für Erwachsene, 4 € für Kinder, Schuhe 4 bzw. 3 €, Skijacke und -hose (ab Größe 116) 7 bzw. 5 €, Kombipaket Ski/Snowboard, Schuhe, Anzug 15 bzw. 10 €, Helm für Kinder 1,50 €. Im Internet findet ihr regelmäßig spezielle Termine wie Kids-Camps in den Ferien, Ski-Bazar oder den Kids-on-Snow-Cup, das Rennen für Menschen unter 16 Jahre. Im Außenbereich gibt es an der Salzburger Alm einen großen Spielplatz mit Hundebar und Streichelzoo.

 Zieht euch warm an! Auch wenn im Sommer die Sonne mit 30 Grad vom Himmel brennt, ist es in der Halle immer genau -4 Grad kalt.

HANDWERK UND GESCHICHTE

Happy Birthday!

Hier könnt ihr sogar euren Geburtstag in einem Feldbahnzug feiern!

Bahnen & Betriebsbesichtigungen

Feld- und Werksbahnmuseum Oekoven

Zur Werksbahn 1, 41569 Rommerskirchen. ✆ 02183/416693, Fax 416695. www.feldbahnmuseum.de. feba@online-club.de. **Anfahrt:** ab Bhf Rommerskirchen oder Bhf Grevenbroich Bus 871, von dort 500 m zu Fuß. **Zeiten:** Museum Mai – Okt Sa 14 — 18 Uhr und an den Betriebstagen, Fahrbetrieb Mai – Okt 1. So im Monat 11 – 18 Uhr, Nikolausfahrten und auf Anfrage. **Preise:** Eintritt in das Museum ist frei, Fahrten 3 €; Kinder 1,50 €; Familien 7 €.

▶ In diesem Eisenbahnmuseum könnt ihr Feldbahnen und Werksbahnen sehen, also Eisenbahnen mit ganz speziellen Aufgaben, z.B. Materialtransportbahn, Grubenbahn, Kleinbahn, Baustellenbahn, Landwirtschaftsbahn und militärische Feldbahn.

Meist hatten solche Bahnen eine Spurbreite von 600 mm und werden daher auch Schmalspurbahnen genannt. Ausgestellt sind Dampfloks, Dieselloks, E-Loks, eine Akkulok und sogar eine Holzvergaserlokomotive. Außerdem Kipploren, Grubenhunte und Flachwagen. Sogar eine ganz seltene Lok der Trümmerbahn Köln ist zu sehen, mit der nach dem Zweiten Weltkrieg die Trümmer bewegt wurden.

Besonderen Spaß macht es, an den Betriebstagen mit einem Bähnchen zu fahren.

Tuppenhof

Museum und Begegnungsstätte für bäuerliche Geschichte und Kultur, Rottes 27, 41564 Kaarst. ✆ 02131/511427, Fax 153354. www.tuppenhof.de. tuppenhof@t-online.de. **Anfahrt:** S8 Büttgen Bhf, Bus 860 Tuppenhof. Anfahrtsbeschreibungen für Autofahrer aus allen Richtungen auf der Homepage. **Zeiten:** nach Vereinbarung.

▶ Der rheinische Vierkanthof »Tuppenhof« entwickelte sich in den letzten Jahren zu einem beliebten außerschulischen Lernort. Auf dem Tuppenhof erlebt ihr die Atmosphäre des alten Vierkanthofes, entdeckt Einrichtungs- und Gebrauchsgegenstände früherer Zeiten und lernt bei einem Rundgang das Außengelände mit seinem alten Bauerngarten kennen. Die Vergangenheit wird hier wieder lebendig und kann mit allen Sinnen erfahren werden.

Außer der allgemeinen Führung werden einige themenbezogene Führungen angeboten, die den Lehrplänen eurer Schulen angepasst sind. Schon ab dem ersten Schuljahr könnt ihr mit Naturmaterialien weben, später kommen Wild- und Gartenkräuter und Färben mit Pflanzenfarben hinzu.

Eine Mühle mit Mehlbox

Braunsmühle Büttgen e.V., An der Braunsmühle 2, 41564 Kaarst-Büttgen. ✆ 02131/514688, Fax 5160077. www.braunsmuehle.de. info@braunsmueh-

Der Begriff Grubenhunt ist so entstanden: Bei schlecht verlegten Schienen oder zu großer Belastung quietschten und jaulten diese Wagen wie ein Hund, dem man auf die Pfote tritt. Und warum er manchmal Hund und manchmal Hunt heißt, hat wohl etwas damit zu tun, wie gut die Bergleute in der Region in der Rechtschreibung waren.

Freundschaftliche und partnerschaftliche Beziehungen bestehen in Kaarst zur nordfranzösischen Stadt La Madeleine und zur Stadt Perleberg in der Mark Brandenburg.

Hunger & Durst

Zu den Öffnungszeiten könnt ihr im **Mühlencafé** leckere Sachen essen und trinken.

 Das Infoheft des Mühlenvereins heißt **Mehlbox**. Ihr könnt es über die Homepage als pdf-Datei herunterladen.

Korschenbroich pflegt eine deutsch-französische Freundschaft mit Carbonne und einen deutsch-deutsche Freundschaft mit Finowfurt/Schorfheide in Brandenburg.

le.de. **Anfahrt:** S8 Büttgen 1,5 km. A57 AS19 Neuss, L381. **Zeiten:** April – Okt So 14 – 18 Uhr, außerdem geöffnet am Deutschen Mühlentag (Pfingstmontag) und am Tag des offenen Denkmals (2. So im Sept). **Preise:** 2 €; Kinder ab 12 Jahre 1 €. **Infos:** Sonderführungen nach telefonischer Voranmeldung.

▶ Korrekt heißt sie Turmwindmühle Braun, aber jeder sagt Braunsmühle zu ihr. Sie wurde 1756 gebaut, hat noch die alten Getriebe und Mahlwerke und ist vom Erdgeschoss bis zur Kappe über dem 4. Stock über 14 m hoch. 2004 wurde sie renoviert. Nun steht nun leuchtend weiß mit neuen Flügeln dort und kann wieder mit Windkraft Getreide mahlen.

Museen & Stadtbesichtigungen

Heimatmuseum Korschenbroich

Am Bahnhof, 41352 Korschenbroich. Kultur@Korschenbroich.de. **Anfahrt:** S8 Korschenbroich, Bus 16 Bhf Korschenbroich. **Zeiten:** 1. So im Monat 15 – 18 Uhr. Für Gruppen und Schulklassen sind Führungen und Begleitprogramme nach Vereinbarung möglich. **Preise:** Eintritt frei. **Infos:** Ansprechpartner für Sonderführungen ist Peter-Josef Stefes, Telefon: 02161/613121.

▶ Im Heimatmusem Korschenbroich könnt ihr viele Werkzeuge aus alten Handwerksberufen und Kleingeräte von Bauern sehen, aber auch Spielzeug, Küchenutensilien und Uniformen.

Ein Museum für Kinder: Clemens-Sels-Museum

Am Obertor, 41460 Neuss. ✆ 02131/904141, Fax 902472. www.clemens-sels-museum.de. info@clemens-sels-museum.de. **Anfahrt:** U75, Straßenbahn 709, Bus 841, 849, 852, 854, 869, 874, 875 Stadthalle-Museum. **Zeiten:** Di – Sa 11 – 17 Uhr, So, Fei 11 – 18 Uhr. Während des Neusser Bürgerschützenfestes Ende Aug geschlossen. **Preise:** 3,50 €, Gruppen ab 10

Personen 2,50 €; Kinder 6 – 18 Jahre 2,50 €, Gruppen ab 10 Personen 2,50 €; Familien 10 €, Ermäßigungen für Sozialhilfeempfänger. Führungen bis 20 Personen 40 € + Eintritt.

▶ Dieses stadtgeschichtliche Museum mit Ausstellungsstücken seit der Römerzeit hat viele spannende Angebote speziell für Kinder. Mit der »Stöbertour« lernt ihr in einem spannenden Rate- und Suchspiel das gesamte Museum kennen. Das Spiel ist an der Kasse für 50 Cent erhältlich. Ihr könnt euren Geburtstag im Museum feiern oder einen Malkurs besuchen. Und in den Ferien gibt es den Ferienspaß, Mo – Fr um 11 Uhr trefft ihr euch für 1 1/2 Stunden zu ganz unterschiedlichen Themen wie *Gräfin und Ritter*, *Papiertheater* oder *Römische Legionäre*.
Besonders beliebt sind die Erlebnisführungen für Kindergärten und Schulklassen. Die Kleinen werden von der Museumsmaus Moni durch das Museum geführt, die Größeren nehmen an einer Expedition durch das Museum teil oder machen eine Zeitreise ins Mittelalter. Habt ihr Latein oder Französisch in der Schule? Auch dafür gibt es spezielle Führungen, die keineswegs langweilig sind.

 Auf der Homepage gibt es für euch eine spezielle Seite »Kinder Aktuell« mit den Unterseiten Stöbertour, Erlebnisführungen, Ferienspaß und Geburtstagsfeier.

»Kinder führen Kinder« ist eine Veranstaltungsreihe, bei der Kinder Gleichaltrige einladen, ihre Lieblingsobjekte oder Museumsabteilungen kennen zu lernen. Und weil alle Kinder die Römer mögen, gibt es natürlich auch besonders viele Termine mit Römerthemen.

Museum am Stadtpark
Städtische Sammlungen zur Völkerkunde und Geologie, Am Stadtpark, 41515 Grevenbroich. ℂ 02181/ 659696. **Anfahrt:** RB Bhf Grevenbroich, Bus 91, 98, 858, 865, 869, 871, 877 – 879, 891, 892, 893 Rathaus. **Zeiten:** Mi, Do, Sa, So 10 – 17, Fr 10 – 13 Uhr.

▶ Wollt ihr mehr über die alten Kulturen rund um das Mittelmeer und aus Alt-Amerika erfahren? Dann setzt das Museum im Stadtpark auf die Ausflugsliste. »Sonntags um elf« heißt eine Veranstaltungsreihe, in der euch der Museumsleiter jeweils am ersten Sonntag im Monat im Zeittafelraum des Museums ein Referat zu lang vergangenen Zeiten oder fremden Völkern hält. Dazu greift er auf die Ausstellungsstücke der verschiedenen Museumsabteilungen zurück,

 Grevenbroich unterhält partnerschaftliche Beziehungen zu St. Chamond in Frankreich, zu Celje in Slowenien und zur Stadt Auerbach im Vogtland.

manchmal werden auch ein Film oder Dias gezeigt. Etwa einmal monatlich Mi um 15 Uhr steht eine Kinderführung für 6- bis 9-Jährige auf dem Programm, jeweils am Tag darauf gibt es eine Führung für 10- bis 12-Jährige. Bei beiden Führungen stehen die Kinder absolut im Vordergrund, selbst als Zaungäste werden Erwachsene nur zähneknirschend geduldet.

Führung durch die Altstadt Zons

Stadt Dormagen, Stadtmarketing, Schlossstraße 2 – 4, 41541 Dormagen-Zons. ✆ 02133/257684, Fax 257685. tourismus@stadt-dormagen.de. **Treffpunkt:** Rheintor. **Zeiten:** März – Nov So 14.30 – 16 Uhr, für Gruppen auch andere Termine möglich. **Preise:** 2,50 €; Kinder bis 14 Jahre frei.

▶ Bei der Führung durch die Altstadt von Zons erfahrt ihr, warum es »Feste Zons« heißt, fotografiert den Juddeturm und besichtigt das Schloss Friedestrom. Zons wird nicht umsonst in ganz Deutschland für seine sehr gut erhaltene mittelalterliche Altstadt gelobt, mit nur wenig Fantasie könnt ihr euch an jeder Kreuzung vorstellen, dass gleich ein Ritter um die Ecke geritten kommt, ein Burgfräulein um Hilfe ruft oder Rapunzel aus dem Fenster eines hohen Turms winkt. Treffpunkt für die Führung ist das Rheintor.

Im Advent findet die Führung leicht verändert statt, denn dann wird die festlich geschmückte Altstadt Zons gezeigt.

BÜHNE, LEINWAND & AKTIONEN

Theater

Freilichtbühne Zons

Grüner Weg 16, 41542 Dormagen-Zons. ✆ 02133/42274, 0221/441201. **Anfahrt:** Bf Dormagen, dann S11 Nievenheim, Bus VRR ND2 Schlossstraße. A61 AS25 Dormagen, dann gut ausgeschildert. **Zeiten:** Aug – Sept 16 Uhr. **Preise:** 5,50 €; Kinder 4 – 12 Jahre 4 €.

▶ Jedes Jahr im Sommer wird eines der Grimm-Märchen auf der Märchenbühne gespielt, 2005 ist es z.B. *Das tapfere Schneiderlein*. Die historische Altstadt mit der wuchtigen Stadtmauer ist die richtige

Dormagen hat eine Partnerstadt in Nordfrankreich, St. André, und eine in Spanien, Toro.

Kulisse für ein Märchen, das wir uns ja auch meist im Mittelalter vorstellen. Besonders schön ist ein Besuch, wenn ihr aus Köln mit einem Schiff der Köln-Düsseldorfer über den Rhein anreist.

Feste & Märkte

Festkalender Rhein-Kreis Neuss
▶ Im Sommer ist in Korschenbroich fast jedes Wochenende Volks- und Schützenfest. Daneben gibt es im Rhein-Kreis Neuss folgende regelmäßige Termine:

Pfingsten:
Korschenbroich, Volks- und Schützenfest.

Juni:
Wochenende nach Pfingsten: Korschenbroich, Volks- und Schützenfest.
So nach Fronleichnam: Korschenbroich, Volksfest.
Mitte Juni bis Mitte Juli: Neuss, Shakespeare Festival.

August:
2. So: Korschenbroich, Volks- und Schützenfest.
3. So: Korschenbroich, Volks- und Schützenfest.
Letzter So: Korschenbroich, Volks- und Schützenfest.
Letztes Wochenende: Neusser Bürger Schützenfest.

September:
1. So: Korschenbroich, Volks- und Schützenfest.
Oktober: 1. So: Korschenbroich, Volks- und Schützenfest.
2. So: Korschenbroich, Volksfest.

November:
Um den 10. Nov: Neuss, Martinimarkt.
10. Nov und Nachbartage: Martinszüge in allen Stadtteilen und Dörfern.

Jeweils am 3. Fr im Monat könnt ihr euch vom Zonser Nachtwächter durch das abendliche Zons führen lassen. Mit Hellebarde und Handlaterne ausgestattet, zeigt er euch die Sehenswürdigkeiten der Zollfeste und erzählt aufregende Geschichten. Das kostet 2,50 €, für Kinder bis 12 Jahre kostenlos. Anmeldung, Gruppenführungen und Startpunkt: Touristinfo, Beginn Nov – Feb 18 Uhr, März 19, Apr 20, Mai – Okt 21 Uhr.

Weihnachtszeit im Rhein-Kreis Neuss

1. – 24. Dezember: Zonser Häuser-Adventskalender, jeden Tag im Dezember erstrahlt ein neues Haus in vorweihnachtlichem Glanz.

1. Advent:
Sa, So: Jüchen, Schloss Dyck, Weihnachtsmarkt.
So: Neuss, Weihnachtsmarkt.
So: Meerbusch-Strümp, Weihnachtsmarkt.
Sa, So: Dormagen-Zons, Zonser Weihnachtsmärchentraum.

2. Advent:
Sa, So: Zonser Weihnachtsmärchentraum.
So: Meerbusch-Lank, Nikolausmarkt.
So: Meerbusch-Osterath, Nikolausmarkt.
Sa, So: Rommerskirchen-Oekoven, Nikolausfahrten im Bahnmuseum.

3. Advent:
Sa, So: Dormagen Kreismuseum, Adventsmarkt.
Fr – So: Jüchen, Weihnachtsmarkt.
So: Meerbusch-Büderich, Eine-Welt-Weihnachtsmarkt.

Karneval im Rhein-Kreis Neuss

Am 11.11. ist überall im Rhein-Kreis Neuss *Hoppeditzerwachen*. Den richtigen Straßenkarneval gibt es aber erst im Februar/März:

Weiberfastnacht:
Neuss, Möhnentreiben mit Schlüsselübergabe.
Neuss-Reuschenberg, Möhnentreiben.
Kaarst, Rathauserstürmung.

Karnevalssamstag:
Dormagen, Karnevalsumzug durch die City.
Neuss, Kinderkarneval auf dem Markt.

Karnevalssonntag:
Dormagen, Traditionelle Messe op Kölsch.
Neuss, Kappessonntag mit Karnevalstreiben und Umzug.

Rosenmontag: Rosenmontagsumzüge in Kaarst-Büttgen und Grevenbroich-Gustorf.

Das Thema Alaaf und Helau ist im Rhein-Kreis Neuss nicht einheitlich zu handhaben. Neuss und Kaarst liegen näher bei Düsseldorf, hier wird Helau gerufen, Dormagen orientiert sich nach Köln, also Alaaf.

Die Kaarster Kinder fordern an den Karnevalstagen einen närrischen Wegezoll. Dazu bilden sie eine Straßensperre und lassen Autofahrer nur nach Zahlung vorbei. Die übliche Währung ist Süßigkeiten, Eurocent-Münzen werden aber auch genommen.

LEVERKUSEN

Moers · Duisburg · ESSEN · Bochum
57 · 46 · 2 · Monheim · 3 · 1
Krefeld · 44 · Ratingen · 44
61 · Viersen · 52 · Rhein · DÜSSELDORF · 45
Mönchen-gladbach · Neuss · 59 · Solingen
Dormagen · 3 · Wermelskirchen
46 · Grevenbroich
Pulheim · 57 · Leverkusen · Gummersbach
44 · Eisdorf · Bergheim · KÖLN · Bergisch Gladbach · 4
Jülich · 1 · Rösrath · Much
4 · Kerpen · 59 · Windeck
Düren · Erftstadt · Troisdorf · Siegburg
St. Augustin · Sieg · Henner
Euskirchen · BONN · Bad Honnef
1 · Bad Godesberg · 3
Rur · 61 · Rhein

1 cm
20 km

LEVERKUSEN: KLEIN, ABER OHO

Zwischen den Weltstädten Köln und Düsseldorf darf eine Stadt nicht vergessen werden: Leverkusen. Es ist gerade einmal 100 Jahre her, da war man im heutigen Leverkusen »auf dem Land«. Und so findet ihr auch heute noch zwischen den Ortsteilen viele Felder und größere zusammenhängende Waldstücke. Mehr als ein Viertel der Stadtfläche sind Parks, Gärten, Äcker und andere Grünflächen. Da sind der Japanische Garten am Bayerwerk, der Wildpark in Reuschenberg und das NaturGut Ophoven, wo ihr bequem einen ganzen Tag in der freien Natur und mit vielen Bauernhoftieren verbringen könnt.

Die Sportler unter euch profitieren von der guten Infrastruktur mit Eissport- und Skaterhalle, Kletterhalle, Schwimmbädern und Fitnesspfad. Es warten auch schöne Strecken zum Wandern, Radeln und Skaten auf euch. Und wer Sport lieber sitzend macht, kennt die BayArena bestimmt schon.

 www.leverkusen.de.

Frei- & Hallenbäder

CaLevornia

Bismarckstraße 182, 51373 Leverkusen-Manfort. ✆ 0214/830710, Fax 8307160. www.calevornia.de. info@sportpark-lev.de. **Anfahrt:** Bus 207, 222 Sportpark/Stadion. **Zeiten:** Mo – Fr 8 – 22.30 Uhr, Sa, So, Fei 9 – 22.30 Uhr. **Preise:** 90 Minuten 3,50 €, Tageskarte 7,50 €; Kinder 4 – 17 Jahre 90 Minuten 2,50 €, Tageskarte 4,50 €; Minigruppe 4 Personen, davon max. 2 Erwachsene, 90 Minuten 9,50 €, Tageskarte 19,50 €.

▶ Ein Spaßbad der Spitzenklasse! Für die Minis gibt es ein Babybecken mit Rutsche, Wasserschlange und Spielpelikan sowie ein Spielbecken mit Sprudeldüsen. Die etwas Größeren amüsieren sich auf der 100 m langen Riesenrutsche und in den beiden Freizeitbecken. Dort gibt es eine Grotte mit Kinderrutsche, Strömungskanal, Wasserpilz, Sprudeldüsen,

TIPPS FÜR WASSERRATTEN

Karussell fahren: Auf dem Weihnachtsmarkt von Leverkusen

Hunger & Durst

Wer den Namen des Schwimmbades laut liest, wird sich nicht wundern, warum im **Beach Restaurant** viele kalifornische Spezialitäten wie Steaks, French Fries, Hamburger und frisch gepresster Orangensaft auf der Speisekarte stehen.

Sprudelbank und Massagedüsen. Von Mai bis Sept könnt ihr eure Aktivitäten auch auf den CaLevornia Park ausdehnen. Das sind 20.000 qm Park mit altem Baumbestand und großen Liegeflächen, ein Sommerbecken mit Strömungskanal und Schwallduschen, Sonnenterrassen mit Liegestühlen, Beachvolleyball- und Beachsoccer-Feldern. Im Freibad ist eine Wasserbasketball-Anlage installiert. Für die Kleinsten gibt es ein Plantschbecken und einen Matschspielplatz.

Freibad Auermühle

Dhünnberg 40, 51373 Leverkusen-Schlebusch. ✆ 0214/55600. **Anfahrt:** RB Bhf Schlebusch. B51. **Zeiten:** täglich 7 – 18 Uhr, bei schönem Wetter bis 20 Uhr. **Preise:** 2,50 €, 12er-Karte 26 €; Kinder 4 – 17 Jahre 1,50 €, 12er-Karte 16 €; Minigruppe bis zu 4 Personen, davon höchstens 2 Erwachsene, 6,50 €.

▶ Beliebtes Freibad für Schwimmer, Springer, Nichtschwimmer und Plantschkinder.

Freibad Wiembachtal

Talstraße 62, 51379 Leverkusen-Opladen. ✆ 02171/31246. **Anfahrt:** RB Bhf Leverkusen-Opladen. B232. **Zeiten:** Mo – Fr 6.30 – 18 Uhr, Sa, So, Fei 8 – 18 Uhr, bei schönem Wetter bis 20 Uhr. **Preise:** 2,50 €, 12er-Karte 26 €; Kinder 4 – 17 Jahre 1,50 €, 12er-Karte 16 €; Minigruppe bis zu 4 Personen, davon höchstens 2 Erwachsene 6,50 €.

▶ Das Freibad Wiembachtal ist an heißen Tagen Ziel wahrer Völkerwanderungen. Auf der großen Liegewiese werdet ihr dennoch ein gemütliches Plätzchen finden, bevor ihr eure Rundtour durch Schwimmerbecken, Nichtschwimmerbecken und vielleicht auch Kleinkindbecken beginnt.

Spazieren & Skaten

Spaziergang zum Gasthaus Kurtekotten

Anfahrt: Bus 152 Bayerwerk bis Flugplatz Kurtekotten.

▶ Zum **Gasthaus Kurtekotten** könnt ihr vom ✈ Flugplatz Kurtekotten aus einen kleinen Spaziergang von etwa 1 km machen. Dass dieses Gasthaus vom Reitverein Bayer betrieben wird, erkennt ihr an der lustigen Speisekarte, die nach Fohlen-, Warmblut-, Vollblut- und Ponygerichten aufgeteilt ist. Für euch sind die Fohlengerichte interessant, das sind nämlich neun verschiedene Kinderteller wie Lucky (Gemüseteller), Söckchen (Spaghetti mit Tomatensauce) oder Mäxchen (Strammer Max).

Skaten in Leverkusen

▶ 2004 wurde eine 3400 qm große Skater-Anlage unter der Stelzenautobahn eingeweiht, die schnell zum Treffpunkt Nummer 1 für Skater in Leverkusen wurde. Im Sommer bietet sich auch ein Besuch in der Eissport- und Skaterhalle an. Ganz in der Nähe, am Sportpark, befindet sich die kostenlos zugängliche Skaterbahn. Je eine weitere Skaterbahn gibt es im Schlebuscher Wuppermannpark und am Wasserturm in Bergisch Neukirchen.

Natur & Umwelt erforschen

NaturGut Ophoven und EnergieStadt

Förderverein NaturGut Ophoven e.V., Talstraße 4, 51379 Leverkusen-Opladen. ✆ 02171/734990, Fax 30944. www.naturgut-ophoven.de. zentrum@naturgut-ophoven.de. **Anfahrt:** RB Bhf Opladen, an den Fahrradständern vorbei und rechts durch den Fußgängertunnel. 1. Kreuzung links (Stauffenbergstraße), nach Einmündung Pommernstraße, 100 m rechts in die Talstraße einbiegen. **Zeiten:** Di – Fr 9 – 17 Uhr, Sa, So, Fei 10 – 18 Uhr. **Preise:** 6 €; Kinder 5 – 17 Jahre 4 €; Familien

RAUS IN DIE NATUR

Hunger & Durst

Gasthaus Kurtekotten, Otto-Bayer-Straße 1, Köln, ✆ 0214/84011913, geöffnet täglich ab 10 Uhr.

Bei der Landesgartenschau Leverkusen 2005 richtet das NaturGut Ophoven das Grüne Klassenzimmer unter dem Motto Sonnige Zeiten aus.

Happy Birthday!

Geburtstagskinder können aus 16 verschiedenen Geburtstagsprogrammen wählen, bei denen es recht lustig zugeht, oder auch eher gruselig, wenn ihr euch alle in Fledermäuse verwandelt. Oder willst du lieber mit Wasser plantschen oder mit Lehm matschen?

Eule, pass auf, da klettert eine Maus!

17 €. **Infos:** Hunde sind angeleint im Außengelände erlaubt. Gruppen bitte anmelden.

▶ Das NaturGut ist ein ganz besonderer Ort. Das spürt ihr schon auf dem Parkplatz, wo mitten in einem Feld ein quietschgelbes Windrad steht. Und die große blaue Blume vor dem Hofeingang besteht bei näherem Hinsehen aus alten Autobahnschildern. Ich schlage vor, ihr schaut euch zuerst die **Außenanlage** mit fünf Modellgärten an: Bauerngarten, Wiesenblumengarten, Staudengarten, Steingarten und ein Garten mit einem kleinen Tümpel. Im Steingarten wachsen keine Steine, sondern die Blumen wachsen zwischen den Steinen. Auf dem Weg dorthin werdet ihr staunen, wie viele verschiedene Nistkästen es für Vögel und Fledermäuse gibt. Im Schulgarten dürfen Leverkusener Schüler Gemüse ziehen, Blumensamen, Tee- und Gewürzkräuter sammeln und einen Komposthaufen anlegen.

Beim anschließenden Besuch in der **EnergieStadt** kann man alles ausprobieren, was mit Natur und Technik zu tun hat. Hier könnt ihr ein nicht vorhandenes Ferkel streicheln, auf einer unsichtbaren Harfe spielen, an einem Gemüsequiz teilnehmen, mit Tieren in einer Telefonzelle telefonieren und vieles mehr. Für Lehrer gibt es eine ausführliche Übersicht über die möglichen Besuchsthemen mit Antwort auf alle organisatorischen Fragen.

Erlebnispfad am NaturGut Ophoven

Länge: kleine Runde 45 Minuten, große Runde 1 1/2 Stunden.

Einen Besuch auf dem Naturgut Ophoven solltet ihr mit einem Spaziergang auf dem Erlebnispfad abrunden. Hier gibt es Stationen, an denen ihr Dinge in der Natur ansehen, hören und fühlen könnt.

Was für eine schöne Blume! Könnt ihr sie im NaturGut finden und sagen, woraus sie gemacht ist?

Hunger & Durst

In einer alten Scheune ist die kleine **BioBar** der EnergieStadt, wo es für euch Kakao, Kuchen, Pizza, Flammkuchen, Eis und Kekse gibt. Bei Gruppen ist Spaghetti-Power für 3 € (Kinder bzw 4,50 € Erw.) sehr beliebt, das sind Spaghetti mit Tomatensauce, geriebenem Käse und frischen Kräutern.

Tierparks & Gärten

Wildpark Leverkusen

Am Reuschenberger Busch 6, 51373 Leverkusen-Reuschenberg. ✆ 0214/68134, Fax 3104555. www.wildpark-lev.de. wildpark@telelev.de. **Anfahrt:** Bus 203, 204 Reuschenberg, S6 LEV-Küppersteg, dann 10 Minuten Fußweg. A3 AS22 Opladen. **Zeiten:** täglich ab 9 Uhr, im Winter bis 16.30 Uhr, im Sommer bis 18 Uhr. **Preise:** Eintritt frei. **Infos:** Das Füttern der Tiere ist untersagt, Hunde müssen draußen bleiben.

▶ In diesem Wildpark könnt ihr euch auf Begegnungen mit den unterschiedlichsten Tieren freuen. Mit einigem Glück könnt ihr Nordluchse, Fischotter, Damhirsche, Stachelschweine, Wildkatzen, Mufflons und Zwergmäuse sehen. Zu den Haustieren zählen die Afrikanischen Zwergziegen, die Hausmeerschweinchen und die Heidschnucken. Ferner wohnen im Park

Im Wildpark gibt es auch einen **Kinderspielplatz**.

auch sechs verschiedene Schildkrötenarten und unzählige Vögel vom Auerhahn über Enten, Kraniche und Störche bis zu Zwergschneegänsen.

Selbstverständlich gibt es in einem Japanischen Garten nicht einfach ein Café, sondern ein Japanisches Teehaus. Nur leider ist es öffentlich nicht zugänglich, also für euch nur zum Anschauen.

Japanischer Garten

Kaiser-Wilhelm-Allee, 51379 Leverkusen-Wiesdorf. **Anfahrt:** S6 Bayerwerk. A3 AS 24 Leverkusen, dann B8 Richtung Bayerwerk. **Zeiten:** täglich ab 9 Uhr.

▶ Dieser Park wurde vor langer Zeit vom Bayerwerk angelegt, damit die Mitarbeiter sich nach Feierabend bei dem schönen Anblick von Bäumen, Sträuchern und Blumen in der Natur erholen konnten. Noch heute werdet ihr viele Bayer-Mitarbeiter in der Mittagspause dort in der Sonne sitzen sehen. Der Park ist eher etwas für die Stilleren unter euch, die sich an schönen Blüten freuen können.

Erlebniswelten & Wintersport

Kletterhalle A-Werk

Werkstättenstraße 25, 51379 Leverkusen. ✆ 02171/5809878, www.a-werk.com. info@a-werk.com. **Anfahrt:** Bhf Opladen, Leverkusener Bus-Bhf. **Zeiten:** Mo – Fr 14 – 22 Uhr, Sa, So, Fei 10 – 22 Uhr. **Preise:** Tageskarte 9 €, 10er-Karte 80 €; Kinder 6 – 17 Jahre 7 €, 10er-Karte 60 €, beim Kinderklettern Fr 6 €, 10er-Karte 50 €.

▶ Ein wenig mulmig kann einem ja schon werden, wenn eine Kletterhalle im Internet ihre Kletterwand unter der Überschrift »Absturz« führt. Aber keine Sorge, ihr seid hier in sicheren Händen. Die Kletterhalle im A-Werk bietet fast 120 Routen der Schwierigkeitsgrade 3 – 10 und einer maximalen Höhe von 11 m. Und wer es erst noch lernen möchte, kann Mo, Mi, Do und So an Kinder- und Familienkursen teilnehmen. Individuelles Gruppenklettern und die Organisation von Abenteuertouren ist für Schulklassen möglich, Termine und Preise nach Absprache.

Happy Birthday!
An deinem Geburtstag geht ihr die Wände hoch! Bevor ihr euch in die Seile hängen könnt, zeigt euch ein Trainer im Sicherheitskurs, wie der Klettergurt angelegt wird, wie man das Seil am Gurt befestigt und wie ihr euch und eure Freunde sichert. Getränke und Kuchen könnt ihr mitbringen oder ihr lasst euch versorgen.
8 € je Kind inkl. Klettergurt, Sicherungsachter und Schulung, plus Trainer 20 €.

Indoor-Hochseilgarten

Kletterhalle A-Werk, Werkstättenstraße 25, 51379 Leverkusen. ℡ 02171/5809878, www.a-werk.com. info@a-werk.com. **Anfahrt:** Bhf Opladen, Leverkusener Bus-Bhf. **Zeiten:** Mo – Fr 14 – 22 Uhr, Sa, So, Fei 10 – 22 Uhr. **Preise:** Tageskarte 9 €; Kinder 6 – 17 Jahre 7 €.

▶ Ganz neu in 2005! Ein abenteuerlicher Parcours in etwa 8 m Höhe stellt eine Herausforderung sogar für die Mutigen unter euch dar: Seilschlaufen oder wackelige Hängebrücken, über Balken und Seile balancieren, sich um Stahlträger herummanövrieren – eine spannende und aufregende Erfahrung für Jedermann!
Der Indoor-Hochseilgarten wird von erfahrenen Trainern betreut.

Vorsicht Glatteis!

Eissport- und Skaterhalle Leverkusen, Bismarckstraße 127, 51373 Leverkusen-Küppersteg. ℡ 0214/68365, 868400, Fax 8684060. www.sportpark-lev.de. info@sportpark-lev.de. **Anfahrt:** Bus 207, 222 Sportpark/Stadion. **Zeiten:** Sept – März Di 11 — 14 Uhr, 15 – 18 Uhr, 19 – 21 Uhr, Mi 17 – 19 Uhr, Do 15 – 18 Uhr, 19 – 21 Uhr, Fr 14 – 16 Uhr, 17 – 19 Uhr Friday-Ice-Fever, 20 – 22 Uhr Friday-Ice-Fever, Sa 13 – 15 Uhr, 16 – 18 Uhr, 19 – 21 Uhr, So 10 – 13 Uhr, 14 – 17 Uhr. **Preise:** 3 €; Kinder bis 17 Jahre 2,50 €; Zuschauer 1 €, Sondertarife für Schulen. **Infos:** Schlittschuhverleih und Schleifen 3 €, Friday-Ice-Fieber 4 € für Erwachsene, Jugendliche und Zuschauer.

▶ In der Eissporthalle erwartet euch gute Eisqualität und ein tolles Programm wie Halloween on Ice, Weihnachtsbaumwettschmücken oder eine Abtauparty. Freitags ist Friday-Ice-Fieber. Da verwandeln die Sound- und Lichtanlage und ein guter DJ die Eishalle in eine coole Disco. Und wenn ihr noch nicht so sicher auf den Kufen steht, habt ihr die Wahl zwischen einem Mutter & Kind Kurs für Eis-Zwerge unter 6 Jah-

Happy Birthday!

Wer Lust und Laune hat, kann Di und Do seinen Geburtstag mit 10 Freunden feiern. Hierfür steht ein separater Teil der Eisfläche zur Verfügung und für die Stärkung sorgt die Sportbar 04. Das Geburtstagspaket mit Animation, Eintritt und Verleih kostet 90 €.

LEVERKUSEN

HANDWERK UND GESCHICHTE

re, einem Anfängerkurs für Kinder von 5 bis 8 Jahre, einem Anfängerkurs für 6 – 10-Jährige und einem Kurs für fortgeschrittene Kinder.

Betriebsbesichtigung

Flugplatz Kurtekotten

Knochenbergsweg, 51373 Leverkusen. ✆ 0214/833222, Fax 833211. www.flugplatz-leverkusen.de. buero@lsc-bayer-leverkusen.de. **Anfahrt:** Bus 152 Bayerwerk.

▶ Hier startet alles, was mit Segelflug, Motorflug, Modellflug, Ultraleichtflug, Gleitschirmflug und Ballonfahrt zu tun hat, es gibt also viel zu sehen und zu fotografieren für euch. Ihr könnt beobachten, wie die Segelflugzeuge an der Seilwinde auf bis zu 400 Meter Höhe geschleppt werden. Ihr schaut euch Flugzeugschleppstarts an oder seht zu, wie Motorflugzeuge von ihren Streckenflügen aus Deutschland und Europa wieder zum Heimatflugplatz in Leverkusen zurückkehren. Auf Kinder wartet zusätzlich unmittelbar an der Besucherterrasse der gepflegte Spielplatz mit Sandkasten, Rutsche, Klettergerüsten und großem Spieltraktor.

BayArena-Führung

Bismarckstraße 122 – 124, 51373 Leverkusen-Manfort. ✆ 0214/86600, 01805/040404 Touranfragen, Fax 8660119. www.bayer04.de. info@bayer04.de. **Anfahrt:** Bus 207, 222 Sportpark/Stadion. **Zeiten:** nach Absprache. **Preise:** 2,50 €.

▶ Spannung und Action erwarten die jungen Fans unter 14 Jahren. Die Tour ist speziell für Kinder konzipiert. Grundschulklassen, Jugendgruppen oder -mannschaften mit bis zu 30 Kindern können teilnehmen. Der Rundgang verspricht viele bleibende Eindrücke, darunter auch Informationen über die Jugend-Fanabteilung Löwenclub und eine Überra-

---

Hunger & Durst

Die **Flughafengaststätte Cockpit**, ✆ 0214/833225, geöffnet Mo, Di, Fr 11.30 – 23 Uhr, Sa, So, Fei 10 – 23 Uhr, ist mit kleinen und großen Gerichten auf euren Besuch vorbereitet.

Happy Birthday!

Touren anlässlich von Kindergeburtstagen mit anschließendem Besuch bei McDonald's direkt am Stadion sind auf Wunsch buchbar. Für Geburtstagskinder ist die Tour gratis.

schung. Gut informierte Führer erzählen euch Insider-Geschichten von Franca & Co. Natürlich erhaltet ihr Antworten auf eure Fragen, wie zum Beispiel der Trainer seine Spieler in der Halbzeit motiviert oder wie eine Taktik erklärt wird. Und mit etwas Glück begegnet ihr eurem Idol höchstpersönlich.

Kinder wissen es: Die BayArena ist das Fußballstadion von Bayer Leverkusen.

Museen & Schlösser

Freudenthaler Sensenhammer

Freudenthal 68, Hammerweg, 51375 Leverkusen-Schlebusch. ✆ 02171/52512, 0214/5005100, Fax 0214/58120. www.sensenhammer.de. **Anfahrt:** Bus 202, 208, 222, 260 Von-Diergardt-Straße. A3 AS24 LEV-Mitte, Richtung LEV-Schlebusch bis zur Kreuzung mit der B51, links Bergische Landstraße, 3. Straße rechts. **Zeiten:** April – Okt jeden 2. So im Monat 11 – 17 Uhr und nach Voranmeldung.

▶ An der Dhünn steht ein Gebäude mit einem ungewöhnlichen Namen. Der Sensenhammer ist eine Eisenhammeranlage, also ein durch Wasserkraft bewegter riesiger Hammer. Und weil im 19. Jahrhundert die Familie Kuhlmann mit ihm schwere Messer, Sicheln, Sichten und eben auch Sensen herstellte, nannte man ihn Sensenhammer. Später wurde zusätzlich eine Dampfmaschine eingebaut.

Im Jahresprogramm des Museums stehen Tage der offenen Tür und Kindertage, bei denen der Schmiedehammer und andere Geräte vorgeführt werden. Lustig ist der Tag mit der Überschrift »Mähen mit Sense und Sichel«. Aber Vorsicht, nicht dass ihr euch mit der Sichel so in den Finger schneidet, wie es in den Asterix-Heften immer dem Druiden Miraculix passiert!

Partnerstädte von Leverkusen sind Bracknell Forest (GB), Racibórz (Polen), Schwedt/Brandenburg, Nazareth-Illit (Israel), Oulu (Finnland), Ljubljana (Slowenien) und Chinandega (Nicaragua).

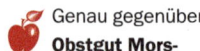 Genau gegenüber **Obstgut Morsbroich**, ✆ 0214/ 54100, geöffnet Mo – Do, Sa 8 – 12.30, Fr 14 – 18 Uhr, mit knackig frischem Obst und Gemüse der Saison.

Hunger & Durst
Stärken könnt ihr euch im **Café-Restaurant Schloss Morsbroich**, ✆ 0214/4039058, geöffnet Di – So 11 – 23 Uhr.

Museum Morsbroich
Schloss Morsbroich, Gustav-Heinemann-Straße 80, 51377 Leverkusen-Schlebusch. ✆ 0214/855560, Fax 8555644. www.museum-morsbroich.de. museum-morsbroich@kulturstadtlev.de. **Anfahrt:** S6 LEV-Mitte, Bus 212 Museum Morsbroich. A3 AS24 Leverkusen, dann beschildert. **Zeiten:** Di 11 – 21 Uhr, Mi – So 11 – 17 Uhr. **Preise:** 3 €; Kinder bis 14 Jahre frei; Ermäßigungen für Gruppen und Familien.

▶ Ein altes Schloss mit neuer Kunst! Nein, korrekt sagt man ja zeitgenössische Kunst, genauer über 300 Gemälde und Plastiken sowie etwa 2.300 Arbeiten auf Papier. Unter den Künstlern sind der bekannte Josef Beuys aber auch Gerhard Richter, Günther Uecker, Yves Klein und Alexander Calder, deren Namen eher den Fachkreisen bekannt sind. Zehn bis zwölf Mal im Jahr wechselt die Sonderausstellung.

Feste & Märkte

Festkalender Leverkusen
September
3. So: Umweltfest der Stadt Leverkusen mit Kindertrödelmarkt.
November
Am Wochenende nahe dem 10. Nov: Schlebuscher Martinsmarkt.
10. Nov und Nachbartage: Martinszüge in allen Stadtteilen.

Adventszeit in Leverkusen
▶ Auf allen Leverkusener Weihnachtsmärkten gibt es Bühnenprogramm.
November/Dezember
20. Nov – 24. Dez: Opladen, Weihnachtsmarkt Bergisches Dorf.
20. Nov – 24. Dez: Wiesdorf, Christkindelsmarkt.

Zu Sankt Martin: Weckmann backen

▶ Früher nur am Nikolaustag, dann auch zu Sankt Martin, inzwischen den kompletten November und Dezember könnt ihr im Rheinland Weckmänner essen. Das sind etwa 20 cm große Männchen aus süßem Hefeteig. Sie heißen im Westfälischen Stutenkerl oder Piepenkerl, Hefekerl in der Schweiz, in anderen Regionen Printenmann, Hanselmann oder Klasenmann. Immer stellen sie einen Bischof dar, die manchmal darin eingebackenen Gipspfeifen oder Lutscher ersetzen den Bischofsstab.

Einen Weckmann zu backen ist einfacher, als ihr denkt:

500 g	Mehl
50 g	Zucker
1 TL	Salz
40 g	frische Hefe
200 ml	lauwarmes Wasser
50 g	weiche Butter
12	Rosinen
	etwas Milch

Das Mehl in eine Schüssel sieben, Zucker und Salz darüber streuen. Hefe im Wasser auflösen und mit dem Ei und der Butter unter das Mehl kneten. Den Teig zugedeckt gehen (ruhen) lassen, bis er sich verdoppelt hat. Nun den Teig auf einer bemehlten Arbeitsfläche ausrollen und zu 4 – 6 Weckmännern formen. Rosinen als Augen einsetzen, Teig mit Milch bestreichen, 20 Minuten backen, fertig! (Elektroherd 200, Umluft 180 Grad, Gas Stufe 3) ◀

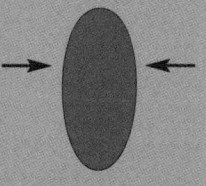

1. Einen Fladen ausrollen und für Kopf und Schultern links und rechts eine Delle reindrücken.

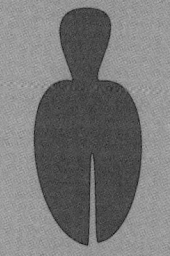

2. Mit einem Messer einen Schlitz für die Beine schneiden, die Arme nur tief einritzen.

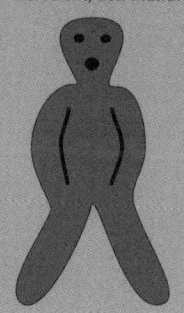

3. Rosinen markieren Augen und, wenn der Platz reicht, den Mund.

1. Advent

So: Eissporthalle Manfort, Weihnachtsbaumwettschmücken.

2. Advent

Sa, So: Schlebuscher Adventsmarkt.
So: Quettingen, Nikolausmarkt.

Karneval in Leverkusen

▶ Leverkusen hat für Karnevalsjecken nicht nur Kar-
nevalsumzüge im Programm. Ihr habt die Wahl zwischen gleich zwei Stadtteilen mit Karnevalskirmes:

Weiberfastnacht – Karnevalssonntag: Karnevalskirmes in Wiesdorf.

Weiberfastnacht – Rosenmontag: Karnevalskirmes
in Opladen.

Karnevalsfreitag: Hitdorfer Karnevalsumzug.

Karnevalssamstag: Schlebuscher Karnevalsumzug.

Karnevalssonntag: Wiesdorfer Karnevalsumzug.
Karnevalsumzug »In Holzhausen«.

Rosenmontag: Opladener Karnevalsumzug.

Der korrekte Karnevalsruf in Leverkusen ist »3 x Leverkusen Alaaf!«

Drei der Karnevalstage werden im Rheinland mit Blumennamen bezeichnet. Bekannt ist der Rosenmontag, viele kennen noch den Veilchendienstag. Der Tulpensonntag kommt jedoch immer mehr in Vergessenheit.

RHEIN-ERFT-KREIS

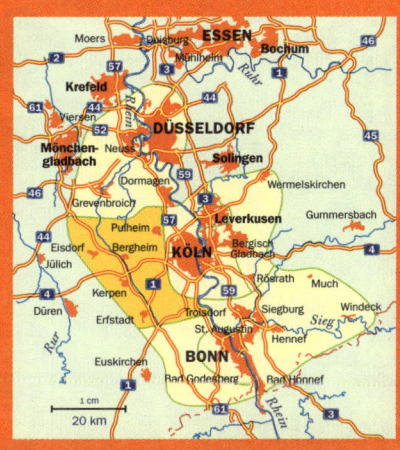

Westlich von Köln liegt in Form eines Halbmondes der Rhein-Erft-Kreis mit neun Städten und einer Gemeinde. Es lässt sich nur erahnen, dass die Landschaft vielerorts vor einigen Jahrzehnten ganz anders aussah. Von den riesigen Braunkohlebaggern der Rheinbraun, die im Tagebau das Unterste zuoberst kehrten, ist nur noch an wenigen Aussichtspunkten etwas zu sehen. Alles wurde sorgfältig rekultiviert, das bedeutet: neu begrünt. In vielen Löchern entstanden heute idyllisch anmutende Tümpel, Teiche und Seen. In und auf vielen davon darf geschwommen, gesurft, getaucht, gesegelt, gepaddelt und gerudert werden.

In Brühl allein kann man eine ganze Woche im Phantasialand, in den Museen, Schlössern, im riesigen Schlosspark, im Schwimmbad und den vielen Badeseen verbringen. Doch auch die anderen Orte haben viel zu bieten: Schwimmbäder, Mühlen, Schlösser, Fernsehstudios und viel Technik zum Bestaunen.

Frei- & Hallenbäder

Freibad Bergheim

Sportparkstraße, 50126 Bergheim. ✆ 02271/63792, 0800/2271890 kostenlose Rufnummer für Freibad-Öffnungszeiten, Fax 89239. www.bergheim.de. gerd.wimmer@bergheim.de. **Anfahrt:** RB38 Bergheim Bf Zieverich, Bus 963 Gutenbergstraße, jeweils 15 min Fußweg. **Zeiten:** Mitte Mai – Sept täglich 13 – 19 Uhr, in den Ferien täglich 10 – 19 Uhr. **Preise:** 4 €, ab 17 Uhr 2 €, 10er-Karte 32 €; Kinder/Jugendliche bis 18 Jahre 2,60 €, ab 17 Uhr 1,30 €, 10er-Karte 21,30 €.

▶ Freibad mit behindertengerechtem Zugang. Im Erlebnisbecken gibt es Spaß mit Breitspeier, Luftblubbern, Wasserglocke und großer Wasserrutsche. Die Kleinen fühlen sich im Kinderplantschbecken wohl. Am Kiosk gibt es Stärkungen für euren ausgeleierten Magen.

 www.rhein-erft-kreis.de.

Achtung: Im August 2005 ist Weltjugendtag in Köln. Die Bevölkerung in Köln und im Rhein-Erft-Kreis verdoppelt sich fast und es herrscht ziemlich viel Chaos. Wer nicht »den Papst sehen« will, sollte zu Hause bleiben.

TIPPS FÜR WASSER-RATTEN

RHEIN-ERFT-KREIS

Hochhaushoch: Nichts ist beeindruckender als direkt unter so einem Ungetüm von Bagger zu stehen!

Der Rhein-Erft-Kreis hieß bis Anfang 2004 einfach nur Erftkreis. Obwohl er nur an einem winzigen Stückchen Kreisgrenze in Wesseling unmittelbar an den Rhein grenzt, wurde er umbenannt. Hierdurch erhofft man sich größere Bekanntheit und steigende Besucherzahlen. Denn: Jeder weiß, wo der Rhein ist. Aber wer weiß schon, wo genau die Erft fließt?

Das **Café-Restaurant** wird von der Familie Schepmann betrieben, ✆ 02271/55747. Im Freibad Kiosk und eine Cafeteria mit Sonnenterrasse.

Fortunabad Bergheim

Brieystraße, 50129 Bergheim-Oberaußem. ✆ 02271/52597, 0800/2271890 kostenlose Rufnummer für Freibad-Öffnungszeiten, Fax 89239. www.bergheim.de. gerd.wimmer@bergheim.de. **Anfahrt:** Bus 970, 971 Oberaußemer Straße oder Bus 961 Oberaußem Realschule. **Zeiten:** Mo 6 – 8 Uhr, Di – Do 6 – 8 und 14 – 21 Uhr, Fr 6 – 21 Uhr, Sa, So 9 – 19 Uhr. Ferien Mo 6 – 8 und 14 – 21 Uhr, Di – Fr 6 – 21 Uhr, Sa, So 9 – 19 Uhr. Freibad Ende Mai – Sept Mo – Fr 13 – 19 Uhr, Sa, So, Fei 10 – 19 Uhr, Ferien täglich 10 – 19 Uhr. **Preise:** 2 Std 2,50 €, 10er-Karte 20 €, 30er-Karte 54 €, unbegrenzte Nutzung 4 €, 10er-Karte 32 €; Kinder/Jugendliche 2 Std 2 €, 10er-Karte 16 €, 30er-Karte 44 €, Kindergruppen 10 Personen 15 €, unbegrenzte Nutzung 3 €, 10er-Karte 24 €; Familientageskarte 10 €.

▶ Im Fortunabad warten auf euch ein 3-m-Turm und ein Erlebnisbereich mit Warmwasser, Schwalldusche, Wasserpilz, Bodensprudler, Wassergrotte und Massagedüsen. Außerdem gibt es ein Kinderplantschbecken, eine Ruhezone und einen Saunabereich. Und nicht traurig sein, wenn das Hallenbad im Sommer geschlossen hat, dann ist das Freibad gleich nebenan geöffnet. Das ist ein z-förmiges Freibad mit Nichtschwimmerteil und 3-m-Turm. Außerdem Liegewiese, Beachvolleyball-Feld, Tischtennis, Streetball und großes Erlebnis-Kinderplantschbecken.

Vierjahreszeitenbad Erftlagune

Bruchhöhe 20, 50170 Kerpen-Sindorf. ✆ 02273/987200, Fax 9872023. www.erftlagune.de. erftlagune@t-online.de. **Anfahrt:** Bus 920, 941, 966, 976 Sindorf-Bruchhöhe. A4 AS 9, A61 AS20 Kerpen Richtung Sindorf/Horrem, 1. Kreisverkehr geradeaus, 2. Kreisverkehr rechts, nach 150 m wieder rechts. **Zeiten:** Mo 14 – 22 Uhr, Di – Fr 6.30 – 22 Uhr, Sa, So, Fei 8 – 20 Uhr. **Preise:** 4,10 €, 10er-Karte 37 €; Kinder bis 1 m

Größe frei, bis 18 Jahre 2,90 €, 10er-Karte 24 €; Familientageskarte (2 + 3) 12,30 €.

▶ Hier finden Wasserratten und Saunaliebhaber alles, was das Herz begehrt: Rutschen, Sportbecken und einen Schwimmkanal. Im Erlebnisbecken gibt es eine Elefantenrutsche und einen Wasserpilz. Das Kleinkinderbecken im Innenbereich hat zwei flache Becken mit Spritztier und eine Kleinrutsche, direkt nebenan liegt der Wickelraum. Das Plantschbecken draußen ist bestückt mit Freistrahlpilz, Spritztier, Minispeier und einer Rutschenschräge.

Freibad Bedburg

Erftstraße 15, 50181 Bedburg. ✆ 02272/4327. **Anfahrt:** Bus 975 Wiesenstraße. **Preise:** 3,50 €, 10er-Karte 28 €, 40er-Karte 91 €; Kinder 7 – 14 Jahre 2,50 €, 10er-Karte 20 €, 40er-Karte 65 €; Familientageskarte 8 €, Familiensaisonkarte 85 €.

▶ Erlebnisbecken mit Wasserpilz, Massagedüsen, Breitspeier, Breitrutsche und Liegewiese.

Freibad Elsdorf

Stadionweg, 50189 Elsdorf. ✆ 02274/2227, Fax 3511. freibad.elsdorf@freenet.de. **Anfahrt:** Bus 963 Arnoldusschule. A61 AS18 Bergheim. **Zeiten:** Mitte Mai – Anfang Sept Di, Do, Sa, So 9 – 19 Uhr, Mo, Mi, Fr 8 – 19 Uhr. **Preise:** 3 €; Kinder 2 €.

▶ Im Elsdorfer Gemeindefreibad gibt es ein 50-m-Wettkampfbecken, ein Erlebnisbecken mit Wasserpilz, 82-m-Rutsche und eine 10-m-Sprunganlage, außerdem Liegewiese, große Spielwiese mit Volleyballnetz, Basketball und Cafeteria.

Terrassenfreibad

Sportpark »An den sieben Bäumen«, 50226 Frechen. ✆ 02234/24362, www.terrassenfreibad.de. info@terrassenfreibad.de. **Anfahrt:** Bus 731, 980 Zum Kuckenthal. A1 AS104 Frechen, kurz aus B264, vor Burger King rechts (Kölner Straße, später Freiheitsring), dann

Hunger & Durst

Schwimmen und Toben macht hungrig, gut dass es die **Snackbar Laguna** gibt. Hier könnt ihr Snacks oder kräftige Mahlzeiten bekommen und sogar euren Kindergeburtstag feiern, ✆ 02273/953580.

Skater aufgepasst: Direkt nebenan ist eine Skaterbahn.

Elsdorf ist Partnergemeinde von Lanta-Laubusch (Sachsen), Aix-Noulette und Bully les Mines (Frankreich).

Der **Minigolfplatz** ist auch von außerhalb des Freibades benutzbar.

Hunger & Durst

Gerichte für den kleinen Hunger sind in der **Snackbar** und auf der herrlichen Gartenterrasse zu haben, ✆ 02234/202731. Snackbar und Gartenterrasse haben die gleichen Öffnungszeiten und sind auch ohne Eintrittskarte zugänglich.

Hunger & Durst

In der Cafeteria werdet ihr bestimmt satt: Da gibt es Fritten, Spaghetti, Pizza, Schnitzelgerichte, Kuchen und Snacks.

ausgeschildert. **Zeiten:** Mo, Di, Do 10 – 20 Uhr, Mi, Fr 7 – 20 Uhr, Sa, So 9 – 19 Uhr. **Preise:** 3 €; Kleinkinder bis 4 Jahre 1 €, Kinder 2,50 €.

▶ Im Terrassenfreibad könnt ihr euch im 50-m-Schwimmerbecken, 55-m-Nichtschwimmerbecken, der 10-m-Sprunganlage und im Plantschbecken abkühlen. Ins Nichtschwimmerbecken führt eine quietschgelbe superbreite Rutsche. Nach dem Schwimmen oder für Wasserscheue gibt es zwei Beachvolleyball-Plätze, einen Minigolfplatz, einen großen Spielplatz und 20.000 Quadratmeter Liegewiese.

Erlebnisbad Fresh Open

Burgstraße 65, 50226 Frechen. ✆ 02234/956415, www.fresh-open.de. info@fresh-open.de . **Zeiten:** Mo 10.15 – 21.30 Uhr, Di, Mi, Fr 6.30 – 21.30 Uhr, Do 6.30 – 14 Uhr, Sa 10 – 18.30 Uhr, So 9.30 – 18.30 Uhr. **Preise:** Mo – Fr nachmittags 1 Std 2,80 €, 150 Minuten 3,30 €, ohne Zeitlimit 4,60 €, Sa, So, Ferien 1 Std 2,80 €, 150 Minuten 4,10 €, ohne Zeitlimit 5,10 €; Säuglinge frei, Kinder bis 4 Jahre 1 €, ab 4 Jahre Mo – Fr nachmittags 1 Std 1,80 €, 150 Minuten 2,20 €, ohne Zeitlimit 2,80 €, Sa, So, Ferien 1 Std 1,80 €, 150 Minuten 2,60 €, ohne Zeitlimit 3,30 €. **Infos:** Mo – Fr bis 14 Uhr günstigere Tarife, weil nur begrenztes Spaßangebot.

▶ Erlebnisbad mit 3-m-Sprunganlage und Sauna. Direkt neben dem Eingang ist in diesem Schwimmbad ein gut abgetrennter Bereich für Kleinkinder. 3-m-Sprunganlage. Beliebt ist der Erlebnisbereich mit Innen- und Außenbereich, Bodensprudler, Wasserfall, Strömungskanal, Brodelbecken und Wasserkanonen. Der Knaller ist aber die 101 m lange Superrutsche. Im Außenbereich gibt es Liegemöglichkeiten, eine Terrasse und Spielgeräte für Kleinkinder.

Freibad Stommeln

In den Benden, 50259 Pulheim-Stommeln. ✆ 02238/922392. **Anfahrt:** Bus 967. **Zeiten:** Mo – Fr 11 – 20 Uhr (Ferien ab 9 Uhr), Sa, So, Fei 8 – 18 Uhr. **Preise:** 3 €; Kinder 3 – 14 Jahre 2 €.

▶ Für kleine Kinder ist in diesem Freibad eine wunderschöne Wasserlandschaft gebaut worden, mit zwei ineinander verlaufenden Becken, eins sehr flach und eins etwa knietief. Auch eine Clownwasserdusche sorgt für Erfrischung. Für Schwimmer gibt es ein großes Becken und einen 5-m-Turm. Das Nichtschwimmerbecken hat Spritzdüsen, zwei Rutschen, Wasserpilz und Whirlpool. Große Liegewiese mit sonnigen und schattigen Stellen, gegen Abgabe des Personalausweises könnt ihr auch Liegen und Stühle ausleihen. Kiosk und ein kleiner Imbisswagen vorhanden.

 Für die Schränke in der Umkleide braucht ihr ein Vorhängeschloss mit 40 mm Bügelweite.

Wenn Kinder abends Lust haben, dürfen sie nach Badeschluss noch den Müll auf den Liegewiesen aufsammeln, dafür bekommen sie eine Freikarte.

KarlsBad

Stadtwerke Brühl GmbH, Kurfürstenstraße 40, 50321 Brühl. ✆ 02232/702270, Fax 702999. www.karlsbad-bruehl.de. info@stadtwerke-bruehl.de. **Anfahrt:** Stadtbus 704, 706, Stadtbahn 18 Brühl-Nord. **Zeiten:** Mo – Fr 10 – 22 Uhr, Sa 10 – 20 Uhr, So 9 – 20 Uhr. **Preise:** 5 Std 5,30 €, 100 Minuten 4,30 €, Freibad 4 €; Kinder 4 – 17 Jahre, 5 Std 3 €, 100 Minuten 2,50 €, Freibad 2,50 €; 10er-Karten bringen etwa 15 % Rabatt.

▶ Dieses Frei- und Hallenbad bietet Spaßbecken, Badelandschaft, Vier-Jahreszeiten-Becken, Whirlpool, Sauna, Wasserfall und 70-m-Riesenrutsche. Für die ganz Kleinen gibt es ein besonders flach angelegtes Kinderbecken mit Rutsche und einer Wasserschildkröte, auf der man reiten kann. In das Nichtschwimmerbecken draußen führt eine superbreite Wellenrutsche.

Kiosk mit den üblichen Schwimmbad-Snacks und Eisautomat vorhanden.

Im Karlsbad schwimmt ihr im ersten runden Edelstahlschwimmbecken Europas.

An jedem letzten Samstag im Monat ist Spielnachmittag mit vielen lustigen Aktionen, Wettbewerben und Wasserspielgeräten. Direkt am Schwimmbad steht eine Halfpipe für Skater.

De Bütt

Familienbad Hürth, Sudetenstraße 91, 50354 Hürth-Mitte. ✆ 02233/72940, Fax 78828. www.huerth.de/sport/sportsta.html. familienbad@web.de. **Anfahrt:** Stadtbus Hürth 710, 711 De Bütt. **Zeiten:** Mo 10.30 – 19 Uhr, Di – Fr 6.30 – 22 Uhr, Sa, So, Fei 8 – 20 Uhr. **Preise:** 90 Minuten 3,30 €, 10er-Karte 26,60 €, unbegrenzte Badezeit 6,10 €, 10er-Karte 49,10 €; Kinder bis 16 Jahre 90 Minuten, 2,20 €, 10er-Karte 15,35 €, unbegrenzte Badezeit 3 €, 10er-Karte 24,50 €; Familientageskarte (2 + 2 oder 1 + 3) 12 €. **Infos:** Extra große Familienumkleiden mit Wickeltisch.

▶ Ein echtes Familienbad mit Babywasserspielzone, Rutschen, Liegewiese, Sauna, Restaurant, Whirlpool und 3-m-Turm.

Erftstadt hat Partnerstädte in Frankreich (Viry-Chatillon), Großbritannien (Wokingham), Polen (Jelenia Góra) und Brandenburg (Zepernick).

Schwimmen Sonnen Spass Freibad

VFB Erftstadt, Kölner Ring / Am Rotbach, 50374 Erftstadt-Lechenich. ✆ 02235/76803, Fax 67951. www.freibad-lechenich.de . info@freibad-lechenich.de. **Anfahrt:** Bus 979 Kölner Ring, dann etwa 10 Minuten Fußweg. A61 AS 108, B265, am Kreisverkehr Richtung Lechenich, hinter REWE rechts. **Zeiten:** Juni – Aug Mo – Fr 14 – 18 Uhr, Sa, So, Fei 10 – 18 Uhr, Ferien Mo – Do 10 -18 Uhr, Fr 14 – 18 Uhr, bei schönem Wetter bis max. 20 Uhr. **Preise:** 2,40 €, 10er-Karte 15 €; Kinder 5 – 16 Jahre 1,20 €, 10er-Karte 7,50 €; Gruppen ab 10 Personen 1 €.

▶ Freibad mit 50-m-Becken, 5-m-Sprunganlage, Kleinkindbecken, 2 Wasserrutschen und einer parkartigen Liegewiese. Die jüngsten Besucher vergnügen sich im Kleinkinderbecken mit Spielgeräten und Sandkasten.

Wesseling hat vier Partnerstädte im In- und Ausland: Pontvy (Frankreich), West Devon (GB), Traunstein (Bayern) und Leuna (Sachsen-Anhalt).

Gartenhallenbad Wesseling

Saarlandstraße, 50389 Wesseling. ✆ 02236/701390, Fax 7016281. **Anfahrt:** Stadtbahn Linie 16 Wesseling, Fußgängerzone Flach-Fengler-Straße, links in Elsässer Straße. A555 AS5 Wesseling/Bornheim, Richtung Wesseling, im Kreisverkehr links Ahrstraße/Jahnstraße, hinter Sportplätzen rechts. **Zeiten:** Mo 13 – 20 Uhr, Di – Fr 6.30 – 22 Uhr (Mi 19 – 22 Uhr nur Damenbad), Sa 6.30 – 19 Uhr, So 8 – 19 Uhr. **Preise:** 3 €; Kinder 6 – 13 Jahre 2 €.

▶ Im Hallenbad gibt es ein Mehrzweckbecken und ein Lehrschwimmbecken, dazu Sauna und Cafeteria. Im Freibadbereich findet ihr zusätzlich eine Sprunginsel, Kinderrutsche, Plantschbecken und Tischtennisanlage.

Wochenmarkt in Wesseling auf dem Alfons-Müller-Platz jeden Freitag 7 – 12 Uhr.

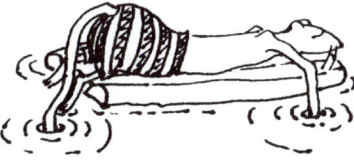

Wassersport an Seen & Flüssen

Zieselsmaar

Familiensportbund Erftland-Ville e.V., Berrenrather Straße, 50169 Kerpen. ✆ 02237/972400, Fax 972401. www.fsg-nw.de/texte/vereine/fsb-erftland-ville/index.htm. fsb.erftland@t-online.de. **Anfahrt:** Bus 710, 711 ab Hürth-Park. A1 AS106 Hürth, rechts und gleich hinter Autobahnbrücke links. **Preise:** 3,50 €; Kinder bis 18 Jahre 0,50 €.

▶ Nahtlose Bräune könnt ihr nach einem Sonnenbad am Zieselsmaar mit nach Hause tragen. Das Maar fällt recht flach ab, ist also gut für Nichtschwimmer geeignet. Auf dem 12 Hektar großen Gelände findet ihr einen großen Kinderspielplatz, 4 Volleyballplätze, einen Beachvolleyball-Platz, 6 Tischtennis-Platten, einen Rundweg zum Joggen, einen Grillplatz, Sanitäranlagen, Aufenthaltsraum, Kiosk, Sauna und eine große, sehr gepflegte Liegewiese. Für Kinder gibt es jedes Jahr ein großes Sommerfest.

Tipp: An den Wochenenden ist der See vom DLRG bewacht. Auch die Lebensretter sind ohne Badehose und Bikini auf dem See unterwegs.

Naturpark Kottenforst-Ville »Brühl und die Ville-Seen«, Freizeitkarte 1:25.000, für 1 € bei Brühl-Info und unter www.naturpark-kottenforst-ville.de.

RHEIN-ERFT-KREIS

Für 2005 ist geplant, in diesen schönen, ruhigen See eine Wasserskianlage zu bauen. Hierzu muss zum Teil der Landschaftsschutz aufgehoben werden, durch den bislang die Tiere und Pflanzen im Uferbereich abseits der Liegewiesen geschützt wurden. Vielleicht stellt Ihr euch vor einem Wellenritt die Frage, ob ihr nicht bei einem anderen Wassersport ebenso viel Spaß habt.

Außerhalb der Grillhütte ist es streng verboten, zu grillen oder ein Lagerfeuer zu machen, denn gleich unter dem Rasen liegt Braunkohle, die unterirdisch noch wochenlang weiterglimmen könnte, wenn sie einmal von der Glut erfasst wurde.

Bleibtreusee

Peter Hanseler, Luxemburger Straße, 50321 Brühl. ✆ 02232/22681 (Kiosk), 0221/232647 (Grillplatzreservierung), Fax 0221/232967. hanseler@imleuchtturm.de. **Anfahrt:** Bus 979 Bleibtreusee. B265. Rad: Fahrräder und Motorräder dürfen bis ans Ufer mitgenommen werden. **Infos:** Camping mit Genehmigung vom Forstamt ✆ 02232/945060, Taucherlaubnis bei den Villetauchern ✆ 07000/4257788.

▶ Familiensee, bei dem kein Eintritt gezahlt werden muss, mit Kiosk, Toilette, Grillplatz und Sanitätsstation. Die zwei großen Liegewiesen bieten Platz zum Spielen, der Wald lädt zu Unterholz-Abenteuern ein. Nicht weit entfernt ist ein Aussichtsturm, auf den ihr steigen könnt. An manchen Tagen mit hohem Besucheraufkommen müssen Autofahrer Parkgebühren zahlen. Motorboote und Segelboote sind verboten, Taucher und Surfer haben einen eigenen Bereich, ihr könnt also gefahrlos im See schwimmen und plantschen.

Heider Bergsee

Familie Schirmer, Heider Bergsee, 50321 Brühl. ✆ 02232/27040, Fax 25261. www.heiderbergsee.de.

schirmer@heiderbergsee.de. **Anfahrt:** Bus 990 FH Bund. B265, dann Richtung Brühl und der Beschilderung folgen. **Preise:** 2 €; Kinder 2 – 14 Jahre 1,50 €.

▶ Strandbad auf dem Campingplatz mit Sandstrand und Liegewiese, Restaurant und Kiosk. Erlaubt sind Schwimmen, Schlauchbootfahren, Paddeln, Schnorcheln und Tauchen.

Strandbad Otto-Maigler-See

50354 Hürth-Gleuel. ☎ 02233/35248, Fax 9399066. www.otto-maigler-see.de. otto-maigler-see@netcologne.de. **Anfahrt:** Stadtbus Hürth 711 Otto-Maigler-See. **Zeiten:** Mo – Fr 9 – 20 Uhr, Sa, So 8 – 20 Uhr. **Preise:** 3,50 €; Kinder 2 – 5 Jahre 1 €, 6 – 14 Jahre 2 €; 10er-Karten und Saisonkarten.

▶ Ein Badesee mit großem beaufsichtigten Bereich, der für Nichtschwimmer und Schwimmer unterteilt ist. Liegefläche: reichlich Wiese und ein 500 Meter breiter feiner Sandstrand. Kiosk, Umkleidekabinen. Tischtennis, Sonnenschirme und Liegen gegen Gebühr. Die Seeterrasse ist auch für Radler und Spaziergänger zugänglich. Dort gibt es leckere Salate, frische Früchte und natürlich Eis. Im Sommer ist an diesem Badesee immer etwas los: Beachparty, Kindernachmittag, Live-Konzerte und Sportveranstaltungen. Für Rheinländer besonders schön ist die Kölsche Nacht (Sept), bei der alle bekannten Kölner Bands auftreten.

Liblarer See

Campingplatz Liblarer See, 50374 Erftstadt-Liblar. ☎ 02235/3889. **Anfahrt:** Bus 975, 979 Liblarer See. B265. **Zeiten:** täglich 8 – 22 Uhr. **Preise:** 2,50 €; Kinder 1,50 €.

▶ Strandbad des Campingplatzes mit Sandstrand, Liegewiese und Restaurant. Erlaubt sind Schwimmen, Segeln und Angeln.

 Die 7 km rund um den See sind eine nette Wandertour von etwa 2 Stunden mit ständigem Blick auf den See und seine Surfer, Ruderer, Schwimmer und Wasservögel.

 Die Wasserqualität wird alle 14 Tage nach EU-Norm getestet. Sie gehört zu den besten in Deutschland, das hat die Stiftung Warentest im Jahr 2003 bestätigt.

RHEIN-ERFT-KREIS

Sandstrand am Rhein

Wesseling. Direkt am Erlebnisweg Rheinschiene.

Wesseling war in früheren Zeiten ein wichtiger Ort für die Rheinschifffahrt. Hier machten die Treidelschiffer auf ihrer Tour von Köln nach Bonn Station und wechselten die Pferde.

▶ In Wesseling könnt ihr am Sandstrand liegen, den Schiffen auf dem Rhein hinterherschauen, träumen und in den Wellen plantschen. Nicht weit vom Fähranleger nach Lülsdorf und vom Steg der Köln-Düsseldorfer entfernt gibt es tatsächlich einen feinen Sandstrand, der sehr beliebt bei Familien ist. Man kann zwischen den Buhnen auch baden, muss nur vorsichtig sein, um nicht in die Strömung und die Strudel im Rhein gezogen zu werden.

Kajaken auf der Erft

Sport und Spass Event GmbH, Dominik Kopitzke, Am Angelpark, 50126 Bergheim-Zieverich. ✆ 02271/985985, Fax 985988. www.sportundspass.de. info@sportundspass.de. Treffpunkt nach Absprache.

Als Naturfreunde haltet ihr natürlich Abstand von Röhricht, Schilf, Sandbänken und anderen Stellen, an denen ihr Wasservögel, Fische und sonstige Tiere stören könntet.

▶ Auf der Erft lässt es sich auch für Anfänger sehr gut paddeln. Der Fluss fließt gemächlich, ihr könnt euch also darauf konzentrieren, die Richtung zu halten, Tiere am Flussufer zu beobachten oder euer Paddel zum Nassspritzen der Besatzung im Nebenboot einzusetzen. Euch stehen vom Startpunkt Bergheim sechs Paddelrouten zur Verfügung, die zwischen einer Stunde und 3 Tagen lang sein können. Die Preise umfassen stets Boot, Paddel, Schwimmweste und Gepäcktonne. Schnupperpaddeln wird Sa, So, Fei ab 10 Uhr angeboten und kostet 5 € für Erwachsene bzw. 3 € für Kinder. Die 2 – 2 1/2-stündige Classic-Route kostet zwischen 13 € im Einer, 17,50 € im Zweier und 29 € im Dreier-Kajak, plus jeweils 1 € für den Bootstransport. Schulklassen paddeln Mo – Do für 9,50 € pro Person, all inclusive, ohne Tourbegleiter und Personenrückbeförderung.

Tauchen im SEAL-Team

Waterworld GmbH, Daimlerstraße 13 – 15, 50374 Erftstadt-Lechenich. ✆ 02235/95520-0, Fax 95520-20. www.waterworld-online.de. ausbildung@waterworld-

online.de. **Anfahrt:** B265, am McDonalds stadtein-
wärts, Kreisverkehr links, 1. links und wieder links.
Zeiten: Sa 14 – 17.30 Uhr (außer Ferien).

▶ Kindertauchen für Kinder ab 8 Jahre. Die Tauch-
gänge werden ausschließlich im Schwimmbad in einer max. Tiefe von 2 m durchgeführt. Vor jeder Aquamission steht ein Briefing. Dabei wird euch alles
Wichtige zum Tauchen mit Videos und einem speziellen Lehrbuch erklärt. Insgesamt gibt es 15 dieser
Aquamissions, von denen die ersten 5 zum ersten
Brevet »Seal Team Member« führen. Brevet ist ein besonderes Taucherwort und heißt Tauchschein. Nach
erfolgreichem Abschluss aller Missionen wird das
Brevet »Master Seal« verliehen. Um 14 Uhr ist Treffen in der Tauchschule und ab 15 Uhr seid ihr Kinder
dann mit netten Tauchlehrern im Hallenbad in Liblar.
Die Kosten liegen pro Kind bei 50 € einmalig für Anmeldung und Lehrmaterial und dann jeweils 20 € pro
Aquamission.

Tipp: Ab 12 Jahre könnt ihr den Lehrgang »Junior
Open Water Diver« besuchen, mit dem dann Tauchen
auch in Seen und im Meer erlaubt ist.

Wandern & Spazieren

**RAUS IN DIE
NATUR**

Wie gruselig! Der Werwolfwanderweg

Bedburg-Alt-Kaster. **Länge:** 10 km, rund 2 1/2 Stun-
den. Leichter Rundweg mit 7 Stationen. Er kann in zwei
etwa 5 km lange Teilstrecken aufgeteilt werden: »Das
Unwesen des Werwolfs« rund um den Kasterer See
(Natur, manchmal matschig) und »Die Gerichtsrunde« in
Bedburg (durch die Stadt). **Anfahrt:** Bus 975 Kaster
Rathaus oder Anrufsammeltaxi ✆ 02272/19731.
A61 AS14 Bedburg, dann immer Richtung Kaster.

▶ In Bedburg lebte im 16. Jahrhundert ein Mann namens Peter Stump, dem vorgeworfen wurde, ein Wer-
wolf zu sein. Er wurde gemeinsam mit seiner Tochter
und »Gevatterin« gefangen genommen, vor das Blut-

RHEIN-ERFT-KREIS

101

Die Figur des Werwolfs kommt in allen Kulturen vor. Seinen Ursprung hat der Mythos wahrscheinlich in den Bräuchen steinzeitlicher Jäger, die sich vor der Jagd in Wolfsfelle hüllten, um dadurch den Mut und die Stärke des Raubtiers auf sich zu übertragen. Im 13. und 14. Jahrhundert gab es neben den fast 100.000 Hexenprozessen in Europa auch viele Anklagen gegen vermeintliche Werwölfe.

@ Die Route mit genauer Karte könnt ihr euch unter www.huerth.de/sehensw/hswander.html ansehen und als Wanderkarte ausdrucken. Für Leser ohne PC hält das Pressereferat der Stadt Hürth, ✆ 02233/53-105, eine kopierte Wegbeschreibung mit Karte bereit.

gericht gebracht und schließlich wegen Hexerei und Werwolferei verurteilt. Am 31. Oktober 1589 fand die öffentliche Hinrichtung statt. Aus seiner Anklage und Verurteilung wurde der weltweit bekannteste Werwolf-Prozess, von dem sogar Menschen in Nordamerika wussten.

Startpunkt ist die Infotafel am **Agathator von Schloss Bedburg.** Hier erhaltet ihr einen Überblick über den geschichtlichen Hintergrund und die Wegstrecke. Am Wolfgangstieg erfahrt ihr einiges über die dämonischen Gräueltaten des **Werwolfs**, der angeblich Ziegen, Kälber, Männer, Frauen und Kinder tötete und fraß. Unter schrecklicher Folterpein gestand er alles, was man ihm vorwarf. Alle Schauplätze sind historisch verbürgt, ihr erwandert also in gut zwei Stunden das gesamte Leben und das traurige Ende eines Mannes, von dem man bis heute nicht weiß, ob er ein kranker Serienmörder oder unschuldiges Opfer der Hexenverfolgung war.

Römische Wasserleitung

Hürth. **Länge:** 12 km mit Wegen von und zur Bahn, knapp 4 Stunden, gut markiert und leicht. Stadtbus hält nie weiter als 500 m entfernt, vorzeitiger Abbruch also jederzeit möglich. **Anfahrt:** Stadtbahn 18 Hürth-Fischenich. Rückfahrt ab Hürth-Efferen. Bonnstraße bis P&R-Parkplatz Hürth-Fischenich.

▶ Der Römerkanal-Wanderweg ist 110 km lang und führt von Nettersheim in der Eifel bis nach Köln. Die Eifelwasserleitung versorgte im 1. – 3. Jahrhundert die Stadt Colonia Claudia Ara Agrippinensis (Köln) mit erstklassigem Trinkwasser. Der schöne letzte Streckenabschnitt beginnt in Hürth-Fischenich. Ihr startet am **P&R-Parkplatz,** überquert die Bonnstraße an der Fußgängerampel und geht hinter dem Hotel links in die Raiffeisenstraße. Am Ende geht es rechts die Gennerstraße hoch, hier könnt ihr durch den Park abkürzen. Hinter der **Burgruine Fischenich** biegt ihr rechts in die Jakobstraße und gleich wieder in die Augustinerstraße, denn von dort kommt ihr näher an die Burgruine heran. Hier ist der eigentliche Startpunkt der Wanderung, denn in der **Burgmauer** könnt ihr an einigen Stellen deutlich sehen, dass die Erbauer der Burg einfach Steine aus der römischen Wasserleitung vermauert haben. Die Wegstrecke ist leicht zu finden, an fast jedem Laternenpfahl oder Baum ist der Weg markiert. Unterwegs seht ihr eine **Wasserburg,** eine **alte Lok** zum Klettern und natürlich Abschnitte der **römischen Wasserleitung.** Vom Zielpunkt am Klärbecken im Grüngürtel geht ihr ohne

 Im Kulturamt der Stadt Hürth, ✆ 02233/53-0, könnt ihr euch den Schlüssel für die römische Wasserleitung hinter der Realschule in Hürth-Hermülheim geben lassen, die dort überdacht und hinter Gittern zu sehen ist.

Römische Wasserleitung

▶ Im Imperum Romanum kurz nach Christi Geburt gab es viele Genießer. Die wollten zwar am Rhein leben, aber nicht daraus trinken. Und auch für ihr tägliches Bad forderten sie frisches, wohlriechendes Wasser. Der größte deutsche Fluss scheint also schon damals ein Problemgewässer gewesen zu sein. Kein Wunder, denn dorthinein wurden die Abwässer und Abfälle entsorgt.

Das Wasser von Gleueler Bach, Urbach und Duffesbach reichte schon bald nicht mehr für die wachsende Einwohnerzahl. Also planten die Stadtväter von Colonia Claudia Ara Agrippinensium – so hieß Köln damals – eine 95 km lange Wasserleitung, in der frisches und wohlschmeckendes Nass aus dem Quellgebiet der Urft bis ins Zentrum von Köln fließen konnte. Und dort konnten die Römer – egal ob arm oder reich – dann nach Herzenslust in den öffentlichen Thermen stundenlang baden, erzählen, essen, trinken, über Politik diskutieren oder Geschäfte verhandeln.

Das nach kurzer Bauzeit fertig gestellte Bauwerk konnte bis zu 24.000 Kubikmeter (das sind 24 Mio Liter) Wasser befördern, anfangs mehr, später weniger, als die Wände durch braune, marmorartige Kalkablagerungen immer dicker und die Durchflussröhren dadurch immer dünner wurden. Um das Wasser kühl zu halten, war der Aquädukt unterirdisch angelegt und nur für die Überquerung von Bächen und Flüssen sichtbar. Freigelegte Reste der römischen Wasserleitung könnt ihr noch an vielen Stellen zwischen Köln und der Nordeifel sehen, z.B. in Hürth, Kreuzweingarten und Sötenich. ◀

Als Krönung der Wanderung schaut euch vor der Rückfahrt nach Fischenich neben dem Bahnhof Efferen noch das **Römergrab** an (Schlüssel gibt's auch beim Kulturamt Hürth).

An Station 1, dem Schloss Paffendorf, könnt ihr euch die kostenlose Karte *Straße der Energie* geben lassen. Auf dieser Karte im Maßstab 1:50.000 ist die Route für Radfahrer rot eingezeichnet, für Autofahrer blau.

die Straßenseite zu wechseln schräg über die Wiese und folgt dem Weg entlang der Bahnlinie. Über den REWE-Parkplatz kürzt ihr die letzten Meter zur Haltestelle Efferen ab.

Natur & Umwelt erforschen

Straße der Energie
Länge: 37 km. Leichte Radtour auf ebenen, meist autofreien Strecken. Kennzeichnung: weiße Glühbirne auf dunkelblauem Grund. **Anfahrt:** RB Bhf Paffendorf, Bus 975 Paffendorf Ortsmitte. **Info:** http://paffendorf-erft.de/schloss/energie.html.

▶ Ein Lehrpfad für Radler, für den es auch eine Auto-Variante gibt. Die eigentliche Rundstrecke ist 37 km lang, ihr könnt außerdem einen Abstecher von 7 km zum Aussichtspunkt am Tagebau Hambach machen. Wer mit dem Auto unterwegs ist, erreicht alle Stationen über nahe gelegene Parkplätze mit jeweils kurzen Laufstrecken. Mit dem Fahrrad könnt ihr unmittelbar heranfahren.
Start und Ziel ist das Informationszentrum von RWE Power im **Schloss Paffendorf.** Unterwegs trefft ihr auf rekultiviertes Gelände, eine Fotovoltaikanlage, ein Windtestfeld, eine Kohlenfabrik und ein Kohlekraftwerk. Hier werdet ihr erleben, dass die RWE sogar ihr eigenes Wetter macht. Das ganze Jahr über heißt das Kraftwerk ohnehin Wolkenfabrik, weil aus den großen Kühltürmen Wasserdampf-Wolken kommen. Aber wenn die Temperaturen um null Grad liegen, entsteht hier sogar Schnee!

Informationszentrum Schloss Paffendorf
RWE Power, Burggasse, 50126 Bergheim-Paffendorf. ✆ 02271/75120033, Fax 7511477. www.paffendorf-erft.de/schloss/. besucher.rwepower@rwe.de.
Anfahrt: Bhf Paffendorf, Bus 975 Paffendorf. A61 AS 18 Bergheim/Elsdorf, B477, in Paffendorf hinter der

Nicht weit entfernt liegt in den Erftauen ein schöner **Minigolfplatz** mit Grillplatz und Imbiss, der März – Okt geöffnet ist. ✆ 02271/983858. Minigolf kostet 2,50 € für Erwachsene, 2 € für Kinder und Jugendliche und 1,50 € für Wiederholungsrunden.

Kirche. Rad: Erft-Radweg. **Zeiten:** Sa, So, Fei 10 – 17 Uhr. **Preise:** Eintritt frei. **Infos:** Zugang auch für Rollstuhlfahrer, Behinderten-WC.

▶ Das neugotische Schloss Paffendorf wurde erstmals 1230 als Vogtei in alten Urkunden erwähnt. Seit 1967 öffnet hier das Informationszentrum der RWE Rheinbraun AG am Wochenende seine Tore. Von den Lagerstätten über die Techniken zur Gewinnung und die zahlreichen Produkte aus Braunkohle bis hin zu Problemen wie Umsiedlung, Rekultivierung und Umweltfragen werden alle Aspekte des rheinischen Braunkohlebergbaus behandelt. Neu ist die Modellkabine eines Schaufelradbaggers, in die ihr euch setzen dürft. Dort kann man herrlich davon träumen, ein solch riesengroßes technisches Gerät selbst zu steuern. Ebenso werden die Geschichte der Rheinbraun AG und ihre umfangreichen Forschungen dargestellt. Deshalb sind im Park auch die Pflanzengesellschaf-

Hunger & Durst
Euren Hunger und Durst könnt ihr im **Biergarten** und im **Bistro** mit Frühstück, Salaten, Currywurst und heißen Waffeln bekämpfen, Mai – Sept 8 – 23 Uhr, Okt – April 8 – 18 Uhr.

RHEIN-ERFT-KREIS

ten der Tertiärzeit gezeigt, aus denen damals die Braunkohle des Rheinlandes entstand. Spannend, denn einige der Pflanzen gibt es heute noch, oder zumindest deren Nachfahren. Der Park lädt an trockenen Tagen zum Spazieren und Picknicken ein. Im Schlossteich schwimmen riesige Fische in verschiedenen Farben.

Mit dem Bus in den Tagebau Garzweiler

RWE Power, Burggasse, 50126 Bergheim-Paffendorf. ✆ 02271/75120033, Fax 7511477. www.rwe-power.de. besucher.rwepower@rwe.de. **Führungen:** Im Sommer werden an drei Sonntagen 10 – 16 Uhr offene Führungen angeboten. Eine Anmeldung ist nicht erforderlich, mittags müsst ihr aber auf ewig lange Warteschlangen beim Warten auf den Bus gefasst sein, also kommt besser ganz früh oder ganz spät.

▶ Wollt ihr euch einmal aus der Nähe ansehen, wie die RWE Power (das war früher die Rheinbraun)

Wie ein Dino aus der Steinzeit frisst sich der Bagger in die Vergangenheit

Braunkohle im Tagebau abbaut? Dazu sollte eure Gruppe zwischen 25 und 50 Personen umfassen. Ihr besorgt einen Reisebus für euch, alles andere ist kostenlos. Ein Einführungsvortrag informiert über die Arbeit der RWE Power AG und über den Braunkohlenbergbau im Rheinland. Anschließend fahrt ihr durch den Braunkohlentagebau, Rekultivierungsgebiete und einen Umsiedlungsort. Insgesamt dauert diese Exkursion etwa 2 1/2 Stunden, für Klassen des 4. – 6. Schuljahrs 1 1/2 Stunden. Es ist schon ein Wahnsinn, wie hier ganze Dörfer verschwinden und das Unterste zuoberst gebaggert wird. Ihr seht Schaufelradbagger mit 16 Schaufeln, in die jeweils ein kleines Auto passt, einen gigantischen Kohlebunker, viele, viele geländegängige Landrover, Rettungswagen und Feuerwehrautos, Kohlezüge und über 100 km Förderbänder mit einem Bandsammelpunkt, also quasi dem Förderband-Hauptbahnhof.

Aussichtspunkte in den Braunkohlentagebau

Bergheim: Kurz vor dem Ortsanfang Bergheim in Höhe der Parksauna geht ein Weg zu einem kleinen Parkplatz. Von dort sind es noch etwa 10 Gehminuten bis zum neuen Aussichtspunkt, der zwischen einem Erdwall mit einer Holzbrüstung schon aus der Ferne gut zu erkennen ist. Links sieht man das Kraftwerk Niederaußem, rechts den Ortsteil Quadrat. In einer der unteren Sohlen steht noch ungefähr bis 2008 der Absetzer Nummer 756.

Elsdorf: Hier könnt ihr in den großen Tagebau Hambach schauen. Die B55 an der Abfahrt Elsdorf-Esch/ -Niederembt verlassen, rechts abbiegen. In Esch an der Kirche rechts, 1. Straße links (Holzgasse), nach etwa 1,5 km kommt der Aussichtspunkt in den Tagebau Hambach. Mit dem Bus 963 bis Esch/Kirche, danach etwa 30 Minuten zu Fuß. Hier gibt es auch eine Grillhütte.

Nur noch knapp 10 % der Braunkohle wird zu Briketts verarbeitet, also zum Heizen genutzt, über 90 % der hier gewonnenen Kohle wird zur Stromgewinnung genutzt. Wenn ihr das lest, macht ihr euch doch sicherlich auch Gedanken darüber, wie ihr zu Hause Strom sparen könnt, oder?

Absetzer sind ein wenig kleiner als Bagger und verfüllen die ausgekohlten Braunkohlegruben wieder mit Erde, damit sie wieder für die Landwirtschaft oder als Naherholungsgebiete genutzt werden können.

Tierparks & Gärten

Schweinisches auf dem Bauernhof

Breuershof, Hohe Straße 103, 50129 Bergheim-Glessen. ✆ 02238/43159, Fax 303098. www.Meller-Breuershof.de. meller.breuershof@t-online.de. **Anfahrt:** Bhf Bergheim, Bus 923 Glessen-Schotten. **Zeiten:** nach Voranmeldung. **Preise:** nach Vereinbarung, abhängig von Dauer und Art der Veranstaltung.

▶ Auf dem Breuershof gibt es Schweine, Schweine, Schweine: Hängebauchschweine, Minischweine und Meerschweine. Aber natürlich auch alle anderen Tiere, die ihr so auf einem Bauernhof erwartet wie Hühner, Gänse, Enten, Kaninchen, Perde, Ponys, Ziegen und Schafe. Ihr könnt euch zu Hofführungen für Schulklassen, Kindergärten und Spielgruppen anmelden. Kurz vor Ostern und am 3. Advent gibt es Hoffeste. Und in jedem Fall ist die Spielstrohscheune ein lustig-staubiges Erlebnis.

Am Entenfang in Wesseling

Stadt Wesseling, Stadtplanung/Grünflächen, Alfons-Müller-Platz, 50389 Wesseling. ✆ 02236/701360, Fax 7016360. www.wesseling.de.

▶ Der Entenfang liegt an der Altstromrinne des Rheins, d.h. früher floss hier der Rhein entlang! Das Gebiet wurde 1969 wegen seiner Bedeutung für die Vogelwelt, insbesondere als Rastbiotop für durchziehende Watvogelarten, unter Naturschutz gestellt. Mit 75.000 Quadratmetern Fläche ist der Entenfang das Herzstück der Freizeit- und Erholungsangebote der Stadt Wesseling. Hier kann man grillen, auf zwei großen Spielplätzen und unendlichen Wiesen spielen, wandern, feiern, sich sonnen – oder ganz einfach ausspannen und nichts tun.

Falknerei Schmidt

Schloss Gymnich, Pierre Schmidt, Balkhausener Straße 2, 50374 Erftstadt-Gymnich. ✆ 02237/670524,

---

Happy Birthday!

Bei den organisierten Kindergeburtstagen und Mottogeburtstagen ist das Indianerfest mit Lagerfeuer und Kriegsbemalung am beliebtesten.

Hunger & Durst

Im **Ristorante Pizzeria Eiscafé Am Entenfang**, Entenfangstraße 67, könnt ihr täglich ab 16 Uhr Pizza, Pasta und 32 Eissorten der Spitzenklasse essen. Auf Wunsch öffnet der Chef sogar speziell für eure Gruppe, ✆ 02232/ 51703.

Der 1679 erstmalig erwähnte Name »ähndtfang« beschreibt eine historische Entenfanganlage, die der Kölner Kurfürst Clemens August im früheren Feuchtgebiet zwischen Berzdorf und Keldenich errichtete.

Fax 0221/4009396. Handy 0172/1773443. www.falknerei-schloss-gymnich.de. pierreschmidt@falknerei-schloss-gymnich.de. **Anfahrt:** Bus 920 Balkhausener Straße. A61 AS22 Gymnich. **Zeiten:** Di – Sa 15 – 18 Uhr, So 11.30 – 18 Uhr, Flugvorführungen täglich außer Mo 15 Uhr. **Preise:** 3 €, Gruppen ab 10 Personen 2 €; Kinder bis 12 Jahre 1 €; Pauschalpreise für Schulklassen/Kindergärten nach Voranmeldung. **Infos:** An Regentagen fliegen die Greifvögel nicht.

▶ Der Gymnicher Schlosspark mit seinen alten Bäumen ist für sich schon einen Ausflug wert. Spannender ist es aber, dem Falkner bei seinen Flugvorführungen mit Falken, Bussarden, Harris Hawks und Eulen zuzusehen. Er erklärt dabei das Verhalten und die Lebensgewohnheiten der Greifvögel. Mutige Kinder dürfen nach der Flugshow einen Falken mit Falknerhandschuh auf die Hand nehmen. Bei einem Rundgang durch die Falknerei könnt ihr dann die Vögel von Nahem betrachten.

Schloss Gymnich wurde als Gästehaus der Bundesregierung 1971 – 1990 bekannt. 1998 – 2002 war es Wohnsitz der Kelly Family.

Spielplätze & Erlebnisparks

Indoor-Spielplatz Pippolino

Hermann-Löns-Straße 30 – 38, 50170 Kerpen-Sindorf. ✆ 02273/953600, www.pippolino.com. info@pippolino.com. **Anfahrt:** An der S-Bahn Station Kerpen-Sindorf. **Zeiten:** Sa, So, Fei, Ferien 10 – 19 Uhr, Mo – Do 14 – 19 Uhr. **Preise:** 3,50 €; Kinder 2 – 12 Jahre 6 €.

▶ Für Kinder zwischen 2 und 12 Jahren hat das Spielparadies einiges zu bieten: Rutschbahnröhren, Hüpfburgen, Trampoline, Eisenbahn, Karussell, Flipper, Kicker, Autoscooter und vieles mehr. Ein riesiges aufgeblasenes Schiff kann beklettert werden. Ihr dürft eigenes Essen und Getränke mitbringen, es gibt aber auch eine gute Auswahl an Pizza, Pasta, Hamburgern, Salaten und speziellen Kindertellern.

Partnerstadt von Bedburg ist Vetschau in Brandenburg.

RHEIN-ERFT-KREIS

Frechen ist Partnerstadt von Kapfenberg in Österreich.

Eine »Acht« ist ein Stück Metall, das wie die Ziffer 8 geformt ist. Ihr braucht es, um euch beim Klettern zu sichern.

Hunger & Durst

Das Restaurant bietet zu zivilen Preisen viele kindgerechte Speisen, die auch den Großen schmecken. Der Hit ist das Riesenblech Pizza für 10 – 12 Personen, bei dem ihr euch den Belag aussuchen dürft.

Klettergeburtstag im ChimpanzoDrome

Ernst-Heinrich-Geist-Straße 18, 50226 Frechen. ✆ 02234/273410, Fax 274749. www.chimpanzodrome.de. info@chimpanzodrome.de. **Anfahrt:** Straßenbahn 7 Frechen Bhf. **Zeiten:** Täglich 9 – 23 Uhr und nach Vereinbarung. **Preise:** Mo – Fr 9 – 16.30 Uhr 8 €, Mo – Fr 16.30 – 21.30, Sa, So, Fei 9 – 21.30 Uhr 9,50 €, nach 21.30 Uhr 5 €; Kinder 6 – 14 Jahre je nach Tag und Zeit 3 – 5 €; Ermäßigungen für Gruppen, Schulklassen, 10er-Karte, Monatskarten.

▸ Wie wär's mit einem Kindergeburtstag am Seil hängend in der Kletterwand? Das kostet Mo – Fr 9 – 16.30 Uhr 6,50 €, zu anderen Zeiten 7 € pro Kind. Im Preis eingeschlossen sind Einführung in das Klettern, Klettergurt, Acht und Eintritt. Getränke und Kuchen können mitgebracht werden. Ansonsten steht betreutes Kinderklettern Mo und Do 15 – 16.30 Uhr auf dem Programm. Und natürlich könnt ihr hier auch einfach mit euren Eltern klettern.

Indoor-Spielplatz Pirateninsel

An der Ziegelei 2, 50321 Brühl. ✆ 02232/27047, Fax 569573. www.pirateninsel-bruehl.de. **Anfahrt:** Stadtbahn 18 Brühl-Süd. Rad: Römerstraße, Liblarer Straße. **Zeiten:** Mo – Fr 13.30 – 19 Uhr, Ferien ab 11 Uhr, Sa, So, Fei 10 – 19 Uhr. **Preise:** 3,60 €, 10er-Karte 26 €, Kurztarif ab 17 Uhr 2,60 €; Kinder 4 – 14 Jahre 6,20 €, 10er-Karte 52 €, Kurztarif ab 17 Uhr 2,60 €; für Kindergärten/Schulen Sondereintritt 9 – 12 Uhr.

▸ Eine riesige Halle, in der Kinder bis 14 Jahre bei jedem Wetter toben dürfen, mit Piratenschiff, Ballschusskanone, Dschungel-Run, Hüpf-Dino, Mini-Motorrädern, Kletterwand, Trampolin, aufblasbarem Kletterleuchtturm, Riesenluftberg, Ruheecke und Sitzbänken fürs Picknick. Denn hier ist es familienfreundlich: Das Mitbringen von Speisen und Getränken ist erlaubt!

Phantasialand

Schmidt Löffelhardt GmbH & Co. KG, Berggeiststraße 31 – 41, 50321 Brühl. ✆ 02232/36200 (Hotline), 36666 (Hotel), Fax 36236. www.phantasialand.de. info@phantasialand.de. **Anfahrt:** Stadtbahn 18 Brühl-Mitte, weiter mit Phantasialandbus. A553 AS2 Brühl-Süd, Parken PKW 2,50 €, Wohnmobil 4 €. Rad: Brühl Zentrum, Pingsdorfer Straße. **Zeiten:** Ostern oder 1.4. – 31.10. 9 – 18 Uhr, bei Sonderaktionen bis 21 Uhr. Wintertraum Sa, So im Advent, Weihnachtsferien 11 – 20 Uhr. **Preise:** 24,50, Zweitageskarte 37 €; Kinder bis 1 m frei, 1 m – 1,45 m 19,50 €, Zweitageskarte 27 €; Blinde, Rollstuhlfahrer, Geburtstagskinder frei, Ermäßigungen für angemeldete Gruppen, Schulklassen, Behinderte und zu bestimmten Zeiten im Herbst und Winter.

▶ Als wir selbst als Kinder nach Brühl in den Märchenwald fuhren, ahnte keiner, dass dieser bald einer der größten Freizeitparks Deutschlands sein würde. Den schönen See mit den vielen kleinen Häusern, in denen bewegliche Puppen Märchen vorspielen, gibt es immer noch, aber außerdem viel mehr: Die ganze Familie hat Spaß mit Pferdekarussell, Geister-Rikscha, auf der Wildwasserbahn, vielen kleinen Karussells und dem geheimnisvollen Feng Ju Palace. Die Mutigeren sollten die Achterbahn Thrill Ride, den freien Fall aus 65 m Höhe im Mystery Castle oder eine Wildwasserfahrt auf dem River Quest versuchen. Neu ist Wuze Town, ein riesiger Berg mit zwei rasanten Achterbahnen, einem Wasserspielplatz und einem Indoor-Spielplatz für alle Altersstufen. Ihr könnt aber auch beschaulich in Wözl's Wassertreter über den Mondsee schippern.

Bronx Rock

Vorgebirgsstraße 5, 50389 Wesseling. ✆ 02236/890570, Fax 890571. www.bronxrock.de. info@bronxrock.de. **Anfahrt:** Stadtbahn 16 Wesseling-Süd, über Brücke Richtung McDonalds. A555 AS5 Wesseling, Kreisverkehr geradeaus, nach 50 m links kleine

Tipp: Das **Hotel Phantasia** bietet Kombipreise für Übernachtung, Frühstück und Eintritt, ↗ Ferien-Adressen.

Brühl hat einige Partnerstädte in ganz Europa: Sceaux (Frankreich), Royal Leamington Spa (GB), Kunice (Polen), Kas (Türkei), Chalkis (Griechenland) und Weißwasser (Sachsen).

Hunger & Durst

Das **Bronx Bistro** ist Mo – Fr 18 – 21 Uhr, Sa, So, Fei 12 – 15, 18 – 21 Uhr geöffnet, auf Vorbestellung für Gruppen, Schulklassen und Kindergeburtstage auch während der gesamten Öffnungszeit. Speziell für Geburtstagsgruppen bietet das Bistro auch Geburtstagsmenüs an.

Stichstraße. **Zeiten:** Mo – Fr 9 – 24 Uhr, Sa, So, Fei 9 – 22 Uhr. **Preise:** Tageskarte Mo – Fr 10,50 €, Sa, So, Fei 11,50 €; Kinder 9 €, Sa, So, Fei 10 €; Happy Hour Mo – Fr vor 16.30 Uhr, Familien (2 + 2) Mo – Fr 25 €, Sa, So, Fei 30 € jedes weitere Kind 3 €.

▶ Dieser Indoor-Spielplatz ist sehr gut für Kinder geeignet. Für die ganz Kleinen steht da eine Kletterburg mit Höhlen, Gängen und Hangelbrücke. Für Kinder ab 6 Jahre gibt es Schnupperklettern, verschiedene Kurse, Ferienprogramme, den jährlichen Kids Cup, Schülerwettkämpfe und günstige Angebote für Schulklassen, bei denen sogar Bus-Shuttle-Service möglich ist. Wenn ihr euren Geburtstag in der Halle feiern wollt, habt ihr gleich drei Angebote zur Auswahl.

Grillhütten im Rhein-Erft-Kreis

Bedburg-Blerichen: Bruchstraße, Kontakt Hans Schnäpp, ℰ 02272/901527. Der Schwenkgrill muss zum Grillen vor die Hütte gestellt werden. Tische und Bänke sind rundum in der Hütte vorhanden, auch vor der Tür befinden sich Bänke und Tische.

Bedburg-Kirdorf: Kontakt Heinz Klever ℰ 02272/ 7191 oder Hans Zahn ℰ 02272/2344. Der gemauerte Grill befindet sich auf einer überdachten Fläche. Daneben gibt es eine Wiese zum Toben. Für die Benutzung des Grills fallen keine Gebühren an. Wenn Strom benötigt wird, kann er gegen kleines Geld mit Hilfe von Verlängerungskabeln gelegt werden.

Bedburg-Königshoven: Weiler Hohenholz, Kontakt: Heinz-Josef Robertz, ℰ 02272/3707, oder Willy Moll, ℰ 02272/2201. Geschlossene Schützenhütte aus Holz mit gemauertem Grill.

Bergheim: zwei frei zugängliche Grillhütten im Park an der Erft.

Bergheim-Glesch: Peringser Straße, Kontakt Ferdi Dresen, ℰ 02271/3863. Offene Hütte mit Metallgrill. In der Nähe befindet sich eine Wiese und ein kleiner Fußballplatz.

Bergheim-Kenten: Hermann-Lautz-Straße, Kontakt Heinz Junggeburth, ✆ 02271/62813. Überdachter Metallgrill, in 50 m Entfernung gibt es Toiletten vom Sportverein. Da der Grill sich in der Nähe eines Wohngebietes befindet, ist die Benutzung nur bis 22:00 Uhr erlaubt. Direkt nebenan liegen eine Wiese und ein Sportplatz. Miete 13 €, Kaution: 25 €.

Bergheim-Paffendorf: Kontakt Martin Steingräber, ✆ 02271/41751. In der halb offenen Hütte steht ein fest stehender gemauerter Grill. Außerdem in 5 m Entfernung eine nicht überdachte offene Feuerstelle. In der Nähe befindet sich das Schloss Paffendorf mit eigenem Park sowie ein Spielplatz, ein Minigolfplatz und ein Bolzplatz. Die Nutzung ist kostenlos.

Bergheim-Paffendorf: Löhrgasse, Kontakt ✆ 02271/983858, überdachter Grillplatz für etwa 50 Personen auf dem Gelände der Minigolfanlage. Miete 10 €.

Bergheim-Thorr: Grüngürtel, Kontakt Harald Friese, ✆ 02271/64024. Offene Grillhütte mit großem Metallgrill und Toilettenanlage. In unmittelbarer Nähe befindet sich ein großer Spielplatz und eine Wiese. Für die Toilettenanlage wird eine Gebühr von 13 € erhoben.

Brühl: Birkhof, Kontakt Herr Wegerhoff, ✆ 02232/993788.

Brühl: Bleibtreusee, Kontakt Herr Hanseler, ✆ 0221/232647. Etwa 25 qm große Rundhütte mit Tischen und Sitzbänken direkt am Seeufer. Auf der Liegewiese, im Wald und am See können Kinder herrlich toben.

Erftstadt-Bliesheim: Kontakt Herr Schumacher, ✆ 02235/17698. Grillplatz für etwa 50 Personen.

Erftstadt-Oberliblar: Kontakt Herr Esser, ✆ 02235/41278.

Bergheim hat zwei Partnerstädte in Frankreich (Briey und Chauny-Picardy) und eine in Belgien (Andenne).

Frechen: Zwei Grillhütten im Sportpark Herbertskaul und im Sportpark An den Sieben Bäumen, Kontakt Stadt Frechen, ℘ 02234/ 501353. Miete Mo – Do 31 €, Fr – So 51 €, Kaution 51 €.

Frechen-Königsdorf: An der alten Aachener Landstraße, Kontakt Försterei Königsdorf, ℘ und Fax 02234/ 63698. Die Hütte ist kostenlos und ohne Anmeldung nutzbar. Verboten sind Großveranstaltungen, Musikveranstaltungen, mehrtägige Veranstaltungen und offenes Feuer.

Hürth: Hürther Berg, Adolf-Dasbach-Weg, Kontakt Villehaus ℘ 02233/42463, Fax 16351. Überdachter Grillplatz in einer Rundhütte mit Tischen und Bänken für etwa 50 Personen. Spielen ist im Wald und auf dem Spielplatz der Jugendherberge nebenan möglich. Miete 10 €, Kaution 15 €.

Hürth: Pfadfinderzentrum Tiergarten, Luxemburger Straße 519, 50354 Hürth, Kontakt Peter Gammersbach, ℘ 0179-7891469. Grillplatz, Lagerfeuer, eigener Wald, Grillhütte.

Kerpen hat Partnerstädte in Polen (Oswiecim), Brandenburg (Lübben) und Belgien (St.Vith). St. Vith zählt zur Belgischen Eifel und taucht im Ausflugsführer Eifel mit Kindern mit vielen schönen Ausflugsmöglichkeiten auf.

Kerpen: Kontakt Herr Noe, ℘ 02237/52999 (Di 17 – 19 Uhr). Geschlossene Hütte mit gemauertem Grill, Stromanschluss, Licht, Toilette in Turnhalle. 24 € Benutzungsgebühr, 16 € Kaution.

Kerpen-Blatzheim: An den Fichten, Kontakt Herr Friemel, ℘ 02275/4743. Geschlossene Hütte mit Schwenkgrill und Sitzgruppe draußen. Stromanschluss. Für Kinder: Wiese und kleiner Spielplatz. Miete: 24 €, Kaution 16 €.

Kerpen-Manheim: Kontakt Herr Rühl, ℘ 0178/ 2182400. Schöner heller Platz. 6 x 6 m große offene Grillhütte mit gemauertem Grill, Abzug und einem gemauerten Außengrill mit Sitzgruppe. Nebenan befindet sich ein Kinderspielplatz. Miete 24 €, Kaution 16 €.

Kerpen-Sindorf: Kontakt Herr Faßbender, ℘ 02273/ 989422, Di, Mi 17 – 19 Uhr. Geschlossene Hütte, Schwenkgrill und Sitzgruppe draußen. 24 € Benutzungsgebühr, 16 € Kaution.

Betriebsbesichtigungen

Sindorfer Mühle

Klaudia und Hubert Faßbender, 50170 Kerpen-Sindorf. ✆ 02273/57844, Fax 57842. www.sindorfer-muehle.de. fassbender@sindorfer-muehle.de. **Anfahrt:** Bus 920, 941 Bruchhöhe, Bus 966 Sindorf Schulzentrum. A4 AS9 Kerpen, Erfttalstraße, Erftstraße.

▶ In dieser alten Wassermühle sind alle Teile noch betriebsbereit, die man braucht, um aus Getreide Mehl zu machen. Die Familie Faßbender ermöglicht euch gerne im Rahmen eines Ausfluges mit Kindergarten oder Schulklasse einen Blick in die alte Technik. Eigentlich ist die Sindorfer Mühle eine Hundepension und Hundeschule, also nicht erschrecken, wenn ihr angebellt werdet, die meisten (!) Hunde sind sehr lieb. Und auch die Hofkatzen freuen sich auf euch.

 Am Deutschen Mühlentag (Pfingstmontag) ist in dieser Mühle **Tag der offenen Tür.**

Ein Besuch auf dem Bauernhof ist täglich 10 – 12 Uhr möglich, und besonders im Frühjahr interessant, wenn es die Jungtiere zu sehen und zu streicheln gibt.

Windmühle Grottenherten

Mühlenstraße, 50181 Bedburg-Kirchherten-Grottenherten. ✆ 02463/7291 (Michael Schröder, Vorsitzender), www.windmuehle-grottenherten.de. postmaster@windmuehle-grottenherten.de. **Anfahrt:** A61 AS17 Bedburg, rechts Richtung Kirchherten 7 km L279, Ortseingang Kirchherten weiter geradeaus fahren. Pützer Straße, nach etwa 60 m links St-Martinus-Straße, sofort wieder links Zaunstraße, nach 100 m rechts Breite Straße, nächste Einmündung links. Hier links in den Ulmenhof abbiegen, nach ca. 100 m halbrechts halten und ihr seid auf der Mühlenstraße und könnt die Mühle sehen. **Zeiten:** Am deutschen Mühlentag (Pfingstmontag) und am Tag des offenen Denkmals (2. So im Sept) 11 – 16 Uhr sowie nach Vereinbarung. **Infos:** Führung für Gruppen ab 10 Personen möglich, bitte rechtzeitig vorher

Steht breitbeinig und fest in der Landschaft: Windmühle Grottenherten

@ Wenn ihr euch auf euren Ausflug vorbereiten wollt, klickt auf der Homepage www.windmuehle-grottenherten.de den Menüpunkt »Spaziergang« an.

anmelden, denn die Führer machen das alles ehrenamtlich, d.h. gehen tagsüber zur Arbeit.

▶ So eine gut erhaltene Windmühle findet ihr selten. Diese große Mühle wurde 1831 gebaut und ist noch voll betriebsbereit. Am Tag der offenen Tür drehen sich die Flügel. Das rumpelt ganz fürchterlich, wenn ihr weiter oben steht. Die Mühle in Grottenherten wird von Fachleuten Durchfahrholländer genannt, denn sie ist eine Turmwindmühle, die auf einen künstlichen Mühlenberg gebaut wurde, im Berg sind hinten und vorne große Tore, sodass die Bauern mit ihren Pferdegespannen in das Mühlengebäude hineinfahren konnten. Bei Führungen seht ihr die Lagerräume, viele alte Maschinen und erfahrt die Bedeutung der sechs einzelnen Etagen in der Mühle, die z.B. Steinboden, Mehlboden, Spillboden oder Kappenboden heißen. Bei manch einem netten Führer dürft ihr Kinder euren Lehrer oder eure Erzieherin mit dem Sackaufzug hochziehen!

In der Mühle: Wer hier unter die Räder gerät, dem geht es wie Max und Moritz …

Besuch bei Radio Erft

Das neue Radio Erft, Theresienhöhe, 50354 Hürth. ✆ 02233/9749090, Fax 700156. www.radio-erft.de. redaktion@radioerft.de. Im Hürth-Park. **Anfahrt:** Alle Linien des Hürther Stadtbusses. **Infos:** Touren nur nach Anmeldung.

▶ Wollt ihr wissen, wie Radio gemacht wird? In Hürth könnt ihr die Studios von Radio Erft besichtigen, euch von den Programmmachern den Sendeplan und die Studiotechnik erklären lassen. Und wenn euer Lieblings-Moderator gerade im Studio ist, gibt er euch sicherlich auf seiner Autogrammkarte eine Original-Unterschrift. Denn alle Mitarbeiter von Radio Erft sind sehr nett und freuen sich über Besuch von jungen Hörern.

Studioführung bei NOB

NOB Deutschland GmbH, Kalscheurener Straße 89, 50354 Hürth-Efferen. ✆ 02233/969-163, Fax 969-121. www.nob-deutschland.de. karl.ingenerf@nob.de. **Anfahrt:** Stadtbahn 18 Hürth-Efferen. **Preise:** 7 €. **Infos:** Führungen für Gruppen ab 15 Personen Mo – Fr nach Absprache. Einzelpersonen können sich einer Gruppe anschließen.

▶ Bei einer Führung durch die Studios von *stern TV* oder *Wer wird Millionär* erhaltet ihr einen Einblick in die Entwicklung und technische Umsetzung von Fernsehprogrammen sowie in die Zusammenarbeit von Fernsehproduzenten, Fernsehsendern und Studios. Ihr besucht eine Regie und lernt dabei die Arbeitsabläufe in der Bildregie, der Bildtechnik und der Tonregie kennen.

Studiotour bei MMC

Magic Media Company, Hans-Böckler-Straße 163, 50354 Hürth-Kalscheuren. ✆ 02233/518828, Fax 518839. www.mmc-studios.de. studiotour@mmc.de. **Anfahrt:** Bhf Hürth-Kalscheuren, Stadtbahn 18 Hürth-Hermülheim oder Bus 714 An der Hasenkaule. A4

 Der Besuch lässt sich gut mit einem Kinobesuch im **UCI**, ✆ 02233/799123, kombinieren.

Hunger & Durst
Im Hürth-Park nebenan gibt es viele Futterkrippen. Die beste ist die Würstchenbude zwischen Tchibo und Wehmeyer. Da kann ich die Kindercurrywurst und die Krakauer-Curry besonders empfehlen. Dazu gibt's Fladenbrot, so viel ihr wollt.

Hürth hat Partnerstädte in Frankreich (Argelés-sur-Mer), Großbritannien (Thetford), Polen (Skawina), den Niederlanden (Spijkenisse) und Kenia (Kabarnet)!

☀ Fragt bei der Anmeldung, ob an diesem Tag eine Sendung produziert wird. Dann könnt ihr im Anschluss an die Studiotour gleich als Studiopublikum dort bleiben.

🦉 *Hier wurden auch die Staffeln 1 – 3 von Big Brother gedreht. Die Anwohner in Efferen sind ganz froh, dass der Trubel jetzt vorbei ist.*

Hunger & Durst

Das **Magic Media Café** ist die Kantine der Studios. Dort könnt ihr lecker und gesund essen, im Sommer auch draußen. Für Fleischfans bietet der **Metzger Hardy Remagen** schräg gegenüber Leckereien in seinem Laden mit Imbissecke.

AS11 K-Klettenberg, B265, in Hermülheim Hans-Böckler-Straße Richtung Kalscheuren. **Preise:** 7 €; Sonderkonditionen für Schulklassen, Schwerbehinderte und Gruppen ab 40 Personen.

▶ Wie ist eigentlich ein TV-Studio ausgestattet? Wer sind die Menschen hinter den Kulissen? Warum sieht das im Fernsehen alles viel größer aus als tatsächlich im Studio? Und was passiert in den Pausen, wenn bei uns die Werbung läuft? Diese und 100 andere Fragen werden euch bei der Studiotour in Kalscheuren beantwortet. Wenn die jungen Führer es nicht schon in ihrem Vortrag erklären, beantworten sie jede Frage nett und verständlich.

Die Studioführungen dauern eine Stunde und sind für Kinder ab etwa 10 Jahren gedacht, weil ja auch viele technische Aspekte besprochen werden. Auf dem 100.000 qm großen Gelände seht ihr die Open-Air-Bühne, die Zuschauerfoyers und mehrere der insgesamt 18 Produktionsstudios, z.B. für *7 Tage, 7 Köpfe, Genial Daneben, Top of the Pops* oder die *Schillerstraße.*

Kochen lernen vom Profi

Schemme's Restaurant, Klosterstraße 32, 50374 Erftstadt-Lechenich. ✆ 02235/770556, Fax 770557. **Anfahrt:** Bus 979 Lechenich Markt. A61 AS108 Erftstadt. **Zeiten:** auf Anfrage bzw nach Absprache.

▶ Kinder ab 6 Jahre können vom Küchenchef Christian Hilgers lernen, wie frische Lebensmittel zu köstlichen Speisen verarbeitet werden. Das können ganz exquisite Gerichte sein oder aber selbst durch die Nudelmaschine gedrehte Spaghetti mit frischer Tomatensauce. Da schmeckt sogar euer Lieblingsgericht noch einmal so gut! Im Anschluss an den Kochkurs wird im Restaurant der Tisch fachmännisch eingedeckt und das gemeinsam Gekochte natürlich auch gemeinsam verputzt.

Burgen & Schlösser

Der Fakir auf der Wasserburg

Wasserburg Geretzhoven, 50129 Bergheim-Niederau-ßem. ℗ 02183/415090, Fax 415091. www.wasser-burg-geretzhoven.de, www.fakir-alyn.de. info@fakir-alyn.de. **Anfahrt:** A61 AS18 Bergheim, dann B477 und hinter Niederaußem links den Schildern folgen.

▶ Schaut einmal auf der Homepage nach, ob nicht bald wieder ein Kinderfest, Ritterspiele oder ein Kunsthandwerkermarkt auf dem Programm der Was-serburg stehen. Dann könnt ihr in einer uralten Was-

Die Plüschtro-phäe fest im Blick: Heut-zutage dürfen auch Mädchen Ritter werden!

Fakir Alyn spuckt Feuer

serburg erleben, wie Fakir Alyn Feuer schluckt oder spuckt, barfuß durch Glasscherben geht, auf einem Nagelbrett liegt oder jongliert. Der größte Hit ist es, wenn er sich einen dicken Gummihandschuh über den Kopf zieht und mit der Nase aufbläst!

Wenn gerade kein besonderes Fest ist, kann man im Sommer einfach sonn- und feiertags ab 11 Uhr den **Biergarten** besuchen. Ihr müsst auch dort nicht still sitzen, auf dem Gelände der Burg gibt es immer etwas zu erkunden.

Schloss Augustusburg

Schlossstraße 6, 50321 Brühl. ✆ 02232/44000, 9443117, Fax 9443127. www.schlossbruehl.de. info@schlossbruehl.de. **Anfahrt:** Bhf Brühl liegt quasi im Schlosspark. **Zeiten:** Feb – Nov Di – Fr 9 – 12 Uhr, 13.30 – 16 Uhr, Sa, So, Fei 10 – 17 Uhr. **Preise:** 4 € mit Schlossführung; Kinder 3 €; Familien 9 €, Schulklasse 2 €. **Infos:** Besichtigung nur im Rahmen einer Führung.

Der neue Kindermuseumsfilm »Abenteuer in Schloss Augustusburg« wird nicht nur angemeldeten Schulklassen gezeigt. Am Wochenende können sich auch Familien diese gelungene Kombination aus Real- und Zeichentrickfilm im neuen Medienraum ansehen.

▶ Hier, wo früher Staatsoberhäupter und Regierungschefs empfangen wurden, gibt es viel zu sehen. Wer noch nie dort war, erfährt schon viel bei einer der normalen Schlossführungen, aber so richtig der Renner sind die Kinderführungen für 6- bis 12-Jährige, die 10 € pro Familie kosten. Außerdem werden Themenführungen für 4 – 5 € pro Person angeboten. Da werden Schlossgeheimnisse oder gar »Wie wird ein Schloss gereinigt?« erklärt. Hierzu muss man sich aber rechtzeitig telefonisch anmelden, sie finden nur an bestimmten Tagen statt und sind schnell ausgebucht.

Schloss Falkenlust

Schlossstraße 6, 50321 Brühl. ✆ 02232/44000, 9443117, Fax 9443127. www.schlossbruehl.de. info@schlossbruehl.de. **Anfahrt:** Bhf Brühl, dann 2,5 km durch den Schlosspark. **Zeiten:** Feb – Nov Di – Fr 9 – 12 Uhr, 13.30 – 16 Uhr, Sa, So, Fei 10 – 17 Uhr. **Prei-**

se: 3 €, Familie 7 €, Führung pro Familie 8 €; Schüler, Studenten 2 €, im Klassenverband 1,50 €; Führungen nach Voranmeldung bis 25 Personen pauschal 40 €, Schulklassen 10 € plus Eintrittspreis.

▶ Am anderen Ende des Brühler Schlossparks hat sich der Kölner Kurfürst und Erzbischof *Clemens August* ein kleines Jagdschloss bauen lassen. Hier ging es nicht ganz so pompös zu, wie im großen Schloss, aber es gibt trotzdem einiges zu sehen. Denn nach der Falkenjagd waren die edlen Damen und Herren allein vom Zuschauen so erschöpft, dass sie sich in kostbar ausgestatteter Umgebung bei Speis und Trank erholen mussten, bevor sie sich den nächsten höfischen Anstrengungen wie z.B. Plauderei und Spiel zuwenden konnten. In Schloss Falkenlust werden Führungen für Kinder von 6 bis 12 Jahren angeboten, die 8 € pro Familie kosten. Termine frühzeitig erfragen.

 **Themenführungen** für 4 € pro Person gibt es zur Falkenjagd. Hier erfahrt ihr, dass Clemens August die Falkenjagd so sehr liebte, dass er sich bei dem Bauplatz von Falkenlust an den bevorzugten Beutevögeln seiner Falken, den Reihern, orientierte. Die Flugbahn der Reiher von ihren Horsten im Brühler Schlosspark zu ihren Fischgründen am Rhein bei Wesseling führte so genau vor dem neuen Schloss vorbei und sie waren leichte Beute für die Falken, wenn sie nach einem reichen Fischmahl träge zurückkehrten.

Museen für Kinder

Villa Trips – Museum für Rennsportgeschichte

Gräflich Berghe von Trips'sche Sportstiftung zu Burg Hemmersbach, Burg Hemmersbach, Parkstraße 20, 50169 Kerpen-Horrem. ✆ 02273/940670, Fax 940672. www.automobil-rennsport.de. villatrips@t-online.de. **Anfahrt:** Bhf Horrem, dann 10 Minuten Fußweg. **Zeiten:** So – Fr 14 – 18 Uhr, Schulklassen, Gruppen nach Vereinbarung. **Preise:** 4 €; Kinder bis 16 Jahre frei.

▶ Schon immer war Kerpen die Stadt der Rennfahrer. *Wolfgang Graf Berghe von Trips* wurde schon als Weltmeister gehandelt, als er 1961 beim Formel 1-Rennen in Monza tödlich verunglückte.

Direkt neben **Burg Hemmersbach,** dem Stammsitz der Familie, findet ihr nun ein Museum, das zwar in erster Linie an den unvergessenen Renngrafen erin-

nert, aber auch die rasante Entwicklung des Automobil-Rennsports dokumentiert.

Eine Attraktion in diesem Museum ist das Go-Kart, das Graf Trips 1960 aus Amerika mitbrachte. Dieses Go-Kart war Auslöser für den Bau der Kartbahn in Horrem durch die »Rennsportfreunde Wolfgang Graf Berghe von Trips«. Auf dieser Bahn war *Rolf Schumacher* als Bahnwart und Betreiber eines Leihkart-Betriebes tätig. Der 4-jährige Sohn Michael hatte somit Gelegenheit, tagtäglich im Kart zu sitzen. Ihr seht also: Übung macht wirklich den Meister!

Ganz neu in dem Gebäude ist das **Spielzeugmuseum Kretzschmar** mit vielen alten und ururalten Spielzeugen, vorwiegend aus dem Erzgebirge. Das älteste Ausstellungsstück stammt von einem Kind aus der Römerzeit.

In einer Region, in der »Schumi« groß geworden ist, kann man wohl kaum an euer ökologisches Gewissen appellieren… Autorennen sind sehr energieaufwändig, weil sie selbst viel Sprit verbrauchen und ein hohes Verkehrsaufkommen verursachen. Und für die Arenen wird viel Landschaft zubetoniert.

Rosengart Museum

Lucien-Rosengart-Weg 1, 50181 Bedburg-Rath. ✆ 02183/7315, Fax 81946. www.rosengart-museum.de. **Anfahrt:** ab Bergheim Bus 924 Friedenstraße. A61 AS17 Bedburg, durch Bedburg Richtung

Nostalgie im Rosengart-Museum

Rath, dort ausgeschildert. **Zeiten:** März – Nov Sa, So, Fei 9 – 19 Uhr, Mi, Do, Fr nach Vereinbarung. **Preise:** 3 €, Gruppen 2 €; Kinder 2 €.

▶ In diesem Museum dreht sich alles um einen einzigen Mann, einen 1881 geborenen französischen Juden, der schon als ganz junger Mann Erfinder war. Mit 23 Jahren gründete er seine Firma, die am Ende über 5000 Beschäftigte hatte. Zum Beispiel hat er die nicht rostende Schraube erfunden. Beeindruckender sind natürlich die Automobile aus seiner Produktion, von denen ihr über 30 fahrbereite Exemplare im Museum ansehen könnt.

Das Museum ist durch Zufall entstanden: Ein Bedburger namens *Karl-Heinz Bonk* wollte unbedingt ein Auto aus dem Jahr, in dem er geboren war. Er verliebte sich in ein Auto aus dem Jahr 1939 mit der Werksbezeichnung LR 4N2. Bei der Restauration bemerkten er und sein Team, dass notwendige Unterlagen nur schwer zu beschaffen waren. Der Hersteller dieses Fahrzeuges, ein Franzose namens *Lucien Rosengart*, war in Deutschland nahezu unbekannt. Erst mit Hilfe aus Frankreich konnte die Restauration abgeschlossen werden. Nun war die Neugier geweckt. Ab sofort wurde alles über Rosengart gesammelt und schließlich in einem Museum ausgestellt.

Hologramm-Sammlung Lauk

Landschaftsverband Rheinland und Stadt Pulheim, Säulensaal der Abtei Brauweiler, Ehrenfriedstraße 19, 50259 Pulheim-Brauweiler. ✆ 02234/98540, Fax 9921300. abtei-verwaltung@lvr.de. **Anfahrt:** Bus 961 Brauweiler-Kirche. **Zeiten:** Di – So 14 – 16 Uhr. **Preise:** Eintritt frei.

▶ Das Museum für Holografie und neue visuelle Medien wurde 1979 als erstes seiner Art von Matthias Lauk gegründet. In Wechselausstellungen werden ständig bis zu 1000 Hologramme, Lichtobjekte und Computergrafiken gezeigt. Hier könnt ihr eine kleine, aber feine Auswahl der umfangreichsten Hologramm-

Hunger & Durst
Im **Bistro/Biergarten** gibt es 9.30 – 12 Uhr Frühstück. Das ist besonders bei Bikern sehr beliebt, weil man gut satt werden kann.

Holografie ist eine Kunstform, bei der durch eine ganz besondere Fotografietechnik ein Gesicht, ein Nagel oder eine andere Sache dreidimensional dargestellt wird. Beim Betrachten habt ihr das Gefühl, danach greifen zu können, obwohl es ja eine optische Täuschung ist.

RHEIN-ERFT-KREIS

sammlung der Welt ansehen, die übrigen Teile sind im Besitz des Rheinischen Landesmuseums in Bonn. Die Hologramme werden durch etliche ungewöhnliche Licht- und Klangobjekte ergänzt.

Museum für Alltagsgeschichte

Kempishofstraße 15, 50321 Brühl. ✆ 02232/48325, 42642, Fax 48325. bruehlermuseumsinsel@freenet.de. **Anfahrt:** Stadtbahn 18 Brühl-Mitte. A553 AS4 Brühl-Ost, Rheinstraße Richtung Brühl, Kreisverkehr auf 9 Uhr verlassen, 2. Straße rechts. **Zeiten:** Mi, Sa 15 – 17 Uhr, So 11 – 13, 15 – 17 Uhr. **Preise:** 1,50 €; Kinder bis 12 Jahre frei.

▶ In einem Fachwerkhaus aus dem Jahr 1744 wird das Alltagsleben aus vergangener Zeit vorgestellt. Zu sehen sind nicht der Prunk und Pomp des Brühler Schlosses, vielmehr wird daran erinnert, dass auch Handwerker und Tagelöhner Geschichte gemacht haben, nicht nur Könige und Kurfürsten. Ein Haus voller Überraschungen und Themenausstellungen, die sich besonders auch an Kinder wenden.

Steuermuseum

Finanzgeschichtliche Sammlung der Bundesfinanzakademie, Willy-Brandt-Straße 10, 50321 Brühl. ✆ 0228/682-5103, Fax 0228/682-5185. www.bundesfinanzakademie.de. poststelle@bundesfinanzakademie.de. **Anfahrt:** Bus 990 FH Bund. B265, Theodor-Heuss-Straße. **Zeiten:** Mo – Do 8.30 – 16 Uhr, Fr 8.30 – 14.30 Uhr. **Preise:** Eintritt frei. **Infos:** Führungen nach Anmeldung.

▶ Eine ganz spezielle Darstellung der Geschichte der Steuern und Zölle, der öffentlichen Finanzen und des staatlichen Vermögens, eher etwas für die Größeren unter euch. Die Geschichte der Steuern wird bis ins Altertum und die Antike zurückverfolgt. Stets werden beide Blickwinkel – von Fiskus und Steuerzahler – dargestellt, auch Karikaturen sind zu finden.

Schräg gegenüber befindet sich das **Brühler Keramikmuseum**, ✆ 02232/48325, mit Töpferwerkstatt, Gastronomie und einem Kräutergarten, geöffnet Mi 15 – 17 Uhr, Sa, So 14 – 18 Uhr, Eintritt frei. Dort könnt ihr euch auch zum Geburtstagstöpfern anmelden.

Hunger & Durst
Besucher essen gut und preiswert in **Cafeteria** und **Kantine** der Bundesfinanzakademie.

Eisenbahnmuseum Wesseling

Köln-Bonner Eisenbahnfreunde, Westring, Schwarzer Weg, 50389 Wesseling. ✆ 02236/42273, Fax 42273. Neben der Festhalle der HGK. **Anfahrt:** Stadtbahn Wesseling/Westring, Schwarzer Weg. **Zeiten:** 1. und 3. Sa im Monat 10 – 12.30 Uhr und nach Vereinbarung. **Preise:** 1 €; Kinder bis 13 Jahre frei; Ermäßigung für Gruppen. **Infos:** Geschäftsführer des Vereins, Jean Riemann, ✆ und Fax 02236/42273.

▶ In zwei Ausstellungsräumen sind 430 Original-Exponate aus 100 Jahren KBE (Köln-Bonner-Eisenbahn) ausgestellt: ausrangierte Stellwerkanlagen, Fahrschalter, Signalanlagen, Fernschreiber, Urkunden, Schaffnerzangen, diverse Fahrscheine, Vorschriften, Fahrpläne, Fahrzeugmodelle und vieles mehr. Ein Teil der Anlagen darf von den Besuchern selbst bedient werden, hier ist also ausnahmsweise in einem Museum »Anfassen erwünscht!«

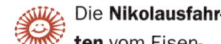 Die **Nikolausfahrten** vom Eisenbahnmuseum in Wesseling zum Museumsbahnhof in Brühl-Vochem sind sehr beliebt. Für 6 € könnt ihr bei der etwa einstündigen Fahrt Weihnachtslieder singen, Wintergeschichten lauschen und irgendwann kommt bestimmt auch noch der Nikolaus zu euch.

Theater & Kino

Theater im Walzwerk

Rommerskirchener Straße 21, 50259 Pulheim. ✆ 02238/9650020, Fax 962809. www.claus-plus.de. mecki@claus-plus.de. **Anfahrt:** Bhf Pulheim, durch Fußgängerunterführung rechts über Geyener Straße. **Preise:** 6 €; Kinder 5 €.

▶ Im Walzwerk werden im Kinderprogramm Stücke schon für 3-Jährige gespielt. Das sind neu geschriebene Stücke und Märchen-Klassiker, Stücke mit großen Schauspielern und Stücke mit kleinen Puppen und Figuren.

Aktuelle Filme im historischen Kino

Berli-Kino, Familie Jansen, Wendelinusstraße 47 – 49, 50354 Hürth-Berrenrath. ✆ 02233/33422. www.berli-huerth.de. **Anfahrt:** Bus 714 Wendelinusplatz. A1 AS105 Gleuel. **Preise:** 3,50 € Loge, 3 € Rang.

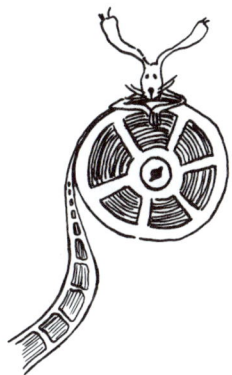

BÜHNE, LEINWAND & AKTIONEN

RHEIN-ERFT-KREIS

Hunger & Durst

Im Gästebuch werden immer wieder die super-netten **Eisverkäufer** erwähnt. Und bei dem Eintrittspreis kann man sich ein Eis, eine Limo oder eine Tüte Erdnüsse bestimmt leisten.

▶ Das müsst ihr erlebt haben! Ein ur-ur-uraltes Kino, in dem vielleicht schon eure Großeltern heimlich geknutscht haben.

Das Berli-Kino wurde 1958 eröffnet und wenn ihr den Kinosaal betretet, habt ihr das Gefühl, eine Zeitreise in die 1950er Jahre zu machen. Die Preise sind – bis auf die Währung – auch noch aus den 1960er Jahren. Die Technik ist aber auf dem neuesten Stand und ihr könnt dort immer aktuelle Filme sehen.

Feste & Märkte

Halloween in der Geistermühle

Bliesheimer Mühle, Familie Hemmersbach, Merowingerstraße 115, 50374 Erftstadt-Bliesheim. ☎ 02235/2694, Fax 914279. erdenmutter@yahoo.de. **Anfahrt:** Bus 920 Merowingerstraße. A61 AS25 Weilerswist. **Zeiten:** Hofladen Di – Fr 10 – 13 Uhr, Do, Fr 15 – 19 Uhr, Sa 9 – 13 Uhr, Aktionen nach Absprache.

 Diese Mühle macht auch beim Deutschen Mühlentag am Pfingstmontag ihre Tore für interessierte Besucher auf.

▶ Den meisten Erftstädtern ist die Bliesheimer Mühle nur als Hofladen für Gemüse, Kartoffeln, Käse und Ziegenkäse bekannt. Ihr Kinder solltet aber wissen, dass Frau Hemmersbach euch auch zu Mühlenführungen einlädt. Oder ihr zeltet hinter der Mühle und sammelt Kartoffeln, streichelt Gänseküken oder beobachtet Nutrias, Eisvögel und Fischreiher, die am Mühlenbach wohnen. Nichts für schwache Nerven ist Halloween in der Geistermühle, denn ihr werdet Geschichten vom unseligen Mühlengeist und anderen Gespenstern hören, während ihr in selbst genähten Kostümen eng gedrängt um die Geschichtenerzählerin sitzt und Kürbissuppe schlürft.

Festkalender Rhein-Erft-Kreis

März/April: 2. Wochenende vor Ostern: Brühl, Frühlingsmarkt
Mai/Juni: Pfingsten: Bedburg, Pfingstschützenfest
Juli: 1. Wochenende: Wesseling, Stadtfest Wessinale

Letzter So: Hürth International (Fest mit allen in Hürth wohnenden Nationen)

August: 1. Sa: Brühl, Döppe- un Buuremaat

2. Wochenende: Hürth-Berrenrath, Brunnenfest und Kirmes mit Zauberer, Kasperle-Theater, Fahrgeschäften und Musik

Oktober: Letztes Wochenende: Brühl, Hubertusmarkt

November: 1. Wochenende: Brühl, Martinsmarkt
Monatsanfang: Bergheim, Hubertusmarkt
Um den 10. Nov: Frechen, Martinsmarkt

Weihnachtsmärkte Rhein-Erft-Kreis

1. – 4. Advent
Brühl und Hürth-Park.

1. Advent
Mi – So: Pulheim, Barbaramarkt.
So: Wesseling, Weihnachtsmarkt.
So: Hürth-Gleuel, Nikolausmarkt.

2. Advent
Sa, So: Pulheim-Brauweiler, Nikolausmarkt.
Sa, So: Pulheim-Stommeln, Weihnachtsmarkt.
So: Hürth-Alt-Hürth, Weihnachtsmarkt.

3. Advent
Sa, So: Pulheim-Geyen, Weihnachtsmarkt in der Junkerburg.

4. Advent
Fr – So: Kerpen-Bergerhausen, Burgweihnacht.

Weihnachtsmarkt Brühl
Stadt Brühl und WEPAG Brühl, brühl-info, Uhlstraße 1, 50321 Brühl. ✆ 02232/79345, Fax 79346. www.bruehl.de. **Termin:** 1. – 4. Advent täglich 11 – 20 Uhr.
▶ Gemütlicher Weihnachtsmarkt in der Brühler Fußgängerzone von Markt bis Uhlstraße mit vielen Kunsthandwerkern und Buchläden. Täglich außer Mo ist Bühnenprogramm mit Märchen, Poesie, Theater, Chören, »Modern Christmas Music« mit Folk, Rock, Soul, Gospel und Pop.

Am 10. Nov und den Tagen vor und nach diesem Tag wird in allen Orten Sankt Martin gefeiert. Dazu gibt es einen Fackelzug, nach dem die Kinder mit ihren selbst gebastelten Laternen von Haus zu Haus ziehen und als Lohn für schön (oder schräg) gesungene Martinslieder Süßigkeiten erhalten.

Auch beim Weihnachtsmarkt-Besuch den Rucksack oder eine Stofftasche nicht vergessen! Dann müssen euch die Verkäufer nämlich, wenn ihr etwas Schönes gefunden habt, keine umweltbelastenden Plastiktüten geben.

Karneval im Rhein-Erft-Kreis

▶ Im Rhein-Erft-Kreis ist an allen Karnevalstagen etwas los, sogar am Freitag. Das liegt wohl auch daran, dass es hier so viele große und kleine Züge in den Städten und Stadtteilen gibt.

Weiberfastnacht

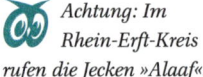

Gerade im Erftkreis werden bei den Zügen mehr Leckereien geworfen, als in der Jackentasche Platz haben. Leinentasche nicht vergessen!

Brühl, Rathaussturm und »Danz dich doll« (Karnevalsparty für 12- bis 16-Jährige).
Hürth, Rathaussturm.
Hürth-Berrenrath, Weiberfastnachtszug.

Karnevalsfreitag

Brühl-Schwadorf, Festumzug.

Karnevalssamstag

Karnevalszüge in Brühl-Badorf, Brühl-Vochem, Frechen-Bachem, Frechen-Grefrath, Hürth-Alt-Hürth und Pulheim-Brauweiler.

Achtung: Im Rhein-Erft-Kreis rufen die Jecken »Alaaf«.

Karnevalssonntag

Karnevalszüge in Brühl, Erftstadt-Lechenich, Frechen, Hürth-Efferen, Hürth-Fischenich, Hürth-Hermülheim, Pulheim-Stommeln, Pulheim-Dansweiler und Wesseling.
Elsdorf, Zuckerwürfelzug.

Rosenmontag

Rosenmontagsumzüge in Bedburg-Rath, Brühl-Pingsdorf, Brühl-Heide, Hürth-Gleuel, Hürth-Kendenich, Pulheim-Geyen, Pulheim-Sinnersdorf, Pulheim-Stommelerbusch, Wesseling-Berzdorf und Wesseling-Urfeld.

Kein Wunder, dass der Karnevalszug in Elsdorf Zuckerwürfelzug heißt. Immerhin steht hier eine große Zuckerfabrik.

Veilchendienstag

Karnevalszüge in Hürth-Alstädten-Burbach, Hürth-Kalscheuren, Hürth-Stotzheim und Pulheim.
Brühl-West, Karnevalsumzug für und mit Kindern.
Hürth-Efferen, Kinderzug.
Hürth-Hermülheim, Kehraus mit Nubbelverbrennung.

RHEINISCH-BERGISCHER-KREIS

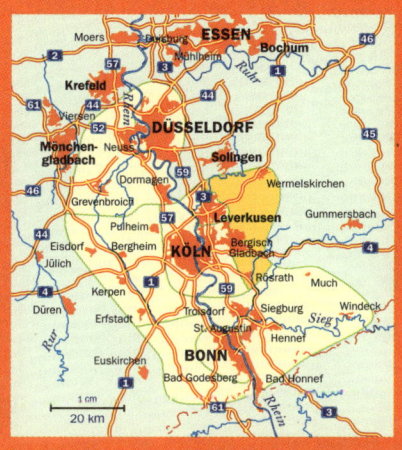

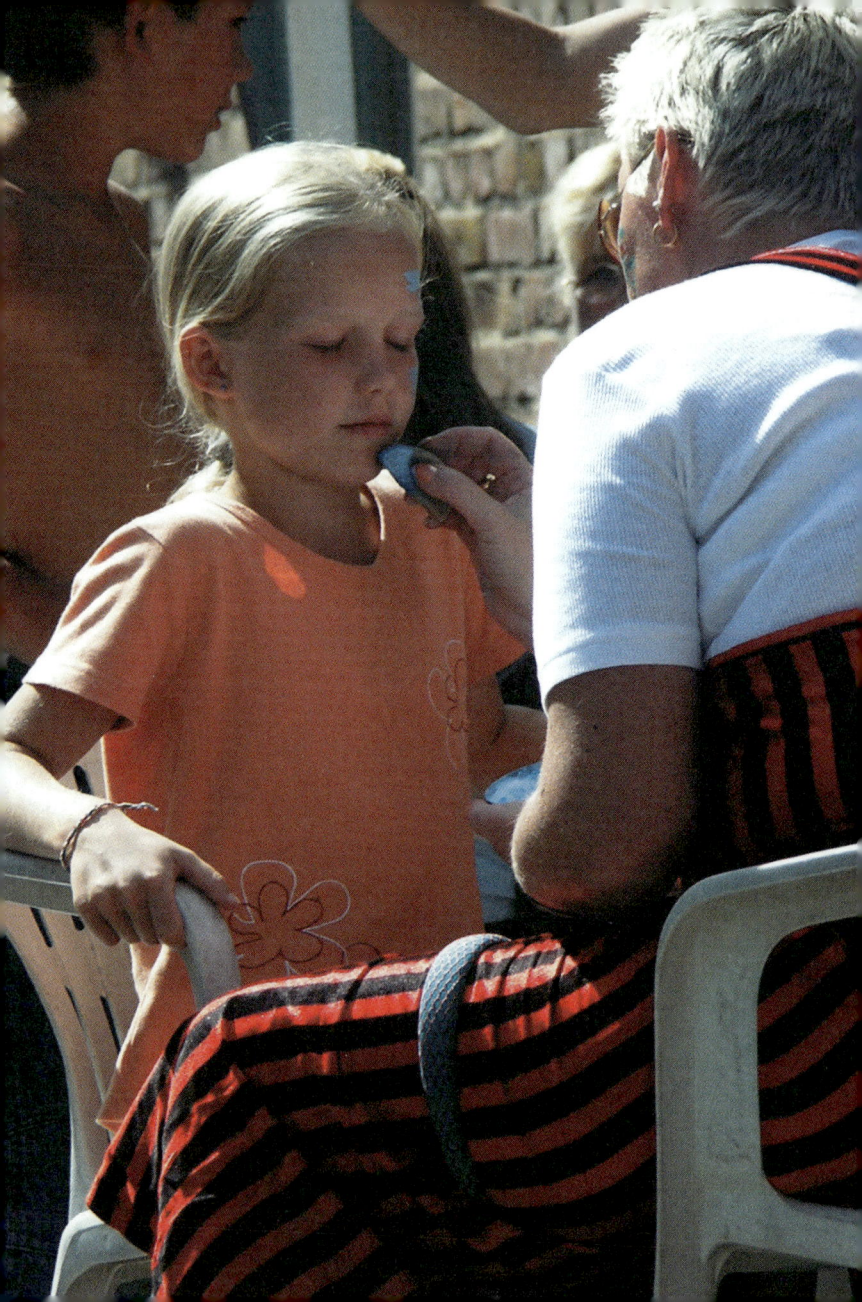

BERGISCHES OHNE BERGE

Nein, kein Sprachfehler. Es ist in der Tat das Bergische Land, nicht etwa das Bergige. Sicher, es ist ziemlich hügelig hier, das spürt ihr besonders, wenn ihr mit dem Fahrrad unterwegs seid. Aber seinen Namen verdankt das Bergische Land und auch der Rheinisch-Bergische Kreis den Grafen von Berg. Dieses Adelsgeschlecht ist seit dem Jahr 1100 bekannt und residierte bis 1133 in der alten Burg Berge über der Dhünn. Heute ist das der Ort Odenthal-Altenberg, wo ihr bei einem schönen Tagesausflug den Altenberger Dom und einen Märchenwald besuchen könnt.

@ www.rbk-online.de.

Bei euren Ausflügen in den Rheinisch-Bergischen Kreis dürft ihr euch keinesfalls die Bergische Kaffeetafel entgehen lassen. Schon allein, weil die stilechte Kaffeekanne dazu den lustigen Namen Dröppelminna hat und es herrlich leckere Bergische Waffeln dazu gibt.

Viel Natur könnt ihr im Königsforst und in der Wahner Heide erwandern, außerdem gibt es in dieser Region einige Flüsse für Bootstouren.

Frei- & Hallenbäder

Freibad Dhünn

Wermelskirchen-Dhünn. **Zeiten:** Mo – Fr 7 – 8 und 10 – 19 Uhr, Sa, So 7 – 19 Uhr. **Preise:** 4 €, 10er-Karte 32 €; Kinder bis 16 Jahre 2,50 €, 10er-Karte 20 €; Ermäßigung für Frühschwimmer (7 – 8 Uhr) und Spätschwimmer (16 – 19 Uhr).

▶ Ein beheiztes Freibad mitten im Wald mit kombiniertem Schwimmer- und Nichtschwimmerbecken und großer Liegewiese. Im Sommer gibt es manchmal lustige Schwimmbadaktionen für Kinder.

Tipp: Hier haben eure Eltern nicht die Ausrede »Heute kommt Fußball oder Formel 1«, denn für aktuelle Sportereignisse wird ein Fernseher angeschaltet.

TIPPS FÜR WASSER-RATTEN

Beliebt auf allen Sommerfesten: Kinderschminken

Blütenbad Leichlingen

Am Büscherhof 45, 42799 Leichlingen. ✆ 02175/ 3900, Fax 883806. www.bluetenbad-online.de. info@bluetenbad-online.de. **Anfahrt:** Busbahnhof/Am Stadtwald. **Zeiten:** Mo, Mi, Fr 6.30 – 21 Uhr, Di, Do 6.30 – 8 Uhr, Sa, So 8 – 18 Uhr. Freibad Mo – Fr 11 – 19 Uhr, Sa, So 10 – 19 Uhr. **Preise:** 3 €, 12er-Karte 28 €; Kinder ab 6 Jahre 1,50 €, 12er-Karte 15 €; Familien (max. 5 Personen) 6 €.

▶ Im Hallenbad gibt es eine spezielle Kinder-Badelandschaft. Im Sommer steht euch zusätzlich ein Freibad zur Verfügung. Dort gibt es zwei Sprunganlagen und ein Plantschbecken mit lustigen Spielgeräten, außerdem Beachvolleyball, Wassertretanlage nach Kneipp und eine große Liegewiese mit altem Baumbestand.

Quellenbad Wermelskirchen

Quellenweg, 42929 Wermelskirchen. ✆ 02196/6778, Fax 6778. **Anfahrt:** Bus 652,662 Wermelskirchen Realschule. A1 AS96 Wermelskirchen. **Zeiten:** Di, Mi, Fr 8 – 21 Uhr, Sa, So 8 – 16 Uhr. **Preise:** 3 €, 10er-Karte 24 €; Kinder 4 – 18 Jahre 2 €, 10er-Karte 14 €.

▶ Ein Nichtschwimmerbecken und ein Sportbecken mit 5 Bahnen und 3-m-Sprungturm. Ihr könnt euch Tauchringe, Wasserbälle und Schwimmbretter beim Personal ausleihen.

Freibad Dabringhausen

Coenenmühle, 42929 Wermelskirchen-Dabringhausen. ✆ 02193/3355, www.freibad-dabringhausen.de. **Anfahrt:** A1 AS97 Burscheid, B51 Richtugn Wermelskirchen, in Hilgen links Dabringhauser Straße. **Zeiten:** Mo – Fr 13 – 19 Uhr (Juli – Aug 10 – 19), Sa, So 8 – 19 Uhr. **Preise:** 3 €, 10er-Karte 24 €; Kinder/Jugendliche 2 €, 10er-Karte 14 €.

▶ In diesem Freibad gibt es ein Kombibecken für Schwimmer und Nichtschwimmer mit 3-m-Sprungturm, Plantschbecken und Liegewiese. Den ganzen

Hunger & Durst

Hunger und Durst könnt ihr in der **Cafeteria** stillen.

🦉 *Partnergemeinden von Wermelskirchen sind Loches (Frankreich) und Forst (Brandenburg).*

Sommer über gibt es lustige Programmideen wie eine Wasserolympiade.

Burscheider Bad

Im Hagen, 51399 Burscheid. ✆ 02174/787870. www.burscheider-bad.de. **Anfahrt:** Bus 252 Burscheider Bad, Bus 230, 239 Jahnstraße. A1 AS 97 Burscheid, Höhestraße (B232), an der Sparkasse links und 1. Straße rechts. **Zeiten:** Mo 14 – 21.30 Uhr, Di – Fr 7 – 21.30, Sa, So, Fei 8 – 19 Uhr. **Preise:** 4 €, 8er-Karte 30 €; Kinder ab 6 Jahre 2,50 €, 8er-Karte 16 €.
▶ Für Minis das schönste in diesem Schwimmbad für die ganze Familie mit Natursole-Aktiv-Becken und Erlebnisbecken ist der 33 Grad warme Wasserspielgarten. Außerdem gibt es eine große Liegewiese.

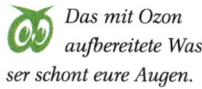 *Das mit Ozon aufbereitete Wasser schont eure Augen.*

Hunger & Durst
Cafeteria und Bikinibar (Jungs dürfen natürlich auch in Badehose statt Bikini rein).

Kombibad Paffrath

Borngasse 2, 51427 Bergisch Gladbach. ✆ 02202/53344, 29060, Fax 290629. www.kombibad-paffrath.de. info@kombibad-paffrath.de. **Anfahrt:** S11 Bergisch Gladbach. A3 AS20 Dellbrück, Bergisch Gladbacher Straße, im Ort ausgeschildert. **Zeiten:** Mo, Mi, Fr 6.15 – 21.30 Uhr, Do 6.15 – 21 Uhr, Sa 6.15 – 20 Uhr, So 8 – 18 Uhr. **Preise:** 2 Std 3,90 €, Tageskarte 4,90 €, als Familienkarte 0,40 € günstiger; Kinder 4 – 17 Jahre 2 Std 2,60 €, Tageskarte 3,50 €, als Familienkarte 2 Std 2 €, Tageskarte 3 €; 11er-Karten, 50er-Karte. **Infos:** Behindertengerechte Umkleide- und Sanitärbereiche.
▶ Im **Hallenbadbereich** findet ihr eine große Kleinkinderabteilung mit vielen Spielgeräten. Der Außenbereich umfasst 50-m-Becken, 87-m-Riesenrutsche, Kleinkinderrutsche, Wasserpilz, Babybecken, riesige Liegewiese, Spielwiese, Spielplatz und Beachvolleyball-Feld.
Das **Freibad** öffnet abhängig von der Witterung und ist dann täglich 10.00 – 20.00 Uhr geöffnet. Das Außenbecken ist von der Halle aus März – Okt/Nov zu nutzen.

Hunger & Durst
Bistro und Saftbar für Schwimmbadbesucher und Saunagänger.

RHEIN.-BERGISCHER KREIS

Freibad Milchborntal

Milchborntalweg, 51427 Bergisch Gladbach-Bensberg. ℰ 02204/53955. **Anfahrt:** A4 AS20 Moitzfeld. **Zeiten:** täglich 10 – 20 Uhr. **Preise:** 4,10 €; Kinder 4 – 17 Jahre 3,60 €; 11er-Karten, 50er-Karte.

▶ Modernes Freibad in ruhiger Waldrandlage von Bensberg mit 50-m-Schwimmbecken, 3-m-Sprunganlage, Whirl-Liegen, Bodensprudler und Kinderplantschbecken mit Wasserspielgeräten. Auf dem Kinderspielplatz stehen viele tolle Geräte, z.B. ein Kletterzirkus.

Mediterana

Saaler Mühle 1, 51429 Bergisch Gladbach-Bensberg. ℰ 02204/2020, Fax 202222. www.mediterana.de. info@mediterana.de. **Anfahrt:** U1 bis Frankenforst oder Neuenweg, dann Richtung Eisstadion gehen. **Zeiten:** Mo – Fr 6.30 – 22 Uhr, Sa, So, Fei 8 – 22 Uhr. **Preise:** 4,90 €, 12er-Karte 42 €, 50er-Karte 160 €; Kinder/Jugendliche 3,90 €, 12er-Karte 29 €, 50er-Karte 110 €.

▶ Das Mediterana ist eher ein Gesamtkunstwerk aus Pool, Restaurant, Park, Fitnessbereich, Sauna und Wellness, das manch einer Familie die Wartezeit auf den nächsten Mittelmeerurlaub verkürzen hilft. Mai – Sept ist das 50-m-Wellenbad im Außenbereich geöffnet. Drinnen befinden sich das Schwimmbecken mit Sprungturm, der Whirlpool und ein Entspannungspool mit Massagedüsen und Wasserfall. Auch die Kleinen kommen nicht zu kurz. Die tummeln sich in der Wasserspiel-Oase neben dem Innenpool.

Freibad Rösrath

Hover Weg, 51503 Rösrath-Hoffnungsthal. ℰ 02205/85827. **Anfahrt:** Bus 422 Hoffnungsthal Schule. A3 AS30 Rösrath, dann L288 nach Rösrath und L284 nach Hoffnungsthal. **Zeiten:** Mo – Fr 10 – 20 Uhr, Sa, So, Fei 9 – 20 Uhr. **Preise:** 2 €; Kinder unter 4 Jahre frei. **Infos:** Bei schlechtem Wetter wird das Freibad ab 12 Uhr geschlossen.

Hunger & Durst

Das **Café del Mar**, ℰ 02204/202114, ist Treffpunkt für die Wasserratten, hier gibt es leichte Gerichte, Eis und kühle Getränke. Das **Landhausrestaurant La Bodega**, ℰ 02204/202140, ist täglich 11 – 24 Uhr geöffnet.

Rösrath hat ausschließlich französischsprachige Partnerstädte: Verune (Belgien) und Chavenay, Crespières, Feucherolles und Saint-Nom-La-Bretèche/Yvelines (Frankreich).

▶ Preiswertes, kleines Freibad mit Sportbecken, Nichtschwimmerbecken und Kleinkinderbecken.

Splash!

Broch 8, 51515 Kürten. ✆ 02268/90319, Fax 90318. www.splash-kuerten.de. splash-bad-kuerten@ t-online.de. **Anfahrt:** Bus 426, 427 Splash Bad. **Zeiten:** Mo 13 – 22 Uhr (Ferien ab 10 Uhr), Di – Sa 10 – 22 Uhr, So, Fei 10 – 20 Uhr. **Preise:** Mo – Fr 6,50 €, Sa, So, Fei 7,50 €; Kinder unter 1 m frei, bis 15 Jahre Mo – Fr 3,50 €, Sa, So, Fei 4 €; Familien (2 + 2) Mo – Fr 16 €, Sa, So, Fei 18 €.

▶ Nur für starke Nerven: Im Mysterious Black Hole ist es ganz schön aufregend. Ihr rutscht durch eine 72m lange dunkle Röhre mit Lichteffekten und Zeitmessanlage. Im Erlebnisbecken könnt ihr euch beim Rauschen eines Wasserfalls und in den Blubberbuchten entspannen. Hier gibt es außerdem einen Wildwasserkanal. Für Kleinere gibt es ein Plantschbecken mit Rutsche und eine wasserspeiende Schlange. Im Sommer könnt ihr auch raus auf die große Liegewiese mit den kostenlosen Liegen, Spielplatz, Bolzplatz, Beachvolleyball-Platz und Außenkiosk.

Hunger & Durst

Von frisch zubereiteten Wok-Gerichten und Salatvariationen bis hin zu Hamburger und Currywurst dürfte in der **Schwimmbadgastronomie** für jeden von euch etwas dabei sein. Im Sommer gibt es auch draußen leckere Sachen, dort ist ein Kiosk.

Wassersport auf Seen & Flüssen

Ein Tag im Erholungsgebiet Diepental

Familie Halbach, Diepental 88, 42799 Leichlingen. ✆ 02171/30214, Fax 32076. www.diepental.de. **Anfahrt:** A1 AS97 Burscheid, dann B232.

▶ In diesem Erholungsgebiet könnt ihr wandern, rudern, schwimmen, campen, minigolfen und lecker essen und das alles aus einer Hand. Die Familie Halbach betreibt Bootsverleih, Minigolfanlage, Freibad und Restaurant in einem.

RHEIN.-BERGISCHER KREIS

Mitbringen solltet ihr bequeme Kleidung, die ruhig nass und schmutzig werden kann, feste Schuhe, Regenbekleidung, Sonnenschutz (Kopfbedeckung, Creme, Sonnenbrille) und ein leckeres Picknick.

Für die Fachleute unter euch: »Wildwasser« heißt auf der Wupper: Zahmwasser – Kategorie I, d.h. Eigenströmung, aber in der Regel, außer bei Hochwasser, auch für Anfänger unproblematisch.

Kanu fahren auf der Wupper

42799 Leichlingen. ☎ 02175/2252, Fax 2252. paddelboot.erlebnistouren@t-online.de. **Zeiten:** Mai – Okt. **Preise:** 23 – 30 €, je nach Personenzahl; Kinder 15 €, Schulklassen ab 20 Personen 13 €.

▶ Auf ihrem 105 Kilometer langen Lauf durchfließt die Wupper das Bergische Land. Als interessanter Wanderfluss mit teilweise flotter Strömung und leichten Schwällen ist sie auch für Anfänger geeignet, ohne langweilig zu sein. Leichlingen ist Treffpunkt für eine geführte Kanutour ab 4 Personen, vor der ihr natürlich auch erklärt bekommt, wie ihr mit dem Paddel umgehen müsst.

Rafting auf der Wupper

Gregor Boukes, Am Neulandkreuz 2, 42799 Leichlingen. ☎ 02175/2922, Fax 72753. **Anfahrt:** A3, von Süden AS22 Opladen, von Norden AS21 Kreuz Langenfeld/Solingen, dann erste Ausfahrt. **Zeiten:** Mai – Ende Okt. **Infos:** Keine festen Termine, telefonische Terminabstimmung ist daher unbedingt erforderlich.

▶ Auf der Wupper ist Rafting schon für Kinder ab sechs Jahren möglich. Also: Hinein ins Abenteuer mit wildwassergeeigneten, offenen Schlauchbooten! Der Veranstalter empfiehlt zwei Streckenabschnitte von etwa 75 und 135 Minuten. Alle, die eine solche Flusstour mitmachen möchten, sollten schwimmen können, nüchtern sein und Schwimmwesten tragen. Diese sind im Preis enthalten. Die Boote sind für 3 Erwachsene oder zwei Erwachsene und zwei Kinder geeignet und kosten ab 36 € pro Boot.

Kanutouren auf der Wupper

Comes GbR, Birkenstraße 2, 42799 Leichlingen. ☎ 02175/167692, Fax 167693. Handy 0174/9801180. www.wupperkanu.de. wupperkanu@web.de.

▶ Hier seid ihr bei einer begleiteten Kanutour rundum versorgt: Im Preis enthalten sind Boote, Paddel, wasserdichte Behälter, ohnmachtsichere Schwimm-

Foto: Gregor Boukes

westen, Bootstransfer, theoretische und praktische Einweisung, Lunchpaket und Betreuung während der Tour durch mindestens zwei fachkundige Guides. Auf der Auswahlliste stehen acht verschiedene Touren, für Gruppen werden auch Abenteuerfahrten nach Wunsch zusammengestellt. Schülerpakete einschließlich Lunchpaket gibt es ab 13 €.

Rafting auf der Wupper: Noch sieht es ganz gemütlich aus

Natur & Umwelt erforschen

Geologischer Wanderweg
Bergisch Gladbach. **Länge:** etwa 2 Stunden. Leichter Rundgang ab Bürgerhaus Bergischer Löwe.
▶ Die Paffrather Kalkmulde und das Tal der Strunde gelten unter erdhistorisch interessierte Menschen als hoch interessant und einzigartig. Der Weg führt zu alten Steinbrüchen, Kalköfen, Erzgruben und Naturdenkmälern.

Einige Funde lassen sich tagsüber in der Fossiliensammlung im Bürgerhaus **Bergischer Löwe,** ✆ 02202/ 142486, ansehen.

Erlebniswelt Bauernhof

Margot Döpper, Zur Linde 38 – 41, 51515 Kürten-Engeldorf. ✆ 02207/4146, Handy 0177/714755. www.mdbauernhof.de. mdbauernhof@aol.com.
Anfahrt: A4 AS21 Untereschbach, dann L284 Richtung Immekeppel, links nach Engeldorf, 1. links. **Infos:** Bitte mit Voranmeldung.

▶ Auf diesem Bauernhof könnt ihr was erleben! Bei einer Wanderung entlang der Sülz entdeckt ihr Dachsbauten, Jägerstände, Futterkrippen für Rehe, Fischteiche, Wildäcker und Waldameisenbiotope. Bei Kreativtagen wird mit allem gebastelt, was Frau Döpper in die Finger fällt, sie bastelt Heutiere, Perlenketten und Holzflöße und bietet Serviettentechnik, Fimo, Seidenmalerei und Töpfern an. Lustig geht es bei Erlebnistagen zu, da könnt ihr die Kühe von der Weide holen, im Heustall toben oder auf dem Traktor mitfahren. Alle Angebote sind auch als Kindergeburtstag möglich.

Kultur- und Waldlehrpfad

Odenthal-Altenberg. **Länge:** 3 km. Rundstrecke auf breitem Weg. **Anfahrt:** Bus 212, 430, 432, 434 von Leverkusen, Köln-Mülheim und Bergisch Gladbach. Wanderparkplatz hinter dem Altenberger Dom. **Zeiten:** frei zugänglich.

▶ Für diesen Lehrpfad solltet ihr 2 bis 2 1/2 Stunden Zeit einplanen. Nicht, weil der Weg so beschwerlich ist. Nein, es gibt einfach so viel zu sehen. Alle paar Meter findet ihr ein Schild mit Informationen zu den verschiedensten Themen rund um Natur, Geschichte und Kultur. Zu sehen sind alte Steinbrüche, eine Mühle und moderne Forellenteiche.

INFOzentrum Wahner Heide

Flughafenstraße 33, 53842 Troisdorf-Altenrath. ✆ 0221/7392871, Fax 7392871. www.wahner-heide.com. wahnerheide@hotmail.com. **Anfahrt:** Bus 506 Altenrath Mitte. Anfahrt über Altenrath, Flughafenstraße.

Zeiten: April – Okt 10 – 17 Uhr. **Preise:** Die Führungen sind kostenlos. **Infos:** Heidespaziergang 1. So im Monat 14 Uhr, kostenlos.

▶ Zwischen April und Okt bietet das Info-Zentrum ein großes Angebot von Ausflügen, Radwanderungen und anderen Veranstaltungen an: naturkundliche Wanderungen, nächtlicher Heidespaziergang, Hunde-Heidespaziergang mit Erläuterungen zur Führung eines Hundes in einem Naturschutzgebiet und Barfuß-Wanderungen. Veranstaltungen für Kindergärten und Schulen möglich.

In den Sommerferien können Kinder zwischen 6 und 12 Jahren sich für eine Heide-Woche anmelden, außerdem stehen Sa oder So manchmal Heide-Tage auf dem Programm. Bei beiden Veranstaltungen werdet ihr mit den verschiedenen Lebensräumen in der Wahner Heide bekannt gemacht und erfahrt, wie man dieses Stück Natur am besten schützen kann.

Die Wahner Heide ist das zweitgrößte Naturschutzgebiet in Nordrhein-Westfalen.

Tierparks & Erlebniswelten

Kutsch- und Planwagenfahrten

Hans-Peter Müller, Fähr 1, 42799 Leichlingen.
✆ 02175/818432.

▶ Herr Müller bietet Fahrten mit Kutsche oder Planwagen an. Wer freundlich fragt, darf die Pferde auch streicheln.

Deutscher Märchenwald

Wilhelmine Kreber, 51519 Odenthal-Altenberg.
✆ 02174/40454, Fax 4788. www.deutscher-maerchenwald.de. maerchenwald-altenberg@web.de. **Anfahrt:** Bus 212, 430, 432, 434 von Leverkusen, Köln-Mülheim und Bergisch Gladbach. **Zeiten:** täglich 9 – 16 Uhr, April – Okt bis 18 Uhr. **Preise:** 4 €; Kinder 3 – 14 Jahre 2 €; Gruppenpreise auf Anfrage.

▶ Ein Märchenwald mit Darstellungen von 22 Märchen der Gebrüder Grimm. Das Ganze ist herrlich

Minigolf kann man in Leichlingen im Diepental (✆ 02171/30214), in der Wipperaue (✆ 0212/336386) und in der Balker Aue (✆ 02171/55669) spielen.

Hunger & Durst

Im **Restaurant Märchenwald**, ✆ 02174/40454, Sa – Do 11.30 – 14 Uhr, könnt ihr zu jeder vollen Stunde tanzende Fontänen betrachten. Diese Wasserspiele sind jetzt schon rund 50 Jahre alt und werden euch gefallen.

Bitte unbedingt die Schilder beachten und auf den Wegen bleiben. Respekt gegenüber dem Wild ist erforderlich, insbesondere im Frühjahr, wenn die Bachen über ihre Frischlinge wachen.

Happy Birthday!

Im Tummel Dschungel könnt Ihr mit Euren Freunden eine tolle Party steigen lassen. Bringt das Geburtstagskind innerhalb eines Monats nach seinem Geburtstag 5 Gäste mit, hat es freien Eintritt und bekommt eine kleine Überraschung. Natürlich bietet das Dschungel Restaurant spezielle Party-Menüs und leckere Geburtstagstorten.

märchenhaft gestaltet, zum Beispiel wohnt Rumpelstilzchen in einem Schwarzwaldhaus und die Gänsemagd an einem Schwanenteich.

Wildpark Altenberg

51519 Odenthal-Altenberg. **Anfahrt:** Bus 212, 430, 432, 434 von Leverkusen, Köln-Mülheim und Bergisch Gladbach, dann etwa 2 km Fußweg. Altenberg Richtung Odenthal, nach gut 1 km Parkplatz links, Fußweg 10 Minuten. **Zeiten:** April – Sept 7 – 19 Uhr, Okt – März 8 – 17 Uhr. **Preise:** Eintritt frei.

▶ Dieser Wildpark umfasst den Wald südlich von Menrath und Bülsberg rund um den Hoheberg und den Eichenberg. Er lässt sich nur zu Fuß erkunden. Ein fast 10 km langes Wegenetz ist ausgeschildert. Wer Mufflons, Wildschweine, Dam- und Rehwild beobachten möchte, hat am ehesten vormittags Glück.

Tummel Dschungel

Verena Gieraths, Rathenaustraße 9, 51427 Bergisch Gladbach. ✆ 02204/61608, www.tummel-dschungel.de. v.gieraths@tummel-dschungel.de. **Anfahrt:** Bus 452 Ernst-Reuter-Straße. **Zeiten:** Mo – Do 13 – 19 Uhr, Fr 13 – 20 Uhr, Sa 10 – 20 Uhr, So, Fei, Ferien 10 – 19 Uhr. **Preise:** 3,50 €, 10er-Karte 30 €; Kinder unter 2 Jahre 3 €, ab 2 Jahre 6,50 €; Behinderte 3 €.

▶ In diesem Dschungel im Bergischen Land begegnet ihr dem Krokodil Egon, das euch sicherlich auch zum Fressen gern hat. Solltet ihr diese Begegnung überleben, könnt ihr auf dem tierischen Miniscooter an einem Dschungel-Race teilnehmen und euch anschließend affengleich durch ein Crazy-House hangeln, auf dem Trampolin springen, die Riesenrutsche hinabflutschen oder den Bungee-Turm ausprobieren. Außerdem: Hüpfburgen, Ballbäder, Tischtennis, Airhockey, Kicker und getrennter Kleinkinderbereich.

Grillhütten

Bergisch Gladbach:

Tageserholungsanlage Saaler Mühle, Kontakt
Stadtverwaltung ✆ 02202/141378. Grillhütte mit
Stromanschluss und Toiletten, Miete 80 € pro
Nachmittag (Nutzungsmöglichkeit bis 9 Uhr am
Folgetag).

Tageserholungsanlage Diepeschrather Mühle,
Kontakt Stadtverwaltung ✆ 02202/141378. Grillhütte für bis zu 60 Personen mit Stromanschluss
und Toiletten, Miete 80 € pro Nachmittag
(Nutzungsmöglichkeit bis 9 Uhr am Folgetag).

Leichlingen:

Im Brückerfeld, Kontakt Städtischer Bauhof,
✆ 02175/800210 mit großem Kinderspielplatz.

Naturfreundehaus Am Block, Grillen für Hausgäste.

Wintersport

Eissporthalle Bergisch Gladbach

Saaler Straße 100, 51429 Bergisch Gladbach.
✆ 02204/64748, Fax 961144. www.eissporthalle-ber-
gisch-gladbach.de . eisinfo@gmx.de. **Anfahrt:** Bus 455
Altenwohnheim. **Zeiten:** Mo 14 – 17 Uhr, Di 10 – 12
und 14 – 16 Uhr, Mi, Do 10 – 12, 14 – 17.30 und 20 –
22 Uhr, Fr 20 – 22 Uhr (Disco), Sa 10 – 12 und 16 – 19
Uhr, So 10 – 12, 13 – 15 und 16 – 20 Uhr. **Preise:**
4,50 €, 12er-Karte 40 €; Kinder unter 1 m frei, bis 15
Jahre 3,50 €, 12er-Karte 30 €. **Infos:** Schlittschuhverleih 3,50 €.

▶ Hier ist fast alles erlaubt, was auf einer Eisfläche
Spaß macht und keinen gefährdet. Auch bei den Kursen und Treffs habt ihr die Wahl: Eiskunstlauf, Eishockey oder Eisstockschießen, alles ist möglich. Für
Schulklassen kann die Eissporthalle sogar zu ermä-
ßigten Preisen im Rahmen des Schulsports besucht
werden.

Happy Birthday!

Cooler Geburtstag auf
dem Eis: Ihr habt die
Wahl zwischen drei Pro-
grammen. Das Geburts-
tagskind hat freien
Eintritt und erhält ein
kleines Präsent. Kuchen
und Getränke dürfen
mitgebracht werden.

Hunger & Durst

Vom **Restaurant** aus,
✆ 02204/69302, täg-
lich außer Di ab 11 Uhr,
könnt ihr den Rest eurer
Gruppe durch ein Fens-
ter im Auge behalten.

Betriebsbesichtigungen & Museen

Lambertsmühle

51399 Burscheid-Repinghofen. ✆ 02174/8147 (Herr Busch), 1211 (Herr Engelhardt). **Anfahrt:** Bus 229 Repinghofener Straße, dann 10 Minuten Fußweg.

▶ In der alten Mühle könnt ihr bei einer Führung das Mühlrad, das Mahlwerk und einen alten Steinbackofen ansehen. Zur eigentlichen Mühle gehörten auch ein Stall, eine Remise, eine Scheune und ein nach ökologischen Grundsätzen angelegter Bauerngarten. Geplant ist, in der Lambertsmühle ein Museum »Vom Korn zum Brot« einzurichten.

Bergisches Museum für Bergbau, Handwerk und Gewerbe

Burggraben 9 – 21, 51439 Bergisch Gladbach-Bensberg. ✆ 02204/55559, Fax 55559. museum@stadt-gl.de. **Anfahrt:** Straßenbahn 1 Bensberg. B55. **Zeiten:** Täglich außer Mo 10 – 17 Uhr. **Preise:** 2 €; Kinder 1 €. **Infos:** Führungen Di – Fr 25 €, Sa, So 40 €.

▶ Dies ist keines der üblichen Heimatmuseen. Natürlich gibt es hier auch Infos zum Leben in früheren Jahren, aber der Schwerpunkt liegt eindeutig im Handwerklichen. Da gibt es zunächst ein kleines **Schaubergwerk**. Es zeigt in einer nachgebauten Untertagesituation mit Geräuschkulisse die Arbeit des Bergmanns, ihr seht dabei eine Dampfmaschine zur Wasserhaltung aus dem Jahr 1885. In einem **Film** über Lederverarbeitung erfahrt ihr, dass schon die Gewinnung von Gerbstoffen aus Eichenrinde eine Kunst für sich ist und wie aus der Haut eines toten Tieres durch Salzen, Äschern, Scheren und Versetzen ein perfektes Stück Leder wird. Fast täglich finden im Wechsel **Vorführungen** von Schuhmacher, Sattler, Weber, Bandweber, Stellmacher, Schmiede und Spinnerin statt. Besonders gerne werdet ihr sicherlich auch in dem kleinen Backhaus sein, wenn dort gerade gebacken wird.

Papier schöpfen im Museum

Rheinisches Industriemuseum Papiermühle Alte Dombach, 51465 Bergisch Gladbach. ℗ 02202/9366816, 01805/743465263 (Anmeldung zu Führungen), www.rim.lvr.de und www.papiermuseum.de. info@kultur-info-rheinland.de. **Anfahrt:** S11 bis Bergisch Gladbach, dann Bus 426 Alte Dombach. A3 AS26 K-Dellbrück, A4 AS20 Moitzfeld, Richtung BG Zentrum, dann ausgeschildert, Parken 500 m bergauf. **Zeiten:** Di – So 10 – 17 Uhr. **Preise:** 3 €, Gruppen ab 10 Personen 2,50 €; Kinder 2,50 €, Gruppen 1,50 €; Familien 6 €. **Infos:** Behindertenparkplätze neben dem Museum.

▶ In einer alten Papiermühle könnt ihr noch das alte Mühlrad, eine Laborpapiermaschine und ein Lumpenstampfwerk in Betrieb sehen und so erfahren, wie früher aus alten Lumpen Papier gemacht wurde. Die Ausstellung zu 200 Jahren Papiergeschichte ist gut verständlich. Und auch draußen gibt es viel zu sehen: alte Maschinen, eine Streuobstwiese, einen Globus mit dem Pro-Kopf-Papierverbrauch der ver-

Vorführung im Papiermuseum: Aus Matschepampe wird nach vielen Durchgängen durch Pressen und Rollen glattes Papier

RHEIN.-BERGISCHER KREIS

Hunger & Durst

Im **Café Alte Dombach,** ✆ 02202/9366828, auf dem Museumsgelände gibt es zu den Museumszeiten und auch danach Bergische Waffeln. Ab 6 Personen ist auch eine Bergische Kaffeetafel möglich.

 Hinter dem Mühlengelände verläuft der **Geopfad Die Mühlen an der Strunde**. Von der Quelle in Herrenstrunden bis zur Mündung in den Rhein gab es entlang der Strunde 36 Wassermühlen, davon sind 21 noch erhalten.

schiedensten Länder und einen Pflanzenpfad, auf dem alle Pflanzen erklärt werden, die man zur Papierherstellung verwenden kann.

In den Kinderführungen am 1. So im Monat um 14 Uhr erfahrt ihr, wie die Papiermacherkinder Gertrud und Johann Berg in der Papiermühle gelebt und gearbeitet (!) haben. Und ihr dürft sogar selbst einen Bogen Papier an der Bütte schöpfen. Daher kommt auch noch der Ausdruck Büttenpapier. Die Museumsrallye ist für Kinder ab der 4. Klasse konzipiert. Für Schulklassen gibt es eine riesige Auswahl an Themenführungen. Zudem gibt es im Sommer ein Ferienprogramm mit Führungen, Workshops und Kursen.

Bergisches Schulmuseum

Kempener Straße 187, 51465 Bergisch Gladbach-Katterbach. ✆ 02202/84247, 55519 (Führungen und Unterricht). **Anfahrt:** S11 Bergisch Gladbach. **Zeiten:** Mo – Fr 10 – 13 Uhr, So 11 – 17 Uhr. **Preise:** 2 €; Kinder 1 €. **Infos:** Während der Ferien in NRW geschlossen (ist ja klar, da ist doch jede Schule zu!). Führungen und historischer Unterricht Mo – Fr 25 €, So 40 €.

▶ In diese Schule zieht es Kinder aus ganz Nordrhein-Westfalen. Denn hier gibt es einen historischen Klassenraum, in dem ihr an einer Unterrichtsstunde teilhaben könnt, die nach den preußischen Unterrichtsanweisungen abgehalten wird. Dort erlebt ihr, wie Kinder vor 100 Jahren lernten – glücklicherweise aber nicht so hautnah wie damals. Denn zur Kaiserzeit herrschte strenge Disziplin und Ordnung in der Schule. Die Schüler durften sich weder nach links, noch nach rechts drehen. In den überfüllten Klassen, in denen immer mehrere Jahrgangsstufen zugleich unterrichtet wurden, verschaffte sich der Lehrer nicht selten mit dem Stock Respekt.

Im Museumsteil findet ihr alte Schiefertafeln, Griffel, Ranzen, Landkarten, Schreibhefte, Bücher, Fibeln, Zeugnisse, Fotos und Ergebnisse des Handarbeitsunterrichts in höchst unterschiedlicher Qualität.

Die Bergische Kaffeetafel

▶ Im Bergischen Land genießt man eine Mahlzeit, die es sonst nirgendwo gibt. Die Einheimischen nennen es »Kaffedrenke met allem döm on draan«, auf Speisekarten in Ausflugslokalen steht »Bergische Kaffeetafel«. Gemeint ist eine leckere Mischung aus verschiedenen süßen und herzhaften Speisen. Meist sind dabei: Schwarz- und Graubrot, Honig, Birnen-, Apfel- oder Rübenkraut, Butter, Quark, Wurst, Schinken, Käse, Zwieback, süßer Hefeblatz mit und ohne Rosinen, Rodonkuchen, Milchreis mit Zucker und Zimt, heiße Waffeln mit Kirschen und Sahne, manchmal sogar Rührei oder Omelett. Eigentlich sollte die Ess-Reihenfolge Weißbrot mit süßem Aufstrich und Reis, dunkles Brot mit Wurst oder Käse, Waffeln, Kuchen und Zwieback sein. Daran hält sich aber kaum jemand, jeder isst, was er am liebsten mag und kunterbunt durcheinander. Und so kommt es, dass es hier Menschen wie mich gibt, die mit großem Genuss süßes Rosinenbrot mit Leberwurst essen.

Dazu trinken Kinder heiße Schokolade mit Sahne und Erwachsene Kaffee. Dieser kommt, wenn es stilecht sein soll, aus einer Dröppelminna. Das ist eine Kaffeekanne mit Zapfhahn. Weil es früher noch keine Kaffeefilter gab, war dieses Hähnchen oft mit Kaffeesatz verstopft und es dröppelte (tropfte) nur heraus. So kam diese Kanne zu ihrem lustigen Namen. ◀

Feste & Märkte

AKTIONEN

Festkalender Rheinisch-Bergischer Kreis

Karneval: Rosenmontagszüge könnt ihr euch in Overath-Steinenbrück, Overath-Untereschbach und Rösrath anschauen.

Mai: 1. Wochenende: Rösrath-Hoffnungsthal, Kirmes mit Badewannenrennen.

Juli: 1. Wochenende: Rösrath-Forsbach, Waldbeerkirmes mit Schürreskarren-Rennen.

September: 2. So: Rösrath-Hoffnungsthal, Straßenfest mit Trödelmarkt.

November: So nahe dem 10.11.: Bergisch Gladbach-Bensberg: Martinsmarkt.

Im Rheinisch-Bergischen Kreis ist »Alaaf« der korrekte Karnevalsruf.

In dieser Gegend treten die Jungge-sellen traditionell zu ei-nem Wettrennen mit Schürreskarren, einer Art hölzerner Schubkarre, an. Das ist eine lustige Angelegenheit, denn auf der Karre steht ein (meist mit Wasser gefüllter) Ei-mer, der nicht herunter-fallen darf.

10. Nov und Nachbartage: Martinszüge in allen Stadtteilen und Dörfern.

Weihnachtsmärkte

1. – 4. Advent
So: Weihnachtsmarkt Overath, direkt am Bahnhof.
Sa, So: Weihnachtsmarkt Wermelskirchen.
täglich Weihnachtsmarkt in Bergisch-Gladbach.

1. Advent
Sa: Weihnachtsmarkt Rösrath.
So: Weihnachtsmarkt Rösrath-Forsbach.
Sa, So: Weihnachtsmarkt Wermelskirchen-Dabring-hausen.
Sa, So: Weihnachtsmarkt Leichlingen.

2. Advent
Sa: Weihnachtsmarkt Overath-Vilkerath.
So: Weihnachtsmarkt Rösrath-Bleifeld.
Sa, So: Weihnachtsmarkt Kürten.
Sa, So: Weihnachtsmarkt Wermelskirchen-Dhünn.
Sa, So: Weihnachtsmarkt Odenthal, Altenberger Dom.

3. Advent
So: Weihnachtsmarkt Rösrath-Hoffnungsthal.
Sa, So: Weihnachtsmarkt Overath-Marialinden, rund um den Dom.

4. Advent
Sa, So: Weihnachtsmarkt Overath-Kreutzhäuschen, Bergischer Weihnachtswald.

Deutschlands höchster Natur-weihnachtsbaum?

Wermelskirchen.

▶ Im Jahr 1870 wurde in Wermelskirchen eine kali-fornische Mammutkiefer gepflanzt, die seither mun-ter vor sich hin wächst und sich überhaupt nicht da-ran stört, dass sie jährlich in der Vorweihnachtszeit zu einem der größten **Naturweihnachtsbäume** ge-schmückt wird. In manch einem Jahr ist sie sogar Deutschlands größter.

Naturweih-nachtsbaum heißt, dass der Baum noch lebt und mit allen Wurzeln fest im Boden steht.

KÖLN: NATUR & SPORT

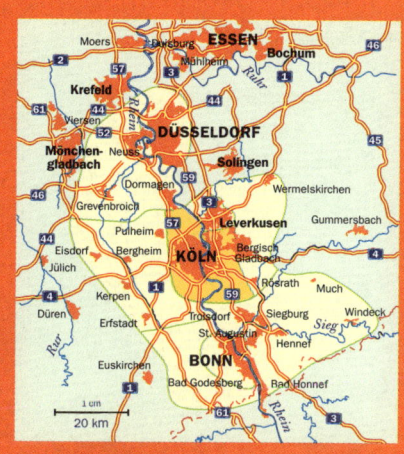

Moers
Duisburg
Mülheim
ESSEN
Bochum
46
2
57
Krefeld
44
Ruhr
1
61
Viersen
44
DÜSSELDORF
45
52
Mönchen-
Neuss
gladbach
Solingen
46
(Dormagen)
Wermelskirchen
Grevenbroich
Leverkusen
Gummersbach
Pulheim
57
44
Eisdorf
Bergheim
KÖLN
Bergisch
4
Jülich
Gladbach
4
Kerpen
1
59
Rösrath
Much
Düren
Troisdorf
Siegburg
Windeck
Erfstadt
St. Augustin
Sieg
4
Euskirchen
Hennef
Rur
1
BONN
Bad Godesberg
Bad Honnef
3
61
Rhein
1 cm
20 km

Köln ist mit Abstand die größte Stadt im Rheinland, also seid ihr sicher damit einverstanden, dass ich die vielen Ausflugsziele im Stadtgebiet in zwei Kapitel aufgeteilt habe. Das ist übersichtlicher bei der Suche. In dieser Griffmarke geht es um alles, was ihr draußen in der Natur machen könnt.

@ www.koelntouris-mus.de.

Der Kölner Zoo ist weithin bekannt und hat den Tierfreunden unter euch viel zu bieten. Ihr könnt bei Fütterungen zusehen, das Affenhaus oder das Aquarium besuchen. Seit 2004 haben die Elefanten ein schönes neues Revier. Schulklassen haben in der Zooschule ihren Spaß.

Die Stadt hat natürlich noch viel mehr Natürliches zu bieten: Am Stadtrand und im Stadtwald gibt es etliche Wildparks. Direkt neben dem Zoo liegt die Flora mit den botanischen Gärten. Ein besonderer Tipp für Kinder ist Finkens Garten. Aber auch der forstbotanische Garten mit dem Friedenswald lohnt einen Ausflug. Grüngürtel, Stadtwald und Rheinufer bieten sich für Spaziergänge, Radtouren, Bootfahrten, Sommerbadespaß und Rodelvergnügen an.

Frei- & Hallenbäder

TIPPS FÜR WASSER-RATTEN

Agrippabad

KölnBäder GmbH, Kämmergasse 1, 50676 Köln-Mitte. ✆ 0221/2791730, Fax 279173202. www.koeln-baeder.de. **Anfahrt:** U3, U4, U16 – 19 Poststraße, Straßenbahn 1, 7, 9 Neumarkt. Nord-Süd-Fahrt, Parken im Schwimmbadparkhaus. **Zeiten:** Mo – Fr 6.30 – 22.30 Uhr, Sa, So, Fei 9 – 21 Uhr. **Preise:** 2 Std 4,60 €, Tageskarte 8,60; Kinder unter 5 Jahre 1 €, 6 – 17 Jahre 2 Std 2,90 €, Tageskarte 5,40 €; Familien- und Gruppenkarten.

▶ Ein Glanzstück unter den Kölner Schwimmbädern: die 1200 qm Wasserfläche dieses Bades verteilen sich auf ein Variobecken mit Wellen, ein Solebecken, ein Vier-Jahreszeiten-Becken, ein Lehrbecken, je ein

Das kölsche Grundgesetz

▶ Nein, hier kommt nichts Rechtliches, keine Sorge! Die Kölner sprechen von »Et kölsch Jrundjesetz«, wenn sie die folgenden Grundsätze der kölschen Lebensart meinen:

1. | Et is, wie et is (Es ist, wie es ist) = Sieh den Tatsachen ins Auge!

2. | Et kütt, wie et kütt (Es kommt, wie es kommt) = Hab keine Angst vor der Zukunft!

3. | Wat fott is, is fott (Was weg ist, ist weg) = Häng dein Herz nicht an Sachen!

4. | Vun nix kütt nix (Von nichts kommt nichts) = Alles hat seinen Preis.

5. | Et hätt noch immer jot jejange (Es ist noch immer gut gegangen) = Lerne aus der Vergangenheit.

6. | Wat wellste maache? (Was will man da tun?) = Füge dich in dein Schicksal!

7. | Do laachste dich kapott (Da lachst du dich kaputt) = Verliere niemals deinen Humor!

8. | Man muss och jönne könne (Man muss auch gönnen können) = Sei nicht neidisch, liebe deinen Nächsten!

9. | Drenk doch eene met! (Trink doch einen mit!) = Sei gastfreundlich!

10. | Kenne mer nit, bruche mer nit, fott domet! (Kennen wir nicht, wollen wir nicht, weg damit!) = Sei skeptisch, wenn die Neuerungen überhand nehmen.

Und nicht zu vergessen: **Wat sull dä Quatsch?** (Was soll der Unsinn?) = Das ist quasi die Universalfrage des Kölschen. Sie kommt fast so häufig vor wie **Su ene Quatsch!** (So ein Unsinn!) als Feststellung und **Mach keene Quatsch!** (Mach keinen Unsinn!) als besorgter oder erschreckter Ausruf. Das Wort »Quatsch« ist einfach eines der Lieblingsworte der Kölner, weil es sich so lustig spricht und fast alles bedeuten kann.

Anhand dieser fast philosophischen Sätze könnt ihr schon viel über die Einstellung der Kölner zum Leben, zum Schicksal und zu anderen Menschen erkennen, nicht? Es dauert ziemlich lange, ehe ein echter Kölner sich aufregt. ◀

Plantschbecken innen und außen und ein Sprungbecken mit 10-m-Sprunganlage. Ihr werdet euch über die 130 m lange Röhrenrutsche und das Kinderparadies freuen. Ganz toll ist der Sand-Wasser-Spielplatz, in dem es sich herrlich matschen lässt. Wer da nicht wie paniert raus kommt, hat etwas falsch gemacht!

Chorweilerbad

KölnBäder GmbH, Liller Straße (am Einkaufszentrum), 50765 Köln-Chorweiler. ✆ 0221/2791750, Fax 279173202. www.koelnbaeder.de. **Anfahrt:** S11 Bhf Chorweiler, Bus 120, 121, 125, 126 Chorweiler. **Zeiten:** Mo 15 – 21.30 Uhr, Di, Mi, Fr 6.30 – 21.30 Uhr, Sa 8 – 16.30, So, Fei 8 – 16.30 Uhr. **Preise:** 3,20 €; Kinder bis 5 Jahre 0,50 €, 6 – 17 Jahre 2,60 €; Familien-/Kleingruppenkarte 10 €. **Infos:** Die gesamte Anlage ist behindertenfreundlich ausgestattet: Behindertenlifte, Rollstühle, Behindertenparkplätze.

▶ Ein preiswertes Schwimmbad im Kölner Norden mit 3-m-Sprunganlage. Nichtschwimmer lernen besonders schnell im Lehrschwimmbecken mit Gegenstromanlage. Es gibt einen großen Badegarten mit Spiellandschaft, Sand-Wasser-Spielplatz und Liegewiese.

Aqualand

Freizeitbad am Fühlinger See GmbH & Co. KG, Merianstraße 1, 50765 Köln-Fühlingen. ✆ 0221/70280, Fax 7003658. www.aqualand.de. **Anfahrt:** U15, S11 Chorweiler, Bus 120, 121 Merianstraße. A1 AS100 K-Niehl. **Zeiten:** Mo – Do 9.30 – 23 Uhr, Fr 9.30 – 24 Uhr, Sa 9 – 24 Uhr, So, Fei 9 – 23 Uhr. **Preise:** 2 Std 9,50 €, 4 Std 11,50 €, Tageskarte 13,50 €; Kinder unter 6 Jahre 4 €, 6 – 15 Jahre 2 Std 7 €, 4 Std 8 €, Tageskarte 9 €; Familien-, 12er- und Jahreskarten. **Infos:** Wickelgelegenheiten in der gesamten Anlage.

▶ Das Aqualand ist ein reines Spaßbad mit Sauna und Liegewiese. Für die kleinsten Badegäste wurde im Aqualand eine Plantschzone im orientalischen Stil

Hunger & Durst
Entspannen könnt ihr in der Gastronomie mit **Biergarten**.

Happy Birthday!
Schon ab 2 Jahre gibt es tolle Geburtstagsideen im Aqualand mit Geburtstagstorte, Essen, Getränken und 2 – 3 Stunden Party.

Achtung! Mo und Mi ist ab 18.30 Uhr Fkk für alle Badegäste.

Wollt ihr einmal hinter die Kulissen des Freizeitbades schauen? Jeweils am 1. Do im Monat um 12 Uhr (Gruppen nach Vereinbarung) erklären die Haustechniker, wie ein Strömungskanal funktioniert, welche Mittel und Methoden zur Wasseraufbereitung eingesetzt werden und vieles mehr. Dauer etwa 45 Minuten. Anmeldung: ✆ 0221/7028217 oder direkt im Kinderparadies AliBaba.

Happy Birthday!

Sa 10 – 13 Uhr oder 13 – 16 Uhr könnt ihr euch einen Kindergeburtstag im Schwimmbad organisieren lassen.

angelegt mit Schlangenrutsche, Sultansrutsche und fliegendem Teppich. Zum Ausruhen stehen Kinderbettchen kostenlos zur Verfügung. Für die Älteren heißt es Rutschvergnügen pur in den vier Röhren der Riesenrutschanlage. Im Strömungskanal kann man sich von der unteren Wasserwelt bequem mit dem Strömungskanal durchs Außenbecken treiben lassen.

Bickendorfbad

KölnBäder GmbH, Venloer Straße 569, 50827 Köln-Bickendorf. ✆ 0221/2791740, Fax 279173202. www.koelnbaeder.de. **Anfahrt:** Straßenbahn 3, 4, Bus 137, 139, 141, 143 Äußere Kanalstraße. **Zeiten:** Di 6.30 – 20.30 Uhr, Do 6.30 – 21.30 Uhr, Fr 14 – 20.30 Uhr, Sa 8 – 16.30 Uhr, So 8 – 12 Uhr. **Preise:** 3,20 €; Kinder bis 5 Jahre 0,50 €, 6 – 17 Jahre 2,60 €; Familien-/Kleingruppenkarte 10 €. **Infos:** Wickeltische vorhanden.

▶ Das Bickendorfbad ist ein kleines Stadtteilbad für kleine Wasserratten. Es bietet 1- und 3-m-Sprungbrett und kleiner Kinderrutsche. Donnerstags von 10 bis 12 Uhr gibt's ein Spaßprogramm für Kinder von 3 bis 5 Jahren.

Stadionbad

KölnBäder GmbH, Aachener Straße/Stadion (Olympiaweg), 50933 Köln-Müngersdorf. ✆ 0221/2791840, Fax 279173202. www.koelnbaeder.de. **Anfahrt:** Straßenbahn 1 Rheinenergie-Stadion. **Zeiten:** In der Freibadsaison Mo – Fr 10 – 20 Uhr, Sa, So, Fei 9 – 20 Uhr. **Preise:** 3,20 €; Kinder bis 5 Jahre 0,50 €, 6 – 17 Jahre 2,60 €; Ermäßigungen für Familien, Gruppen und Spätschwimmer.

▶ Habt ihr schon einmal ein so großes Freibad gesehen? Das Stadionbad hat insgesamt acht verschiedene Becken vom 50-m-Sportbecken über das Erlebnisbecken und das Sprungbecken bis hin zum Babybecken. In eines der Becken führt eine 56 m lange

Doppel-Rutsche. Die Moddermonster unter euch werden sich auf dem Sand-Wasser-Spielplatz besonders wohl fühlen. Außerdem Spielmöglichkeiten für Tischtennis, Basketball und Beachvolleyball.

Zollstockbad

KölnBäder GmbH, Raderthalgürtel 8 – 10, 50968 Köln-Zollstock. ☎ 0221/2791820, Fax 279173202. www.koelnbaeder.de. **Anfahrt:** Bus 130 Leichweg.
Zeiten: Mo, Di, Do 6.30 – 21.30, Mi 14 – 21.30, Sa, So 8 – 16.30 Uhr. Sommerbetrieb Außenbecken Mo, Di, Do 6.30 – 20, Mi, Fr 11 – 20, Sa, So 8 – 20 Uhr.
Preise: 3,40 €; Kinder bis 5 Jahre 0,50 €, 6 – 17 Jahre 2,60 €; Familien-/Kleingruppenkarte 10,50 €.
▶ Kombibad mit 1- und 3-m-Sprungbrett, Plantschbecken, Kinderrutsche, Außenbecken, Sand-Wasser-Spielplatz, Tischtennis, Liegewiese, Basketballkorb und Saunagarten. Kiosk, Bistro und Sommercafé.

Rodenkirchenbad

KölnBäder GmbH, Mainstraße, 50996 Köln-Rodenkirchen. ☎ 0221/2791780, Fax 279173202. www.koelnbaeder.de. **Anfahrt:** Straßenbahn 16 Siegstraße.
Zeiten: Di 15 – 21.30, Mi 6.30 – 16, Fr 6.30 – 21.30, Sa 8 – 16.30, So 8 – 12.30 Uhr. **Preise:** 3,20 €; Kinder bis 5 Jahre 0,50 €, 6 – 17 Jahre 2,60 €; Familien- bzw. Kleingruppenkarte 10 €.
▶ Stadtteilschwimmbad mit 1- und 3-m-Brett, Liegewiese und Grillplatz. So 10 – 11.30 Uhr dürft ihr mit Matten, Reifen und anderen Dingen in See stechen, Mi um 10 Uhr ist Babyplantschtreff.

Zündorfbad

KölnBäder GmbH, Groov/Trankgasse, 51143 Köln-Zündorf. ☎ 02203/183530, Fax 0221/279173202. www.koelnbaeder.de. **Anfahrt:** Straßenbahn 2, 7 Zündorf, Bus 164, 501 Zündorf/Kirche. **Zeiten:** Mo, Fr 6.30 – 22 Uhr, Di, Mi, Do 8 – 22 Uhr, Sa, So, Fei 9 – 21 Uhr. Sommerbetrieb Außenbecken Mo, Fr 6.30 – 20,

Wer in den beiden Naturfreibädern Fühlingen und Vingst Angst vor Wassertierchen hat, ist hier im Müngersdorfer Freibad an der richtigen Anschrift, denn hier kann er höchstens Kachelfischen begegnen.

Hunger & Durst
Das **Bistro** ist ganz neu gestaltet und sowohl von innen, als auch von außen zugänglich.

Di, Mi, Do 8 – 20 Uhr, Sa, So, Fei 9 – 20 Uhr. **Preise:** 3,40 €; Kinder bis 5 Jahre 0,50 €, 6 – 17 Jahre 2,60 €; Familien-/Kleingruppenkarte 10,50 €.

▶ Tolles Kombibad mit 3-m-Turm, in dem ihr auch im Winter draußen schwimmen könnt. Im Nichtschwimmerbereich gibt es eine Gegenstromanlage und eine 80-m-Wildwasserrutsche, ferner innen und außen Spiellandschaften, Sand-Wasser-Spielplatz, Kleinfeldfußball, Tischtennis, Volleyballfeld, Sauna und Grillplatz.

Wahnbad

KölnBäder GmbH, Albert-Schweizer-Straße, 51147 Köln-Wahn. ✆ 02203/183540, Fax 0221/279173202. www.koelnbaeder.de. **Anfahrt:** Bus 160, 162 Nachtigallenstraße. **Zeiten:** Di 6.30 – 16 Uhr, Mi 6.30 – 18 Uhr, Fr 6.30 – 20.30 Uhr, Sa 8 – 17 Uhr, So 8 – 16.30 Uhr. **Preise:** 3,20 €; Kinder bis 5 Jahre 0,50 €, 6 – 17 Jahre 2,60 €; Familien-/Kleingruppenkarte 10 €.

▶ Hallenbad mit 3-m-Sprunganlage, Kinderplantschbecken, Schwalldusche und Brodelberg. Sa 13.30 – 15.30 Uhr könnt ihr im freien Spiel mit Matten, Reifen und mehr im Wasser toben. Weitere Angebote: Liegewiese und Sauna. Schwimmbadgastronomie vorhanden.

Badeseen

Naturfreibad Fühlingen

KölnBäder GmbH, Stallagsbergweg, 50769 Köln-Fühlingen. ✆ 0221/2791850, Fax 279173202. www.koelnbaeder.de. **Anfahrt:** Bus 120 Seeberg. **Zeiten:** Mo – Fr 11 – 20 Uhr, Sa, So, Fei, Ferien 10 – 20 Uhr. **Preise:** 2,90 €; Kinder bis 5 Jahre 0,50 €, 6 – 17 Jahre 2,10 €; Familien 8,50 €. **Infos:** Behindertenumkleidebereich.

▶ Naturfreibad heißt konkret: Baden im größten See von Köln, dem Fühlinger See mit allein 5000 qm beaufsichtigter Wasserfläche. Im Wasser warten

Im Rheinland wird seit Jahrzehnten Kohle, Erz und Kies abgebaut. Was danach übrig blieb, wurde hier so umgestaltet, dass ein schöner Badesee entstehen konnte.

schwimmende Inseln auf euch, an Land könnt ihr Beachvolleyball oder Tischtennis spielen. Außerdem gibt es einen Kinderspielplatz und viel Fläche zum Sonnenbaden.

Naturfreibad Vingst

KölnBäder GmbH, Vingster Ring, 51107 Köln-Vingst. ✆ 0221/2791860, Fax 279173202. www.koeln-baeder.de. **Anfahrt:** Straßenbahn 9, Bus 153 Vingst, Bus 151, 152, 157 Ostheim. **Zeiten:** Mo – Fr 11 – 20 Uhr, Sa, So, Fei, Ferien 10 – 20 Uhr. **Preise:** 2,90 €; bis 5 Jahre 0,50 €, 6 – 17 Jahre 2,10 €; Familien 8,50 €.
▶ Baggersee mit Liegewiese, schwimmenden Inseln, Beachvolleyball-Platz, Grillplätzen und Bolzplatz.

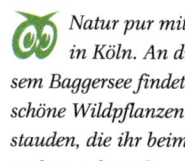

Natur pur mitten in Köln. An diesem Baggersee findet ihr schöne Wildpflanzenstauden, die ihr beim Baden und Spielen nicht zerstören solltet.

Boots- & Schiffstouren

Bootsverleih am Volksgarten

Heller, 50677 Köln. ✆ 0221/242545. **Anfahrt:** Straßenbahn 12 Eifelplatz. **Zeiten:** Nur bei schönem Wetter Mai – Okt Mo – Fr ab 12 Uhr, Sa, So, Fei 10 Uhr bis Einbruch der Dunkelheit. **Preise:** 5 € pro Std.
▶ Ohne die Stadt verlassen zu müssen, könnt ihr euch auf eine Ruderpartie begeben. Nur Vorsicht! Wer auf dem Teich im Volksgarten der hohen Wasserfontäne zu nahe kommt, wird pitschnass.

Boot fahren auf dem Decksteiner Weiher

Bachemer Landstraße, 50858 Köln-Lindenthal. **Anfahrt:** Stadtbahn 7 Stüttgenhof, dann 15 Minuten zu Fuß durch den Grüngürtel. A4 AS11 Köln-Klettenberg, rechts auf B265, links auf Militärringstraße, 3. Ampelkreuzung links. **Zeiten:** Nur bei schönem Wetter von Mai bis zum Ende der Herbstferien in NRW. **Preise:** 30 Minuten 4 €.
▶ Auf dem Teil des Decksteiner Weihers zwischen Gleueler Straße und Dürener Straße darf mit Ruder-

Hunger & Durst

Gleich nebenan, im **Haus am See**, ✆ 0221/4309260, geöffnet täglich ab 11.30 Uhr, und am **Kiosk** des Minigolfplatzes könnt ihr zwischen gehobener Küche und einfachen Snacks wählen.

Tipp: Keine Panikattacke erforderlich, wenn ihr ins Wasser fallt, der Weiher ist nur etwa 120 cm tief. Wegen der Wasserqualität ist davon dennoch unbedingt abzuraten, verboten ist das Baden dort ohnehin!

und Tretbooten gefahren werden. Das ist ein echtes Vergnügen, denn hier gibt es sogar eine kleine Insel mitten im Weiher, um die herum ihr Wettfahrten machen könnt.

Um den Decksteiner Weiher kann man prima spazieren, joggen und Minigolf spielen. An Trainingstagen könnt ihr dort auch am Geißbockheim den Jungs vom 1. FC Köln beim Fußball spielen zusehen. Und im Winter traut sich hier manch ein Kölner mit oder ohne Schlittschuhe aufs Eis.

Schäl Sick – Die blinde Seite

▶ Wenn ihr in Köln nach einem Ziel auf der rechten Rheinseite fragt, könnt ihr manchmal eine eher abfällige Bemerkung über die »Schäl Sick« hören. Das hat Tradition in Köln.

In alten Zeiten, in denen es noch keine Motorboote gab, fuhr man mit den Booten in der Strömung flussabwärts. Doch wie kamen die Boote wieder zurück? Sie wurden von Pferden flussaufwärts gezogen. Das nannte man »treideln«. Entlang dem Ufer gab es Treidelpfade, auf denen die Pferde liefen und die Boote hinter sich her zogen. Damit sie nicht vor dem Wasser oder den anderen Booten darauf scheuten, bekamen sie auf der linken Seite eine Scheuklappe. Wenn sie also am Rhein entlang flussaufwärts, sprich nach Süden trotteten, konnten sie die rechtsrheinischen Stadtteile am östlichen Ufer nicht sehen.

Wenn jemand auf dem einen Auge blind oder stark kurzsichtig ist, nennt man ihn in Köln »schäl«. Also war die Seite, die die Pferde nicht sahen, die »Schäl Sick«.

Und so wie die Rheinschiffer damals brummelten »Nicht schlimm, da gibt es sowieso nix zu sehen«, fühlen sich heute viele Kölner auf der linken Rheinseite als die richtigen, wahren Kölner und sprechen über die Kölner in Köln-Deutz, Köln-Mülheim und Köln-Kalk augenzwinkernd als die »Lück op d'r Schäl Sick«, die Leute auf der blinden Seite. Das ist aber alles nicht ernst gemeint, denn Kölner mögen die Menschen nicht wegen ihrer Herkunft, sondern wegen ihrer Persönlichkeit. ◀

Die Köln-Düsseldorfer

Köln-Düsseldorfer Deutsche Rheinschiffahrt AG, Frankenwerft 35, 50667 Köln. ✆ 0221/2088-318 und -319 (Verkaufsservice), Fax 2088-345 und -229. www.k-d.com. info@k-d.com. Anlegestelle auf Höhe von Dom und Hbf. **Zeiten:** 1.4. – 29.10., Hauptsaison 29.4. – 3.10. **Preise:** Panoramarundfahrt ab Köln 1 Std 6 €, Tagesfahrt Köln – Zons 15,80 €; Kinder 4 – 13 Jahre 2,50 € auf allen Linien- und Rundfahrten; Mi ist Familientag: pro Erwachsener bis zu drei Kinder umsonst. Ermäßigungen für Gruppen, Radler und Bahnreisende. Ermäßigung von 50 % für ein ganzes Jahr mit der KD-RheinCard zu 25 €.

▶ Die KD fährt die gesamte Strecke von Mainz bis Köln und läuft fast alle Orte an. Zum Programm der Köln-Düsseldorfer gehören außer Linienfahrten, Rundtouren und Sonderfahrten auch speziell für Familien und Kinder gedachte Touren. Beim Piratenfest in den Sommerferien sind Zauberer, Clown und Animation an Bord. Preis: 19,40 € für Erwachsene und 9 € für Kinder, gestartet wird in Düsseldorf oder Köln. Etwas ganz Besonderes ist die Märchenfahrt ab Köln: Mit dem Schiff (Kinderprogramm an Bord) geht es zur Freilichtbühne Zons – sogar der Eintritt ist in den 20,60 € bzw. 12,20 € bereits enthalten, einfach märchenhaft!

Radeln & Skaten

Geführte Radtouren durch Köln

rent a bike, Markmannsgasse, 51069 Köln-Altstadt. ✆ 0221/723627, Handy 0171/6298796. www.koelnerfahrradverleih.de. bike@cologne-hotels.com. Treffpunkt: Markmannsgasse, die liegt an der Deutzer Brücke direkt am Rhein. **Anfahrt:** Straßenbahn 1, 7, 9, Bus 132, 133, 250, 260, 978 Heumarkt oder Rheinschiffe. Parken unter dem Heumarkt. **Zeiten:** April – Okt tägl 13.30 Uhr und nach Absprache. **Preis:** 15 €.

Happy Birthday! Geburtstagskinder – gleich welchen Alters – fahren zum Nulltarif.

Tipp: An den Anlegestellen können Bahnfahrkarten in Schifffahrtskarten zu 50 % umgewandelt werden. Di können 2 Radler auf 1 Ticket fahren, bei Bahnanreise gegen Vorlage der Fahrkarte 20 %. Mo und Fr fahren Senioren über 60 Jahre zum halben Preis, Schüler und Studenten erhalten grundsätzlich 50 % Ermäßigung.

RAUS IN DIE NATUR

KÖLN: NATUR & SPORT

Tipp: Die Touren sind etwa 15 km lang und werden zweisprachig deutsch/englisch durchgeführt. Auf Anfragen können Führungen auch auf Französisch, Italienisch oder Spanisch erfolgen.

▶ Bei der dreistündigen Stadtführung auf dem Fahrrad kommt ihr durch Straßen und an Orte, die ihr sonst kaum erreichen würdet. *rent-a-bike* hat eine möglichst verkehrssichere Route ausgearbeitet, um euch die Geschichte und die Sehenswürdigkeiten von Köln näher zu bringen, während ihr etwas für eure Gesundheit tut. Ihr macht eine Dombesichtigung, seht das Rathaus, romanische Kirchen, die Altstadt und schöne Parks. Euer Führer erzählt euch während der Fahrt interessante und spannende Einzelheiten. Jede Tour hat eine begrenzte Teilnehmerzahl, ihr meldet euch besser vorher an. Die Leihfahrräder sind gepflegt und haben eine 5-Gang-Nabenschaltung, Rücktrittbremse, fest angebrachten Shoppingkorb und bei Bedarf einen Regenponcho. Während der Tour sind einige Stops für Informationen und eine kleine Pause eingeplant.

Mit Inlinern in Köln

Anfahrt: Köln Hbf.

▶ Am Fuße des Kölner Doms, auf dem Roncalliplatz, lässt es sich sehr gut über die glatten Platten flitzen. Hier trefft ihr immer andere Skater und Skateboarder, vom Anfänger bis zum Springer und Akrobaten. Außerdem bei Kölns Skatern beliebt: die Radwege beiderseits des Rheins, das Skate-Paradies rund um den Fühlinger See oder der Rheinauenpark mit seiner Fitness-Strecke.

Spazieren & Reiten

Die Römische Hafenstraße

Länge: keine 100 m, zwischen Roncalliplatz und Rhein.
Anfahrt: Hbf. **Preise:** frei zugänglich.

▶ Eine völlig kinderwagenuntaugliche Straße findet ihr zwischen dem Römisch-Germanischen Museum und dem Diözesanmuseum Kolumba. Wenn ihr der Verlegung der großen Blaubasaltblöcke eine schlech-

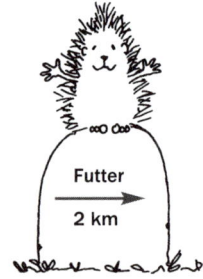

Futter
← 2 km →

te Note gebt: Das waren nicht die Römer, sondern Bauarbeiter im 20. Jahrhundert. Die Straße wurde nicht da gefunden, wo die Basaltsteine jetzt liegen, sondern weiter nördlich. Beim Bau des Römisch-Germanischen-Museums entdeckte man das 65 m lange Stück einer über 5 m breiten Straße. Da dort, unter dem Keller des Museums, die Einfahrt zur Tiefgarage vorgesehen war, entfernte man die Steine und legte sie an der jetzigen Stelle wieder aus.

Die Bezeichnung »römische Hafenstraße«, die man auf dem Schild an der Wand lesen kann, ist irreführend. Erstens handelt es sich ja nicht um eine römische Straße, sondern nur um das Pflaster und zwischen den Steinen waren nicht so breite Fugen wie jetzt. Zweitens existierte zumindest seit dem 2. Jahrhundert n.Chr. östlich von der Fundstelle kein Hafenbecken (mehr) und gepflasterte Straßen gab es in Köln erst ab dem 4. Jahrhundert.

Skulpturenpark Köln

Riehler Straße, 50735 Köln-Richl. ✆ 0221/92122831, Haupteingang nahe der Zoobrücke. **Anfahrt:** U17 – U19, Bus 134 Zoo/Flora. A3, A57, Parken Zoo-Parkhaus oder unter Zoobrücke. **Zeiten:** März – Okt 10.30 – 18 Uhr, Nov – Feb 10.30 – 16.30 Uhr. **Preise:** Eintritt frei.

▶ Vierspurig, sechsspurig, am Rhein entlang, hinüber zum anderen Ufer, Brückenrampe, Parkplatz. Der ganze Bereich zwischen Rhein und Zoo scheint nur dem Autoverkehr zu gehören. Wirklich alles? Nicht ganz. Ein kleines Fleckchen, grün, umzäunt und nur zu Fuß zugänglich widersetzt sich den Blechlawinen und widmet sich der modernen Kunst: der Skulpturenpark. Hier stehen 30 zum Teil riesige Werke internationaler Bildhauer, eingebettet in eine kleine Grünanlage. Ihr werdet begeistert sein, wenn ihr die vielen unterschiedlichen Kunstwerke anschaut. Mögt ihr das Katzenmädchen mit Rheinblick? Oder eher die Wirbel-Säule? Auch der Ring-Around hat viele Fans!

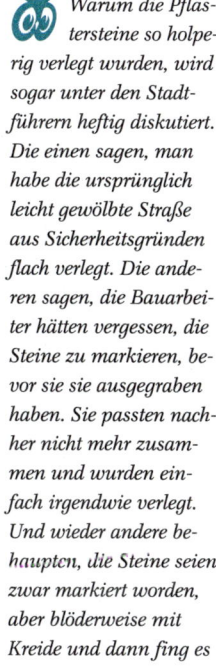

Warum die Pflastersteine so holperig verlegt wurden, wird sogar unter den Stadtführern heftig diskutiert. Die einen sagen, man habe die ursprünglich leicht gewölbte Straße aus Sicherheitsgründen flach verlegt. Die anderen sagen, die Bauarbeiter hätten vergessen, die Steine zu markieren, bevor sie sie ausgegraben haben. Sie passten nachher nicht mehr zusammen und wurden einfach irgendwie verlegt. Und wieder andere behaupten, die Steine seien zwar markiert worden, aber blöderweise mit Kreide und dann fing es an zu regnen …

Aber nicht traurig sein, wenn ihr genau diese drei Stücke nicht mehr findet, dafür gibt es in jeder neuen Ausstellung vollwertigen Ersatz!

Ponyreiten im Stadtwald

Michael Fuss, Kitschburger Straße, 50935 Köln. ✆ 02421/962482, Fax 01212/536786143. www.pony-reiten.de. michael.fuss@t-online.de. **Zeiten:** Sa 13 – 18 Uhr, So, Fei 11 – 18 Uhr, nur bei trockenem Wetter. **Preise:** Pro Kind 2 €, 10er-Karte 17,50 €.

▶ Hier können auch die absoluten Anfänger unter euch ihre ersten Minuten im Sattel erleben und auf einer Strecke von etwa 500 m ihre Reitkünste erproben. Die Ponys sind sehr ruhig und kinderlieb, ihr könnt euch also von euren Eltern führen lassen (wenn die keine Angst vor Pferden haben). Fürs Reiten gibt es kein Mindestalter, aber nach oben ist bei 17 Jahren oder 70 kg Schluss.

Natur erforschen

Volkssternwarte Köln

Vereinigung der Sternfreunde Köln e.V., Schillergymnasium, Nikolausstraße 55, 50937 Köln-Sülz. ✆ 0221/415467, Fax 9415408. www.volkssternwarte-koeln.de. info@volkssternwarte-koeln.de. **Anfahrt:** Straßenbahn 9 Weyertal, 18, 19 Arnulfstraße. **Zeiten:** Fr 19.30 Uhr, So 10.30 – 12 Uhr. **Preise:** 3 €; Kinder unter 12 Jahren frei, Jugendliche 2 €. **Infos:** Nur bei klarem Wetter.

▶ So 10.30 – 12 Uhr könnt ihr bei klarem Himmel die Sonne beobachten: Mit einem Spezialfilter sieht man dann nicht nur die bekannten Sonnenflecken, sondern auch Gasausbrüche an der Sonnenoberfläche, so genannte Protuberanzen. Am Freitagabend gibt es zunächst eine Saalveranstaltung, bei der ihr als Diavortrag oder Multimedia-Schau Geheimnisse der Astronomie erklärt bekommt. Bei klarem Himmel habt ihr anschließend unter fachkundiger Anleitung Gelegenheit zur Beobachtung von Gasnebeln, Doppelsternen, Mond und Jupiter mit den Fernrohren der Volkssternwarte Köln. Versperren dagegen Wolken den Blick ins All, besteht die Möglichkeit zur Besichtigung der Kuppel. Zu besonderen astronomischen Ereignissen, z.B. Mond- oder Sonnenfinsternis werden Spezialtermine angeboten.

Haus des Waldes

Gut Leidenhausen, 51147 Köln-Porz-Eil. ✆ 02203/39987, 02234/9854278 (Vereinbarung von Führungen), Fax 02234/9854355. **Anfahrt:** Bus 151, 152 Eil/Heumarer Straße, dann 20 Minuten Fußweg. A3 AS29 K-Königsforst Richtung K-Porz. **Zeiten:** So, Fei 10 – 17 Uhr, Sommer bis 18 Uhr, Führungen nach Vereinbarung. **Preise:** 1,20 €; Kinder 0,50 €; ADAC-Mitglieder 30 % Rabatt. **Infos:** Hunde nicht gestattet.
▶ Wie wird aus einem heruntergefallenen Blatt Humus? Wie funktioniert Jahresringdatierung? Wie leben Pilze? Im Haus des Waldes erhaltet ihr eine Antwort auf diese Fragen. Denn hier dreht sich alles um die Lebensgemeinschaft Wald, Waldentwicklung, Waldböden, Waldtiere und Wasser. In einer audiovisuellen Schau namens Ökovision wird euch gezeigt, wie vielfältig die Wälder der Welt sind und welche Bedeutung sie für die Umwelt und den Menschen haben. Führungen kosten für maximal 30 Personen Mo – Fr 30 €, Sa, So, Fei 33 €. In unmittelbarer Nachbarschaft liegen 12 km Wanderweg, Sandspielplatz, Greifvogelschutzstation und Tiergehege für Rot- und Schwarzwild. Dieses ist frei zugänglich.

Selbst ferne Galaxien, deren Licht viele Millionen Jahre bis zu uns unterwegs war, lassen sich in dunklen, klaren Nächten erkennen.

 Wenn ihr euch für Meteoriten interessiert, schaut doch mal im GeoMuseum der Universität zu Köln vorbei, ↗ »Köln: Wissen & Kultur«.

Das Gutsgebäude geht auf mittelalterliche Ursprünge zurück. Es war früher im Besitz von Rittern und Adeligen. Gut Leidenhausen gehörte zuletzt dem 4711-Chef Ferdinand Mühlens, der es 1963 an die Stadt Köln verkaufte. Morgens könnt ihr hier die Rennpferde des benachbarten Gestütes Röttgen auf dem Weg zu ihrer Trainingsbahn bewundern.

Hier könnt ihr einem Wildvogel Gutes tun, indem ihr ein Jahr lang Paten werdet. Die Patenschaftsbeiträge werden zur Finanzierung der Futtermittel- und Pflegekosten verwendet und kommen damit unmittelbar den Tieren zugute. Ihr erhaltet eine Patenschaftsurkunde und eine Informationsbroschüre der Schutzstation; außerdem wird für die Tierpaten jährlich ein Tag der offenen Tür veranstaltet.

Greifvogel-Schutzstation

Schutzgemeinschaft Deutscher Wald Köln e.V., Gut Leidenhausen, 51147 Köln-Porz-Eil. ✆ 02203/39987, Fax 39987. **Anfahrt:** ↗ Haus des Waldes. **Zeiten:** So, Fei 10 – 17 Uhr, im Sommer bis 18 Uhr, Führungen nach Vereinbarung. **Preise:** 1,20 €; Kinder 0,50 €.

▶ Hauptaufgabe der Greifvogel-Schutzstation ist es, kranke und verletzte Greifvögel gesund zu pflegen und nach ihrer Genesung wieder in die freie Natur zu entlassen. Auch elternlose Jungvögel werden aufgezogen und anschließend ausgewildert. Die Greifvogelschutzstation besteht aus zwei Teilen: einem Krankenhaus für Neuankömmlinge und einer Dauer-Pflegestation. Die Sachausgaben werden zum Teil über Spenden der Besucher und durch Paten finanziert. Ein Besuch in der Greifvogelschutzstation ist im Rahmen einer Museumsführung oder gegen 15 € möglich. Öffentliche Führungen jeden 3. Samstag im Monat um 15 Uhr.

WILDE TIERE & FRECHE FRÜCHTE

@ Auf der Homepage findet ihr im Menü »Aktuelles« auch eine Liste der Tiergeburten. Damit kann man schnell ein winziges Affenbaby in seine Routenplanung durch den Zoo aufnehmen.

Tierparks & Gärten

Zoo Köln – Unsere Arche Noah

AG Zoologischer Garten Köln, Riehler Straße 173, 50735 Köln. ✆ 0221/7785-0, 7785-121 Zoobegleitung (Führungen), Fax 7785-111. www.zoo-koeln.de. info@zoo-koeln.de. **Anfahrt:** Straßenbahn 17 – 19, Bus 134 Zoo/Flora. A3Kreuz K-Ost Richtung Zoo, A57 bis Autobahnende, dann links Richtung Zoo, Parken im Zoo-Parkhaus, unter der Zoobrücke und am Nebeneingang Riehler Straße. **Zeiten:** Während der Sommerzeit (MESZ) 9 – 18 Uhr, sonst 9 – 17 Uhr. **Preise:** 11 €, Gruppen ab 15 Personen 9 €, Jahreskarte 60 €; Kinder 4 – 17 Jahre 5,50 € Gruppen ab 15 Personen 4,50 €, Jahreskarte 30 €; Montag ist Zootag: Erwachsene 8 €, Kinder/ermäßigt 4 €. **Infos:** Rollstühle und Bollerwagen (gegen Gebühr) am Haupteingang. Hunde dürfen nicht mit in den Zoo. So 11 Uhr kostenlose Führung.

▶ Schon der einfache Besuch im Kölner Zoo ist ein wundervoll aufregender Tagesausflug. Stundenlang lässt es sich mit der Beobachtung von Löwen, Affen, Wölfen, Seehunden, Bären, Waschbären & Co. aushalten. Gleich am Eingang habt ihr erfahren, wann welche Tiere gefüttert werden, könnt dabei also auch zusehen. Es gibt viele Futterkrippen für Menschen und einen großen Spielplatz. Ganz neu und ein Muss für jeden Zoobesucher ist der Elefantenpark. Im April – Sept gibt es am 2. und 4. Fr im Monat die Abendführung für Kids ab 8 Jahre. Bei einer geheimnisvollen Expedition erfahrt ihr dann, ob nachts alle Tiere schlafen und wie Eulen im Dunkeln ihre Beute finden. Kinderführungen und Geburtstagsfeiern werden auf eure Lieblingstiere maßgeschneidert.

In den Sommerferien könnt ihr an Beobachtungsspielen, Bastelaktionen und Safaris teilnehmen. Der Knaller ist das Zeltlager im Juli, dabei dürfen abenteuerlustige Kinder von 10 – 14 Jahren im Zelt auf der Elefantenwiese übernachten. Ich schreibe bewusst »übernachten« und nicht »schlafen«, denn zum Schlafen kommt da vor lauter Horchen, Erzählen und Kichern keiner!

Schon die Anreise wird zum Abenteuer mit den Mülheimer Booten, der Rheinseilbahn oder dem **Zoo-Express.** Er verkehrt täglich 10 – 17 Uhr jede halbe Stunde zwischen Zoo-Haupteingang und Dom/Roncalliplatz. Am Roncalliplatz Umsteigemöglichkeit in den **Schoko-Express** zum Imhoff-Stollwerck-Museum.

Aquarium am Zoo Köln

Adresse & Anfahrt: ↗ Zoo. **Zeiten:** 9 – 18 Uhr.
Preise: Im Eintrittspreis des Kölner Zoos enthalten.
www.zoo-koeln.de. aquarium@zoo-koeln.de.

▶ Nicht nur bei Regenwetter solltet ihr bei einem Zoobesuch das Aquarium auf die To-Do-Liste setzen. Es ist nach Einzelthemen eingeteilt: Da gibt es ein Korallenriff mit Seesternen, verschiedenen Korallen und Krebsen und mit Mördermuscheln (!). In einem riesigen Becken seht ihr allerlei kunterbunte Fische, Buntbarsche, aus dem Tanganjikasee in Ostafrika. Und beim Rheinpanorama seht ihr, dass der Rhein nach vielen schlimmen Jahren nun wieder ziemlich sauber ist. Es leben inzwischen wieder 45 verschiedene Fischarten im Rhein.

Das Rheinwasser ist nicht nur für die Fische wichtig: Aus dem Uferfiltrat des Rheins wird das wichtigste Lebensmittel überhaupt gewonnen: Trinkwasser. In die Haushalte von ca. 20 Millionen Menschen fließt das kühle Nass.

Die Kölner lieben ihren Zoo sehr. Es gibt sogar ein altes Karnevalslied »ene Besoch em Zoo«. Lasst es euch von euren Eltern oder einem Kölner vorsingen, den Refrain habt ihr schnell gelernt!

Wenn Herr Philips euer Zooschulenlehrer ist, müsst ihr Muskelkater in den Lachmuskeln einkalkulieren. Das fängt schon vor dem eigentlichen Beginn des Unterrichts an mit der Anweisung »Bevor es los geht, gehen alle noch aufs Klo. Jungen links, Mädchen rechts. Wer nicht sicher ist: geradeaus!

Im **Terrarium** leben gefährliche Krokodile, riesige Schlangen und giftige Frösche. Wem das zu gruselig ist, der geht zum **Insektarium.** Es ist gar nicht so leicht, gut getarnte Insekten wie das Wandelnde Blatt zu entdecken und herrlich entspannend, die zarten Schmetterlinge im Freiflugraum zu beobachten.

Nesthocker und Nestflüchter in der Zooschule

AG Zoologischer Garten Köln, Riehler Straße 173, 50735 Köln. ℂ 7785-116 Zooschule, Fax 7785-111. www.zoo-koeln.de. zooschule@zoo-koeln.de. **Anfahrt:** ↗ Zoo. **Zeiten:** nur nach Anmeldung. **Preise:** Preise auf Anfrage.

▶ In der Zooschule lernt ihr, wie Tiere leben, sich verhalten, fressen und sich fortpflanzen. So versteht ihr Zusammenhänge viel schneller als in der normalen Schule, denn hier sieht, hört, riecht und fühlt ihr die Tiere. Der Zoolehrer unterrichtet dabei im Beisein eures Klassenlehrers, bei Grundschülern nur ganz kurz, bei Älteren mehrere Stunden oder auch ganztägig. Aber keine Sorge: Die Zeit vergeht wie im Flug.

Beim Thema Jungtiere habt ihr am Ende an einem Ei gehorcht, ein Küken gestreichelt und mit Federn gewedelt. Bodenbrüter haben eher birnenförmige Eier, weil diese nicht so leicht wegrollen, Höhlenbrütern kann das egal sein, deshalb legen sie kugelrunde Eier. Küken können schon im Ei piepen und kämpfen sich mühsam mit einem Höcker auf ihrem Schnabel namens Ei-Zahn aus dem Ei heraus. Nun kommt der nächste Unterschied bei den Vögeln: Nestflüchter sind schon sehr weit entwickelt, wenn sie schlüpfen, während Nesthocker blind, nackt und hilflos wie Menschenbabys in ihr Leben starten und erst eine ganze Weile von der Vogelmutter geschützt werden müssen. Und obwohl auch das nackteste Küken als ausgewachsener Vogel Federn hat, kann lange nicht jeder Vogel fliegen. Warum dies so ist, ist auch Inhalt des Zoounterrichts.

Mörderfeigen und andere freche Früchtchen

Botanischer Garten und Flora, Amsterdamer Straße 34, 50735 Köln. ✆ 0221/560890, Fax 5608926.
Anfahrt: ↗ Zoo. **Zeiten:** 8 Uhr bis zum Einbruch der Dunkelheit, Schaugewächshäuser 10 – 16 Uhr, im Sommer bis 18 Uhr. **Preise:** Eintritt frei. **Infos:** Öffentliche Führung 1. So im Monat 11 Uhr, Treffpunkt: Tropischer Hof, Eingang Schaugewächshäuser.

▶ Ursprünglich waren das zwei verschiedene Gärten: Die **Flora** war ein von Landschaftsarchitekten für die Kölner Bürger geplanter Garten, in dem ihr heutzutage durch den Englischen Garten, den Heidegarten, den Farngarten, den Duftgarten für Blinde und Sehende und den Mittelmeergarten flanieren könnt. Aber nicht in den großen Flora-Weiher fallen!

Nördlich schließt sich der **Botanische Garten** an. Das ist quasi ein aufgeschlagenes Lehrbuch der Botanik mit Pflanzen aus allen Ecken und Klimazonen der Erde. Und wenn das rheinische Klima nicht so recht zum Heimatklima passt, wird es passend gemacht. Im Zweifel ist also eine Pflanze der Tropen oder Wüsten in einem der vier Schaugewächshäuser zu finden. Dort entdeckt ihr z.B. im kleinen Tropenhaus eine Vielzahl tropischer Nutzpflanzen, von Ananas über Kaffee, Kakao und Kokospalme, Mörderfeige und Riesenbambus bis zu Vanille, Zimt und Zuckerrohr.

Hier könnt ihr einem Bambus beim Wachsen zusehen. Er bringt es auf fast 20 cm pro Tag!

Grüne Schule Flora im Botanischen Garten

Haus Frauen-Rosenhof, Amsterdamer Straße 34, 50735 Köln. ✆ 0221/5608923, Fax 5608926.
Anfahrt: ↗ Zoo. **Preise:** Der Besuch des Botanischen Gartens und die Unterrichtsbetreuung sind kostenfrei. Lediglich die Ausgaben für Materialien werden abgerechnet.

▶ Die Grüne Schule Flora ist ein ganz besonderer Lernort: Hier wird das Pflanzenreich sehr anschau-

lich für Schulen erklärt. Der Unterricht findet jeweils an einem Vormittag in der Zeit von 9 bis 12 Uhr zu einem von mehr als 25 verschiedenen Themen statt. Und weil es nichts Trocken-theoretisches ist, werdet ihr euch noch lange mit allen Sinnen an den Geruch einer Rose, die Farbe einer Sonnenblume, den Geschmack von Zitronenmelisse oder gar den Kaktusstachel im Finger erinnern.

Streichelzoo

Kitschburger Straße, 50935 Köln. **Anfahrt:** U7, U13 Dürener Straße/Gürtel. B264, Parken in Haydnstraße, Max-Bruch-Straße oder Brahmsstraße. **Zeiten:** 9 Uhr bis Einbruch der Dunkelheit. **Preise:** Eintritt frei.

▶ In diesem Teil des Kölner Stadtwaldes laufen Gänse und Rehe frei herum. Die Pferde lieben es, zart gestreichelt zu werden und die verfressenen Ziegen freuen sich auf leckeres, tiergerechtes (!) Futter.

Wer erkennt beim Spaziergang im Stadtwald die meisten Baumsorten und ihre Blüten (im Frühling) oder Früchte (im Herbst)? Tipp: sammelt Blätter und Früchte von allen unterschiedlichen Bäumen, dann könnt ihr zu Hause nachschlagen, wer Recht hatte.

Was gibt's denn heute? Karotten oder trockenes Brot? Jedenfalls bitte nichts Verschimmeltes!

Forstbotanischer Garten und Friedenswald

Schillingsrotterstraße, 50996 Köln-Rodenkirchen. ✆ 0221/354325, Fax 354325. Forstbotanischer-Garten@netcologne.de. **Anfahrt:** Bus 131 Konrad-Adenauer-Straße, Bus 135 Schillingsrotter Straße. U16

Rodenkirchen, dann 800 m Fußweg. **Zeiten:** Nov – Feb 9 – 16 Uhr, März, Sept, Okt 9 – 18 Uhr, April – Aug 9 – 20 Uhr. **Preise:** Eintritt frei. **Infos:** Für Rollstuhlfahrer geeignet, aber Hundeverbot.

▶ Anfang der 1960er Jahre wurden auf einer ehemaligen Ackerfläche Bäume, Sträucher und Stauden aus vielen Teilen der Welt gepflanzt. Die sind inzwischen so hoch gewachsen, dass ihr euch neben den kalifornischen Riesenmammutbäumen winzig fühlen werdet. Danach ist je nach Jahreszeit ein Gang über die Pfingstrosenwiese, zwischen Fächerahornbäumen oder durch die blühende Heide sehr nervenberuhigend.

Im Süden schließt sich der **Friedenswald** an. Dort haben in den 1980er Jahren Vertreter aus allen Staaten, zu denen die Bundesrepublik damals diplomatische Beziehungen pflegte jeweils einen Baum aus ihrer Heimat gepflanzt. Die tropischen und subtropischen Länder, deren typische Vegetationen nicht winterhart sind, sind durch symbolische Gehölze vertreten. Das ist eine gelungene Mischung aus allen Bäumen dieser Welt.

 Öffentliche Führungen 1. Mi im Monat 14.30 Uhr und 3. Sa im Monat 15 Uhr. Treffpunkt: Unterstellpilz im Zentrum des Forstbotanischen Gartens. Führungen zu bestimmten Themen wie z.B. Rhododendron oder Wildtiere für Gruppen, Schulklassen und Kindergärten werden nach Vereinbarung angeboten.

Finkens Garten

Stadt Köln, Amt für Landschaftspflege und Grünflächen, Friedrich-Ebert-Straße 49, 50996 Köln-Rodenkirchen. ✆ 0221/2857364 Servicetelefon 7.30 – 8.30 Uhr, Fax 2857363. finkensgarten@netcologne.de. **Anfahrt:** Stadtbahn 16 Rodenkirchen. A555 AS1 Verteilerkreis Köln, 1. Ausfahrt (Militärringstraße), rechts in Straße Zum Forstbotanischen Garten. **Zeiten:** Sa, So, Fei 9 – 18 Uhr, Mo – Fr nach Anmeldung für Kindergärten/Schulen. **Preise:** Eintritt frei.

▶ Dieser Garten könnte auch Kinder-Garten heißen, denn er ist extra für kleine Gäste geschaffen worden. Hier werden viele Pflanzen kultiviert, die in Deutschland fast keiner kennt und die Kindern Spaß machen. Entsprechend dürft ihr sie auch beobachten, entdecken, riechen, schmecken und tasten, aber ganz vor-

 Finkens Garten ist wurde 1998 Hauptpreisträger des ersten und bisher einzigen Naturschutzwettbewerbes des Bundes und der Länder.

sichtig natürlich! Und wo sich Kinder wohl fühlen, gefällt es auch Tieren: Auf dem Gelände wurden über 110 Vogel-, 74 Zikaden-, 447 Käfer- und 148 Schmetterlingsarten gezählt. Das Bienenhaus lädt euch an ausgewählten Sonntagen zum Tag der offenen Tür ein. Der Imker beantwortet euch dabei all eure Fragen zu Bienen, Bienenhaltung, Honiggewinnung, Bienenwachs und Naturschutz. Vielleicht lässt er euch sogar frisch geernteten Honig kosten.

Wildpark Dünnwald

Forstrevier Dünnwald, Dünnwalder Mauspfad, 51069 Köln-Dünnwald. ✆ 0221/601307, Fax 3991555. forstrevier.duennwald@netcologne.de. **Anfahrt:** Bus 154 Wildpark. **Preise:** frei zugänglich. **Infos:** Führungen 2. Mi im Monat um 15 Uhr, Treffpunkt Ecke Kalkweg/ Dünnwalder Mauspfad auf der Wildparkseite. Führungen für Gruppen nach Vereinbarung.

▶ Im Wildpark Dünnwald könnt ihr in großen, naturnahen Gehegen Wildschweine, Damwild und Muffelwild beobachten. Eine besondere Attraktion sind die Wisente, eine Wildrindart, die in freier Natur in Deutschland ausgestorben ist. Bei einer Führung erklärt euch der Förster die Lebensweise der Tiere und ihr erfahrt, wie der Betrieb eines Wildgeheges abläuft.

Auch wenn sie beim Anblick eurer Schokolade oder beim Rascheln eurer Gummibärentüte noch so niedlich grunzen: Bitte füttert die Wildschweine nur mit für sie bekömmlichen Sachen. Das sind sogar Sachen, die ihr auch mögt: zum Beispiel Spaghetti (aber ungekocht)!

Picknicken & Grillen

Chorweiler: Am Fühlinger See befinden sich insgesamt vier Grillplätze. Ausstattung: Je Grillplatz drei Feuerstellen inklusive Sitzgelegenheiten. Unterstellmöglichkeiten sind zum Teil in der Nähe. Das Grillen mit handelsüblichen Grillgeräten ist überall am See gestattet. Eine Anmeldung ist nicht erforderlich.

Chorweiler: Grünzug zwischen Chorweiler und Blumenberg hinter der Öko-Siedlung. Eine Anmeldung ist nicht erforderlich.

Lindenthal: Stadtwald, Fort VI (sog. Fort »Deckstein«), Kontakt Amt für öffentliche Ordnung, Abteilung Straßen- und Grünflächennutzung ☎ 0221/22127719, Fax 22127838. Ausstattung: Feuerstelle, Sitzplätze, Tische. Toiletten sind nicht vorhanden. Verwaltungsgebühr 15 €.

Poll: Poller Damm. Kontakt Amt für öffentliche Ordnung, ☎ 0221/22127719, Fax 22127838. Der Schlüssel ist nach Terminvereinbarung erhältlich bei Herrn Kula, Bauhof Frankfurter Straße 350, ☎ 0221/9879741. Ausstattung: Hütte mit Grill, Bänken und Tischen. Toilettenbenutzung (kostenpflichtig) ist über die St. Hubertus-Schützenbruderschaft Köln-Poll möglich. Miete 15 €.

Porz-Eil: Gut Leidenhausen. Auf dem Gelände ist ein Grillplatz unmittelbar am Großparkplatz vorhanden, der frei genutzt werden kann.

Porz-Zündorf: Auf der südlichen Groov, das ist die Verlängerung der Ankergasse zum Rhein. Ausstattung: Die Grillanlage verfügt über Sitzplätze und einen Unterstellpilz. Toiletten sind nicht vorhanden. Anmeldung ist nicht erforderlich.

Rodenkirchen: Auf den Vorflutflächen des Rheins in Höhe des Campingplatzes Berger bei Stromkilometer 681,5. Grillstelle mit Sitzplätzen, ohne Unterstellplatz. Toiletten sind nicht vorhanden. Eine Anmeldung ist nicht erforderlich.

Mülheim: Rheinpark im Jugendpark. Kontakt Jugendpark e.V. unter ☎ 0221/811198. Offene Grillstelle mit Sitzmauer, in unmittelbarer Nähe befinden sich keine Unterstellmöglichkeiten. Ein Grill ist mitzubringen, kann aber auch beim Jugendpark e.V. für 5,10 € geliehen werden.

Freizeitinsel Porzer Groov

Anfahrt: Straßenbahn 7 Zündorf, Bus 164, 501 Zündorf/Kirche. Parken am Zündorfbad.

▶ Freizeitinsel mit ausgedehnten Spazierwegen nicht weit vom Rheinufer mit Liegewiesen und einem schönen Auwald, in dem ihr nach einem Spaziergang an einem der vielen Tümpel ein gemütliches Picknick machen könnt. Hier sind auch Kinderspielplätze, Minigolfanlagen, Bootsverleih in einem kleinem Jachthafen und ein Café.

Wintersport

Rodeln in Köln

▶ Wenn sich ein Ausflug in die Eifel nicht lohnt, findet ihr auch in Köln einige schöne Rodelhügel:

Chorweiler: Olof-Palme-Park.

Deutz: Poller Wiesen zwischen Deutzer und Rodenkirchener Brücke.

Müngersdorf: Jahnwiese.

Neustadt-Nord: Herkulesberg beim Mediapark Richtung Innere Kanalstraße.

Porz: Spielplatz am Gut Leidenhausen.

Sülz: Beethovenpark und Stadtwald beim Adenauerweiher.

Eis- und Schwimmstadion Lentstraße

Kölner Sportstätten GmbH, Lentstraße, 50668 Köln-Neustadt-Nord. ✆ 0221/399710, Fax 3997191. www.eisstadion-koeln.de. **Anfahrt:** Straßenbahn 5, 16 – 19 Reichensperger Platz. **Zeiten:** Halle Mo – Do 10 – 17, Fr 10 – 22 Uhr, Sa 11 – 17 und 19 – 22.30 Uhr, So 11 – 22 Uhr, Freibahn Mo 10 – 17 Uhr, Di – Fr 10 – 22 Uhr, Sa 11 – 17 und 19 – 22.30 Uhr, So 11 – 22 Uhr. **Preise:** 1 Std 2 €, 2 Std 4 €, 3 Std 5 €, jede weitere Stunde 1 €; bis 16 Jahre 1 Std 1,50 €, 2 Std 3 €, 3 Std 4 €, weitere Stunde 1 €. **Infos:** Schlittschuhverleih 4 €.

▶ Auf einer Freibahn und in der Eissporthalle fühlen sich junge Eisprinzessinnen und Eisschnellläufer gleich wohl. Ab Sept könnt ihr hier Pirouetten üben und um die Wette laufen. Bei der Disco »Party on the Rocks« jeden Samstag 18 – 22 Uhr könnt ihr so richtig abrocken. Der Einheitslaufpreis beträgt 6 €.

Hunger & Durst
Im Eisstadion stehen Salate, Fritten, Currywurst, Schnitzel, Spaghetti und Eis auf der Speisekarte.

Im Sommer ist das Eisstadion ein **Schwimmbad**. Hier könnt ihr auch eine Kletterwand, Basketball und eine Inline-Bahn finden. In der Halle finden von Mai bis Sept Inline-Kurse statt.

KÖLN: WISSEN & KULTUR

Hier fühlten und fühlen sich Menschen aus allen Völkern wohl. Schon die Römer haben hier 500 Jahre lang gerne gelebt. An sie erinnern in der Kölner Innenstadt auf Schritt und Tritt Museum, Hafenstraße und andere »olle Steine«. Auch die Franzosen waren lange in Köln. Aus ihrer Besatzungszeit stammen viele Worte im Kölsch wie Plümo (Federbett), Paraplü (Regenschirm), Trottwar (Gehweg) oder Filou (Lümmel), natürlich in der Schreibweise ein wenig »eingekölscht«.

Rund 18 % der heutigen Bewohner dieser quirligen Großstadt sind Ausländer. Sie kommen aus fast allen Staaten der Welt, besonders viele aus Griechenland, Italien, Portugal, Spanien, dem ehemaligen Jugoslawien und der Türkei. Ihr könnt also überall in Köln neben den typisch kölschen Gerichten Pizza, Gyros und Döner essen.

Wer alle **Museen** in Köln ansehen will, hat viel zu tun: Es gibt etwa 35 Stück und außerdem den Kölner Dom, Kirchen und vieles mehr anzusehen. Zu jedem Thema von Römern über Sagen & Märchen bis hin zu Geistern & Dämonen gibt es spezielle **Stadtführungen,** viele davon auch speziell für Kinder.

 www.koelntouris-mus.de.

Köln günstig

Mit der **WelcomeCard Köln** könnt ihr kostenlos Bus und Bahn fahren. In einigen Museen gibt es freien Eintritt. Ermäßigungen bei den übrigen Museen, Kölner Dom, Schwebebahn, Zoo, Aqualand, Sightseeingtouren, Oper, Schauspielhaus und Schiffstouren. Eine Familie mit 2 Erwachsenen und 2 Kindern unter 14 Jahren zahlt für 24 Stunden 18 €, für 48 Stunden 28 € und für 72 Stunden 38 €, für ADAC-Mitglieder günstiger.

KÖLN: WISSEN & KULTUR

Er lässt es sich gern gefallen: Das Denkmal von dem Kölner Original und Volksschauspieler Willi Millowitsch vorm Hänneschen-Theater ist stets umlagert

TECHNIK & HANDWERK

Seit der Bundesgartenschau 1957 sind über 13 Mio Fahrgäste über den Rhein geschwebt. Die 44 geschlossenen Gondeln können bis zu 1600 Personen pro Stunde befördern.

Bahnen & Seilbahnen

Mit der Seilbahn über den Rhein

Kölner Seilbahn GmbH, Riehler Straße 180, 50735 Köln-Riehl. ✆ 0221/5474184, Fax 5474180. www.koelner-seilbahn.de. **Anfahrt:** linksrheinisch: Straßenbahn 17 – 19, Bus 134 Zoo/Flora, rechsrheinisch Bus 150, 250, 260 Thermalbad. **Zeiten:** April – Okt täglich 10 – 18 Uhr. **Preise:** 3,80 € eine Strecke, 5,50 € Hin- und Rückfahrt; Kinder 2,20 € eine Strecke, 3 € Hin- und Rückfahrt; Gruppenkarten, Mehrfahrtenkarten, Kombinationen Zoo/Aquarium/Seilbahn möglich. Rabatt für Reisende im Zoo-Express und Inhaber der Welcome-Card.

▶ In Köln könnt ihr mit Europas erster Seilschwebebahn über einen Fluss den Rhein in fast 50 m Höhe überqueren. Die etwa 1 km lange Strecke verbindet eure linksrheinischen Ausflugsziele Zoo, Aquarium und Flora ganz hervorragend mit dem Rheinpark, dem Jugendpark und der Claudius-Therme auf der anderen Rheinseite.

Schoko-Express

Wilfried Wolters, Malteserstraße 28, 50859 Köln. ✆ 02234/77226, Fax 70888. Handy 0177/4185659 und 0177/6623535. www.bimmelbahnen-koeln.de. info@bimmelbahnen.de. **Zeiten:** täglich außer Mo ab 10 Uhr Schoko-Museum, ab 10.15 Uhr Roncalliplatz jede halbe Stunde. **Preise:** 2 € einfache Fahrt, Rundfahrt 4 €; Kinder bis 12 Jahre 1 €, Rundfahrt 2 €.

▶ Direkt vor dem Kölner Dom startet die rustikale Fahrt mit dem Schoko-Express zum Schokoladenmuseum und zum Sport-Olympiamuseum. Auf eurer Fahrt durch die Kölner Altstadt seht ihr das Historische Rathaus, den Alten Markt, den Fischmarkt und die Rheinpromenade, macht also auch noch eine kleine Stadtrundfahrt.

Zoo-Express

Wilfried Wolters, Malteserstraße 28, 50859 Köln.
☎ 02234/77226, Fax 70888. Handy 0177/6623535.
www.bimmelbahnen-koeln.de. info@bimmelbahnen.de.
Zeiten: täglich ab 10 Uhr Roncalliplatz und Zoo jede
halbe Stunde. **Preise:** ↗ Schoko-Express.

▶ Die Fahrt beginnt am Dom auf dem Roncalliplatz
und geht weiter an der Kölner Philharmonie und am
Musical-Dome über die Rheinpromenade zum Kölner
Zoo und zurück zur Innenstadt. Vom Ziel könnt ihr
schnell die Rheinseilbahn, den Botanischen Garten
Flora und den Skulpturenpark erreichen.

Neuerdings sind auch Abendfahrten im Programm. Und für die ganz Mutigen unter euch: Die Geisterbahn! Während der Tour ist die Rede von Geistern, Gespenstern, Dämonen, dem Teufel, Verrat, Heimtücke und Spuk. Uhh, ob ihr danach noch schlafen könnt?

Kleinbahn im Rheinpark

50935 Köln. ☎ 0221/4301502, Fax 9438727.
www.kleinbahn-im-rheinpark-koeln.de. info@kleinbahn-im-rheinpark-koeln.de. **Anfahrt:** Alle Busse mit Ziel
Köln-Deutz, Haltestelle Tanzbrunnen. **Zeiten:** Mitte
März – Ende Okt Mo – Sa 11 – 18 Uhr, So, Fei 10 – 18
Uhr. **Preise:** Rundfahrt 2,50 €, für Gruppen ab 10 Personen 1,50 €.

▶ Mit zwei kunterbunten Westernzügen könnt ihr
durch den Rheinpark Köln am Tanzbrunnen fahren.
Außerdem gibt es eine ratzerote Porsche-Lok zu bewundern.

Ein lustiger Aufkleber mit der Kleinbahn ist während der Betriebszeiten kostenlos am Bahnhof Tanzbrunnen zu haben.

Straßenbahnen-Museum Thielenbruch

Historische Straßenbahn Köln e.V., Gemarkenstraße
139, 51069 Köln-Dellbrück. ☎ 0221/2834771,
Fax 2834772. www.hsk-koeln.de. webmaster@hsk-koeln.de. **Anfahrt:** Straßenbahn 18 Thielenbruch (alles
andere wäre stillos!). Bergisch-Gladbacher-Straße bis
Thielenbrucher Allee, Parken im Park & Ride-Parkhaus.
Zeiten: März – Dez 2. So im Monat 11 – 17 Uhr.
Preise: 1,50 €; Kinder 6 – 12 Jahre 1 €. **Infos:** Sonderführungen können mit beate.dehmel@kvb-koeln.de
vereinbart werden.

▶ Um Finchen besuchen zu können, müssen selbst
diejenigen von euch, die mit dem Auto oder Fahrrad

@ Auf der Homepage www.hsk-koeln.de unter Fahrzeuge könnt ihr von den meisten Bahnen Fotos ansehen. So wisst ihr dann schon, was ihr zu sehen bekommt.

Achtung! Vergesst die Kinderführung für Grundschüler, da liegt die Anmeldefrist mittlerweile bei mehreren Jahren! Die anderen Führungen sind auch sehr schön und haben erheblich kürzere Fristen.

@ Unter www.diemaus.de findet ihr alles rund um die Sendung mit der Maus: Mausspots, Sachgeschichten, Grußkarten, Basteltipps, Spiele und Kochrezepte.

gekommen sind, zumindest kurz in die Straßenbahn einsteigen. Denn die Museumshalle hat als Eingang das Heckteil einer Straßenbahn, Finchen heißt ein Vorortbahnzug der Köln-Frechen-Benzelrather-Eisenbahnen von 1911 im Kölner Straßenbahnmuseum. Dort gibt es die unterschiedlichsten Straßenbahnen, sogar einen Pferdebahnwagen aus dem Jahr 1894. An den Öffnungstagen finden jeweils zur vollen Stunde kostenlose Führungen statt, bei denen euch die schönsten Bahnen in der Halle vorgestellt werden. Mit dabei sind auch Bauzugloks, offene Güterwagen und andere Arbeitsfahrzeuge. Auch alte Fahrscheine, Schaltkästen und Signalanlagen dürfen nicht fehlen. Am Tag des offenen Denkmals (2. So im Sept) findet jedes Jahr ein buntes Programm statt. Ein Straßenbahnwagen ist dann speziell für Kinder reserviert, dort könnt ihr malen, spielen oder euch schminken lassen.

Betriebsbesichtigungen

Kinderführungen im WDR

WDR-Besucherbetreuung, Gregor Müller, 50600 Köln. ☎ 0221/2206744, Fax 2206972. www.wdr.de. besucherservice@wdr.de. **Anfahrt:** U3, U4, U5, U16 – 19 Appellhofplatz. **Zeiten:** Nur nach schriftlicher Anmeldung.

▶ Egal, ob ihr das Funkhaus am Wallrafplatz, die Radio- und Fernsehstudios in der Innenstadt oder die Produktionsstudios in Bocklemünd ansehen wollt, Herr Müller macht es euch möglich, wenn ihr euch frühzeitig anmeldet. Die Touren dauern etwa 2 Stunden und sind kostenlos.

Täglich 9, 12, 15 Uhr, Mi auch 17 Uhr ist eine Führung durch das Funkhaus Wallrafplatz möglich. Dabei besichtigt ihr die Hörfunk- und Fernsehstudios im Zentrum von Köln, wo auch die Sendung mit der Maus produziert wird. Sofern keine Dreharbeiten oder Umbauten stattfinden, könnt ihr euch Sa, So für 11 oder 14 Uhr zu einer Führung durch das Produktionsgelände in Köln-Bocklemünd anmelden. Ihr bekommt die Werkstätten (Malersaal, Schreinerei, Tiefziehwerkstatt), die Außenkulisse der Lindenstraße und die Fernsehstudios gezeigt.

Hier werdet ihr an der Nase herumgeführt: Zu Besuch bei 4711

Glockengasse, 50667 Köln. ☎ 0221/57289250, 9250450, Fax 572874672. www.4711.com. khertkens@cosmopolitan-cosmetics.de. **Anfahrt:** U3, U4, U5, U16 – 19 Appellhofplatz. **Zeiten:** Mo – Fr 9.30 – 20 Uhr, Sa 9.30 – 16 Uhr. **Preise:** Eintritt frei.

▶ Schon von außen ist das Haus in der Glockengasse etwas ganz Besonderes. Zwischen 9 und 20 Uhr könnt ihr immer zur vollen Stunde dem Glockenspiel lauschen und dabei die historischen französischen Figuren an euch vorbeiziehen sehen. Kommt euch das Musikstück bekannt vor? Es ist die Marseillaise, die Nationalhymne Frankreichs.

Innen, auf der Empore über dem Verkaufsraum sind viele kostbare Erinnerungen an die über 200-jährige Geschichte von 4711 Echt Kölnisch Wasser zu sehen: uralte und besonders geformte Fläschchen und Eichenfässer, in denen das Kölnisch Wasser reift. Da gibt es auch Wasserzettel, die vor 200 Jahren dem Käufer erklärten, wie der Flascheninhalt äußerlich und innerlich angewendet wird, d.h. früher wurde 4711 sogar getrunken!

Restmüllverbrennungsanlage

Geestemünder Straße 23, 50735 Köln-Niehl. ☎ 0221/7170155, ejacob@avgkoeln.de. **Anfahrt:** U12 Geestemünder Straße. **Zeiten:** Mo – Fr nach Anmeldung. **Preise:** Führung kostenlos.

▶ Gruppen von 15 – 25 Menschen über 6 Jahren können in Köln-Niehl den Weg des Restmülls aus dem Lkw und dem Zug in einen tiefen Sammel-Bun-

Neben dem Eingang zum Besucherzentrum Wallrafplatz, genau dort, wo die große Maus an der Fassade hängt, könnt ihr im **Mausshop** viele schöne Sachen kaufen: Videos mit Sachgeschichten, Bücher, Spiele und jede Menge Andenken, auf denen die Maus und ihre Freunde abgebildet sind.

Während der französischen Besatzung Kölns ordnete 1796 der französische Kommandant in Köln, General Daurier, die fortlaufende Nummerierung der Häuser an. Das Haus des Firmengründers Wilhelm Mühlens erhielt dabei die Zahl 4711.

ker beobachten. Dort seht Ihr dann einen großen Greifer, der sich den Müll packt und in den Ofen steckt. Durch ein Guckloch kann man sehen, wie der Abfall bei 1.000 °C und mehr verbrennt. Die bei der Verbrennung entstehende Energie wird in Dampf und Strom umgewandelt. Die zurückbleibende Asche kann beispielsweise im Straßenbau eingesetzt werden. Die Abgase werden gefiltert und als nun saubere Luft durch die Kamine ins Freie befördert.

Wie eine Zeitung entsteht

Expedition der Kölnischen Zeitung GmbH & Co. KG, Neven DuMont Haus, Amsterdamer Straße 192, 50735 Köln-Niehl. ✆ 0221/2242426, Fax 2242791. www.dumont.de. hausfuehrung@mds.de. **Anfahrt:** Bus 134 Neven DuMont Haus, U13, 16 Amsterdamer Straße/Gürtel. A1 AS100 K-Niehl, Richtung Niehl/Merkenich/Ford Niehl, Kreisverkehr auf 10 Uhr Industriestraße, Gabelung halblinks Boltensternstraße, 1. Straße rechts Friedrich-Karl-Straße, nach 200 m links Besucherparkplatz. **Preise:** Gratis.

▶ Schon gewusst? Der *Kölner Stadtanzeiger,* die *Kölnische Rundschau* und und der *Express* entstehen alle unter einem Dach. Sie sind also keine Konkurrenzblätter, sondern richten sich an unterschiedliche Lesergruppen.

Wie in einer Redaktion gearbeitet wird und aus dem Besuchstermin eines Lokalreporters ein Zeitungsartikel in der Druckausgabe und der online-Zeitung wird, erfahrt ihr super erklärt bei einer Führung im Druckzentrum Niehl. Ihr werdet euch wundern, wie viel Papier dort pro Nacht verbraucht wird. Die Führer erklären euch sogar, wie früher Zeitungen gedruckt wurden, als noch die einzelnen Buchstaben aus Blei aneinander gefügt wurden und in Setzkästen noch keine Mitbringsel, sondern Lettern aufbewahrt wurden.

Die Verlagsbesichtigungen sind für 10 – 30 Kinder ab 9 Jahre gedacht und finden Mo – Fr statt. Einzelbesu-

Achtung! Die Termine am Vor- und Nachmittag können zeitlich genau nach eurem Wunsch verabredet werden. Der Termin am Abend richtet sich nach der Uhrzeit des Andrucks, ist aber auch der interessanteste, weil ihr dabei sogar einen Blick auf die Druckmaschinen werfen könnt.

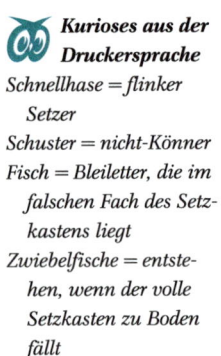

Kurioses aus der Druckersprache

Schnellhase = flinker Setzer

Schuster = nicht-Könner

Fisch = Bleiletter, die im falschen Fach des Setzkastens liegt

Zwiebelfische = entstehen, wenn der volle Setzkasten zu Boden fällt

cher oder kleinere Gruppen können sich gerne einer bereits angemeldeten, kleineren Besuchergruppe anschließen.

Feuerwehr Köln

Scheibenstraße 13, 50737 Köln-Weidenpesch. ✆ 0221/9748113, www.feuerwache-5.de. info@feuer-wache-5.de. **Anfahrt:** U 6, 12 Scheibenstraße. **Preise:** Kostenlos. **Achtung:** Nur für Gruppen!

Feuerwehr aus der Nähe: Und wie kommt man da jetzt bitteschön rein?

▶ Die Feuerwehr kommt, wenn es brennt, der Keller unter Wasser steht, jemand verletzt ist oder die Mieze jammernd im Baum sitzt und nicht mehr hinunterkommt. Doch wo starten die Feuerwehrleute, wie viele verschiedene Fahrzeuge haben sie? Dies könnt ihr in der Feuerwache 5 in Weidenpesch erfahren. Bei einer angemeldeten Führung für Gruppen mit mindestens 10 Kindern könnt ihr eine Drehleiter aus der Nähe ansehen. Und in der Lehrmittelsammlung befinden sich nicht nur aktuelle Hilfsmittel der Feuerwehr wie Spreizer, sondern auch uralte Feuerwehrhelme und Atemschutzgeräte. So kommt ihr auch gleich noch zu einem kleinen Museumsbesuch.

Wasserwerk Westhoven

Porzer Ringstraße 1, 50765 Köln-Porz-Westhoven. ✆ 0221/1783311, Fax 96949308. info@rgw.de. **Anfahrt:** Straßenbahn 7, 8 Westhoven/Kölner Straße. **Preise:** Kostenlos.

▶ Wer sich schon immer beim Zähneputzen gefragt hat, wie das Trinkwasser in den Wasserhahn kommt, kann dies in einer der kostenlosen Führungen durch

 Am Wasserwerk gibt es einen kleinen **Wasserlehrpfad**.

das Wasserwerk Westhoven erfahren. Hier bekommt ihr erklärt, woher das Wasser kommt, wie es zu Trinkwasser gemacht wird und dann ins Rohrnetz eingespeist wird.

Große Vögel gucken in Köln

Besucherterrasse Köln-Bonn-Airport, Terminal 1, Stern B und C, Waldstraße 247, 51145 Köln-Porz-Wahn. ℡ 02203/4043889, Fax 402743. www.koeln-bonn-airport.de. information@koeln-bonn-airport.de. **Anfahrt:** Köln: S13 Köln/Bonn Flughafen oder Stadtbahn 7 Porz Markt, dann Bus 161 T2/D, Bonn: Bus 670 Köln Bonn Airport. A59 AS34 Flughafen. **Zeiten:** täglich 6.30 – 22 Uhr. **Preise:** Eintritt frei.

▶ Der **Konrad-Adenauer-Flughafen** in Köln-Porz-Wahn ist auch einen Besuch wert, wenn ihr nicht in den Urlaub starten wollt. Von den Aussichtsterrassen habt ihr einen tollen Ausblick auf die große Start- und Landebahn. Schaut euch vorher die Anzeigetafeln an, dann wisst ihr sogar bei einem Blick auf die Uhr, wohin das Flugzeug fliegt oder woher es kommt. Von den Terrassen könnt ihr außerdem die Vorfelder und Frachtbereiche sehen, sogar den militärischen Bereich.

So funktioniert ein Flughafen

Köln-Bonn-Airport, Waldstraße 247, 51145 Köln-Porz-Wahn. ℡ 02203/4043889, Fax 402743. www.koeln-bonn-airport.de. besucherdienst@koeln-bonn-airport.de. **Anfahrt:** Köln: S13 Köln/Bonn Flughafen oder Stadtbahn 7 Porz Markt, dann Bus 161 T2/D, Bonn: Bus 670 Köln Bonn Airport. A59 AS34 Flughafen. **Zeiten:** Mo – Fr 9, 11, 13, 15 Uhr nach voriger Anmeldung. **Preise:** 4 €; Kinder/Jugendliche frei.

▶ Für interessierte Gruppen mit mindestens 10 Teilnehmern bietet der Besucherdienst des Konrad-Adenauer-Flughafens die Möglichkeit, sich eingehenden Einblick zu verschaffen. Während der etwa 90 Minuten langen Führung seht ihr viele Bereiche des Flug-

---

Achtung! Bei sehr schlechtem Wetter, Gewitter und Glatteis bleiben die Besucherterrassen aus Sicherheitsgründen geschlossen.

Hunger & Durst
Im Flughafengebäude gibt es Restaurants, Imbiss-Stände und Cafés für jeden Geschmack.

Besonders stark sind die Umweltbelastungen durch den Ausstoß der Flugzeuge in 10 – 12 km Höhe und den gewaltigen Verbrauch der knappen Ressource Öl durch dieses energieintensive Verkehrsmittel. Aber es liegt ja auch an euch: Ihr müsst ja nicht in Urlaub fliegen!

hafens und fahrt sogar mit dem Bus über das Vorfeld. Aus Sicherheitsgründen könnt ihr natürlich die Flugzeuge nicht von innen ansehen und dürft die Fluglotsen im Tower nicht von ihrer schwierigen Arbeit abhalten, ansonsten versuchen die netten Menschen vom Besucherdienst aber, euch fast alles zu ermöglichen.

 Personalausweis, Reisepass oder Kinderausweis sind unbedingt mitzubringen.

Der Dom & andere Kirchen

Pänz entdecken Kölner Kirchen

Domforum, Domkloster 3, 50667 Köln. ✆ 0221/92584-730, Fax -731. www.domforum.de. **Anfahrt:** Köln Hbf. **Preise:** 5 €; Kinder 3 €; Familien 10 €.

▶ Das Domforum betreut nicht nur den Kölner Dom, sondern auch 12 weitere Kölner Kirchen. Nette Führorinnen bieten zwei spannende Führungen an: Von Dombaumeistern, Zirkeln und Wölfen wird berichtet, und wie im Mittelalter große Kirchen gebaut wurden, obwohl man damals gar nicht so gute Maschinen und Hilfsmittel hatte.

In der Führung »Dom für Spürnasen« könnt ihr wie Detektive Spuren am und im Dom suchen, verborgene Details entdecken und eure Beobachtungen sammeln. Am Ende werdet ihr mit all diesen Indizien dem Geheimnis des Domes auf die Spur kommen.

Kölner Dom

Metropolitankapitel am Hohen Dom zu Köln, Domkloster 4, 50667 Köln. ✆ 0221/16421-411, Fax -610. www.koelner-dom.de. presse@erzbistum-koeln.de. **Anfahrt:** Köln Hbf. **Zeiten:** täglich 6 – 19.30 Uhr. **Infos:** Gottesdienste Mo – Sa 6.30, 7.15, 8, 9, 18,30 Uhr, So, Fei 7, 8, 9, 10, 12, 17, 18.30 Uhr. Während der Gottesdienste ist eine Besichtigung des Domes nicht möglich.

▶ Wer nach Köln reist, muss einfach auch den Dom gesehen haben. Schon in der Römerzeit versammel-

Köln hat einen ganzen Sack voll Partnerstädte in der ganzen Welt: Lille, Igny, Brive la Gaillarde und Hazebrouck in Frankreich; Liverpool, Benfleet und Dunstable in Großbritannien; Katowice in Polen; Rotterdam und Eygelshoven in den Niederlanden; Istanbul in der Türkei; Kyoto in Japan; Thessaloniki in Griechenland; Neukölln und Treptow-Köpenick bei Berlin; Tel Aviv/Jaffa in Israel; Lüttich in Belgien; Wolgograd in Russland; Peking in China; Esch-sur-Alzette in Luxemburg; Turin in Italien; Tunis in Tunesien; Turku in Finnland; Klausenburg in Rumänien; Barcelona in Spanien; Cork in Irland, Corinto/El Realejo in Nicaragua; Indianapolis in den USA und Bethlehem in Palästina.

Pst: Was ihr bei einem Kirchenbesuch beachten solltet

▶ Ihr geht selten in die Kirche und wollt bei einem Besuch dort oder im Dom nichts falsch machen? Ganz einfach:

1. | Schaltet Handy und alle elektronischen Spiele aus (auch Walkman, Diskman und MP3-Player).
2. | Jungs nehmen in der Kirche ihre Kopfbedeckung ab.
3. | Eine Kirche betritt man nur in angemessener Kleidung (also nicht im Strand- und Badeoutfit).
4. | Bitte kein Picknick in der Kirche, kein Kaugummi kauen und kein Eis mitbringen.
5. | Nicht laufen und rennen.
6. | Nicht schreien, rufen oder pfeifen.
7. | Bitte bringt keine Tiere mit in die Kirche bzw. in den Dom.
8. | Schreibt nichts an Wände und Kirchenbänke.
9. | Bringt keine Luftballons mit in den Dom.
10. | Bitte denkt immer daran, dass eine Kirche und auch der Dom ein Ort des Gebetes ist und viele Menschen hierher kommen, um Gott nahe zu sein.

Wenn ihr Fragen habt, könnt ihr euch im Kölner Dom auch an einen der **Domschweizer** wenden. Diese Männer sorgen dafür, dass die Besucher die Würde des Domes achten und wachen über den Dom. Die Kölner Domschweizer stammen aber nicht aus der Schweiz. Es sind meist echte Kölner. ◀

ten sich Christen an der Stelle, wo heute der Kölner Dom steht. Der Bau wurde 1248 begonnen, aber erst 1880 beendet. Im Dom gibt es für euch viel zu sehen, denn er ist eine riesige Kathedrale mit allem was dazu gehört: kunstvoll gestaltete Altäre, wunderschöne bunte Fenster und viele unterschiedliche Pfeilerfiguren. Besonders berühmt ist natürlich der Dreikönigenschrein, in dem die Gebeine der Heiligen Drei Könige liegen sollen. Ihr bucht am besten eine Führung, damit ihr von Fachleuten auf die vielen faszinierenden Details hingewiesen werdet. Keinesfalls auslassen solltet ihr einen Besuch in der Domschatzkammer und eine Domturmbesteigung.

Domschatzkammer

Metropolitankapitel am Hohen Dom zu Köln, Domkloster 4, 50667 Köln. ℗ 0221/17940555 (Führungen), 17940530 (Kasse), Fax 17940399. www.koelnerdom.de. leonie.becks@dombauverwaltung-koeln.de.
Anfahrt: Köln Hbf. **Zeiten:** täglich 10 – 18 Uhr, öffentliche Führungen Di 11 Uhr, Do 15 Uhr. **Preise:** 4 €, Gruppen ab 10 Personen 2 €; Kinder bis Schulalter frei, Schüler 2 €; Familien 8 €. Mit der Kombikarte Turmbesteigung + Schatzkammer lässt sich Geld sparen.
Infos: Für Rollstuhlfahrer voll zugänglich.
▶ Schon beim Betreten der Schatzkammer fällt euer Blick auf die original römische Stadtmauer von Köln. Die Ausstellung selbst liegt in unterirdischen Gewölberäumen aus dem 13. Jahrhundert.

Mit dem Wort Domschatz werden alle Arten von Gegenständen bezeichnet, die in Dom-Gottesdiensten gebraucht und angezogen wurden. Das sind Kelche, Monstranzen, Kreuze, Rauchfässer, Ölgefäße, Bücher für die Liturgie, Meßgewänder, Bischofsstäbe, Brustkreuze und andere Amtsinsignien. Ihr seht z.B. einen riesigen Bischofsstab, der schon 700 Jahre alt ist und ein edel verziertes Schwert von 1480. Nicht um Anhäufung von Schätzen ging es, sondern darum, Gegenstände zu Ehren Gottes mit hohem künst-

@ www.dom-fuer-kinder.de ist eine Homepage speziell für Kinder. Dort findet ihr Seiten, auf denen der Dreikönigenschrein, der Tagesablauf im Dom und Tausend andere Sachen rund um den Kölner Dom erklärt werden. Sogar Kindergebete, fünf Spiele und Basteltipps sind dort zu finden.

Nicht zum Domschatz gehören die Funde aus einem Kindergrab und einem Frauengrab aus fränkischer Zeit im Untergeschoss, die bei den Ausgrabungen dort gefunden wurden.

Die Geistermesse im Kölner Dom

▶ Kurz nachdem Kurfürst Maximilian Franz von Österreich zum Kölner Erzbischof ernannt worden war, erwachte er eines Nachts und verspürte einen unerklärlichen Drang aufzustehen und sich zum Dom zu begeben. So verließ er das Haus und ging in die gespenstisch stille, sternenklare Nacht. Auf dem Wege zum Dom traf er auf eine stetig wachsende Menschenmenge, die sich ebenfalls dorthin begab. Erstaunt bemerkte der Erzbischof, dass die Leute ihrer Kleidung nach nicht nur den verschiedenen Ständen, sondern auch verschiedenen Jahrhunderten angehörten. Noch seltsamer war, dass man weder ihre angeregte Unterhaltung noch ihre Schritte in den stillen Gassen vernehmen konnte. Den Erzbischof graute es, dennoch schritt er unbeirrbar zum Dom und reihte sich dort in die Gemeinde der Gläubigen ein. Hier fühlte er sich geborgen und sicher. Langsam kämpfte er sich durch die Menge zum Hohen Chor vor und beobachtete von dort das Geschehen. Die Menge munkelte, es werde jemandem das letzte Geleit gegeben, aber wem? Dann begann die Messe: Singend zogen mit Myrten bekränzte Jungfrauen in weißen fließenden Gewändern in den Dom ein, gefolgt von jungen Mönchen und einer großen Anzahl Bischöfe. Erschauernd bemerkte der Erzbischof, der unter den Bischöfen alle seine Vorgänger erkannte, dass er die einzige lebende Seele im Dom war. Gebannt verfolgte er das Hereintragen sämtlicher Heiligenschreine des Domschatzes und die Zelebrierung des Hochamtes durch Konrad von Hochstaden. Im Anschluss an die Messe zogen alle in einer Prozession mit den Heiligenschreinen zum Rhein, wo die Schreine auf Schiffe verladen und abtransportiert wurden. Klagendes Getuschel erhob sich rings um ihn: »Die Heiligen verlassen Köln. Wer wird unsere Gräber schützen? Die Feinde werden die Stadt zerstören und den Dom zum Pferdestall machen.« Nach Hause zurückgekehrt, dachte Maximilian noch lange über diese Erscheinung nach.

Nach neun Jahren bewahrheitete sich der Spuk wirklich: Die Franzosen eroberten die Stadt, aus der die Heiligenschreine vorsorglich abtransportiert worden waren, zerstörten Kirchen und Klöster und nutzten den Dom als Pferdestall. ◀

lerischen und materiellen Aufwand herzustellen. Das unterscheidet kirchliche Schatzkammern grundsätzlich von normalen Kunstmuseen. Die meisten Geräte werden bis heute im Gottesdienst gebraucht. Ein wenig gruselig ist es schon, in den Reliquienschreinen Gegenstände zu sehen, die mit Christus und den Heiligen in Verbindung gebracht werden, denn es sind sogar echte Knochen dabei!

Kölner Dom von oben

Domkloster 4, 50667 Köln. **Anfahrt:** Köln Hbf. **Zeiten:** Nov – Feb täglich 9 – 16 Uhr, März, April, Okt 9 – 17 Uhr, Mai – Sept 9 – 18 Uhr. **Preise:** 2 €; Kinder 1 €; mit der Kombikarte Turmbesteigung und Schatzkammer lässt sich Geld sparen.

▶ Ein Besuch im Kölner Dom wird erst komplett, wenn ihr auch auf den Dom geklettert seid. Der Turm ist 157 m hoch, davon könnt ihr die ersten 100 m aufsteigen. Die 509 Stufen schafft ihr etwa in einer halben Stunde hoch und runter. Unterwegs könnt ihr die Glockenstube besichtigen. Dort hängen acht Glocken mit unterschiedlichen Schlagtönen: Die größte ist die **St. Petersglocke** mit 24 t Gewicht und einem Durchmesser von 3,22 m. Die kleinste ist die Aveglocke, die immerhin auch noch 830 kg wiegt und 1,08 m Durchmesser hat.

Nun enden auch bald die Wendeltreppen, weiter geht es auf einer Metalltreppe, auf der es an manchen Tagen so windig ist, dass ihr eure Mützen und kleinen Geschwister besser gut festhaltet. Aber wenn ihr endlich oben ankommt (Und? Waren es wirklich 509 Stufen? Ihr habt doch bestimmt mitgezählt!) und wieder zu Atem gekommen seid, könnt ihr ganz Köln von oben ansehen. Bei schönem Wetter könnt ihr auch das Siebengebirge und die Eifel sehen, also Fotoapparat nicht vergessen.

Die St. Petersglocke wird von den Kölnern liebevoll decke Pitter (dicker Peter) genannt. Sie ist die größte frei schwingende Glocke der Welt und wird nur zu ganz besonderen Anlässen geläutet, weil man Angst hat, dass ihre Schwingungen den Domturm zum Einsturz bringen. Immerhin wiegt sie so viel wie sechs Elefanten oder 24 Autos.

So richtig neidisch auf eure Dombesteigung könnt ihr eure Großeltern machen, wenn ihr ihnen aus dem **Shop** die Mini-CD mit Kölner Domgeläut, Orgelmusik und Weihrauchduft mitbringt.

Brunnen & Bäder

Der römische Abwasserkanal

An der römischen Hafenstraße zwischen Roncalliplatz und Rhein. **Preise:** frei zugänglich.

▶ Neben der Hafenstraße steht ein Stück Abwasserkanal, das 1997 in der Nähe ausgegraben wurde. Es ist nur ein kleines Bruchstück des Kanalsystems, das Köln zur Römerzeit durchzog, die Abwässer in den Rhein leitete und damit maßgeblich zur Gesundheit der Stadtbevölkerung beitrug. Überall gab es damals auch öffentliche Toiletten, in denen die Bewohner, säuberlich nach Männlein und Weiblien getrennt, aber ohne Trennwände nebeneinander saßen.

Wenn die Römer ein Geschäft machten

▶ Auf den öffentlichen Toiletten saßen die Römer nicht einfach nur schweigend Seite an Seite. Sie erzählten miteinander, wie ihr es vielleicht nebeneinander auf dem Schulklo macht. Und da kam es vor, dass jemand Abnehmer für zehn Amphoren Wein oder einen jungen Haussklaven suchte, sich ein anderer Mann meldete und man sich auf dem Klo sitzend handelseinig wurde. So kommt es zu dem Begriff »sein Geschäft machen«. ◀

Wundert ihr euch beim Anblick des Brunnens, dass in Köln Wein angebaut wurde? Allerdings war dieses Kölner Produkt nie von besonderer Qualität und deshalb allgemein als »soore Hungk« (saurer Hund) bekannt. Das Anbaugebiet wird manchmal mit »Bahndamm Südseite« bezeichnet.

Nach dem Ende der römischen Herrschaft zerfielen die Kanäle und konnten nicht mehr repariert werden, weil die Römer ihr Wissen mit ins Grab nahmen. Erst seit Ende des 19. Jahrhunderts gibt es in Köln wieder einen Abwasserkanal.

Heinzelmännchenbrunnen

Roncalliplatz, 50667 Köln. Zwischen Hohe Straße und Domhotel. **Anfahrt:** Köln Hbf. **Preise:** frei zugänglich.

▶ Kennt ihr das Gedicht »Die Heinzelmännchen von Köln« von August Kopisch? Viele Kinder in Köln und Umgebung mussten es in der Schule auswendig lernen. Und doch lieben sie es alle. Es geht um viele kleine Heinzelmännchen, die bei Nacht die noch unerledigte Arbeit der Menschen erledigten. Keiner hatte die Männlein je gesehen, aber alle freuten sich über ihre Hilfe bei der harten Arbeit. Leider kam eines Tages die Frau des Schneiders auf die dumme Idee, ihnen aufzulauern. Sie streute Erbsen aus, auf denen die Heinzelmännchen ausrutschten und sich böse verletzten. Da hatten sie die Nase voll von den Kölnern und halfen nicht mehr. Auf dem Heinzelmännchenbrunnen findet ihr alle Handwerker aus dem Gedicht, natürlich auch die Schneidersfrau und die Heinzelmännchen.

Das Gedicht »Die Heinzelmännchen von Köln« lässt sich in vielen nett gestalteten Bilderbüchern nachlesen, die es in jedem Buchladen in Köln zu kaufen gibt.

Mikwe (Judenbad)
Rathausplatz, Unter Goldschmied, 50667 Köln. ℡ 0221/22122304, Fax 22124030. Vor dem historischen Rathaus. **Anfahrt:** Köln Hbf. **Zeiten:** Während der Öffnungszeiten des Rathauses Mo – Do 8 – 16 Uhr, Fr 8 – 15 Uhr, Sa, So 11.30 – 13 Uhr. **Preise:** Eintritt frei. **Infos:** Der Schlüssel liegt Mo – Fr während der Bürozeiten beim Pförtner in der Rathauslaube, Sa, So an der Kasse des Römisch-Germanischen Museums.

▶ Kaum ein Kölner weiß heute noch etwas über das jüdische Leben in Köln. Im Mittelalter wohnten viele Juden in Köln. 1424 vertrieb die Stadt Köln die allermeisten ihrer jüdischen Bürger aus ihrem Herrschaftsbereich. Die Synagoge wurde zur neuen Ratskapelle umgebaut, das rituelle Bad zugeschüttet. Heute ist von der Synagoge nichts mehr zu sehen. Aber eine kleine Glaspyramide auf dem Rathausplatz führt nun in den Vorraum der ehemaligen Mikwe, des rituellen Bades, das um 1150 – 1170 entstand. Eine Wendeltreppe geht hinunter in den Schacht, in dem die rituelle Reinigung mit Grundwasser möglich war. Der 16 m tiefe, bis zum Grundwasser reichende Schacht umschloss das Reinigungsbecken. Der mit dem Bad verbundene Umkleideraum wurde in romanischen Formen des 12. Jahrhundert ausgebaut. Jeweils am 1. So im Monat um 10.30 Uhr findet eine öffentliche Führung statt.

Im historischen Rathaus lassen sich junge Paare besonders gerne verheiraten. Wundert euch also nicht darüber, wenn ihr bei eurem Besuch gleich mehreren Bräuten begegnet.

Stadtführungen

Führungen durch Köln für Kinder

inside Cologne GmbH, Bismarckstraße 70, 50672 Köln. ✆ 0221/521977, Fax 528667. www.insidecologne.de. contact@insidecologne.de. **Preise:** 4,50 €.

Tipp: Alle Führungen sind auch als Gruppenführung buchbar und kosten in Deutsch 90 €, in einer Fremdsprache 105 €.

▶ Für Kinder zwischen 6 und 10 Jahren in Begleitung von Erwachsenen bietet *inside Cologne* zehn verschiedene Stadtführungen an, die alle etwa eine Stunde dauern. Dabei geht es um den Rhein, Gruseliges, den Dom, das Leben im Mittelalter oder die alten Römer. Für die Sprachforscher unter euch gibt es gleich zwei Führungen: »Schere, Schmitz und Stolpersteine« spürt seltsamen Namen und merkwürdigen Figuren in der Altstadt nach und »Dicke Hühner – enge Gassen« beschäftigt sich mit lustigen Straßennamen in der Altstadt wie Schmiergasse und Unter Fettenhennen.

Bei der Kinderstadtführung sind alle begeistert dabei

Und es wird wohl nicht viele Städte geben, in denen sich ein Veranstalter traut, mit Kindern auf den Friedhof zu gehen. Wenn ihr aber die Führung »Melaten für Kinder« mitgemacht habt, wisst ihr, wie viele Gruften, Grabengel und Eichhörnchen es auf dem ältesten Zentralfriedhof in Köln zu sehen gibt.

Köln für Kinder

stattreisen Köln e.V., Bürgerstraße 4, 50667 Köln. ✆ 0221/7325113, Fax 7325302. www.stattreisen-koeln.de. info@stattreisen-koeln.de. **Preise:** 6 €; Kinder 3,50 €.

▶ Gleich sieben verschiedene Stadtführungen für Kinder bietet stattreisen Köln an. Dabei geht es allein in zwei Führungen um Märchen, Sagen und Legenden. Außerdem heißt es »Stadtluft macht frei«, wenn ihr ins Mittelalter entführt werdet und »Beim Jupiter!«, wenn es sogar zurück bis zu den Römern geht. Neu ist eine gruselige Führung mit Geistern, Dämonen, Hexen, Werwölfen und dem Teufel höchstpersönlich.

Kunst, Schokolade & der 1. FC Köln

Museum Ludwig

Bischofsgartenstraße 1, 50667 Köln. ✆ 0221/2212-6165, -3468 (Museumsdienst), Fax -4114. www.museenkoeln.de. info@museum-ludwig.de. **Anfahrt:** Köln Hbf. **Zeiten:** Di – Do 10 – 18 Uhr, Fr 11 – 18 Uhr, 1. Fr im Monat 11 – 23 Uhr, Sa, So 10 – 18 Uhr. **Preise:** 7,50 € (mit Fotografieausstellung Agfa Photo-Historama), Gruppen ab 20 Personen 6,50 €; Kinder 5,50 €, Schülergruppen 3 €; Familienticket 18 €.

▶ Das scheint ja ein lustiges Museum zu sein. Schon in der Eingangshalle tanzt euch eine kunterbunte Frau mit mütterlichem Busen entgegen, riesengroß ist sie und ihr Name ist Nana. Das fängt doch schon mal gut an!

MUSEN & MUSEEN

Hunger & Durst

Im **Holtmann's** im Museum Ludwig, ✆ 0221/25099977, stehen euch rund 60 Plätze zur Verfügung. Es gibt Kaffee und Kuchen, kalte und warme Speisen.

Foto: Museum Ludwig, Köln

Das Museum Ludwig liegt gleich beim Dom, sein gewelltes Dach fällt von oben immer ins Auge

🍎 Von eurem Lieblingswerk findet ihr bestimmt eine Postkarte im gut sortierten **Museumsshop**.

Das Museum Ludwig ist ein Kunstmuseum, in dem ihr moderne Kunst sehen und erleben könnt. In den Kinderführungen erklären euch die Museumspädagogen die Kunstwerke. Immerhin gehören viele Werke von Beuys, Picasso und Dali zur Sammlung. Kindergeburtstag im Museum: Ihr könnt nach dem Vorbild expressionistischer Meister eure Gesichter mit Schminke in bezaubernde Märchenprinzessinnen verwandeln. Anmeldung beim Museumsdienst Köln. Dieser bietet außerdem die Schüler-Werkstatt im Museum an.

Wallraf-Richartz-Museum — Foundation Corboud

Martinstraße 39, 50667 Köln. ✆ 0221/2212-1119, 2212-3468 (Museumsdienst), Fax 2212-2629. www.museenkoeln.de. wrm@museenkoeln.de. **Anfahrt:** Köln Hbf. **Zeiten:** Di 10 – 20 Uhr, Mi – Fr 10 – 18 Uhr, Sa, So 11 – 18 Uhr. **Preise:** 5,80 €; Kinder 6 – 17 Jahre 3,30 €. **Infos:** Öffentliche Führungen Di 18 Uhr, Mi 16.30 Uhr, So 11.30 Uhr, ohne Anmeldung.

Happy Birthday!
Kindergeburtstag im Museum: Ihr stecht mit Piraten in See. Anmeldung beim Museumsdienst Köln.

▶ Hier findet ihr Malerei, Skulpturen und Grafiken vom Mittelalter bis zum Impressionismus. Nach einem Besuch in diesem Museum werdet ihr wissen, wer Stefan Lochner war, denn er ist wohl der bekannteste Kölner Maler des 15. Jahrhunderts. Hier ist auch für Fans vieler berühmter Künstler etwas dabei, es sind Werke von Rembrandt, Rubens, Monet, Manet, Cézanne, Dürer, Cranach, Liebermann und anderen ausgestellt.

Museum für Angewandte Kunst

An der Rechtschule, 50667 Köln. ✆ 0221/2212-6714, 2212-3468 (Museumsdienst), Fax -3885. www.museenkoeln.de. museumfuerangewandtekunst@stadt-koeln.de. **Anfahrt:** Köln Hbf. **Zeiten:** Di – So 11 – 17 Uhr. **Preise:** 4,20 €; Kinder 2,60 €. **Infos:** Öffentliche Führungen ohne Anmeldung Mi 18, Sa, So 14.30 Uhr.

▶ In diesem Museum findet ihr schön verzierte Schränke, Geschirr, Besteck, Möbel und Lampen aus den verschiedensten Zeiten bis heute. Schon vor Hunderten von Jahren wollten die Menschen sich auch am Anblick von Sachen erfreuen, die sie jeden Tag benutzten. Denkt an euren ersten Schulranzen zurück: Um Bücher, Hefte, Mäppchen und Pausenbrot zu tragen, hätte es auch ein einfarbiger schwarzer Ranzen getan. Trotzdem habt ihr euch alle einen von einem Künstler, genauer: einem Grafiker gestalteten Ranzen ausgesucht.

Römisch-Germanisches Museum

Roncalliplatz 4, 50667 Köln. ✆ 0221/2212-4438, 2212-4590, 2212-3468 (Museumsdienst), Fax 2212-4030. www.museenkoeln.de. roemisch-germanisches-museum@stadt-koeln.de. **Anfahrt:** Köln Hbf. **Zeiten:** Di – So 10 – 17 Uhr. **Preise:** 4,30 €; Kinder 2,70 €. **Infos:** Öffentliche Führungen So 11.30 Uhr, Anmeldung nicht erforderlich.

▶ Wie der Name schon sagt: Hier dreht sich alles um die alten Römer und Germanen. Ein einfacher Be-

Happy Birthday!
Kindergeburtstag im Museum: Ihr knetet mit Ton, das Motto lautet »meine Lieblingstasse«. Anmeldung beim Museumsdienst Köln.

Hunger & Durst
Vor oder nach dem Museumsbesuch könnt ihr euch in der **Cafeteria** stärken.

KÖLN: WISSEN & KULTUR

Wenn ihr die Treppe zwischen Eingangsbereich und Diozesanmuseum heruntergeht, stoßt ihr auf die alte römische Hafenstraße zum Rhein,

↗ Spaziergang unter »Köln: Natur & Sport«.

such in der Ausstellung ist ohne perfekt vorbereitete Eltern nur schwer verdaulich. Überlegt euch also vorher, was ihr hier erfahren wollt und schließt einen Familienvertrag. Der könnte lauten »Heute nur Essen und Trinken zur Römerzeit!«. Ihr schaut euch dann alles an, was mit Speisen, Getränken, Tellern, Tassen, Küchengeräten und Trinksitten der Römer zu tun hat. Kinderführungen für Gruppen werden zu vielen spannenden Einzelthemen angeboten. Beim Kinderge-

Wie Köln zu seinem Namen kam

▶ Wenn es eine junge Römerin mit Namen Agrippina nicht gegeben hätte, würde Köln heute Oppidum Ubiorum oder ähnlich heißen. Dies war nämlich der Name der Siedlung, die von dem Germanenstamm der Ubier etwa im ersten vorchristlichen Jahrhundert angelegt wurde. Er bedeutet »umwallte Siedlung der Ubier«.

Kurz nach der Zeitenwende war Germanicus Statthalter und Feldherr am Rhein, er war ein Neffe des Kaisers Tiberius. Am 6. November im Jahre 15 n.Chr. wurde seine Tochter Agrippina in Oppidum Ubiorum geboren. Sie wurde mit 13 Jahren zum ersten Mal in Rom verheiratet. Nachdem sie zwei vermögende Ehemänner überlebt hatte, griff die sowohl reiche als auch attraktive und ehrgeizige Witwe nach der höchsten Würde: Sie heiratete 49 n.Chr. ihren Onkel, Kaiser Claudius, wofür extra die römischen Ehegesetze geändert wurden. 50 n.Chr. erhielt Agrippina als erste Gemahlin eines Kaisers den Ehrentitel Augusta, und ihr Sohn aus erster Ehe, der spätere Kaiser Nero, wurde von Claudius adoptiert und heiratete dessen Tochter aus erster Ehe. Agrippina erlangte eine für eine Kaiserin außergewöhnliche Machtstellung und um dies auch im Reich zu demonstrieren, überredete sie ihren Gemahl, ihre Geburtsstadt, das Oppidum Ubiorum, zu einer Kolonie römischen Rechts zu erheben, die fortan den klangvollen Namen Colonia Claudia Ara Agrippinensium führte. Colonia bedeutet Kolonie römischen Rechts, Claudia weist auf Kaiser Claudius hin, Ara heißt zentraler Altar und Agrippinensium ist der Hinweis auf Agrippina. Ihr werdet an vielen Stellen in Köln auf die Abkürzung CCAA stoßen. Der Name Köln geht unmittelbar auf Colonia zurück, so heißt die Stadt übrigens auch heute noch in vielen Fremdsprachen. ◀

burtstag im Museum dürft ihr in einer römischen Öl-lampen-Werkstatt arbeiten oder römisch kochen. Mögliche Themen der Schüler-Werkstatt im Museum sind: Leben in der Jungsteinzeit, Kleider machen Römer, Römische Öllampen und die römische Küche. Anmeldung beim Museumsdienst Köln.

Museum Schnütgen

In der Cäcilienkirche, Cäcilienstraße 29, 50667 Köln. ✆ 0221/22123620, 22123468 (Museumsdienst), Fax 22128489. www.museenkoeln.de. schnuetgen@net-cologne.de. **Anfahrt:** U-Bahn/Straßenbahn/Bus Neumarkt. **Zeiten:** Di – Fr 10 – 17 Uhr, Sa, So 11 – 17 Uhr. **Preise:** 3,20 €; Kinder 1,90 €. **Infos:** Öffentliche Führungen Mi 14.30 Uhr, So 11 Uhr.

▶ Stellt euch vor: Dieses Museum befindet sich in einer Kirche! Und das ist der ideale Ort für eine Sammlung von kirchlichen Kunstschätzen wie Kruzifixen, Glaskunst und Skulpturen, vorwiegend aus dem Mittelalter.

Ein wenig gruselig: In einem kleinen Kästchen liegt *Memento Mori,* das Tödlein. Das ist eine 500 Jahre alte kunstfertige Elfenbeinschnitzerei, die einen halb verwesten, von allerlei Getier angefressenen Leichnam zeigt. Drum herum stehen kleine Figuren: Mönch, Kaiser, Bettler und Papst, alle sagen auf ihren Schriftbändern »Es muss gestorben werden« – egal, ob arm oder reich.

Kölnisches Stadtmuseum

Zeughausstraße 1 – 3, 50667 Köln. ✆ 0221/2212-5789, 2398 (Kasse), 2212-3468 (Museumsdienst), Fax 2212-4154. www.museenkoeln.de. ksm@museen-koeln.de. **Anfahrt:** U3, U4, U5, U16 – 19 Appellhofplatz. **Zeiten:** Di 10 – 20 Uhr, Mi – So 10 – 17 Uhr. **Preise:** 4,20 €; Kinder 6 – 16 Jahre 2,60 €. **Infos:** Öffentliche Führungen Di 18.30, Sa 14.30, So 11.15 Uhr.

▶ Auf dem Weg zu diesem Museum werdet ihr sehen, dass nicht nur Vögel und Engel Flügel haben.

@ www.roemerstadt-koeln.de ist eine Homepage über die Römer in Köln für Kinder in drei Sprachen: Deutsch, Englisch und Kölsch!

Happy Birthday!

Kindergeburtstag im Museum Schnütgen oder Stadtmuseum: Bis zu 15 Kinder feiern unter dem Motto »Goldene Kostbarkeiten – Leuchtende Bilder«. Das kostet Di – Fr 95 €, Sa, So 115 € plus Eintritt. Anmeldung beim Museumsdienst Köln.

gibt es günstig Ritterausrüstungen für Kinder zu kaufen. Neben Helmen, Schwertern usw. gehören auch Burgfräulein-Hüte dazu.

Auf dem Museumsdach steht nämlich ein geflügeltes Auto!

Im Kölnischen Stadtmuseum lernt ihr typische Kölner Themen kennen: Karneval, Hänneschen-Theater, Kölschen Klüngel und Kölnisch Wasser. Beeindruckend ist die große Holzfigur des Kölner Bauern, in die man im Ersten Weltkrieg gegen eine Spende für Witwen und Waisen einen Nagel hineinschlagen durfte und die deshalb heute einen Panzer aus Eisen trägt. Die vielen Waffen und Rüstungen erinnern daran, dass das Zeughaus (das Gebäude, in dem das Museum ist) früher kein Museum war, sondern die Waffenkammer der Stadt Köln. Hier wurden Rüstungen, Hellebarden, Musketen und Kanonen aufbewahrt, mit denen die Stadt sich im Ernstfall verteidigen konnte. Denn in Köln war jeder Bürger verpflichtet, bei der Verteidigung seiner Stadt zu helfen.

Weil die Museumsleute wissen, dass Kinder lieber hören als lesen, gibt es eine spezielle Audioführung für Kinder, die man im Museum umsonst ausleihen kann.

NS-Dokumentationszentrum

EL-DE-Haus, Appellhofplatz 23 – 25, 50667 Köln.
✆ 0221/22126331, 22126361, Fax 22125512.
www.museenkoeln.de. nsdok@stadt-koeln.de. **Anfahrt:** U3, U4, U5, U16 – 19 Appellhofplatz. **Zeiten:** Di – Fr 10 – 16 Uhr, Sa, So 11 – 16 Uhr. **Preise:** 3,60 €; Kinder 1,50 €; Kölner Schüler im Klassenverband 1 €. **Infos:** Führungen in der Gedenkstätte, in der Dauerausstellung und/oder in Sonderausstellungen für Schulklassen und Sondergruppen möglich.

▶ Der Nationalsozialismus ist eine üble Zeit in der deutschen Geschichte. Ihr solltet wissen, was damals passierte, damit es sich keinesfalls wiederholt. Sollte euch in eurem späteren Leben einmal eine politische Strömung begegnen, die gegen die Menschlichkeit oder euer Gerechtigkeitsgefühl verstößt, werdet ihr euch bestimmt an die vielen mutigen Jugendlichen in Köln erinnern, die in der Nazi-Zeit den Mut hatten, nicht in der Hitler-Jugend mitzulaufen. Im Dokumentationszentrum erfahrt ihr einiges über die Navajos, die katholische Jugendbewegung und die Pfadfinder. Besonders bekannt sind auch heute noch die Edelweißpiraten aus Köln-Sülz, die von den Nazis bis zum Kriegsende brutal verfolgt, gefoltert und hingerichtet wurden.

Museumsdienst Köln

Richartzstraße 2 – 4, 50667 Köln. ✆ 0221/ 22123468, 22127380, Fax 22124544. www.museenkoeln.de. museumsdienstkoeln@netcologne.de.
Zeiten: Kurse/Führungen nach Vereinbarung, bitte 14 Tage vor dem gewünschten Termin anmelden.
Preise: Führungsentgelt für Schüler 1,50 €, Kölner Schulklassen 1 €, Führungspauschale pro Stunde bei weniger als 15 Schülern 23 €, bei weniger als 15 Kölner Schülern 15,30 €. **Infos:** Zuschläge pro Führung/ Stunde: Fremdsprache 10,20 €, Wochenende/Feiertag 10,20 €, Sonderausstellung 7,70 €, außerhalb der Öffnungszeiten 25,60 €.

▶ Jedes Museum in Köln hat wunderbare Besonderheiten zu bieten. Die Mitarbeiter des Museumsdienstes Köln haben sich deshalb für jedes der acht städtischen Museen spezielle Führungen, Ferienprogramme und Workshops einfallen lassen. So könnt ihr zum Beispiel im Römisch-Germanischen Museum wie richtige Römer Toga und Tunika tragen oder im Museum für Ostasiatische Kunst in kostbare Kimonos aus Seide gekleidet japanische Festtagszeremonien kennen lernen.
Für Schulklassen werden Unterrichtsgespräche angeboten, ihr könnt aus zahlreichen Themen auswählen. Das ist auch in Fremdsprachen möglich. Es stehen Familienexpeditionen ins Museum im Programm, die schon für 5-jährige Knirpse verständlich sind. In dieser Veranstaltungsreihe erfahren kleine und große Leute, wie man im Museum gemeinsam Schauen

Happy Birthday!
Ein vom Museumsdienst Köln organisierter Kindergeburtstag im Museum ist ein unvergessliches Erlebnis. Das kostet Di – Fr 95 €, Sa, So 115 € plus Eintritt für bis zu 15 Kinder.

Der Museumsdienst hat Museumsbücher für kleine Besucher erarbeitet. Diese gibt es in den Buchläden der Museen.

lernt, miteinander ins Gespräch über das Gesehene kommt und Kunstwerke mit Spaß spielerisch erkundet. Ebenfalls sonntags gibt es Kinderführungen ab acht Jahre, bei denen euch eure Eltern nicht begleiten brauchen.

Duftmuseum im Farina-Haus

Johann Maria Farina, Obermarspforten 21, 50667 Köln. ✆ 0221/3998994, Fax 2571709. www.farina-haus.de. museum@farina-haus.de. **Anfahrt:** Straßenbahn 1, 7, 9, Bus 132, 133, 250, 260, 978 Heumarkt. **Zeiten:** Mo – Sa 11 – 18 Uhr oder nach Vereinbarung. **Preise:** 4 € einschließlich Führung und kleinem duftenden Geschenk.

▶ Der Parfumeur *Johann Maria Farina* (1685 – 1766) nannte seinen Duft zu Ehren seiner neuen Heimatstadt Köln *Eau de Cologne*, entwickelte so die älteste Parfummarke der Welt und machte Köln damit weltberühmt. Ihm zu Ehren sind im Duftmuseum Originaldokumente, uralte Parfümflaschen und Gerätschaften zur Herstellung von Kölnisch Wasser ausgestellt.

Achtung: Ein »normaler« Besuch im Museum ist erst für Kinder ab 10 Jahre zu empfehlen. Superspannend ist aber ein Riechseminar mit einem Parfumeur, zu dem ihr euch lange vor eurem Wunschtermin anmelden solltet, denn solche Fachleute sind sogar bei Farina nicht leicht zu haben.

 *Farina war bei den Telefonanschlüssen in Köln unter den ersten Zehn.*

Käthe Kollwitz Museum

Kreissparkasse Köln, Neumarkt 18 – 24, 50667 Köln. ✆ 0221/2272363, 2899, Fax 2273762. www.kollwitz.de. info@kollwitz.de. **Anfahrt:** U-Bahn/Straßenbahn/Bus Neumarkt. **Zeiten:** Di – Fr 10 – 18 Uhr, Sa, So 11 – 18 Uhr. **Preise:** 3 €; Kinder 1,50 €. **Infos:** Öffentliche Führung So 15 Uhr.

▶ *Käthe Kollwitz* (1867 – 1945) war eine Künstlerin, die sich in ihren Werken mit den Nöten und Problemen der Menschen ihrer Zeit beschäftigte. Dazu gehörte die elendige Situation der Arbeiter, die mit Hunger, Armut und Wohnungsnot zu kämpfen hatten. Bei der Führung schaut ihr Selbstbildnisse der Künstlerin an und Darstellungen von Kindern mit ihren Eltern. Außerdem erfahrt ihr einiges über die Techniken, die Käthe Kollwitz benutzte, z.B. Holzschnitt. Die Füh-

Auch Käthe Kollwitz musste das Zeichnen erst üben …

rung dauert etwa 30 Minuten. Im Anschluss bekommen die Teilnehmer einen Fragebogen ausgehändigt, mit dem sie dann ohne Begleitung des Führers durch das Museum gehen. Alle Kinder, die an diesem Quiz teilnehmen, erwartet zum Schluss eine Überraschung – ein kleines Geschenk.

Deutsches Tanzarchiv Köln

Tanzmuseum der SK Stiftung Kultur, Im Mediapark 7, 50670 Köln-Zentrum. ✆ 0221/2265737, 2265757 (Museumspädagogin Bettina Großberg), Fax 2265758. www.sk-kultur.de/tanz/. tanzarchiv@aol.com. **Anfahrt:** S6, S12, S13 Hansaring, U6, U15, U12 Christophstraße. **Zeiten:** täglich außer Mi 14 – 19 Uhr. **Preise:** 4,50 €, ermäßigt 2 €; 1,50 € pro Kind bei angemeldeten Gruppenführungen; Mo freier Eintritt.

▶ Ballettratten aufgepasst! Im Mediapark in Köln könnt ihr einen Spaziergang durch die Geschichte des Tanzens ab dem Mittelalter machen. Es geht um den Tanz bei Hof und den künstlerischen Bühnentanz, um Ballett und Ballerinen, um klassischen und modernen Tanz.

Bei einer angemeldeten Gruppenführung für Kinder sind je nach euren Interessen spezielle Themen mit Videobeispielen oder Spielaktionen möglich. Eine einstündige Führung für Kinder kostet 15 € plus Eintritt. Zwei Begleitpersonen haben freien Eintritt.

Museum für Ostasiatische Kunst

Universitätsstraße 100, 50674 Köln. ✆ 0221/9405180, 94051834, 22123468 (Museumsdienst), Fax 407290. www.museenkoeln.de. mok.@mok.museenkoeln.de. **Anfahrt:** Straßenbahn 1, 7 Universitätsstraße. **Zeiten:** Di – So 11 – 17 Uhr, Do bis 20 Uhr. **Preise:** 4,20 €; Kinder 6 – 16 Jahre 2,60 €. Sonderausstellungen 6,50 € bzw. 3,50 €.

▶ In diesem Museum könnt ihr eine Entdeckungsreise durch Ostasien machen und dabei Kunst aus China, Japan und Korea sehen. Ihr werdet staunen, wie

Happy Birthday!

Während eines Kindergeburtstags im Tanzmuseum könnt ihr bei »Zeigt her eure Füße!« ausprobieren, was alles in euren Füßen steckt. Ein wenig verträumter geht es bei »Es war einmal« zu, wo sich alles um Märchen und Tanz dreht! Bei »Tiere im Tanzmuseum erlaubt?« gilt es, den Tieren im Museum auf die Spur zu kommen.

Hunger & Durst

Die **Cafeteria** ist Di – So 10 – 18 Uhr, Do bis 20 Uhr geöffnet, ✆ 0221/4309882.

Kalligrafie *ist die Kunst des ausdrucksvollen Schreibens.*

Cheng Zhang heißt der Künstler, der die »Affen auf Kiefern« mit Tusche zeichnete (datiert 1920)

Foto: Museum für Ostasiatische Kunst

kunstvoll Japaner Papier falten können. Auch die Lackkunst und die **Kalligrafie** sind echte Hingucker für Kinder. So könnt ihr eventuell Papierrollen sehen, bei denen das Bild ganz aus Schriftzeichen besteht! Bei Kinderführungen erfahrt ihr sehr viel über die Kunst dieser Region und auch viele aufregende Einzelheiten über die Religion Buddhismus.

Kindergeburtstag im Museum: Ihr verbringt 2 1/2 vergnügliche Stunden mit chinesischen Tierkreiszeichen, der Papierfalttechnik Origami und der ostasiatischen Schrift. Anmeldung beim Museumsdienst Köln.

GeoMuseum der Universität zu Köln

Zülpicher Straße 49b, 50674 Köln. ✆ 0221/4703368 (Mineralogie), 4705672 (Geologie/Paläontologie), www.geomuseum.uni-koeln.de. Rolf.Hollerbach@uni-koeln.de (Mineralogie), grigo.paleont@uni-koeln.de (Geologie/Paläontologie). Eingang am Weg gegenüber der Mensa hinter der Römischen Wasserleitung.

Anfahrt: Straßenbahn 8, 9 Südbhf oder Universität.

Zeiten: Mi 14 – 20 Uhr, letzter So im Monat 14 – 17 Uhr, Gruppenführungen nach tel. Anmeldung. **Preise:** Eintritt frei.

▶ Das GeoMuseum der Universität zu Köln ist eine gemeinsame Ausstellung der Mineralogen, Geologen und Paläontologen, hier ist also alles »Steinerne« unter einem Dach. Stellt euch vor, da liegen auch Stücke von Meteoriten in den Vitrinen. Im geologisch-paläontologischen Teil gibt es eine zentrale Ausstellung zur Erd- und Lebensgeschichte vom Urknall bis zur Gegenwart. Zusätzlich sind eine große Vitrine mit Korallen und drei eindrucksvolle Fossilien ausgestellt: Ein Ichthyosaurier (Fischsaurier) und ein Meereskrokodil, beide über 2,5 m lang, aus dem Lias von Holzmaden (Württemberg), sowie ein sehr seltenes fast 1 m großes Amphibien-Skelett (Eryops) aus dem Perm.

Rautenstrauch-Joest-Museum für Völkerkunde

Ubierring 45, 50678 Köln. ✆ 0221/336940, 2212-3468 (Museumsdienst), Fax 3369410. www.museen-koeln.de. rjm@rjm.museenkoeln.de. **Anfahrt:** Bus 106, 132, 133 Clodwigplatz, Straßenbahn 6, 15 – 17 Ubierring. **Zeiten:** Di – Fr 10 – 16 Uhr, Sa, So 11 – 16 Uhr. **Preise:** 3,20 €; Kinder 6 – 14 Jahre 1,90 €.

▶ Wolltet ihr schon immer wissen, wie die Indianer und die Eskimos wirklich leben? Hier seid ihr am richtigen Ort, um Kultur und Kunst außereuropäischer Völker kennen zu lernen.

ffentliche Führungen jeden So um 14.30 Uhr. Jeden 1. Sa im Monat findet 11.30 – 13.30 Uhr im Museum eine offene Samstagswerkstatt für Kinder ab 6 Jahre statt. Ihr braucht euch nicht anmelden und zahlt nur Eintritt und 2 € Materialkosten, wenn zu einem ganz speziellen Einzelthema ein Erkundungsgang durch das Museum mit malen, zeichnen, erzählen und experimentieren abgerundet wird.

Happy Birthday!
Kindergeburtstag im Museum: Ein indianisches Fest. Anmeldung beim Museumsdienst Köln.

Deutsches Sport & Olympia Museum

Rheinauhafen 1, 50678 Köln. ✆ 0221/336090, Fax 3360999. www.sportmuseum-koeln.de. info@sportmuseum.info. **Anfahrt:** Straßenbahn 1, 7, 9, Bus 132, 133, 250, 260, 978 Heumarkt. Rheinuferstraße, großes Parkhaus im Rheinauhafen. **Zeiten:** Di – Fr 10 – 18 Uhr, Sa, So, Fei 11 – 19 Uhr. **Preise:** 5 €, Gruppen 4,50 €; Kinder 2,50 €; Familien 12,50 €.

▶ Dies ist ein Museum ganz nach eurem Geschmack. Hier könnt ihr euch über alle Sportarten und ihre Geschichte informieren, aber nicht nur durch Anschauen, sondern auch durch Ausprobieren. Über 100.000 Ausstellungsstücke rund um den Sport warten hier auf euren Besuch und an vielen Stellen im Museum habt ihr die Gelegenheit, selbst aktiv zu werden. Und natürlich fehlen auch Berühmtheiten wie Steffi Graf und Michael Schumacher nicht. Eine Führung oder ein sportlicher Kindergeburtstag

Hier könnt ihr auch selbst aktiv werden, z.B auf dem Museumsdach (!) Fußball spielen!

Im Erdgeschoss gibt es eine **Cafeteria** mit Blick auf den Rhein.

Vor 300 Jahren war Schokolade ein solcher Luxus, dass nur die reichsten Leute sie genießen konnten und man sogar mit Kakaobohnen bezahlen konnte. Aus dieser Zeit stammen viele edle Ausstellungsstücke wie Schokoladenkannen. Später wurde mit lustigen Emailleschildern für Schokolade geworben.

Hunger & Durst

Esst euch lieber nach dem Museumsrundgang im **Museumscafé** mit Salat und Backwaren satt, bevor ihr im Shop nach einer besonders leckeren Schokotafel oder einem Mitbringsel sucht. Das wird sonst zu teuer und ungesund!

im Museum kosten 35 €. Für eure Lehrer und Gruppenleiter werden kostenlos Informationsmaterialien und Fragebögen zur Vorbereitung auf euren Besuch zur Verfügung gestellt.

Flüssige Schokolade naschen

Imhoff-Stollwerck-Museum, Rheinauhafen 1 a, 50678 Köln. ✆ 0221/9318880, Fax 93188814. www.schokoladenmuseum.de. service@schokoladenmuseum.de.
Anfahrt: Straßenbahn 1, 7, 9, Bus 132, 133, 250, 260, 978 Heumarkt. Rheinuferstraße, großes Parkhaus im Rheinauhafen: nach Einfahrt ins Parkhaus links durchfahren, Aufgang direkt am Schokomuseum.
Zeiten: Di – Fr 10 – 18 Uhr, Sa, So, Fei 11 – 19 Uhr.
Preise: 6 €, Gruppen ab 15 Personen 5,50 €; Kinder bis 18 Jahre 3,50 €, Gruppen ab 15 Personen 3 €.
▶ Wo im mittelalterlichen Köln die Rheinschiffe ankerten, seht ihr heute ein gläsernes Gebäude, das fast die Form eines Schiffs hat. Es ist aber kein Schifffahrtsmuseum, sondern viel besser: ein Schokoladenmuseum! In den Ausstellungssälen erfahrt ihr, wo auf der Erde die Kakaofrucht angebaut wird und wie man vor vielen Jahren Kakao und Schokolade machte. Hier wird z.B. erklärt, wie aus den bitteren Kakaobohnen zuckersüße Schokolade wird. Ihr könnt im Museum dabei zusehen, wie Hohlfiguren und Schokolade in einer kleinen Produktionsanlage hergestellt werden. Eine Kostprobe gibt es für jeden am Schokoladenbrunnen, wo ihr von der noch warmen Schokolade probieren dürft.
Regelmäßig finden im Museum Workshops für Kinder statt. Zudem gibt es Aktivprogramme für den Schulunterricht und ein Stadtspiel für Schüler.

Rheinisches Industriebahn-Museum

Im alten Bahnbetriebswerk Nippes, Bahnüberführung Longericher Straße (Nähe TÜV), 50767 Köln-Nippes. ✆ 0221/8305218, 316532, Fax 8305218. www.rimkoeln.de. Rolf.Wolfgang.Jahn@T-Online.de. **Anfahrt:**

S11 Longerich oder U15 Longericher Straße, dann Bus 121 Hugo-Junkers-Straße. **Zeiten:** Das Museum hat keine festen Öffnungszeiten, Führungen nur nach Vereinbarung. **Preise:** 4 €; Kinder bis 6 Jahre frei, bis 12 Jahre 2 €.

▶ Hier haben sich viele große Jungs einen Kindertraum erfüllt. in jeder freien Minute schrauben, schweißen und wienern sie an den alten Loks und Wagen, die sie von Abstellgleisen, Kinderspielplätzen und Schrottplätzen gerettet haben. Ein Schienenbus der Bayerwerke diente sogar vor seinem Umzug ins Museum als Gartenhäuschen! In einem grün lackierten, hölzernen Waggon der Deutschen Reichsbahn mit der nichts sagenden Aufschrift »G10« wurden in den 1940er-Jahren Menschen ins Konzentrationslager deportiert. Eine Schmalspurlock aus dem Jahre 1937 benutzte man nach Kriegsende, um die Trümmer aus dem Kölner Dom zu räumen. Auch ein mit dem Union Jack bemalter britischer Lazarett-Waggon mit 30 Betten aus dem Zweiten Weltkrieg ist ausgestellt.

 Besuchern ist auf jeden Fall zu empfehlen, kräftiges Schuhwerk (am besten Gummistiefel) und warme Kleidung anzuziehen, bevor sie sich auf den Weg machen. Auch eine Taschenlampe sollte zur Expeditionsausrüstung gehören und vor allem ein guter Stadtplan, denn das Museum ist sehr schwer zu finden.

Museum des 1. FC Köln

RheinEnergieStadion Nordtribüne, Aachener Straße 999, 50933 Köln-Müngersdorf. ℗ 0221/71616433, Fax 71616399. www.fc-museum.de. museum@fc-koeln.de. **Anfahrt:** Straßenbahn 1 Rheinenergie-Stadion. **Zeiten:** täglich von 10 – 18 Uhr, zusätzliche Termine bei frühzeitiger Gruppenbuchung. **Preise:** 2 €, mit Stadionführung 7 €; Kinder 6 – 17 Jahre 1 €, mit Stadion 3,50 €; Ermäßigungen für Familien, Gruppen.

▶ Drei Meisterschaften, vier Pokalsiege – das sind die zählbaren Erfolge des 1. FC Köln. Das neue FC-Museum im RheinEnergieStadion zeigt aber mehr als nur Pokale. Hier könnt ihr auf Entdeckungsreise gehen und vieles über die Geschichten, Triumphe und Tragödien der Geißböcke erfahren.

Für Kinder gibt es spezielle Führungen rund um das Thema Fußball und den 1. FC Köln.

Happy Birthday!
FC-Mitglieder erhalten an ihrem Geburtstag freien Eintritt in das FC-Museum.

Das Maskottchen des 1. FC Köln ist ein lebender Geißbock und heißt Hennes, benannt nach dem verstorbenen Trainer Hennes Weisweiler. Momentan lässt sich Hennes VII von den Fans feiern.

BÜHNE, LEINWAND & AKTIONEN

<butterfly> Für Kinder bis zehn Jahre gibt es Ausschneidebögen und Malblätter zum Thema Theater. Zu allen Produktionen der Kinderoper erscheinen Begleitblätter mit Inhaltsangabe, Kostümskizzen zum Ausmalen und Ausschneiden, kleinen Notenbeispielen zum Mitsingen und -spielen und einfachen Texten zu Komponist und Werk. Dieses Angebot gilt auch für Privatpersonen.

Musik liegt in der Luft

Kinderoper in der Yakulthalle

Opernhaus Köln, Offenbachplatz, 50667 Köln.
✆ 0221/22128400, 22128295 (Referat Theater und Schule), Fax 22128249. www.kinderoper.info. **Anfahrt:** U 1, 3, 4, 7, 9, 12, 14, 16, 18 Neumarkt. **Zeiten:** Vorverkauf im linken Foyer des Opernhauses Mo – Fr 10 – 19.30 Uhr, Sa 11 – 19.30 Uhr und jeweils 30 Minuten vor Vorstellungsbeginn. **Preise:** 11 €; Kinder bis 14 Jahre 6,50 €.

Achtung: Vorverkaufsbeginn jeweils am 5. des Vormonats. Für Kindergruppen und Schulklassen steht bereits ab Bekanntwerden der Vorstellungstermine ein begrenztes Kartenkontingent zur Verfügung. Kontakt: Referat Theater und Schule.

▶ Seit der Spielzeit 1996/97 verfügt die Kölner Oper als weltweit erstes Opernhaus über eine eigene Kinderoper. Extra dafür wurde im oberen Foyer des Opernhauses ein Zeltbau mit einer kleinen Bühne und Sitzbänken für 130 Personen gebaut. Erklärtes Ziel der Kinderoper ist es, auch dem jüngsten Publikum das zu bieten, was für die Erwachsenen selbstverständlich ist: während der gesamten Spielzeit eine hochwertige Auswahl von Opern zu zeigen. Der Schwerpunkt liegt dabei auf den kurzen Opern des 20. Jahrhunderts, in der Spielzeit 2004/05 gab es sogar eine Uraufführung. Maßstab für die Auswahl der Stücke ist vorrangig die hohe Qualität der Musik, aber auch euer Interesse an Märchen, Sagen und Legenden. Kein Wunder also, wenn Bühnenfassungen von Grimm-Märchen oder die Oper Merlin auf dem Spielplan stehen. Bei Sganarell könnt ihr sogar Dagobert, Donald, Daisy und die Panzerknacker auf der Bühne erleben.

Theater & Medien

Hänneschen-Theater

Puppenspiele der Stadt Köln, Intendant Heribert Malchers, Eisenmarkt 2 – 4, 50667 Köln. © 0221/ 2581201, Fax 22128488. www.haenneschen.de. haenneschen@stadt-koeln.de. Auf dem Heumarkt führt zwischen den Gebäuden auf der Seite Richtung Rhein eine winzige Gasse zum Eisenmarkt. Ausgeschildert mit »Puppenspiele«. **Anfahrt:** Straßenbahn 1, 7, 9, Bus 132, 133, 250, 260, 978 Heumarkt. **Zeiten:** Kinderstücke Mi – Sa 16 Uhr, So 14.30 Uhr. **Preise:** Kindervorstellung Kinder 7 €, Erw. 10 €, Weihnachtsmärchen 7 €/12 €, Abendvorstellungen 16,50 € (Karten zu 10, 12 und 16,50 € gelten auch als Fahrkarte im VRS).

▶ Der Höhepunkt eines Ausflugs nach Köln ist ein Besuch im Hänneschentheater. Das ist ein Puppentheater mit Stockpuppen, bei denen die Puppenspieler mit einem zweiten Stock den rechten Arm bewegen. Alle Stücke spielen in Knollendorf, das ist ein kleines Dorf mit liebenswerten und chaotischen Bewohnern, was, so klein wie es ist, irgendwie dann doch Köln zu sein scheint. Die Hauptdarsteller sprechen Mundart, zwar kein reines Kölsch, aber man muss schon einige Vokabeln des rheinischen Dialekts kennen, um richtig zu verstehen, was da auf der Bühne passiert. Nur der Schutzmann *Schnäuzerkowski* spricht fast (!) Hochdeutsch, denn er kommt aus Berlin und berlinert ein wenig, wenn er aufgeregt ist. Und das ist er fast immer!

Die Kinderstücke sind etwa 80 Minuten lang, mit einer Pause nach zwei Dritteln des Stücks. Wer kurzfristig eine Vorstellung besuchen will, geht oftmals leer aus. Das ist bei nur 284 Sitzplätzen leider nicht zu ändern. Also rechtzeitig vorbestellen.

Im Foyer gibt es Erfrischungsgetränke, Süßigkeiten und Mettbrötchen.

 Wenn du einen empfindlichen Popo hast, solltest du dir ein Kissen mitnehmen. Im Theater sitzt du nämlich auf ratzerot lackierten Holzbänken.

 Die Bewohner von Knollendorf: **Hänneschen**, *mit bürgerlichem Namen Hans Knoll, ist selbstverständlich stets der männliche Hauptdarsteller. Im Kinderstück ist er der ältere Bruder von* **Bärbelchen**, *im Abendstück ihr Liebster. In jedem Fall ist er schlagfertig, pfiffig, erfindungsreich, unbekümmert und mutig. Und dann sind da noch* **Speimanes**, *der beim Sprechen immer ein wenig spuckt, der einfältige* **Tünnes**, *der auf seinen Vorteil bedacht e* **Schäl**, *und natürlich* **Besteva** *und* **Bestemo**. *Das sind die Großeltern von Hänneschen und Bärbelchen. Der Besteva (von Bester Vater = Großvater) ist ein gutmütiger Alter.*

Känguru, Stadtmagazin für Familien in Köln, www.kaenguru-colonia.de. geiger@kaenguru-colonia.de. Das Stadtmagazin für Leute mit Kindern, das an vielen Stellen in Köln und Umgebung kostenlos zum Mitnehmen ausliegt, z.B. in Geschäften, Bibliotheken, Sportzentren, Museen, Kindertagesstätten und Indoorspielplätzen. Im Känguru könnt ihr jeden Monat fast alle Termine für Kinder erfahren und etwas zu Themen lesen, die Familien interessieren.

Tipp: Für die Leser ab 10 Jahre: Ömmes & Oimel spielen auch den Klassiker Moby Dick.

Horizont-Theater

Thürmchenswall 25, 50668 Köln. ✆ 0221/131604, Fax 138921. www.horizont-theater.de. mail@horizont-theater.de. **Anfahrt:** U5, 6, 12, 16 – 19 Ebertplatz. **Preise:** Kindertheater 5 €, Jugendtheater 7 €.

▶ Im Horizont-Theater stehen viele verschiedene Stücke auf dem Spielplan, die sich an Kinder ab 4 Jahre und auch an Jugendliche richten. Für die ganz Kleinen werden Märchen und bekannte Geschichten als Figurentheater oder Zirkusmusical aufgeführt. Bei den Komödien und Satiren für die Älteren bleibt einem schon einmal das Lachen im Hals stecken und man wird recht nachdenklich.

Und nicht dass ihr auf einen Kirchenklassiker hofft, wenn im Advent ein Krippenspiel im Programm steht: Schon die Beschreibung von »Ox und Esel« beginnt mit den Sätzen »Ox traut seinen Augen nicht: Da liegt doch tatsächlich in seiner Krippe mitten auf seinem Feierabend-Heu ein in Windeln gewickelter Säugling. Keine Frage – das Kind muss weg!« Ihr könnt euch also vorstellen, dass das Ganze für die beiden Freunde Ox und Esel recht aufregend und für euch sehr vergnüglich wird.

Ömmes & Oimel

In der Comedia, Löwengasse 7 – 9, 50676 Köln. ✆ 0221/3996021, Fax 215639. www.oemmesundoimel.de. info@oemmesundoimel.de. **Anfahrt:** Straßenbahn 3, 4, Bus 132, 133 Severinstraße. **Preise:** 7 €; Kinder 6 €; Gruppen ab 10 Personen 4,50 €.

▶ Die Comedia ist mit 300 Plätzen und über 370 Vorstellungen im Jahr heute eines der größten Freien Theater in NRW. Hier findet ihr stets erstklassige Kindertheaterstücke von Ömmes & Oimel auf dem Spielplan, wie die Kuh Rosemarie: Als der Bauer von der ewigen Nörgelei der Kuh Rosemarie die Nase endgültig voll hat, schickt er sie mit dem Flugzeug nach Afrika. Doch schon bald flüchten auch die dortigen Tiere vor der total verzickten Rosmarie.

Feste & Märkte

Festkalender Köln

Mai: Hänneschenkirmes.
Juli: Christopher Street Day.
Kölner Lichter, großes Feuerwerk am Rhein.
August: Sommernacht in Zoo und Flora.
3. Wochenende: Ringfest.
September: Fest zum Weltkindertag.
Oktober: 1. Woche: Kölnmarathon, nicht nur für
    Läufer, da ist überall am Streckenrand Trubel.
31.: Halloween im Zoo.
November: 10. Nov und Nachbartage: Martinszüge
    in allen Stadtteilen und Dörfern.

Adventszeit in Köln

Täglich ab Ende November finden die ständigen
Weihnachtsmärkte statt: Neumarkt, Alter Markt,
Roncalliplatz, Rudolfplatz, Rheinauhafen, Schiffs-
weihnachtsmarkt und Düxer Advent.
Mitte Nov: So: Rather Adventbazar für die 3. Welt.
1. Advent: Sa, So: Dellbrück, Weihnachtsmarkt.

Düxer Advent

Termin: 1. – 4. Advent.
▶ Der Düxer Advent auf der Deutzer Freiheit ist
Kunst- und Antikmarkt in einem. An jedem Wochenende kommt eine Märchenerzählerin in einem Über-
raschungskostüm, erzählt den Kindern Geschichten
aus der Weihnachtszeit und hat manchmal auch ein
Gewinnspiel für euch. Außerdem verteilen jedes
Wochenende zwei Weihnachtsmänner auf der Deutzer Freiheit kleine Geschenke, am 6. Dez macht hier
der traditionelle Nikolaus Station.

Kölner Krippen für Pänz

Domforum, Domkloster 3, 50667 Köln. ℡ 0221/9258-
4730, Fax 9258-4731. www.domforum.de. **Anfahrt:**
Köln Hbf. **Preise:** 5 €; Kinder 3 €; Familien 10 €.

 Ein **Krippenweg**
führt von Anfang
Dez bis Anfang Jan
durch die Kölner Innen-
stadt zu Krippen in Ge-
schäften und Kirchen.

▶ Unter den Überschriften »Kommt, lasst uns nach Bethlehem gehen« und »Wir haben seinen Stern gesehen« nehmen euch die Referentinnen des Domforums mit auf sieben verschiedene Krippenwege von Kirche zu Kirche durch ganz Köln. Dort seht ihr euch die oft ganz unterschiedlich gestalteten Krippen an, die sich noch dazu verändern – je nachdem, ob ihr sie euch im Advent, kurz nach Weihnachten oder sogar nach dem Dreikönigstag anseht.

Die Kölner Weihnachtszeit beginnt mit dem Aufstellen des größten Weihnachtsbaumes im Rheinland auf dem Weihnachtsmarkt am Kölner Dom. Festlich dekoriert ragt er weit über die Pavillons hinaus und trägt ein Lichterzelt mit 20.000 Glühbirnen, die den Platz in ein stimmungsvolles Weihnachtsdorf verwandeln.

Weihnachtsmarkt am Kölner Dom

Köln Advent Stadtfest GmbH, Roncalliplatz, 50667 Köln. ✆ 0221/9231134, Fax 9231133. www.koelner-weihnachtsmarkt.de. **Anfahrt:** Köln Hbf. **Zeiten:** 22. Nov – 23. Dez täglich 11 – 21 Uhr.

▶ Der Nikolaus besucht täglich den Weihnachtsmarkt. Vor dem Domhotel werden jedes Jahr eine große Stadtkrippe und ein Krippenhaus aufgebaut. Hinter der Bühne befindet sich ein Kinderparadies, wo das Karussell mit Fahrzeugen aus den 1960er-Jahren die Kinder erwartet. Es ist umgeben von Kunsthandwerkern, die spezielle Kinderprodukte fertigen. Für die Kleinen gibt es sogar eine Stufe vor den Pavillonfenstern, damit sie alles besser bestaunen können. In der Kerzenwerkstatt im Pavillon links neben der Bühne können Kinder selbst eine Kerze färben und erhalten so ein wunderbares Weihnachtsgeschenk.

Hunger & Durst

Der heiße Traubensaft wärmt selbst an schlimmen Regentagen. Die Fleisch fressenden Pflanzen unter euch werden die Räuberfackeln lieben: Schweinefleisch am Spieß.

Kölner Mittelalter-Weihnachtsmarkt

Krollevents, Rheinauhafen Köln, Rheinauhafen 1a, 50667 Köln-Altstadt-Süd. ✆ 0221/3463637, Fax 3463638. www.mittelalter-weihnachtsmarkt.de. kommunikation@krollevents.de. Vor dem Schokoladen- und Sportmuseum. **Anfahrt:** Straßenbahn 1, 7, 9, Bus 132, 133, 250, 260, 978 Heumarkt. Rheinuferstraße, großes Parkhaus im Rheinauhafen: nach Einfahrt ins Parkhaus links durchfahren, Aufgang direkt am Schokomuseum. **Zeiten:** 27. Nov – 23. Dez täglich außer Mo 11 –

21 Uhr. **Preise:** 2 Silberlinge (2 €); Kinder unter Schwertmaß haben freien Eintritt; Schulklassen Mo – Fr bis 14 Uhr frei, Gruppen ab 20 Personen erhalten jede 10. Eintrittskarte gratis. **Infos:** Unterhaltsame Führung zum Leben, Handwerk und Handel im Mittelalter für Kinder/Jugendliche 25 € (45 min), für Erwachsene 35 € (ca. 1 Std).

▶ So ungefähr könnte ein Weihnachtsmarkt im Mittelalter gewesen sein. In lange Gewänder gekleidete Menschen wärmen sich die Hände am offenen Feuer, Puppenspieler bringen euch zum Lachen, Spielleute musizieren schön oder schräg und plötzlich hallt ein Ruf durch die Gassen des Marktes: »Die Gaukler sind in der Stadt!« Dann wisst ihr, dass es Jongleure, Stelzenläufer oder Feuerschlucker zu bestaunen gibt. Es gibt auch eine lebende Krippe. Gaukler, Spielleute und Handwerker lassen die Geschichte zu Bethlehem lebendig werden, aber vorsorglich von dem von ihnen als Pfaffen bezeichneten Geistlichen beobachtet, auf dass sie nicht allzusehr über die Stränge schlagen.

Wie im Mittelalter: Die Haare züchtig unterm Häubchen – so konnten die Flöhe nicht so schnell überspringen

🍎 Wichtig für die Familienkasse: Ein Schwert misst 138 cm.

Weihnachtsmarkt-Express
Wilfried Wolters, Malteserstraße 28, 50859 Köln. ✆ 02234/77226, Fax 70888. Handy 0177/4185659 und 0177/6623535. www.bimmelbahnen-koeln.de. info@bimmelbahnen.de. **Zeiten:** Ende Nov – 23. Dez täglich 10 – 20 Uhr jede halbe Stunde. **Preise:** 3 € einfache Fahrt, Rundfahrt 5 €; Kinder bis 12 Jahre 2 €, Rundfahrt 3 €.

▶ Ihr habt euch die große Kölner Weihnachtsmarktrunde vorgenommen? Dann könnt ihr euren Füßen auf den Strecken zwischen den Märkten Erholung gönnen und mit der Bimmelbahn zu den Weihnachtsmärkten am Neumarkt, Alter Markt, Roncalliplatz und zum Mittelalterlichen Markt am Schokoladenmuseum fahren.

Karneval in Köln

▶ In Köln zeigt sich der Straßenkarneval nicht nur durch die üblichen Karnevalszüge. Schön ist auch das große Bühnenprogramm an **Weiberfastnacht** auf dem Alten Mark, mit dem der Straßenkarneval eröffnet wird:

Karnevalssamstag: Geisterzug.

Karnevalssonntag: Schull- und Veedelszöch.

Rosenmontag: Großer Rosenmontagszug.

Veilchendienstag: Nubbelverbrennungen in allen Stadtteilen.

Weiberfastnacht in Köln

Termin: Do vor Aschermittwoch.

▶ Am *Wieverfastelovend* wird in Köln der Straßenkarneval eröffnet. Auf dem Alten Markt findet dazu die größte Freiluftsitzung statt. Da wird gesungen, geschunkelt und gelacht. Das Ganze beginnt schon morgens um 10 Uhr. Um 11 kommt das Dreigestirn auf die Bühne, der Prinz hält eine Ansprache und die Stadt Köln übergibt ihm für die tollen Tage die Schlüssel der Stadt. Ab 11.11 Uhr wird dann in der Stadt den ganzen Tag und die ganze Nacht auf den Straßen, in den Kneipen und in den Büros gefeiert.

Kölner Rosenmontagszug

Termin: Mo vor Aschermittwoch.

▶ Am Rosenmontag herrscht in Köln Ausnahmezustand. Außer Krankenschwestern, Polizisten und Straßenbahnfahrern arbeitet an diesem Tag kaum einer in Köln. Und doch sind schon am frühen Morgen alle Einwohner in Bewegung. Entweder sie flüchten aufs Land oder sie ziehen singend durch die Straßen, um sich einen schönen Platz am Zugweg zu sichern. Populäre und aktuelle Themen aus Politik, Sport, Wirtschaft, Gesellschaft und Stadtleben werden hier auf die Schippe genommen. Auch bei Frost oder Regen verfolgen mehr als eine Million Zuschauer den Kölner Rosenmontagszug live vor Ort.

In Köln ruft man »Alaaf«. Erstmals im 16. Jahrhundert durch den Fürsten Metternich in einer Bittschrift verwendet (Cöllen al aff = Köln über alles). Im Karneval 1733 als Lob- und Trinkspruch nachgewiesen: »Köllen Alaaf« wird übersetzt mit »Köln allein« – die alte Stadt vornean! Da einmaliges Rufen nicht reicht, wird Köln gleich dreimal »hoch gerufen!«

Am Weiberfastnachtstag ziehen die Frauen allein los und schneiden manch einem Mann die Krawatte ab. Als Entschädigung dafür, dass ihm so symbolisch seine Männlichkeit genommen wurde, erhält er ein Karnevalsbützchen (einen Kuss) von der Scherenfrau.

RHEIN-SIEG-KREIS

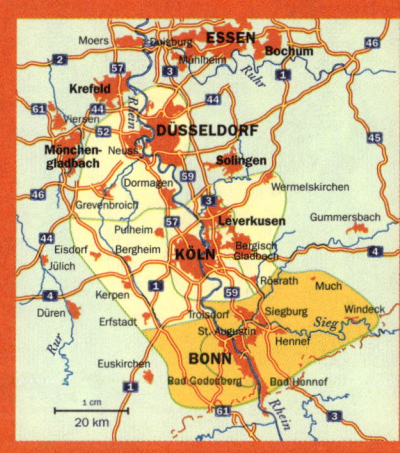

1 cm
20 km

Der Rhein-Sieg-Kreis ist eine der abwechslungsreichsten Regionen im Rheinland. Weithin bekannt ist das Siebengebirge mit dem Drachenfels, der Drachenburg und den Orten Königswinter und Bad Honnef. Nordöstlich schließen sich die Ausläufer des Westerwaldes und das Siegtal an.

Doch auch der linksrheinische Teil des Kreises ist einen Ausflug wert. Die Einwohner nennen die Region liebevoll »Vürjebirsch – Vorgebirge«, also die ersten Erhebungen vor dem Gebirge. Mit Gebirge ist hier die Eifel gemeint. Aus Sicht der Menschen hier, die auf maximal 100 m Höhe wohnen, ist die Eifel mit ihren bis zu 800 Höhenmetern eben ein echtes Gebirge.

Die Landschaft ist bestimmt durch Wiesen, Weiden und Felder, die sich in leichten Wellen bis zum Horizont ziehen. Auf dem sehr fruchtbaren Land werden Zuckerrüben, Getreide, Obst und Gemüse angebaut. Das beste Obst gibt es in Bornheim: Am Ausflugslokal Heimatblick könnt ihr Brombeeren ohne Ende essen, pur, auf Eis, im Kuchen, als Saft, Konfitüre, Gelee und Pralinen.

Wer gerne entspannt radelt, kann hier viele Radrouten finden, bei denen man ohne Bergritzel auskommt. Die Radwege verlaufen entweder über topfebene Strecken oder haben nur leichte Steigungen. Besonders schön lässt es sich im Siegtal an autofreien Sonntagen radeln und skaten.

SIEBEN-GEBIRGE UND RÜBEN-BAUERN

@ www.rhein-sieg-kreis.de.

Fühlt ihr euch im östlichen Rhein-Sieg-Kreis besonders wohl? Dann hat euch wohl das Westerwald-Fieber gepackt. Dagegen hilft nur eins: Der Ausflugsführer *Westerwald mit Kindern-Rhein, Lahn, Dill & Sieg* von Eberhard Schmitt Burk, ebenfalls für 12,95 € im Peter Meyer Verlag erschienen, ISBN 3-89859-405-X.

Frei- & Hallenbäder

Freibad Windeck

Am Freibad, 51570 Windeck-Rosbach. ✆ 02292/5246. **Anfahrt:** RB Bhf Rosbach. B256. **Zeiten:** täglich 10 – 20 Uhr. **Preise:** 2,60 €; Kinder/Jugendliche 1,60 €; 10er-Karten und Saisonkarten.

▶ Schönes Freibad mit großer Liegewiese unter Bäumen. Mit Schwimmbecken, 3-m-Turm, Babybecken, Kiosk und Volleyball-Feld.

TIPPS FÜR WASSER-RATTEN

Mit Ton gestalten: Beim Mittelalterfestival auf der Burg Windeck

Im **Restaurant Aquarius** gibt es die üblichen Schwimmbad-Schlemmereien.

HallenFreizeitBad Bornheim

Rilkestraße 3, 53332 Bornheim. ☎ 02222/3716, Fax 979696. www.stadtverwaltung-bornheim.de/frames/ oeffentl/schwimm.html. **Anfahrt:** ab Köln Straßenbahn 18 Bornheim, ab Bonn auch Straßenbahn 68. **Zeiten:** Mo – Fr 7 – 8 Uhr Frühschwimmen, 13.30 – 21.30 Uhr, Sa, So 8 – 18 Uhr, Ferien täglich 10 – 21.30 Uhr. **Preise:** 2 Std 3 €, Tageskarte 4,50 €; Kinder 3 – 17 Jahre 2 Std 2 €, Tageskarte 3 €; Ermäßigungen für Familien. **Infos:** Familienumkleide mit großen Spinden, vielen Ablagen, Wickeltisch und Laufstall.

▶ Zum Hallenbad gehören 5 Schwimmbecken: ein abgetrennter Kleinkinderbereich mit Eltern-Kind-Becken und Bausteinen, ein abgetrennter Wintergarten mit Kleinkindbecken, Warmbecken draußen (ganzjährig geöffnet), ein Sportbecken mit Hubboden und ein Kombibecken mit 67 m langer Rutsche.

Das Freibad auf dem Gelände ist Mitte Mai – Mitte Sept täglich 10 – 18 Uhr geöffnet. Hier warten auf euch: Spaßbecken mit offener Rutsche, 25-m-Bewegungsbecken, Wasser- und Matschbereich mit Schiffchenrinne und Wasserpilz, Spielplatz, Torwand, Tischtennis, Beachvolleyball und Grillstation mit Elektrogrills.

Hallenfreizeitbad Meckenheim

Siebengebirgsring 6, 53340 Meckenheim. ☎ 02225/ 917475. **Anfahrt:** Bus 843, 855 Beethovenstraße. **Zeiten:** Di, Do, Fr 13 – 21 Uhr, Sa, So 8 – 13 Uhr. **Preise:** 3,50 €, 5er-Karte 15 €, 20er-Karte 50 €; Kinder 4 – 18 Jahre 2 €, 5er-Karte 7,50 €, 20er-Karte 30 €.

▶ Hallenbad mit 3-m-Sprungturm und Plantschbecken im Mutter-Kind-Bereich. Draußen gibt es einen Wasserspielplatz. Das Bad verfügt außerdem über eine kleine Sauna und eine Liegewiese mit Tischtennisplatte und Beachvolleyball-Anlage. Wer seins vergessen hat, kann sich bei den Bademeistern ein Federballspiel leihen.

Le Mée in Frankreich ist Partnerstadt von Meckenheim.

Hallenbad Wachtberg

Oberdorfstraße, 53343 Wachtberg. ✆ 0228/343024, www.hallenbad-wachtberg.de. hallenbad-wachtberg@t-online.de. **Zeiten:** Di, Do 14 – 21 Uhr, Mi 8 – 18 Uhr, Fr 14 – 19.30 Uhr, Sa 8 – 14 Uhr, So 8 – 13 Uhr. **Preise:** 3 €, 5er-Karte 12,50 €; Kinder 6 – 17 Jahre 2 €, 5er-Karte 7,50 €. **Infos:** Wickelkommode vorhanden.

▶ In dieses Hallenbad dürft ihr eigene Spielgeräte wie Luftmatratzen, Schwimmbrille, Tauchermaske, Flossen und Spieltiere mitbringen. Für die ganz kleinen Gäste gibt es ein kreisrundes Plantschbecken mit künstlichem Bach, Seehund und Krabbelraupe. Selbst im Herbst und Frühjahr könnt ihr bei schönem Wetter hinaus auf die Liegewiese gehen, wo noch ein zweites Kinderplantschbecken ist. Verpflegungsautomat im Vorraum.

Abtauchen ohne Frostbeulen

Monte Mare Rhein Dive GmbH, Münstereifeler Straße 69, 53359 Rheinbach. ✆ 02226/903011, Fax 903012. www.rhein-dive.de. info@rhein-dive.de. **Anfahrt:** Bhf Rheinbach, von dort Bus 805 Freizeitpark. Umgehungsstraße Ausschilderung Freizeitpark folgen. **Zeiten:** Mo – Do 12 – 21 Uhr, Fr 12 – 23 Uhr, Sa 10 – 23 Uhr, So 10 – 21 Uhr. **Preise:** 4-Std-Karte Mo – Fr 24 €, Sa, So, Fei 34 € mit Erlebnisbad. Tageskarte Mo – Fr 37 €, Sa, So, Fei 47 € mit Erlebnisbad und Sauna.

▶ Taucher aufgepasst: Hier könnt ihr auch im bitterkalten Winter bei kuscheligen 28 Grad tauchen. Das Becken ist knapp 10 m tief und hat 200 qm Wasserfläche. Zum Üben gibt es drei Trainingsebenen 1,20 – 6 m tief, für Spaß und neue Erfahrungen betauchbare Röhrensysteme, Höhlen, Grotten, sprudelnde Vulkane, eine Strömungsanlage und ein versunkenes Bootswrack mit Wassergeist, der natürlich die Schatztruhe bewacht. Im Eintrittspreis sind Soft-Blei, Flasche und Non-Limit-Füllungen enthalten. Es werden Tauchkurse und ein Kindertauchclub für alle ab 8 Jahre angeboten.

Das französische La Villedieu du Clain ist Partnergemeinde von Wachtberg.

Das Tauchparadies musste nach der Eröffnung gleich wieder geschlossen werden, weil die Anstreicher eine Farbe genommen hatten, die nicht chlorwasserfest war. Nach jahrelangem Rechtsstreit und einer kompletten Renovierung kann nun endlich in dem liebevoll zurechtgemachten riesigen Pool getaucht werden.

RHEIN-SIEG-KREIS

Happy Birthday!

Bei einer Geburtstags-
party hat das Geburts-
tagskind freien Eintritt.
Alle Kinder können sich
auf Schwimmstaffeln
und Unterwasser-Scoo-
ter freuen. Eine Ge-
burtstagstorte darf na-
türlich nicht fehlen.

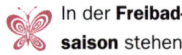 In der **Freibad-
saison** stehen
euch draußen eine
große Liegewiese, ein
Spielplatz und ein 50-m-
Sportbecken mit 1-, 3-
und 5-m-Sprungturm zur
Verfügung.

*Partnerstädte von
Bad Honnef sind
Berck-sur-Mer in Frank-
reich, Caddenabbia in
Italien, Ludvika in
Schweden und Witticke-
nau in Sachsen.*

Monte Mare

monte mare Rheinbach Freizeitbad GmbH & Co. KG,
Münstereifeler Straße 69, 53359 Rheinbach.
✆ 02226/90300, Fax 903099. www.monte-mare.de.
rheinbach@monte-mare.de. **Anfahrt:** Bus 805 Monte
Mare. Umgehungsstraße Ausschilderung Freizeitpark.
Zeiten: täglich ab 10 Uhr, Schwimmbad Mo – Sa bis 22
Uhr, So bis 21 Uhr, Sauna + Tauchzentrum Mo – Do 12
– 23 Uhr, Fr, Sa bis 24 Uhr, So bis 21 Uhr.
Preise: Schwimmbad Mo – Fr 2 Std 5 €, 4 Std 8 €, Tageskarte 10 €, Abendtarif 3,50 €, Sa, So, Fei 2 Std
6,50 €, 4 Std 9,50 €, Tageskarte 11,50 €; Kinder bis
1 m frei, bis 17 Jahre Schwimmbad Mo – Fr 2 Std 4 €,
4 Std 6, Tageskarte 8, Abendtarif 2,50 €, Sa, So, Fei
2 Std 5,50 €, 4 Std 7,50, Tageskarte 9,50 €; Familien-
ermäßigung auf alle Tarife 25 %. **Infos:** Preise für Sauna und Tauchzentrum auf der Homepage.

▶ Ein tolles Freizeitbad mit Wellenbad plus Spielplatz, Sauna, Tauchzentrum und Restaurant. In der
Kindererlebniswelt findet ihr Rutschen, Animations-
piraten, Abenteuerspielplatz und einen Spielbereich
mit vielen Wasserfiguren. Zwei echte Knaller: Wer es
rasant liebt, geht auf die Turbo-Rutsche. Und im
Black Hole sorgen Licht- und Soundeffekte für Ner-
venkitzel. Aber Vorsicht: Hier kann man, je nach Ver-
anlagung, die Orientierung verlieren oder süchtig werden.
Kinder zwischen 3 und 12 Jahren können kostenlos
Mitglied im Kinderclub »minimonti« werden. Da gibt
es Tipps für lustige Tage im Schwimmbad, Gutschei-
ne und Überraschungen.

Freibad Insel Grafenwerth

Lohfelder Straße 6, 53604 Bad Honnef-Grafenwerth.
✆ 02224/17107, 17108, a.wirikens@bhag.de.
Anfahrt: Bf Honnef dann 15 min Fußweg. linksrheinisch: Fähre von Rolandswerth, rechtsrheinisch B42.
Zeiten: Mo – Fr 7 – 19 Uhr, Sa, So 8 – 19 Uhr, bei gutem Wetter länger. **Preise:** 3 €, 10er-Karte 27 €; Kinder

6 – 16 Jahre 1,50 €, 10er-Karte 12 €; Ermäßigungen für Familien, Frühschwimmer und Gruppen.

▶ Ein Freibad auf einer Rheininsel! Und das mit Springerbecken, Sportbecken, Badeinsel, 52-m-Wasserrutsche und Nichtschwimmerbereich mit Hängebrücke. Im Eltern-Kind-Bereich gibt es eine kleine Rutschbahn und ein Schiffchenkanal. Und wenn's etwas trockener sein soll: große parkähnliche Liegewiese mit Feld für Beachvolleyball.

Schwimmtreff Königswinter

Cleethorpeser Platz 10, 53639 Königswinter. ✆ 02223/91630, Fax 916310. www.schwimmtreff-koenigswinter.de. info@schwimmtreff-koenigswinter.de. **Anfahrt:** Bhf Königswinter. Im Ort Richtung Bahnhof, von dort neben Bahnlinie der Ausschilderung Schulzentrum folgen. **Zeiten:** Mo, Di, Do, Fr 6 – 9, 13 – 21 Uhr, Mi 6 – 9, 13 – 18 Uhr, Sa, So 8 – 17 Uhr. **Preise:** 3,30 €, 10er-Karte 29,50 €; Kinder 5 – 13 Jahre 1,70, 10er-Karte 14; ermäßigt 2,70 €, 10er-Karte 23 €.

▶ Ein Schwimmbad 3-m-Turm und Nichtschwimmerbereich. Für die Kleinen gibt es ein Baby- und ein Kinderbecken. In den Sommermonaten wird die Außenanlage mit beheiztem Kinderbecken und großer Liegewiese geöffnet. Am letzten So im Monat sind die Becken voller Spielgeräte zum Toben und Plantschen. Das Highlight ist eine riesige Rutsche ins Wasser.

Lemmertz-Bad Königswinter

Oberweingartenweg, 53639 Königswinter. ✆ 02223/21296, www.koenigswinter.de. Nahe der Talstation der Drachenfelsbahn. **Anfahrt:** Bhf Königswinter. **Zeiten:** Mai – Mitte Sept täglich 10 – 20 Uhr, Kassenschluss 19.15 Uhr. **Preise:** 3 €, 10er-Karte 22 €; Kinder 1,50 €, 10er-Karte 12,50 €; Familien 5 € (1 + 2), 7 € (2 + 2). **Infos:** Wickelplatz vorhanden.

▶ Beheiztes Freibad mit 50-m-Becken, 60-m-Riesenrutsche und Wasserpilz. An Land warten Matschbe-

Hunger & Durst

Für Hunger und Durst stehen euch ein Kiosk, ein Restaurant und ein **Mineralbrunnen** zur Verfügung.

Happy Birthday!

Kindergeburtstag feiern mit Animation und Verpflegung, ab 9,50 € pro Kind ab 5 Kinder.

Hunger & Durst

Im Bistro könnt ihr euch nach der Anstrengung im Schwimmbad so richtig satt essen. Dort gibt es eine große Auswahl an Eis, Backwaren, Imbissen und sogar spezielle Kinderteller.

RHEIN-SIEG-KREIS

reich, Kinderspielplatz, Liegewiese und Kiosk auf euch.

Freizeitbad Oktopus

Zeithstraße 110, 53721 Siegburg. ✆ 02241/ 9699712, 65540 (Infoline), www.oktopus-siegburg.de. info@oktopus-siegburg.de. **Anfahrt:** Siegburg Bf, dann Bus 502, 510, 511, 557, 577 Oktopus. **Zeiten:** Di – Fr 7.30 – 21 Uhr, Sa, So, Fei 8 – 18 Uhr. **Preise:** 4 €, 10er-Karte 33 €; Kinder 6 – 17 Jahre 2 €, 10er-Karte 16,50 €.

▶ Allein im Freibadteil gibt es ein 50-m-Sportbecken mit separatem Sprungbereich bis 5 m, ein Aktionsbecken mit 85-m-Rutschbahn, Strömungskanal, Rutschberg, Fontänen und Luftsprudlern. Außerdem den Kleinkinderbereich mit Rutsche und Wasserspeier. Von der riesigen Liegewiese seht ihr den Michaelsberg. Hier könnt ihr auch Fußball und Volleyball spielen. Nach drinnen kommt ihr durch einen Schwimmkanal, dort gibt es ein 25-m-Becken mit Sprungturm, eine weitere Riesenrutsche, Solarium und Sauna.

Hallenbad Menden

Siegstraße 119, 53757 Sankt Augustin-Menden. ✆ 02241/318869, Fax 927446. manfred.lindlar@sankt-augustin.de. **Anfahrt:** Bus 640 Menden Hag. **Zeiten:** Di – Do 14 – 21 Uhr, Fr 9.30 – 21 Uhr, Sa 7 – 12.30 Uhr, So 8 – 12 Uhr. **Preise:** 3 €; Kinder 6 – 18 Jahre 1,50 €; Ermäßigung mit Mehrfachkarte, Viermonatskarte und für Sankt Augustin-Ausweis, Jugendleiter-Card und Familien mit drei und mehr Kindern. **Infos:** Wickeltisch vorhanden.

▶ Ein kleines Hallenbad mit Sportbecken. Der Dienstagnachmittag ist für euch Kids reserviert: Beim Spielenachmittag geht's so richtig rund.

 Nicht weit entfernt vom Schwimmbad, steht auf dem Gelände der Feuerwehr eine Halfpipe.

Happy Birthday!

Beim »okto birthday« gibt es eine Stunde lang Spaßprogramm für Kinder zwischen 6 und 12 Jahren. Dies ist Di – Fr 15 – 16 Uhr oder 16 – 17 Uhr möglich und kostet einschließlich Eintritt 4 € je Kind. Das Geburtstagskind zahlt natürlich nicht! Für weitere 4,60 € könnt ihr zwischen den Geburtstagsmenüs oktonuggets und oktowings wählen. Bei beiden gibt es Fritten, Colagetränk, Eis und eine kleine Überraschung dazu.

Hunger & Durst

In der **oktobar** gibt es preiswerte Tagesgerichte, leckere Spezialitäten und schnelle Snacks, bei schönem Wetter auch draußen auf der Sonnenterrasse.

Freibad Sankt Augustin

Husarenstraße 51, 53757 Sankt Augustin-Ort.
℅ 02241/29013, Fax 927446. manfred.lindlar@sankt-augustin.de. **Anfahrt:** Bus 508 Sankt Augustin Freibad.
Zeiten: Mo 10 – 20 Uhr, Di – Sa 9 – 20 Uhr, So 9 – 19 Uhr. **Preise:** ↗ Hallenbad Menden.

▶ Im Sommer können sich Wasserratten mitten in Sankt Augustin tummeln. Hier stehen euch ein 50-m-Schwimmerbecken, ein 5-m-Turm und ein Plantsch-becken zur Verfügung. Abgerundet wird das Ganze von einer großen Liegewiese, Umkleideräumen, einem Eltern-Kleinkind-Bereich und einem Verkaufs-kiosk mit Snacks.

Hermann-Weber-Bad

Am Freibad, 53783 Eitorf. ℅ 02243/923050, Fax 923059. www.eitorf.de/hermann_weber_bad.htm.
Anfahrt: S12 Eitorf. A565 AS7 Hennef-Ost, dann links und sofort rechts Siegtalstraße. **Zeiten:** Mo 12 – 21 Uhr, Di – Fr 7.30 – 21 Uhr, Sa, So, Fei 10 – 18 Uhr, Außenbecken 15. März – 12. Dez. **Preise:** 3,50 €, 10er-Karte 28 €; Kinder 6 – 17 Jahre 2 €, 10er-Karte 15 €; Minigruppenkarten für 5 Besucher, davon höchstens 2 Erwachsene 9 €.

▶ Hallenbad mit Erlebnisbecken und Riesenrutsche. Im Kleinkinderbereich gibt es Wasserspeier, Elefan-tenrutsche und Schiffchenkanal. Im Sommer werden im Außenbereich zusätzlich der Kinderspielplatz, die Liegewiese, der Beachvolleyball-Platz, das Plantsch-becken und die Sonnenterasse geöffnet.
Hunger und Durst könnt ihr im **Bistro delphina** stillen.

Waldfreibad Much

Bockemsweg 7, 53804 Much. ℅ 02245/911106, Fax 6850. **Anfahrt:** Bus 520, 576, 577 Much-Post oder Much-Rathaus. **Zeiten:** Mitte Mai – Mitte Sept Mo – Fr 13 – 19 Uhr, Sa, So, Fei 10 – 19 Uhr, Sommerferien täglich 10 – 19 Uhr. **Preise:** 3,50 €, 10er-Karte 27 €;

Nicht, dass ihr denkt, der Name Siebengebirge hätte etwas mit den sieben hohen Bergkuppen Drachenfels, Wolkenburg, Petersberg, Nonnenstromberg, Lohrberg, Löwenburg und Großer Ölberg zu tun! Nein, die Sprachforscher sind sich ziemlich einig, dass der Name vom rheinischen Begriff siffen = regnen oder Siefen/Siepen = kleiner, dahinrinnender Bachlauf stammt.

RHEIN-SIEG-KREIS

Kinder / Jugendliche 2,50 €, 10er-Karte 17 €; Familientarif bis 4 Familienangehörige 9,50 €, zusätzliche Kinder 2 €, Feierabendtarif ab 17.30 Uhr Erwachsene 2,50 €, Kinder bis 18 Jahre 2 €. **Infos:** Bei schlechtem Wetter bleibt das Freibad geschlossen.

▶ Ein idyllisch gelegenes Freibad direkt am Wahnbach, das solarbeheizt ist, mit 1- und 3-m-Brett, Kinderbecken mit Rutsche, großer Wiese und Beachvolleyball-Anlage. Das Freibad hat einen Kiosk mit Sitzgelegenheiten.

Schwimmhalle Neunkirchen

Prälat-Lewen-Straße 5, 53819 Neunkirchen-Seelscheid-Neunkirchen. ✆ 02247/3303, Fax 921793. hallenbad.neunkirchen@t-online.de. **Anfahrt:** Bus 577, 578 Neunkirchen-Ohlertstraße, 100 m Richtung Ortsausgang, dann Beschilderung. B507, L352/Hauptstraße Beschilderung Aquarena. **Zeiten:** Für Kinder: Mo, Mi 14 – 18, Do 14 – 17.30 Uhr, Fr 14 – 19 Uhr, Sa 10 – 14.30 Uhr, So 8 – 14.30 Uhr, Fei 8 – 12 Uhr, weitere Öffnungszeiten für Erwachsene. **Preise:** 3 €, 10er-Karte 20 €; Kinder 5 – 17 Jahre 1,50 €, 10er-Karte 12 €; Vorzugspreise für Inhaber von Regio-Bonn-Card, Familienpass und Jugendleiter-Card.

▶ Die Schwimmhalle besitzt einen 3-m-Sprungturm und eine Kleinkinderrutsche. Separat steht ein kleines Becken als Kleinkinderbereich zur Verfügung. Mi 14.30 – 17.30 Uhr wird ein Spaßnachmittag für Kinder veranstaltet, für den verschiedene Spielgeräte, z.B. aufblasbare Inseln im Becken zu Wasser gelassen werden. Im Frühjahr und Sommer kann der Außenbereich als Liegewiese genutzt werden. Ein kleines Bistro ist vorhanden. Bälle und Tauchreifen können beim Personal ausgeliehen werden. Besuche und Führungen durch die Technik des Bades sind für Gruppen auf Anfrage möglich.

Neunkirchen-Seelscheid unterhält Partnerschaften zu drei Gemeinden in Europa: zu Bicester in Mittelengland, Les Essart in Frankreich und zu Czernichów in Polen.

Aggua Troisdorf

Aggerdamm 22, 53840 Troisdorf. ✆ 02241/98450, Fax 9845599. www.aggua.de. info@aggua.de. **Anfahrt:** S12 Troisdorf. A3 AS31 Lohmar, dann B484, B56, B8. **Zeiten:** täglich 9 – 22 Uhr. **Preise:** 2 Std 5 €, 3 Std 6,50 €, Tageskarte 8 €, Freibad 3 €; Kinder unter 1 m frei, bis 16 Jahre 2 Std 4 €, 3 Std 5 €, Tageskarte 6 €, Freibad 2 €; Familien (2 + 2) 2 Std 15 €, 3 Std 19 €, Tageskarte 23 €, Ermäßigung Mo – Fr und nach 20 Uhr. **Infos:** Tageskarten beinhalten während der Freibadsaison den Eintritt zum Freibad.

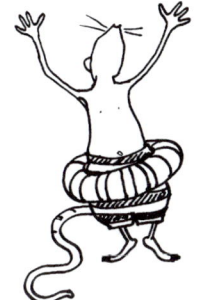

▶ Hat sich da beim Namen jemand verschrieben und meinte Aqua, also Wasser? Nein, das ist eine Wortspielerei, weil das Schwimmbad direkt an der Agger liegt. Das Aggua ist ein Kombibad mit Erlebnis-, Sport- und Kinderbecken, Sauna, Bistro und Freibad. Im Kinderbecken findet ihr Mini-Wasserrutsche, lustige Wasserschlange, Wasserrad, Ausguck mit Ruderanlage und Fahnenmast. Im Erlebnisbad einen Kletterdelfin, Wildwasserkanal, Felsengrotte und einer schnellen Breitreifenrutsche.

Tipp: In der Sommersaison ist das **Freibad** mit Schwimmer-, Nichtschwimmer- und Springerbecken mit 1-, 3-, 5-, 7,5-m-Turm, Kinderbecken, Riesenrutsche, Wasserpilz, Liegewiesen, Spielplatz, Tischtennis und Kiosk täglich 9 – 19.30 Uhr geöffnet.

Helmut-Loos-Bad

Berliner Straße 33, 53859 Niederkassel-Lülsdorf. ✆ 02208/6050. **Anfahrt:** Bus 163, 501, 503, 550 Lülsdorf-Hallenbad. **Zeiten:** Mo 15 – 20 Uhr, Di 14 – 21 Uhr, Mi 14 – 22 Uhr, Fr 9 – 21 Uhr, Sa 8 – 15 Uhr, So 9 – 14 Uhr. **Preise:** 2,50 €, 10er-Karte 20 €; Kinder 7 – 17 Jahre 2 €, 10er-Karte 16 €. **Infos:** behindertengerechte Einrichtung. **Achtung!** Maximale Badezeit 3 Stunden.

▶ Hallenbad mit räumlich getrenntem Kleinkinderbereich. Dort findet ihr Plantschbecken, Rutsche, Spielgeräte, Wickeltisch und Flaschenwärmer. Zum Ent-

Happy Birthday!
Bei einem Kindergeburtstag im Schwimmbad hat das Geburtstagskind freien Eintritt. Es gibt tolle Spiele rund ums Wasser und eine Erinnerungsurkunde.

RHEIN-SIEG-KREIS

spannen stehen Ruheliegen im Wintergarten, im Sommer auch auf der Liegewiese. Spielstunden mit viel Wasserspielzeug Di, Fr 15.30 – 17.30 Uhr, Sa, So 10 – 13 Uhr.

Boote & Wassersport

Familientour im Kanu auf der Sieg

Aktive Elemente, Bernard-Eyberg-Straße 41, 51427 Bergisch Gladbach. ✆ 02204/201444, Fax 201445. www.aktive-elemente.de. info@aktive-elemente.de. Abfahrt: Bhf Eitorf, Ziel: Bhf Hennef/Sieg. **Zeiten:** Fast jeden Sa Mai – Sept 11 Uhr.

▶ Spezielle Touren für Familien, die einen Tag auf dem Wasser und in der Natur genießen wollen. Um den Bootstransport braucht ihr euch nicht kümmern, das Boot mit der dazugehörigen Ausrüstung wird euch an der Einsatzstelle in Eitorf zur Verfügung gestellt. Zur Ausrüstung gehören Schwimmwesten, Paddel und Trockentonnen, in denen ihr Proviant und Ersatzklamotten trocken unterbringen könnt. Ihr werdet dann von einem erfahrenen Tourbegleiter in die Grundtechniken des Kanufahrens eingewiesen und befahrt die Sieg zwischen Eitorf und Hennef. Das ist ein für Anfänger geeigneter Abschnitt, ein paar Stromschnellen gibt es aber schon, in denen ihr aufpassen und kräftig paddeln müsst. Die 19 km lange Tour beginnt um 11 Uhr in Eitorf und endet etwa um 16 – 17 Uhr.

Bootsverleih in Herchen

Bürger- und Verschönerungsverein Herchen an der Sieg e.V., In der Au, 51570 Windeck-Herchen. ✆ 02243/5757, 2525 (Restaurant Löwenburg), Handy 0170/ 6293465. **Anfahrt:** Bhf Herchen, dann 1,7 km Fußweg. Rad: Siegtalradweg. **Zeiten:** täglich ca. 11 – 18 Uhr, wetterabhängig etwa Karfreitag bis Ende der Herbstferien. **Preise:** 30 Minuten 2,50 €, 1 Std 4 €.

Kanu ist der Oberbegriff für Kajak und Kanadier. Bei einem Kajak hat das Paddel zwei Blätter und ihr sitzt – meist allein – ganz tief im Boot. Den Kanadier kennt ihr als typisches Indianerboot, hier haben die Paddel nur ein Blatt und werden von oben ins Wasser gestochen (deshalb heißen sie auch Stechpaddel). Hier auf der Sieg paddelt ihr im Dreier- oder Vierer-Kanadier.

Foto: www.deutschland-tourismus.de

Langsam durchs Wasser gleiten, Freude, dass man es geschafft hat, nicht nur im Kreis herumzuirren: Kanufahren ist ein tolles Erlebnis

Am Startpunkt könnt ihr Minigolf oder Boule spielen.

▶ Mit einem von zehn Tretbooten oder zwei Ruderbooten könnt ihr auf einem Flussstück mit ganz wenig Strömung das Siegufer von unten ansehen.

Kanu fahren auf der Sieg

Kanuschule Petry, Wolfgang Petry, Frankenstraße 7, 53894 Mechernich-Eicks. ✆ 02443/6747, Fax 7413. Handy 0179/4629930. www.kanu-petry.de. Startpunkt wird euch nach Anmeldung mitgeteilt. **Preise:** Einer-Kajak pro Tag 21 €, Zweier-Kajak 31 €, Zweier-/Dreier-Kanadier 33 €. Die Boote werden auf Wunsch auch an die Ein- und Ausstiegsstelle gebracht. Preise für Kurse und Neoprenanzüge auf Anfrage.

▶ Die Sieg ist der ideale Fluss für Kajak-Anfänger. Hier könnt ihr auf ruhigen Streckenabschnitten die Grundtechniken üben und dann auf kurzen, quirligen Strecken schon ein wenig für andere Flüsse üben. Die Kanuschule kümmert sich exakt so intensiv um euch, wie ihr es wollt. Ihr könnt Boote ausleihen, an Tagesfahrten teilnehmen oder richtige Kurse besuchen. Auf Wunsch werden auch Grillplätze, Essen und Übernachtungsmöglichkeiten vermittelt.

Hunger & Durst

Das **Restaurant Löwenburg** neben dem Bootsverleih Herchen, ✆ 02243/2525, täglich ab 10 Uhr, hat auch Kinderteller auf der Karte und im Sommer draußen im Biergarten einen Kiosk, an dem ihr auch Rostbratwurst und Eis bekommt.

Die Kanuschule stellt euch auf Wunsch wasserdichte Provianttonnen. Warum sollen Butterbrot und Kekse nass werden, nur weil die Paddler nass sind?

RAUS IN DIE NATUR

Gebt dem Auto auch auf dem Weg zum Start frei: An diesem Tag setzt der VRS zusätzliche Pendelzüge ein, sogar extra mit Gepäckwagen für Fahrräder. Bahnhöfe gibt es reichlich auf der gesperrten Strecke: Siegburg, Hennef, Blankenberg, Merten, Eitorf, Herchen, Dattenfeld allein im Rhein-Sieg-Kreis, aber auch ganz im Osten z.B. Siegen und Netphen.

Schon in Niederkassel-Mondorf trefft ihr auf einen anderen Fernradwanderweg, die Siegtal-Route. Im ganzen Siebengebirge ist außer euch auch der Drache Siebenzahn auf seinem Fahrrad unterwegs.

Radeln & Skaten

Siegtal Pur – Autofreies Siegtal

www.siegtal.com. Infos bei den Touristinformationen in Hennef, Eitorf und Windeck. **Anfahrt:** RB zu allen Bahnhöfen im Siegtal. A3 bis AS32 Kreuz Bonn/Siegburg, A560 AS7 Hennef-Ost. Rad: Erlebnisweg Rheinschiene, Siegtalroute. **Zeiten:** 1. So im Juli 9 – 19 Uhr.

▶ Zehn Stunden lang darf auf 120 km Länge kein Motor durch das Siegtal brummen, die Straße gehört den Radlern, Skatern und Wanderern. In vielen Orten stehen Straßenfeste, Kinderspaß, Musik, Imbissbuden und After-Bike-Partys auf dem Programm.

Erlebnisweg Rheinschiene

Bad Honnef. **Länge:** 30 km. Leichte Radtour auf Hochwasserdeichen und Rheinpromenaden mit wenigen Steigungen. Kennzeichnung: oranges Quadrat mit blauem Fluss als S-Kurve. **Anfahrt:** RB Bhf Bad Honnef, zurück ab Stadtbahn 16 Wesseling.

▶ Der Erlebnisweg Rheinschiene ist ein Fernradwanderweg zwischen Bad Honnef und Duisburg. Auf der offiziell 357 km langen Route könnt ihr ganz nach Wunsch und Kondition eure Tour planen. Es gibt viele Brücken und Fähren, mit denen ihr die Flussseite wechseln könnt. Also ist von einem Mini-Ausflug bis zur Wochen-Radtour »rechts rauf – links runter« alles planbar. An vielen Wegpunkten stehen Thementafeln, auf denen ihr eine Karte mit der Route, nahe gelegenen Orten und Infos zur Umgebung findet. Startpunkt ist der **Bahnhof Bad Honnef.** Stromabwärts fahrt ihr Richtung Königswinter. Weiter geht es nach **Mondorf.** Wen der Sattel drückt, der kann im Hafen Boote gucken oder Minigolf spielen. Durch **Rheidt** und **Niederkassel** fahrt ihr nah am Rhein, danach werdet ihr von den Wegweisern in einem großen Bogen um das Niederkasseler Industriegebiet umgeleitet. An der **Burg Lülsdorf** stoßt ihr aber wieder auf den Rhein. Von hier sind es nur noch wenige

Meter bis zur Fähre nach Wesseling. Die **Fähre** setzt nicht schnurstracks zur anderen Rheinseite über, im Fahrpreis ist noch eine etwa 1 km lange Rheintour enthalten. In **Wesseling** habt ihr dann die Wahl: am Sandstrand ausruhen, sofort zur Straßenbahn oder auf der linken Rheinseite am Rhein entlang zurück. Dann könnt ihr eine der Brücken in Bonn oder die Fähre von Rolandseck nach Bad Honnef nehmen und euch in Bonn noch den Planetenlehrpfad ansehen.

Für diejenigen, die die kompletten 357 km radeln wollen, könnte der Radwanderführer *Erlebnisweg Rheinschiene* (12,95 €, ISBN 3-87909-638-4) aus dem Wienand-Verlag nützlich sein.

Wandern & Spazieren

Biotope, Brombeeren und Birken

Natur-Kultur-Pfad Bornheim, Tour Grün, 53332 Bornheim. www.natur-kultur-pfad.de. **Länge:** 4,2 km, 70 – 90 Minuten. Leicht, auch mit Buggy möglich (aber insgesamt anstrengende 90 m Höhenunterschied). Einkehrmöglichkeiten an Start und Ziel und mit Abstecher auf halber Strecke. **Anfahrt:** Stadtbahn 18 Bornheim. In Bornheim den Schildern zum P&R-Parkplatz folgen.

▶ Von der **Bahnhaltestelle** geht es zunächst die Pohlhausen-, später Lessingstraße bergauf. Nach etwa 450 m seht ihr auf der rechten Seite den **jüdischen Friedhof.** Geht weiter bergauf und an der nächsten Wegegabelung rechts in den Heideweg. Auf der linken Steite steht ein hölzernes Wegkreuz mit Bank, auf der ihr nach dem Aufstieg die erste Rast einlegen könnt. Der Wirtschaftsweg führt nun bergab zu einem zweiten hölzernen Wegkreuz mit Rastbank. Hier geht ihr links ins **Hasental,** immer am Fuß des bewaldeten Hanges entlang. Tierfreunde orientieren sich hier nach rechts zu den Pferdekoppeln, Naschkatzen nach links zu den Brombeeren und Holunderbüschen. Nach 750 m steht links ein Schild mit Erläuterung zu dem hier gut ausgeprägten Waldrand. An der nächsten Wegkreuzung links in den **Botzdorfer Neuweg** gehen. Hier könnt ihr geradeaus einen Abstecher zum Ausflugslokal »Heimatblick«, machen.

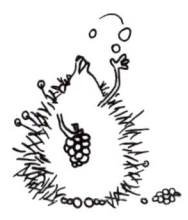

Auf der Webpage www.natur-kultur-pfad.de gibt es eine Übersichtskarte, die ihr euch für die Wanderung ausdrucken könnt und drei weitere Wandertipps des Bornheimer Bürgermeisters.

Hunger & Durst

Ausflugslokal Heimatblick, ✆ 02222/ 919810, www.hotel-heimatblick.de.

Bei der Recherche im September 2004 waren für den Baumlehrpfad schon Stieleiche, Feldahorn, Traubeneiche, Winterlinde, Hainbuche, Zitterpappel, Hängebirke und Eberesche gepflanzt. Sind bis zu eurem Besuch neue hinzugekommen?

Die Ville ist ein etwa 50 km langer Höhenzug westlich des Rheins zwischen Köln und Bonn.

Nach 300 m seht ihr links eine Streuobstwiese. Ihr folgt dem Neuweg weitere 300 m, bis zur Einmündung des Brombeerweges. Dort ist ein Grundstück mit den ersten Bäumen für einen Baumlehrpfad. Die Tour folgt dem Neuweg bis links ein **Aussichtsturm** auftaucht. Hier findet ihr eine große Tafel, die erläutert, wie die Ville entstand. Den Neuweg geht ihr weiter bergab und an der Wegegabelung mit dem Marienbildstock links in den **Hohlweg Waldstraße.** Folgt der Waldstraße bergab. Nach etwa 250 m, auf der Ecke Waldstraße 26/ Botzdorfer Weg geht ihr an der historischen Wirtschaft **Haus Scheben** vorbei. Dort gibt es schon lange keine Bewirtung mehr. Ihr folgt dem Botzdorfer Weg, rechts in die Pohlhausenstraße einbiegen und zurück zum Ausgangspunkt.

Auf dem Eselspfad auf den Drachenfels

Königswinter. **Länge:** 4 km gesamt. Steiler Weg, aber schon für Grundschulkinder und mit robustem Kinderwagen zu meistern. **Anfahrt:** RB Bhf Königswinter.

▶ Der Aufstieg zur Burg Drachenfels ist zwar anstrengender als in der Bergbahn oder auf dem Eselsrücken, dafür aber gratis und ihr könnt Pause machen, wo ihr es schön findet. Und Stellen, an denen

Für ganz Kleine, Lauffaule und Fußkranke ist der **Eselsritt** zum Drachenfels eine Alternative: Sa, So, Fei ab 11 Uhr, in den Ferien täglich, stehen an der Talstation der Drachenfelsbahn Esel, auf denen Kinder hinauf auf den Drachenfels reiten können. Pro Kind 9 €, ✆ 02223/24650.

ihr verschnaufen, etwas besichtigen oder Neues erleben könnt, gibt es viele: den Reptilienzoo, das Schloss Drachenburg, das Naturkundemuseum, den Lehrbienenstand und viele gute Futterkrippen. Ihr startet an der Talstation der Drachenfelsbahn und folgt immer dem Sträßchen, das rechts von der Eselsstation beginnt. Die Strecke ist sehr leicht zu finden, der Weg führt immer bergauf bis zur Bergstation der Drachenfelsbahn und der Ruine der Burg Drachenfels.

Wenn ihr nicht denselben Weg zurückgehen wollt, könnt ihr durch das **Nachtigallental** laufen. Die so entstandene Rundwanderung ist ungefähr einen Kilometer länger und führt fern des Trubels auf dem Eselspfad durch den Wald.

Skulpturenweg in Sankt Augustin
Kulturamt der Stadt Sankt Augustin, Markt 1, 53757 Sankt Augustin-Ort. ℰ 02241/243227, Fax 927441. www.skulpturenweg.info kulturamt@sankt-augustin.de. **Länge:** etwa 3 km oder 1 Stunde Stadtspaziergang ab Rathaus am Markt. **Zeiten:** frei zugänglich.

▶ Mitten im Ortszentrum von Sankt Augustin könnt ihr einen Rundgang machen, bei dem ihr die unterschiedlichsten Kunstwerke ansehen könnt. Da trefft ihr den heiligen Augustinus, ein Geschwisterpärchen und lustige runde Betonmenschen.

Das Kulturamt versorgt euch bei Bedarf mit näheren Informationen oder einem fachkundigen Führer.

Natur & Umwelt erforschen

Bergbauwanderweg
Eisenbergstraße, 51570 Windeck-Öttershagen. ℰ 02292/601107, 19433, Fax 601294. www.grube-silberhardt.de. Martina.Schneider@Gemeinde-Windeck.de. Länge 1,7 km, rund 1 Stunde. Leichter Rundweg mit zwei Abstechern. Kennzeichnung mit dem

Hunger & Durst
Auf dem Weg durchs Nachtigallental kommt ihr am **Milchhäuschen**, ℰ 02223/909000, vorbei, wo ihr einen Spielplatz findet und im Biergarten Hähnchen-Nuggets, Eis und Bockwürste essen könnt.

 Ganz neu ist eine **Rallye** über den Bergbauwanderweg, den die Pfadfinder für die Grube Silberhardt ausgearbeitet haben.

Der Eiserne Mann im Kottenforst

▶ Im Kottenforst, an der Kreuzung von fünf Waldwegen, ragt ein etwa 1 m hoher Eisenpfahl aus dem Boden. Er wird »Eiserner Mann« genannt und ist Mittelpunkt vieler Sagen und Bräuche in dieser Gegend. Wenn früher die Glocken der Schillingskapelle um Mitternacht läuteten, soll er sich dreimal um die eigene Achse gedreht haben. Zeugen versichern, dass er dies beim Mitternachtsläuten der Heimerzheimer Pfarrkirche auch heute noch macht.

Ein Mädchen, das um Mitternacht dreimal um ihn herum geht und ihn küsst, kann darauf vertrauen, einen guten Mann zu bekommen. Man sagt, deshalb sei seine Oberkante so blank.

Ungeklärten Ursprungs ist der bis heute gepflegte uralte Brauch von Jugendlichen der umliegenden Dörfer, in der Nacht auf Pfingstmontag zum »Isere Mann« zu pilgern und dort rituelle (?) Trinkgelage abzuhalten.

Wie der Pfahl dort hinkam, steht nicht eindeutig fest. Mal heißt es, es sei ein Denkmal für einen General namens »Eisenmann« aus dem Dreißigjährigen Krieg, der hier nach einer Schlacht begraben wurde. Der Kurkölnische Hofgerichtsschreiber Johann Philipp Vogel behauptete aber, der Eiserne Mann sei ein so genannter »Grenzgott«, also ein magisches Zeichen zur Markierung und zum Schutz von durch den Wald verlaufenden Ortsgrenzen.

Zum Teil wurde seine Herkunft sogar in die Römerzeit verlegt, was ja auch nicht weiter wundert, immerhin verlief der Römerkanal in unmittelbarer Nachbarschaft. Und 1972 meldete sich sogar Erich von Däniken in seinem Buch »Aussaat und Kosmos« zu Wort: Er sah im Eisernen Mann im Kottenforst das Gegenstück zu dem Eisenpfeiler in einem Tempelhof im indischen Delhi, einen Markierungspunkt von außerirdischen Besuchern.

Fakt ist, dass das Eisenstück 218 cm lang ist, damit nur zur Hälfte zu sehen und deshalb selbst mit dem Traktor nicht aus dem Boden zu ziehen ist. Anhand der chemischen Zusammensetzung und der Gusstechnik kann es nur ein spätmittelalterlicher oder frühneuzeitlicher Eisenbarren aus möglicherweise lokaler Verhüttung sein. Vor 1625 wurde er als Grenzstein durch den Alfterer Grafen gesetzt und wurde vermutlich 1727 als Vermessungspunkt bei der Umgestaltung des Kottenforsts für kurfürstliche Jagdzwecke an die heutige Stelle gebracht. ◀

Bergmannsymbol Schlegel und Bergeisen. **Anfahrt:** RB Bhf Schladern oder Rosbach, 5 km Fußweg, Mo – Fr Bus 344 Silberhardt. Auto: Siegtalstraße und B256 bis Rosbach, von dort ausgeschildert zur Grube Silberhardt. **Infos:** Der Weg führt durch ein Naturschutzgebiet, Hunde müssen also an die Leine.

▶ Startpunkt ist der Parkplatz gegenüber der Grube Silberhardt. Auf diesem kurzen Lehrpfad durch hohen Laubwald seht ihr an 14 Stationen Stollen, Schmelzstätten, eine Köhlerhütte mit Meiler und vieles mehr, das an 800 Jahre Bergbau unter diesem Wald erinnert. Leicht verständliche Schautafeln erklären zum Beispiel, was ein Kettenbremsberg ist oder wie ein Rennfeuerofen funktioniert. Ihr kommt auch an Wagen vorbei, die ursprünglich auf Gleisen durch die Stollen fuhren. Sie heißen Lore, wenn der obere Teil kippbar ist und Hund (oder Hunt), wenn der obere Teil fest ist. Der Name »Hund« soll von den Bergleuten genommen worden sein, weil diese Wagen bei schlecht verlegten Schienen oder zu großer Belastung quietschten und jaulten wie ein Hund, dem man auf die Pfote tritt.

Haus der Natur, Naturraum

Naturpark Kottenforst-Ville, Im Himmeroder Hof, Himmeroder Wall 6, 53359 Rheinbach. ✆ 02226/2343, www.naturpark-kottenforst-ville.de. hdn@naturpark.kottenforst-ville.de. **Anfahrt:** Bhf Rheinbach, dann Bus VRS bis Himmeroder Wall. Rad: Wasserburgenrunde. **Zeiten:** Di – Fr 10 – 12, 14 – 17 Uhr, Sa 14 – 17 Uhr, So, Fei 11 – 17 Uhr. **Preise:** kostenlos. **Infos:** Führungen nach Anmeldung.

@ Auf der Homepage www.naturpark-kottenforst-ville.de gibt es einen interaktiven Freizeitplaner. Nur Ort oder Thema eingeben und ihr bekommt Ausflugsziele angezeigt, die genau auf eure Auswahl passen.

▶ Ein kleines Info-Zentrum rund um den Naturpark Kottenforst-Ville mit Naturkino, einem Bachmodell, einer Infowand mit Riech- und Hörlöchern und vielen anderen Ausstellungsstücken zu den Wäldern und Feldern der Gegend zwischen Rheinbach und Köln. Schwierig auch für Erwachsene. In einer Nische stehen die Stämme von 14 verschiedenen einheimi-

An der Info-Theke und übers Internet könnt ihr viele gute Radel- und Wanderkarten bekommen.

Der VVS (Verschönerungs-Verein für das Siebengebirge) ist Träger des Naturparkes und handelt nach dem Motto: Nur wer die Natur erlebt, kann sie schätzen und schützen lernen.

Hier könnt ihr Honig, Wachskerzen und mehr kaufen und bekommt gute Beratung, wenn in eurem Garten oder auf eurem Balkon plötzlich Wespen, Hummeln oder Hornissen zur Untermiete wohnen.

schen Bäumen. Doch welcher Stadtmensch kann schon Bäume außer der Birke am Stamm erkennen? Gegenüber seht ihr den Hexenturm, den Rest der Rheinbacher Wasserburg.

Naturparkhaus Siebengebirge

Margarethenhöhe, Königswinterer Straße 409, 53639 Königswinter. ✆ 02223/909494, Revierförster 26224, Fax 909700. www.naturpark-siebengebirge.de. info@naturpark-siebengebirge.de. Eingang Löwenburger Straße. **Anfahrt:** Stadtbahn 66 Königswinter, Clemens-August-Platz; Bus 520 Margarethenhöhe. Ab Königswinter, Richtung Ittenbach. **Zeiten:** Di – Fr 9 – 16, Sa 15 – 17 Uhr, So 12 – 16 Uhr. **Preise:** 1,50 €; Kinder 7 – 17 Jahre 0,50 €; Familien 3 €, Schulklassen/Kindergärten 10 €. **Infos:** Gruppen mit Voranmeldung. Führungen pro Teilnehmer 1 €, mindestens 25 €.

▶ Mittelpunkt des Naturparkhauses ist ein anfassbares Landschaftsmodell des Siebengebirges, um das sich fünf weitere Abteilungen mit folgenden Themen gliedern: Vulkanologie/Geologie, Steinbrüche, Wald, Kulturlandschaft und Naturschutz/Naturpark. Im angrenzenden Park können vier Stationen erkundet werden: Die Galerie der Steine, lebenswertes Totholz, ein anfassbarer Querschnitt eines typischen Bodens aus dem Siebengebirge und ein Wildbienenhotel. Immer ein Erlebnis ist das grüne Klassenzimmer, dazu bitte früh anmelden.

Hotel zur wilden Biene

Honig Häuschen, Drachenfelsstraße 92, 53639 Königswinter. ✆ 02223/4220850, Fax 4220860. www.Honighaeuschen.de, www.Drachenfels.net. Imkerei@t-online.de. **Anfahrt:** Parkplatz Drachenfelsbahn etwa 20 Minuten. **Zeiten:** Führung nach Vereinbarung, Verkauf März – Okt Sa, So 12 – 18 Uhr, in den Ferien Di – So 12 – 18 Uhr.

▶ Von Mai bis nach den Sommerferien finden am Schaubienenstand Führungen für Kinder im Vorschul-

Vom Eselspfad aus seht ihr lustige Gesichter mit Fluglöchern für die Bienen durch den Mund. Das sind Baummasken, wie sie bei Waldimkern üblich sind. Diese sollen Krankheiten, Schädlinge und Honigdiebe vom Bienenvolk abhalten. Das mit den Dieben ist ja noch zu verstehen, aber Krankheiten und Schädlinge? Das kann doch nur Aberglaube sein!

alter statt. Ziel der Führungen ist es, meist von Erwachsenen übernommene Ängste gegenüber den »gefährlichen Stechern« abzubauen. Wie »gefährlich« die Führungen sind, lässt sich daran sehen, dass es 2003 bei 45 angemeldeten Führungen insgesamt drei Stiche gab.

Eine Führung beginnt mit Hinweisen, wie man sich gegenüber Bienen und Hornissen zu verhalten hat, bevor es an die Bienenstöcke geht. Im Bienenvolk werden die verschiedenen Individuen wie Königin, Arbeiterin und Drohne gezeigt. Außerdem könnt ihr verschiedene Honige probieren oder einen der Videofilme über Bienen und Hornissen ansehen. Die Dauer der Führung hängt von der Zahl eurer Fragen ab, der Imker nimmt sich gerne Zeit für euch.

Geologischer Lehrpfad

Zum Steimelsberg, Hennef. **Länge:** einmal um die Wiese. **Anfahrt:** Parken oberhalb der Eschenberg-Wildpark-Klinik.

▶ Gesteine verschiedener erdgeschichtlicher Zeitepochen mit ausführlicher Erklärungstafel am Startpunkt.

Minigolf im Kurpark, Eingang Kurhausstraße Mai – Sept Sa, So, Fei 14 – 19 Uhr, ✆ 02242/9697098.

Eitorf ist Partner-gemeinde von Bouchain in Frankreich und Halesworth in Großbritannien.

Zeitweise läuft ein Waldlehrpfad parallel. **Tipp:** *Besuchergruppen werden auf Wunsch nach vorheriger 14-tägiger Anmeldung von einem Förster, Imker oder Naturschützer geführt. Die Führungen sind kostenlos.*

Hunger & Durst

An jedem Sonntagnachmittag im Sommer öffnet die Naturschule ihre Türen und wird zum **Café Aggerbogen.** Jeder, der Lust hat einen Spaziergang durch den Landschaftsgarten Aggerbogen zu machen, kann sich dort ab 14.30 Uhr mit Waffeln und Informationen versorgen lassen.

Lehrpfad Waldimkerei & Waldhygiene

Forstamt Eitorf, Waldgebiet Hüppelröttchen, 53783 Eitorf-Käsberg. ✆ 02243/92160, 02292/3021 (Förster), Fax 921685. **Länge:** 3,4 km, nur für geländegängige Kinderwagen. **Anfahrt:** Bus 573 Stein, dann 1,7 km Fußweg. In Eitorf Bergstraße nach Eitorf-Käsberg. Am Ortsende geradeaus, an der abknickenden Vorfahrtsstraße links dem Hinweis Hüppelröttchen bis zum Wanderparkplatz Melchiorweg folgen.

▶ Im Wald bei Eitorf steht ein ganz besonderes Haus: Ein Insektenhotel. Auf dem Lehrpfad findet ihr alle paar Meter Informationen zu Bienen, Honig, Pollen, Nektar und anderen Themen der Imkerei. An vielen Bäumen wird durch Schilder erklärt, ob ihr Nektar und ihre Pollen gut oder eher mäßig sind. Es gibt Infos zu Waldameisen, Hummeln und Hornissen. Am Wegesrand sind Bienenstöcke und Streuobstwiesen zu sehen. Auch eine Wiese zum Toben darf nicht fehlen. Sie liegt am Insektenhotel neben einer Schutzhütte für 30 Personen mit Lagerfeuerstelle.

Naturschule Aggerbogen

Landschaftsgarten Aggerbogen, 53797 Lohmar-Wahlscheid. ✆ 02206/2143, Fax 866322. www.naturschule-aggerbogen.de. naturschule-aggerbogen@t-online.de. **Anfahrt:** Bus 557, 558 Aueler Hof. **Zeiten:** Mo, Mi, Do 9 – 11 Uhr. **Preise:** 2 €. **Infos:** Nur nach Anmeldung.

▶ So macht Schule Spaß, selbst wenn ihr noch im Kindergarten seid. Hier gibt es zu jeder Jahreszeit etliche Themen aus dem Sachkundeunterricht, bei denen ihr Spaß haben werdet und viel über die Natur lernt. Wollt ihr Erste Hilfe für Insekten lernen? Regenwürmer husten hören? Oder lieber einen Wassertropfen auf seiner Reise vom Meer hinauf in die Luft und zurück begleiten? Spannend ist auch ein Ausflug als Detektive im Winterwald. Fast 400 Kurse finden hier jährlich statt. Für bis zu 12 Kinder zwischen 5 und 11 Jahren organisiert das Team gern Kindergeburtstage zu verschiedenen Themengebieten. Kosten für

2 Stunden: 80 €. Thema könnte Oxmox ox Mollox (Indianer) sein: Ihr sucht zusammen Spuren, lernt den Wald kennen, bastelt, spielt, esst zusammen und hört dabei jede Menge Geschichten.

Wildstauden-Lehrpfad

Rathaus-Aufgang, Hauptstraße 78, 53819 Neunkirchen-Seelscheid-Neunkirchen. ✆ 02247/3030, Fax 303114. gemeinde@neunkirchen-seelscheid.de. **Länge:** so weit das Auge reicht. **Zeiten:** frei zugänglich.

▶ Was macht man mit einem Rathausvorplatz, umgeben von Häusern und Straßen, auf dem es im Sommer sehr heiß und trocken werden kann? Man bepflanzt ihn mit Licht liebenden, trockenheitsverträglichen Wildstauden und -gehölzen. Da blüht es nun fast das ganze Jahr gelb und lila. Gelb sind Ginster, scharfer Mauerpfeffer und Frühlingsfingerkraut. Die violetten Stauden haben noch lustigere Namen: Kriechende Hauhechel, Taubenkropf-Leimkraut, Pech-Nelke und Fette Henne.

Erfahrungsfeld der Sinne

Waldpark Troisdorf an der Burg Wissem. Länge: 1 km, je nach Wetter, Lust und Ausdauer 30 – 120 Minuten. **Anfahrt:** RB Bhf Troisdorf, dann Bus 501, 506 – 508 Richtung Siegburg bis Ursulaplatz. Troisdorf Zentrum Richtung Burg Wissem. **Zeiten:** frei zugänglich.

▶ Direkt neben dem Bilderbuchmuseum könnt ihr einen spannenden Erkundungsgang unternehmen, bei dem ihr alle Sinne einsetzen könnt: Sehen, Hören, Riechen, Tasten und Gleichgewicht werden gefordert, wenn ihr Sprechrohre, Balancierscheiben, Wippen und einen Summstein ausprobiert. Wer traut sich? Es kostet schon ein wenig Überwindung, den Kopf in den Summstein zu stecken oder mit der Hand in einen Kasten zu fassen, ohne zu wissen, was es dort zu tasten gibt.

Tipp: Einige Stationen liegen unmittelbar an einem kleinen Wildpark mit Hirschen und Rehen.

Die Stadt Lohmar hat Städtepartnerschaften mit Frouard und Pompey in Frankreich, Vila Verde in Portugal und Eppendorf in Sachsen.

Schon die zweite Fette Henne im Rheinland! In Köln, direkt am Dom, gibt es eine Straße namens Unter Fettenhennen.

RHEIN-SIEG-KREIS

Naturschutzstation Swisttal

NABU Kreisgruppe Bonn, Bärbel Dott, Waldstraße 31, 53913 Swisttal-Dünstekoven. ✆ 02254/846537, Fax 847767. Handy 0162/4098425. www.nabu-bonn.de. b.dott@nabu-bonn.de. **Anfahrt:** Bus 845 Dünstekoven-Waldstraße, Fußweg über Waldstraße Richtung Sportplatz etwa 10 Minuten.

▶ Die fast 50 Hektar große Fläche am Rand des Kottenforstes war früher eine Kiesgrube und ist nun, nach Ende der Abgrabungen, Naturschutzgebiet. Die NABU-Station betreut diese Fläche und bietet für Kindergruppen und Schulklassen spannende Programme an, in denen ihr mehr über den Naturschutz allgemein, aber auch über Amphibien, seltene Pflanzen oder Greifvögel erfahren könnt. Denn hier wachsen allein drei verschiedene Pflanzenarten, die auf der Roten Liste der stark gefährdeten Pflanzen stehen. Und bei den dort lebenden Brutvögeln, Amphibien, Libellen, Schmetterlingen und Heuschrecken sieht es ganz genauso aus.

An euren Besuch könnt ihr eine schöne Wanderung durch den Kottenforst anhängen, bei der ihr einem ↗ **Eisernen Mann** begegnen werdet. Dazu geht ihr einfach immer geradeaus. Wer eine Wanderkarte mitnimmt, kann vom Eisernen Mann noch zum Kamelleboom gehen, dann sind es insgesamt etwa 6 km, die in 2 – 3 Stunden machbar sind.

Reiten & Kutsche fahren

Planwagenfahrt durchs Windecker Ländchen

Heuhotel Hof Fröhling, Rauner Hohn 20, 51570 Windeck-Hurst. ✆ 02292/7327, Fax 680067. www.hof-froehling.de. hof-froehling@t-online.de. **Anfahrt:** In Hurst der Reiterstraße folgen. **Preise:** 8 € für 1 1/2 Std. **Infos:** Mindestteilnehmerzahl 10 Personen.

▶ Ein sicherer Planwagen mit offizieller Genehmigung des Straßenverkehrsamtes stimmt auch ängstliche Eltern gnädig, wenn ihr euch eine Fahrt durchs Windecker Ländchen wünscht. Bis zu 25 Personen können damit vom Traktor zur Burgruine, zur alten Silbermine oder einfach nur durch die Felder gezogen werden.

Tipp: Auf dem Hof Fröhling könnt ihr in der Pferdepension auch mit eigenem Pferd übernachten – nee, nee: das Pferd schläft im Stall und ihr im Bett!

Ponyreiten und Voltigieren

Reitstall Welsch, Villiper Weg 26, 53343 Wachtberg-Arzdorf. ℰ 02225/5963, www.reitstall-welsch.de. reitstall-welsch@t-online.de.

▶ Ein wunderschönes Ausflugsziel für Pferdefans. Hier könnt ihr Reitunterricht nehmen, Ponyreiten und Voltigieren. Außerdem werden Kutschfahrten angeboten.

Planwagenfahrt durch das Siebengebirge

Fahrstall Otto, Hirschbergstraße 9 – 11, 53639 Königswinter-Thomasberg. ℰ 02244/7814, Fax 5468. www.fahrstall-otto.de. frankys-vierbeiner-shop@t-online.de.

Wem Pferde und Ponys (noch) zu groß sind, der fühlt sich sicherlich im Streichelzoo wohler.

Hunger & Durst

Wie wär's mit einem Bauernfrühstück auf dem Wagen: Baguettes, Mett-, Fleisch-, Blut- und Leberwürste hängen vom Wagendach herunter, dazu gibt es noch Käsewürfel. Lecker!

**Hoch auf dem Wagen:
Dick eingepackt, macht
so eine Kutschfahrt selbst
im Winter Spaß**

Ruppichteroth ist mit den Gemeinden Longdendale/Tameside in Großbritannien sowie Caputh und Schenkendöbern in Brandenburg freundschaftlich verbunden.

▶ Der Fahrstall Otto macht Planwagen- und Kutschfahrten mit Pferden, die extra dafür ausgebildet wurden und nach der Arbeit auf saftigen Weiden ausspannen dürfen.

Planwagenfahrten durch das Bröltal

Fahrstall Kaltenbach, Burgstraße 6, 53809 Ruppichteroth. ✆ 02295/5137, Fax 5353. www.fahrstall-kaltenbach.de. info@fahrstall-kaltenbach.de.

▶ Die Planwagenfahrten führen über den waldreichen Höhenrücken des Nutscheids oder durch das Sieg- und Bröltal. Für das leibliche Wohl wird bestens gesorgt. Ganz nach euren Wünschen wird eine Kaffeefahrt mit Waffeln, eine Picknick-Fahrt mit rustikalem Verpflegungskorb oder auch eine Pause mit Einkehr im Landgasthof Höhe organisiert. Der Wagen bis 12 Personen kostet für 2 Stunden 110 €.

Tierparks & Erlebniswelten

Drachenhöhle und Reptilienzoo

Marlies Blumenthal, Drachenfelsstraße 107, 53639 Königswinter. ✆ 02223/24150. **Anfahrt:** Bhf Königswinter. Parken an der Talstation Drachenfelsbahn.
Zeiten: Mitte März – Mitte Nov täglich 10 – 18 Uhr, im Winter Sa, So, Ferien 10 – 18 Uhr. **Preise:** 3,50 €, Gruppen ab 15 Personen 3 €; Kinder 2,50 €, Gruppen ab 15 Personen 2 €.

▶ Erwachsene kommen meist wegen der Nibelungenhalle hierhin. Für Kinder aufregender ist der Weg vorbei an einem riesigen künstlichen Drachen zu seinen kleineren Verwandten im Reptilienzoo. Hier leben Geckos, Warane, Agamen und Leguane als Nachbarn von Skorpionen, Vogelspinnen und Ziervögeln. Besonders lange stehen die Besucher aber vor den Terrarien mit den Krokodilen, Alligatoren, Boas, Anakondas und Pythons. Da sind viele sehr froh, dass zwischen ihnen und den Reptilien noch eine

Hunger & Durst

Oberhalb der Nibelungenhalle gibt es gleich vier gute Anlaufpunkte für Hungrige: das gehobene **Restaurant Kuckstein** ist erst ab 17 Uhr geöffnet, **Onkel Pe** hat einen Spielplatz, auch im **Winzerhäuschen** gibt es vernünftige Preise und die besten Fritten gibt es im **Imbiss Zum Drachenbrunnen.**

Einer von beiden »Drachen« ist echt – welcher?

Glasscheibe ist. Einen Bewohner müsst ihr gesehen haben: Heinrich, den 3,50 m großen Mississippi-Alligator. Wie er an seinen Namen kam? Jemand erschrak vor dem großen Tier und zitierte den letzten Satz von Goethes Faust, in dem Gretchen sagt »Heinrich, mir graut vor dir!«.

Tipp: In diesem Zoo dürfen sogar Hunde mitgenommen werden!

Freizeitpark Rheinbach

Stadt Rheinbach, 53359 Rheinbach. ✆ 02226/10841 (Frau Weber, Pächterin des Cafés). **Anfahrt:** Bhf Rheinbach, von dort Bus 805 Freizeitpark. Umgehungsstraße Ausschilderung Freizeitpark. **Preise:** Eintritt frei (außer Grillplatz, Minigolf).

▶ Hier können Kinder ungestört toben. Es gibt einen Sandplatz mit Wasserquelle und Wasserspielstraße, einen Rodelberg, eine große Lokomotive zum Klettern, zwei Seen, Plätze für Beachvolleyball, Basketball und Volleyball, zwei Grillplätze, eine Minigolfanlage, ein Café und viel, viel Platz zum Spielen, Picknicken und Faulenzen.

Partnerstädte von Rheinbach: Villeneuve-lez-Avignon/ Frankreich, Deinze (Belgien), Sevenoaks (GB) und Kamenický Senov (Tschechien).

RHEIN-SIEG-KREIS

Hunger & Durst

Bauernhof-Café, täglich 9 – 18.30 Uhr, ✆ 02205/897706. Großes Schlemmer-Frühstücksbuffet und Mittagstisch. Sa und in den Ferien spezielles Kinder-Mittagsbuffet, So Grill und heiße Waffeln. Im Sommer mit Biergarten. Kinderspielplatz vorhanden.

Alle Produkte des **Krewelshofs** sind lecker und frisch. In jedem Fall solltet ihr das Zwetschgenkraut probieren, das im riesigen Kupferkessel auf Buchenholzfeuer gekocht wird. Genial lecker sind auch der junge Bärlauchkäse, die Benjamini-Kinderäpfel und der hauseigene Apfelsaft (Schau-Apfelsaftpressen mit dem Saftmobil im Herbst).

Happy Birthday!

Geburtstagskinder haben freien Eintritt.

Maisfeldlabyrinth und Kürbispyramide

Erlebnis-Bauernmarkt Krewelshof, L288/Sülztalstraße, 53797 Lohmar-Burg Sülz. ✆ 02205/897700, 897706 Schaukäserei, Fax 897702. www.krewelshof.de. info@krewelshof.de. bei Rösrath-Rambrücken. **Anfahrt:** Bus 556 Bacherhof. A3 AS30 Rösrath, rechts auf Sülztalstraße. **Zeiten:** Mo – Fr 9 – 18.30 Uhr, Sa 9 – 17 Uhr, Maislabyrinth Juli – Okt täglich 10 – 18 Uhr, Schaukäserei Do 9 – 15.30 Uhr. **Preise:** Spielpark, Maislabyrinth 3,50 €, Gruppen ab 20 Personen 2,50 €; Kinder unter 1 m frei. **Infos:** Familien-WC, Behinderten-WC.

▶ Auf diesem Bauernhof ist immer etwas los: Im Frühling staksen im Ziegenstall die Zicklein durch das Heu und es werden Blumen- und Spargelfest gefeiert. Im Mai folgt das prächtige Erdbeerfest. In der Sommerzeit werden Grillfeste mit Ochs am Spieß veranstaltet. Ganz neu ist das **Maisfeldlabyrinth**. Da werden in den hochstehenden Mais verwirrende Wege hineingemäht. Sehr spannend!

Später im Jahr folgen Zauberer- und Prinzesschenparty, Strohhutfest, Halloween-Geisterparty und Adventsfeiern mit Apfelpunsch und Lichterglanz-Winterzauber.

Geburtstage können im Stroh oder im Maislabyrinth verbracht werden. Und im Laufe des Jahres gibt es eine ganze Liste an Workshops wie Indianer-Kopfschmuck, Zauberstab oder Weihnachtskugeln. Und in der **Schaukäserei** könnt ihr erfahren, wie aus der frischen, melkwarmen Milch leckerer Käse entsteht. Sa 11 – 13 Uhr dürft ihr euch kostenlos von zwei dicken Kaltblütern in der **Pferdekutsche** um den Krewelshof ziehen lassen.

Troiki´s Kinderparadies

Speestraße 23, 53840 Troisdorf. ✆ 02241/8817557. **Zeiten:** Mo – Do 13.30 – 19 Uhr, Fr 13 – 20 Uhr, Sa, So, Fei, Ferien 10 – 20 Uhr. **Preise:** 1,50 €; Kinder 5,60 €, Gruppen ab 10 Kindern 5,10 €, ab 20 Kinder Sonderpreise.

▶ Eine Kletterlandschaft auf zwei Ebenen mit Tunneln, Tausenden von Bällen, Lianen, Spinnennetzen, Rutschen und Geisterröhren, Großtrampoline, Tretautos und Riesenbausteine.

Jenny und Jacky Kinderpark

Gladiolenweg 100, 53859 Niederkassel. ✆ 02208/4027, Fax 767652. www.jenny-jacky.de. Kinderpark@web.de. **Anfahrt:** Straßenbahn 7 Zündorf, Bus 501, 550 Niederkassel, Spicher Straße. BAB59 AA35 Wahn rechts bis Niederkassel, hinter Ortseingangsschild links. **Zeiten:** Mo – Fr 14 – 19 Uhr, Sa, So, Fei 11 – 19 Uhr. **Preise:** 4,50 €; Kinder 6,50 €; Ermäßigungen während der Ferien, mit 10er-Karte und für Gruppen.

▶ Eine 300 qm große Halle zum Toben mit Rutschen, Kletterberg, Bullenreiten, Bällchenbad, Karussell, Hüpfburg, Schaukeln, Wippen, Trampolin, Kicker und Tischtennis. Essen könnt ihr mitbringen, müsst dann aber eine Müllpauschale zahlen.

Happy Birthday!

Geburtstagskinder können hier zwischen vielen verschiedenen Geburtstagsangeboten wählen und haben freien Eintritt.

Hunger & Durst

In vier verschiedenen Futterecken gibt es von Eis über Pizza bis zu Chicken Nuggets alles, was Ihr gerne mögt.

Picknicken & Grillen

Grillhütten im Rhein-Sieg-Kreis

Alfter-Witterschlick: Servaisstraße 71 A, Kontakt Herr Müseler, ✆ 0228/641798. Überdachter Grill, Durchmesser 80 cm, 6 Tische und Bänken, Toiletten, Theke. Direkt neben der Grillhütte befindet sich ein kleiner Spielplatz und etwas abseits auch eine Wiese zum Toben und Spielen.

Much: Freizeitgelände Fatimakapelle, Kontakt Gemeinde Much, ✆ 02245/6841. Grillplatz und Grillhütte mit Waldwiese, Kinderspielplatz, WC, Wasser- und Stromanschluss.

Much-Wellerscheid: Kontakt Herr Pütz, ✆ 02245/2781. Grillhütte und Grillplatz mit Tischen und Bänken, WC, Wasser- und Stromanschluss.

Niederkassel-Mondorf: Naherholungsgebiet Siegmündung, Mondorfer Hafen, Kontakt Stadt Nie-

derkassel, ✆ 02208/9466-150 oder -151. Bänke, großer überdachter Grill. Miete 15 €, Kaution für Schrankenschlüssel 25 €.

Rheinbach-Flerzheim: Am Sportgelände, Kontakt Herr Fenske, ✆ 02225/4949. In der Grillhütte befindet sich ein großer, gemauerter Grill und Sitzplätze für ca 80 Personen. Hütte mit Strom, Kühlschrank und Wasser. Toiletten im Sportlerheim können genutzt werden. Eingezäunter Spielplatz direkt gegenüber. Miete: bis 40 Personen 25 €, 40 – 80 Personen 40 €, Großveranstaltungen über 80 Personen 65 €.

Rheinbach: Münstereifeler Straße, www.rheinbach.de/html/freizeitpark.shtml, Kontakt Parkcafé ✆ 02226/10841. Überdachte, geschlossene Hütte mit gemauertem Grill direkt am Freizeitpark. Miete bis 5 Std 15 €, mehr als 5 Std 26 €.

Rheinbach-Niederdrees: Kontakt Frau Krämer, ✆ 02226/5274. Eine 7 x 7 m große, überdachte, offene Hütte mit 7 Tischen und Bänken, Metallgrill.

Rheinbach-Odendorf: 6-eckige Hütte mit Außenfeuerstelle und 6 Bänken. In der Hütte befinden sich ca. 20 Sitzgelegenheiten.

Wachtberg-Berkum: Stumpenberg, in der Nähe von Schule und Schwimmbad, Kontakt Herr Walgenbach, ✆ 0228/348297. Ein großer, gemauerter, überdachter Grill in einem ehemaligen Steinbruch. Zufahrt zu Grillhütte und Grillplatz sind beleuchtet. Toiletten vorhanden. An der Schule befindet sich ein großer Abenteuerspielplatz. Miete bis 50 Personen 65 €, bis 100 Personen 95 €.

Grillplatz Nasseplatz

Margarethenhöhe, Königswinterer Straße 409, 53639 Königswinter. ✆ 02223/909494, Fax 909700. www.naturpark-siebengebirge.de. info@naturpark-siebengebirge.de. **Anfahrt:** Bus 520 Margarethenhöhe. Ab Königswinter, Richtung Ittenbach. **Preise:** 10 – 15 Uhr

Die Partnerstadt von Königswinter in Großbritannien heißt Cleethorpes. Eure Eltern werden sich möglicherweise die Lippen lecken, wenn sie erfahren, dass die Partnerstadt in Frankreich Cognac ist.

oder 15 – 20 Uhr je 40 €, ganztägig 10 – 20 Uhr 75 €;
Grillen ist für Kindergärten, Schulen und Behinderte an
den Werktagen vormittags kostenlos.

▶ Der Grillplatz ist für bis zu 80 Personen geeignet
und verfügt über offene Sitzplätze und überdachte
Grillhütten, hat aber weder Toiletten noch Wasseran-
schluss. Er ist etwa 500 m entfernt von der Margarethenhöhe (und den dortigen Parkplätzen).

Wintersport

ICEDOME

Eissporthalle Troisdorf, Uckendorfer Straße 135,
53844 Troisdorf. ℂ 02241/400266, 42772 Infotel,
Fax 401344. www.eissporthalle-troisdorf.de. **Anfahrt:**
Bus 507, 508 Freizeitpark Haus Rott. A59 AS37 Spich.
Zeiten: Sept – April Mo – Fr 9 – 12 Uhr und 14 – 16.30
Uhr, Mi auch 19.30 – 21.30, Sa 14 – 17 Uhr und 19 –
22.30 Uhr (Disco-on-Ice), So 9.30 – 12 Uhr und 14 –
17 Uhr. **Preise:** 4,50 €, 5er-Karte 20 €, Disco-on-Ice
5,50 €; Kinder 6 – 10 Jahre 2,50 €, 5er-Karte 10 €,
Disco-on-Ice 4,50 €, 11 – 17 Jahre 3,50 €, 5er-Karte
15 €, Disco-on-Ice 4,50 €; Gruppen ab 12 Personen erhalten je 50 Cent Ermäßigung. **Infos:** Schlittschuhverleih pro Paar 3,50 €.

▶ Hier könnt ihr Pirouetten drehen und Sprünge
üben, vielleicht auch nach einer Wettfahrt mit Freunden überlegen, ob ihr bei Troisdorf Dynamite Eishockey spielen lernen wollt. Sa ab 9.45 Uhr wird Eis-
tanz geübt. Nach telefonischer Voranmeldung und
der nötigen Überzeugungsarbeit bei eurem Sportleh-
rer könnt ihr hier sogar Schulsport machen.
Wollt ihr euer Saturday Night Fever ein wenig abkühlen? Samstags 19 – 22.30 Uhr ist **Disco-on-Ice**. Kinder unter 10 Jahre müssen dabei einen Erwachsenen mitbringen.

*Evry in Frank-
reich, Redcar &
Cleveland (ja, so heißt
der Ort wirklich!) in
Großbritannien, Kerkyra
in Griechenland, Heide-
nau in Sachsen und
Genk in Belgien sind
Partnerstädte von Trois-
dorf.*

Happy Birthday!
Geburtstagskinder bis
17 Jahre haben freien
Eintritt unter Vorlage
ihres Ausweises.

Im Eissportfach-
geschäft **Icedome
Sports** erhaltet ihr
alles, was mit Schlitt-
schuhlaufen, Eishockey,
Inline und Streethockey
zu tun hat.

RHEIN-SIEG-KREIS

HANDWERK UND GESCHICHTE

Bahnen & Betriebsbesichtigungen

Mit der Zahnradbahn auf den Drachenfels

Bergbahnen im Siebengebirge AG, Drachenfelsstraße 53, 53639 Königswinter. ✆ 02223/92090, Fax 4734. www.drachenfelsbahn-koenigswinter.de. info@drachenfelsbahn-koenigswinter.de. **Anfahrt:** Bhf Königswinter. Gut ausgeschildert. **Zeiten:** Jan, Feb, Nov Mo – Fr 12 – 17 Uhr, Sa, So 11 – 18 Uhr, März, Okt 10 – 18 Uhr, Apr 10 – 19 Uhr, Mai – Sept 9 – 19 Uhr. **Preise:** 6,50 €, Berg- und Talfahrt 8 €, Hunde und Kinderwagen 1 €; Kinder 4 – 13 Jahre 4 €, Berg- und Talfahrt 4,50 €; Gruppenrabatt, Schulklassen bis 18 Jahre Kindertarif.

In dem Faltblatt »Die Natur-Tour« sind die 10 wichtigsten Bäume entlang der Bahnlinie erklärt. Aber nicht vergessen: Blumen pflücken während der Fahrt ist verboten.

▶ Diese Zahnradbahn erspart euch den mühevollen Aufstieg auf den Drachenfels, denn das sind immerhin 220 m Höhenunterschied.

Seit ihrer Eröffnung 1883 hat die Drachenfelsbahn schon etwa 32 Millionen Fahrgäste befördert. Das war in den Jahren der Dampflokomotiven für die Lokführer noch richtig schwere Arbeit!

Stadtrundfahrt mit dem Lokomobil

Bergbahnen im Siebengebirge AG, Drachenfelsstraße 53, 53639 Königswinter. ✆ 02223/92090, Fax 4734. www.drachenfelsbahn-koenigswinter.de. info@drachenfelsbahn-koenigswinter.de. Start: Talstation der Drachenfelsbahn. **Anfahrt:** Bhf Königswinter. **Zeiten:** Jede halbe Stunde. **Preise:** 3 €.

▶ Die lustige Stadtrundfahrt mit einem Zug ohne Gleise kreuz und quer durch Königswinter dauert etwa 20 Minuten. Es können auch Sonderfahrten vereinbart werden.

Rund um die Talstation der Drachenfelsbahn gibt es einige gute und preiswerte Schnellimbisse.

Besucherbergwerk Grube Silberhardt

Eisenbergstraße, 51570 Windeck-Öttershagen. ✆ 02292/601107, 19433, Fax 601294. www.grubesilberhardt.de. Martina.Schneider@Gemeinde-Windeck.de. **Anfahrt:** Bhf Schladern oder Rosbach je 5 km entfernt, Mo – Fr Bus 344 Silberhardt. Siegtalstraße und B256 bis Rosbach, von dort ausgeschildert. **Zeiten:** April – Okt 1. Wochenende im Monat Sa 13 – 16 Uhr, So 11 – 16 Uhr und auf Vereinbarung. **Preise:** 2,50 €, Gruppen ab 15 Personen 2 €; Kinder 4 – 12 Jahre 1,50 €, Gruppen ab 15 Personen 1 €.

▶ Wenn man den Überlieferungen Glauben schenken darf, wurde die Silbermine in Öttershagen schon im 13. Jahrhundert gegründet. Damals war Windeck Teil des legendären Eisenlandes, wo ein leicht zu verarbeitender Stahl aus Eisenerz hergestellt wurde. 1920 – 1926 wurde der Förderschacht zuletzt in Betrieb genommen, um nach Eisen-, Blei- und Silbererz nun auch Zinkerz zu fördern. Seit einigen Jahren rackern sich freiwillige Helfer damit ab, die eingefallenen Stollen wieder begehbar zu machen. Alle Anlagenteile sind voll funktionsfähig, die Grube könnte jederzeit mit der Produktion beginnen.

Ihr wisst am Ende der Führung, dass der Bergmannskübel gar kein Kochtopf ist. Im Gegenteil: Unter Tage gab es keine Toiletten, da war dieser riesige Topf mit Deckel der Ersatz. Wenn der Kübel voll war, wurde ein Freiwilliger gesucht, der ihn leeren musste. Das war zwar eine unappetitliche Angelegenheit, brachte aber ein paar Pfennige extra bei der nächsten Lohnauszahlung.

Wie kommt die Limonade in die Flasche?

Artus Mineralquellen GmbH, Brunnenallee 1, 53332 Bornheim-Roisdorf. ✆ 02222/9416-28, Fax 9416-42. Handy 0172/6993243. www.artus-mineralquellen.de. edzard.anders@artus-mineralquellen.de. **Anfahrt:** Straßenbahn 18 Roisdorf, 5 Minuten am Roisdorfer Bach Richtung Alfter oder Bhf Roisdorf West 5 Minuten die Brunnenallee hinunter. **Zeiten:** Mo – Do 8 – 10 und 11 – 13, nur nach Voranmeldung. **Preise:** Gratis.

▶ Der Roisdorfer Mineralwasserbrunnen bietet für Kindergartengruppen und Schulklassen eine Füh-

 Unter Tage ist es immer 7 Grad kalt, also lange Hose, festes Schuhwerk und Jacke nicht vergessen!

Hunger & Durst

An der Grube gibt es einen kleinen Andenkenverkauf, bei dem ihr auch Erfrischungsgetränke kaufen könnt. Wer mehr braucht, geht zum **Gasthof zum Eisenberg,** 400 m entfernt, ✆ 02292/7047, geöffnet Mo – Sa ab 17 Uhr, So, Fei zusätzlich 11 – 14 Uhr.

 Bitte feste Schuhe anziehen.

Die Partnerstädte von Bornheim heißen Mittweida (Sachsen) und Bornem (Belgien).

Happy Birthday!

Als Geburtstagskind so richtig schmutzige Hände haben und selbst an der Töpferscheibe zu sitzen, macht Spaß. Einen Topf formen ist doch viel besser als Topfschlagen, oder? Die Familie Mennigen macht's für euch möglich!

rung an, bei der ihr in etwa einer Stunde seht, wie die Getränke abgefüllt, gelagert und verladen werden. Ihr besichtigt den antiken Mineralbrunnen und werdet am Ende der Führung zum Probetrinken eingeladen.

Zu Besuch in einer Töpferei

Töpferstraße 63, 53343 Wachtberg-Adendorf. ✆ 02225/4501, Fax 704243. www.toepferei-mennigen.de. Rudolf.Mennigen@t-online.de. **Anfahrt:** 3 km südöstlich von Meckenheim. **Zeiten:** Mo – Fr 9 – 18 Uhr, Sa 9 – 14 Uhr, jeden 2. So im Monat zusätzlich 10 – 17 Uhr. **Preise:** 3,50 €.

▶ Bei einer Betriebsführung in der Töpferwerkstatt wird euch der Arbeitsablauf in einer Töpferei vom Tonklumpen bis zum fertigen Stück gezeigt, dabei bekommt ihr das Drehen, Malen und Ritzen demonstriert. Ihr erfahrt zudem einiges zur Geschichte der Töpferei.

Flugplatz Hangelar

Richthofenstraße 120, 53757 Sankt Augustin-Hangelar. ✆ 02241/202010, Fax 28772. www.edkb.de. **Anfahrt:** Straßenbahn 66 Hangelar West, dann 25 min Fußweg. A560 AS3 Siegburg, dann Bonner Straße, in Hangelar rechts Richthofenstraße.

▶ Seit 1952 gibt es neben dem riesigen Flughafen in Köln-Wahn einen kleinen Flugplatz, auf dem mittlerweile jährlich über 40.000 Starts mit Motorfliegern, Segelflugzeugen und Ultraleichtfluggeräten gezählt werden. Hier gibt es also für Flugzeugfans auch viel zu gucken.

Sankt Augustin hat Partnerstädte in Großbritannien (Grantham) und Israel (Mewasseret Zion).

Burgen & Schlösser

Schloss Drachenburg

Drachenfelsstraße 118, 53639 Königswinter. ✆ 02223/901970, Fax 901978. mail@schloss-drachenburg.de. www.schloss-drachenburg.de. **Anfahrt:** Drachenfelsbahn, Bedarfshaltestelle Schloss Drachenburg. Parkplatz Drachenfelsbahn, etwa 30 Minuten Fußweg. **Zeiten:** April – Okt Di – So 11 – 18 Uhr, Nov – März nach Vereinbarung. **Preise:** 2,50 €; Kinder 1,50 €; Eintrittskarte gilt für Schloss, Schlosspark und Museum. **Infos:** Angeleinte Hunde sind im Park willkommen.

▶ Das Schloss Drachenburg ist gar nicht so alt, wie ihr vielleicht meint. Es wurde 1882 – 1884 gebaut. Stephan Sarter, Sohn eines Bonner Gastwirts, hatte als Börsenmakler viel Geld verdient und erfüllte sich hier seinen Kindheitstraum von einer eigenen Ritterburg. Damals gab es noch keine Autos oder Lkw, also mussten das Baumaterial und die Möbel von Menschen und Eseln den Berg hinaufgeschleppt werden. Nachdem das Schloss fertig war, blieben die Esel dort und lassen seit inzwischen 120 Jahren Kinder auf ihren Rücken bergauf reiten.

Ein Muss für Kinder ist der 32 m hohe **Nordturm**. Dorthin gelangt man über schmale Wendeltreppen und Treppchen, bei denen die Großen sogar den Kopf einziehen müssen. Von dort könnt ihr den Petersberg, den Rhein, Bonn, Köln und die Eifel sehen. Im Schlosspark gibt es exotische Bäume. Welcher gefällt euch am besten? In den Sommerferien könnt ihr euch als Steinmetz üben oder im Sommerprogramm Atlaszedern, Mammutbäume und Riesenlebensbäume entdecken und mithilfe von Zapfen, Blättern und Beeren Gipsbilder gestalten und kleine Gärten entwerfen. Im August steht ein historischer Jahrmarkt auf dem Programm.

Tipp: »Wegen Renovierung geöffnet – Einblicke in die Baustelle Schloss Drachenburg« heißt die Sonderausstellung. Da werden die Baupläne erklärt und Fundstücke ausgestellt, die während der Renovierung auftauchten, z.B. ein Lottoschein von 1981, eine Zigarettenschachtel von 1960 und eine Kriminal-Illustrierte von 1951.

Achtung! Während der Renovierung, die noch etwa bis 2007 dauern wird, kommt man nur über ein Baugerüst bis zum Turmeingang.

Hunger & Durst

Der **Schlossgrill** gegenüber vom Eingangstor hat nicht nur Eis, Fritten und Pfannkuchen auf der Speisekarte, sondern auch Drachenwurst. Das ist eine Rostbratwurst mit »Drachenblut«-Sauce.

Hunger & Durst

Restaurant, Imbiss, Kiosk und Eisautomaten zwischen Bergstation und Burgruine. Bevor ihr über die Preise schimpft: Alle Lebensmittel müssen ja auch aus dem Tal hier hinaufgeschafft werden.

Zum Burgmarkt solltet ihr mit der Bahn anreisen. Das spart euren Eltern die lästige Parkplatzsuche und ist umweltschonend. An diesem Tag wird zwischen dem Bahnhof Schladern und dem Museum ein kostenloser Pendelbus eingesetzt.

Burg Drachenfels

Königswinter. **Anfahrt:** Drachenfelsbahn, Endhaltestelle. Parkplatz Drachenfelsbahn, etwa 1 Stunde Fußweg.

▶ Knapp 2 km Fußweg trennen Königswinter am Rhein vom 321 m hohen Drachenfels. Auf seinem Gipfel stand einst die Burg Drachenfels, von der heute nur noch eine Ruine übrig ist.

Museen & Stadtführungen

Heimatmuseum Windeck

Im Thal Windeck, 51570 Windeck-Altwindeck. ✆ 02292/3888, Fax 922430. www.heimatmuseum-windeck.de. info@heimatmuseum-windeck.de. **Anfahrt:** Bhf Schladern, etwa 20 Minuten schöner Fußweg. **Zeiten:** 1. April – 30. Nov Sa 14 – 18 Uhr, So, Fei 10 – 12 und 14 – 18 Uhr, Feb, März So, Fei 14 – 18 Uhr und nach Anmeldung. **Preise:** 2 €; Kinder 1 €; Sonderpreise für Gruppen und Familien. **Infos:** Ansprechpartner für das Aktivprogramm: Marcus U. Heinrich, Telefon 02292/922348, Fax 02292/922430.

▶ In der ehemaligen Schule von Altwindeck hat der Heimatverein ein schnuckeliges Heimatmuseum eingerichtet. Bei den Ausstellungsstücken steht das Leben der einfachen Leute im Vordergrund. Im Obergeschoss ist ein ganzes altes Klassenzimmer aufgebaut, auf der Tafel stehen die strengen Regeln, die damals für Schulkinder galten.

Für Schulklassen und Kindergruppen wird ein Aktivprogramm angeboten. Das können zwei Stunden Schulunterricht im Jahr »Anno Pief«, Filzen, Papierschöpfen, die alte Kunst des Scherenschnitts oder das Töpfern auf einer mittelalterlichen Töpferscheibe sein. Im Sommer und Herbst stehen Sonderveranstaltungen auf dem Plan. Das größte Fest, der Burgmarkt, findet am 3. Okt statt. Da wird das ganze Museum zu einer Werkstatt aus alten Zeiten, in der ihr Uhrmacher, Seildreher, Flachsspinner, Schmiede,

Na, wie fühlt sich das an?
Am großen Wetzstein werden Messer geschärft

Wollfärber, Weber, Korbflechter, Porzellanmaler und Besenbinder bei der Arbeit sehen und dazu frisch gebackenes Brot knuspern könnt.

Obstbaumuseum

Obstbaubetrieb Otto Schmitz-Hübsch GbR, Elmar und Roland Schmitz-Hübsch, Bonn-Brühler Straße 14, 53332 Bornheim-Merten. ✆ 02227/3321, 82223, Fax 82224. Handy 0172/2922706. www.schmitzhuebsch.de. brief@schmitzhuebsch.de. **Anfahrt:** Stadtbahn 18 Merten. A553 AS3 Brühl/Bornheim, Richtung Bornheim. **Zeiten:** 1. Sa im Okt, Nov, Dez 11 – 13 Uhr und nach Vereinbarung. **Preise:** Eintritt frei.

▶ Zum 100-jährigen Betriebsjubiläum 1996 kamen pfiffige Menschen im Obstbaubetrieb Schmitz-Hübsch auf die Idee, ihren Besuchern zu zeigen, wie in den letzten 100 Jahren Obstbau betrieben wurden. Heraus kam eine ansehnliche Zusammenstellung alter Maschinen, Geräte und Dokumente, wie z.B. die 1908 gebaute älteste Obstkühlmaschine der Welt.

Adenauer-Haus

Stiftung Bundeskanzler-Adenauer-Haus, Konrad-Adenauer-Straße 8 c, 53604 Bad Honnef-Rhöndorf. ✆ 02224/921234, Fax 921111. www.adenauer-haus.de. **Anfahrt:** Bhf Rhöndorf, Stadtbahn 66 Rhön-

Rätsel: In einem Märchen der Gebrüder Grimm spielt ein Apfel eine Hauptrolle. Welches Märchen meine ich?

Im **Hofladen** könnt ihr von August bis Juni Mo – Fr 8 – 18.30 Uhr, Sa 8 – 14 Uhr Äpfel, Birnen, Apfelsaft, Apfel-Federweißen, Apfelessig und Erd-Äpfel (also Kartoffeln) kaufen.

RHEIN-SIEG-KREIS

Die Kölner verdanken Konrad Adenauer den Grüngürtel. Das ist ein großer Park, der am linksrheinischen Stadtrand rund um Köln auf Anweisung von Oberbürgermeister Adenauer angelegt wurde, als Ende der 1920er Jahre die Arbeitslosigkeit so hoch war. Das war also quasi eine Arbeitsbeschaffungsmaßnahme zum Wohle der Erholung suchenden Kölner, bei der die Arbeitslosen regelmäßig Essen bekamen. Inzwischen kann man dort prima wandern, radeln, joggen, Bötchen fahren, picknicken, minigolfen und reiten.

Für die Kleinen gibt es eine kleine Spielecke in der großen Halle.

dorf. **Zeiten:** Di – So 10 – 16.30 Uhr. **Preise:** Eintritt frei.

▶ *Konrad Adenauer* lebte von 1876 bis 1967. Er war 1917 – 1933 Oberbürgermeister von Köln. Dann kam das Dritte Reich, und Adenauer wurde entlassen. Nach dem Zweiten Weltkrieg wurde 1949 die Bundesrepublik Deutschland gegründet und Adenauer zum ersten Bundeskanzler gewählt. Er blieb es 14 Jahre lang bis 1963.

Das Haus in der heutigen Konrad-Adenauer-Straße bewohnte er von 1937 bis zu seinem Tod. Seitdem wird es von einer Stiftung verwaltet. Aus seinem prachtvollen Garten habt ihr einen schönen Blick auf das Siebengebirge und über das Rheintal. Der Besucherdienst bietet auf Anfrage spezielle Führungen für Kinder an und hat drei kostenlose Fragebogen für Grundschüler entwickelt, mit denen ihr eure persönliche Rallye machen könnt.

Museum zur Geschichte des Naturschutzes

Vorburg von Schloss Drachenburg, Drachenfelsstraße 118, 53639 Königswinter. ✆ 02223/700570, Fax 700580. www.naturschutzgeschichte.de. zentrale@ naturschutzgeschichte.de. **Anfahrt:** Drachenfelsbahn, Bedarfshaltestelle Schloss Drachenburg. Parkplatz Drachenfelsbahn, dann etwa 30 Minuten Fußweg. **Zeiten:** April – Okt Di – So 11 – 18 Uhr, Nov – März nach Vereinbarung. **Preise:** 2,50 €; Kinder 1,50 €; Eintrittskarte gilt für Schloss, Schlosspark und Museum.

▶ Hier seid ihr in einem modernen Museum rund um den Naturschutz und seine Geschichte. Zuerst bekommt ihr Kopfhörer für die Audioführung. Nun wird das Bemühen von Menschen, ihre Lebensumwelt zu schützen, mit Touchscreens, Drehscheiben und vielen anderen Ausstellungsstücken erklärt. Dabei wird schnell deutlich, dass die Naturschutzbewegung in der Vergangenheit nicht gerne gesehen war und es vielfach nur mit Protest und Widerstand möglich war, auf schlimme Umweltsünden aufmerksam zu machen. Zum Beispiel erzählen die Jugendlichen von Knechtsand von ihrem 6-jährigen Kampf für die Brandgänse. Lustig ist die Wand mit der großen Gummistiefelausstellung. Und ganz in Ruhe über den Naturschutz nachdenken könnt ihr im Untergeschoss im Raum der Stille.

Siebengebirgsmuseum

Stadt Königswinter, Kellerstraße 16, 53639 Königswinter. ☏ 02223/3703, Fax 909272. www.siebengebirgs-museum.de. info@siebengebirgsmuseum.de. **Anfahrt:** Bhf Königswinter, dann 10 Minuten Fußweg, Straßenbahn 66 Königswinter-Fähre, Bus 520, 521 Rundverkehr Clemens-August-Straße. Nahe der Autofähre Königswinter. Rad: Rheinallee. **Zeiten:** April – Okt Di, Do, Fr, Sa 14 – 17 Uhr, Mi 14 – 19 Uhr, So 11 – 17 Uhr. Nov – März Mi 14 – 19 Uhr, So 14 – 17 Uhr. Für Gruppen auch zu anderen Zeiten. **Preise:** 2 €, Gruppe ab 10 Personen 1 €; Kinder ab 6 Jahre 1 €; Familien 4 €, Schulklasse, Kindergruppe 0,50 €. **Infos:** Führungen plus 1,50 €, mindestens 15 €, Schulklassen/Gruppen 0,80 € extra, mindestens 15 €.

▶ Ein Museumsquiz führt euch zu allen für Kinder interessanten Stellen im Museum. Viele schwärmen von den Lanzen, Helmen und Kanonenkugeln aus der Ritterzeit und den Modellen von Schiffen und Flößen. An bestimmten Wochenenden und in den Ferien gibt es Bastelaktionen, bei denen ihr Steinzeitwerkzeuge und Steinschleudern herstellen dürft oder euch als Steinmetz betätigen könnt. Für Gruppen empfehle ich die historischen Wanderungen und die thematischen Führungen, z.B. Weinherstellung oder Vulkane. Euren Geburtstag könnt ihr auch im Museum feiern. Besonders beliebt ist die Schatzsuche in Heisterbach, bei der ihr nach einer Museumsführung ungefähr eine Stunde zum Kloster Heisterbach wandert und eine Schatzkiste finden müsst.

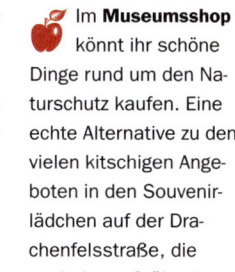 Im **Museumsshop** könnt ihr schöne Dinge rund um den Naturschutz kaufen. Eine echte Alternative zu den vielen kitschigen Angeboten in den Souvenirlädchen auf der Drachenfelsstraße, die noch dazu oft überteuert sind.

Die Steinbrüche im Siebengebirge lieferten schon in römischer Zeit Material für zahllose Bauwerke. Der Kölner Dom ist eines davon!

Mit dem **Kulturticket** könnt ihr Geld sparen: Im Preis von 9 € sind neben dem Siebengebirgsmuseum auch eine Berg- und Talfahrt mit der Drachenfelsbahn und die Eintrittspreise für das Museum zur Geschichte des Naturschutzes und den Schlosspark der Drachenburg inbegriffen.

Happy Birthday!
Dieses Angebot kostet
als Kindergeburtstag
50 €.

Samstag ist Fa-
milientag, dann
zahlen Eltern und 3 bzw.
mehr Kinder 5 €.

Hunger & Durst
Im **Café Remise**,
℡ 02241/805837, ge-
öffnet Di – So 10 – 19
Uhr, werden Speisen
und Getränke zu mode-
raten Preisen, kindge-
rechte Portionen sowie
Konditoreiwaren ange-
boten.

Kinderführung in der Stadt Blankenberg

Tourist Information Stadt Hennef, Frankfurter Straße 97, 53773 Hennef. ℡ 02242/19433, Fax 888157. www.hennef.de. info@hennef.de. **Zeiten:** April – Okt auf Anfrage. **Preise:** Schulklassen/Kindergartengruppen 40 €.

▶ Wundert euch nicht, wenn am verabredeten Treffpunkt für die Führung eine Magd in mittelalterlichem Gewand auf euch wartet. Das ist eure Gästeführerin, die euch auf eine Zeitreise ins Mittelalter mitnimmt. Während ihr auf den Bastionsturm in der Burganlage steigt, erfahrt ihr, wie die Rittersleut im 12. Jahrhundert lebten und was sie sich alles einfallen ließen, um sich vor den Angriffen ihrer Feinde zu schützen.

Bilderbuchmuseum

Burg Wissem, Burgallee 1, 53840 Troisdorf. ℡ 02241/884111, 884117, Fax 884120. www.bilderbuchmuseum.de. museum@troisdorf.de. **Anfahrt:** Bhf Troisdorf, dann Bus 501, 506 – 508 Ursulaplatz. Troisdorf Zentrum, nach Kreisverkehr Richtung Burg Wissem. **Zeiten:** Di – So 11 – 17 Uhr. **Preise:** 4 €; Kinder 4 – 14 Jahre 2 €, 15 – 18 Jahre 3 €; Eintritt mit Führung: Erwachsene 4 €, Kinder 4 – 14 Jahre 2 €, 15 – 18 Jahre 3 €, Begleitpersonen 2 €. **Infos:** Im Museum gibt es sogar extra Toiletten für Kinder.

▶ Bei eurem Rundgang durch Europas einziges Spezialmuseum für künstlerische Bilderbuchillustration und historische und moderne Bilderbücher erklärt ein kleines Mädchen auf großen Plakaten, wie Buchdruck, Collagen, Aquarelle und Zeichnungen entstehen. In der großzügigen Bibliothek laden rund 3000 Bilderbücher zum Anschauen und Schmökern ein. Das angrenzende Spielzimmer bietet kleineren Kindern Raum zum Spielen, Bauen und Toben. Ganz oben im Turmzimmer wurde eine gemütliche Lesestube eingerichtet, dort könnt ihr euch richtig einkuscheln, während ihr euch aus einem der vielen Märchenbücher vorlesen lasst. Neben regelmäßigen Führungen finden Workshops und Ferienaktionen im Museum statt. Hier könnt ihr auch euren Geburtstag feiern. Am 3. Advent ist Sa und So ein uriger Weihnachtsmarkt im Burghof. An diesen Tagen könnt ihr an Bastelaktionen teilnehmen, mit einer alten Postkutsche fahren oder kostenlos das Museum besuchen.

Feste & Märkte

Festkalender Rhein-Sieg-Kreis
April
Letztes Wochenende: Eitorf, Handwerkermesse Eitorfer Frühling.
Mai
1. Sa: Bad-Honnef-Grafenwerth, Inselfest.
1. Sa: Königswinter bis Unkel, Rhein in Flammen.
Juni
1. So: Windeck-Altwindeck, Blumenmarkt am Heimatmuseum.
Pfingsten Fr – Mo: Mondorf, Strandfest (Jahrmarkt, Sa Feuerwerk).
Fronleichnam – So: Eitorf, Internationales Heißluftballontreffen.
Letztes Wochenende: Niederkassel, Stadtfest.
Juli
1. So: Siegburg – Netphen, Siegtal pur – Autofreies Siegtal.
3. Wochenende: Königswinter, Mittelalterliches Drachenfest.
August
1. Wochenende: Königswinter, Handwerkermarkt.
2. So: Windeck-Dattenfeld, Kirmes.
4. Wochenende: Niederkassel-Uckendorf, Kirmes.
Letztes Wochenende: Siegburg, Stadtfest.
September
1. Wochenende: Rhöndorf, Weinfest.
1. Wochenende: Windeck-Rosbach, Kirmes.

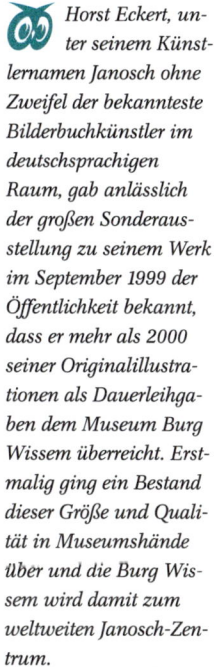

Horst Eckert, unter seinem Künstlernamen Janosch ohne Zweifel der bekannteste Bilderbuchkünstler im deutschsprachigen Raum, gab anlässlich der großen Sonderausstellung zu seinem Werk im September 1999 der Öffentlichkeit bekannt, dass er mehr als 2000 seiner Originalillustrationen als Dauerleihgaben dem Museum Burg Wissem überreicht. Erstmalig ging ein Bestand dieser Größe und Qualität in Museumshände über und die Burg Wissem wird damit zum weltweiten Janosch-Zentrum.

Partnerstädte von Siegburg in der ganzen Welt sind Nogent-sur-Marne (Frankreich), Boleslawiec (Polen), Guarda (Portugal), Selcuk (Türkei), Yuzawa (Japan), Kongsburg (Norwegen) und Orestiada (Griechenland).

3. Wochenende: Much, Erntefest mit Bauernmarkt.
2. Wochenende: Bad Honnef, Stadtfest.
3. Wochenende: Hennef, Stadtfest und Kirmes.
3. Wochenende: Niederkassel-Lülsdorf, Kirmes.
4. Wochenende: Eitorf, große Eitorfer Kirmes.
4. Wochenende: Niederkassel, Kirmes.
Letzter Sa (oder 1. Sa im Oktober): Niederkassel-Lülsdorf, Fest der Nationen.

Oktober
3. Oktober: Windeck-Altwindeck, traditioneller Handwerkermarkt.
1. Wochenende (Do – Mo): Königswinter, Winzerfest.
2. Wochenende: Niederkassel-Rheidt, Kirmes.
4. Wochenende: Niederkassel-Ranzel, Kirmes.

Die Mücher Heufresser

▶ Vor vielen Jahren wurden die Leute in Much »Mücher Heufresser« genannt. Wollt ihr wissen, warum? Am Stammtisch saßen der Pastor, der Bürgermeister und der Doktor zusammen und erzählten. Eines abends sagte der Bürgermeister: »Herr Pastor, Sie haben ja viel Gewalt über Ihre Leute, aber ans Heufressen bringen Sie ihre Gläubigen doch nicht!«. Der Pastor entgegnete, das sei ihm eine Wette wert – wenn er das wolle, äßen die Mucher auch Heu. Bürgermeister und Doktor glaubten ihm nicht und ließen sich auf die Wette ein.

Am nächsten Sonntag hielt der Pastor nach der Predigt ein Büschel Heu hoch und erklärte der staunenden Gemeinde, dies seien heilkräftige Kräuter aus Jerusalem, die auf den Gräbern der Heiligen wüchsen. Er habe sie vom Bischof von Jerusalem erhalten, weil eine Wallfahrt nach Jerusalem für die meisten Gläubigen in Much zu teuer und zu anstrengend wäre. Alle Kirchgänger lauschten aufmerksam. Und als der Pastor dann auch noch behauptete, dass jeder, der von diesen Kräutern äße, keine bösen Krankheiten bekommen könne und weder vom Teufel verführt werden noch ins Fegefeuer kommen könnte, gab es kein Halten mehr: Alle nahmen ein paar Halme und kauten sie andächtig. Der Doktor und der Bürgermeister ärgerten sich, denn sie hatten ja ihre Wette verloren. ◀

November

Letztes Oktober- oder 1. Novemberwochenende:
Bad Honnef, Martinimarkt.
1. Wochenende: Hennef, Halloween-Markt.
10. Nov und Nachbartage: Martinszüge in allen
Stadtteilen und Dörfern.

Weihnachtsmärkte Rhein-Sieg-Kreis

1. – 4. Advent
Siegburg, Mittelalterlicher Markt zur Weihnachtszeit

1. Advent
Sa: St. Augustin-Birlinghofen: Weihnachtsmarkt
Sa: Seelscheider Chresmaat
Sa, So: Eitorfer Weihnachtsmarkt
Sa, So: Hennef, Weihnachtsmarkt
So: Lohmar, Weihnachtsmarkt
So: Meckenheim-Merl, Weihnachtsmarkt
So: Troisdorf, Nikolausmarkt

2. Advent
Sa, So: Meckenheim, Weihnachtsmarkt
Sa: Much, Bergischer Weihnachtsmarkt
So: Ruppichteroth, Döörper Weihnacht

3. Advent
Sa, So: Meckenheim, Romantischer Weihnachts-
markt in Burg Lüftelberg
So: Bad Honnef, Weihnachtsmarkt
So: Neunkirchen, Weihnachtsmarkt
Sa, So: Troisdorf, Weihnachten auf Burg Wissem

Wenn ihr am 1. Advent die Weihnachtsmärkte in Eitorf und Hennef kombiniert, habt ihr Streichelzoo, Bühnenprogramm, Basteln, Malen, Bimmelbahn und Karussell an einem Tag. Für den Magen ist Hennef besonders schön: Dort könnt ihr je nach Aktionsprogramm Lebkuchenherzen backen oder mit Marzipan Figuren formen. Und gegen den Durst helfen Kinderpunsch, Kinderglühwein und sogar Kinder-Pharisäer!

Mittelalterlicher Markt zur Weihnachtszeit

Tourist Information Siegburg, 53721 Siegburg.
✆ 02241/9698533, 19433, Fax 9698531. tourismus@siegburg.de. **Termin:** 1. – 4. Adventswochenende täglich 11 – 20 Uhr.

▶ Gut drei Wochen lang verwandelt sich Siegburg in einen mittelalterlichen Markt. Handwerker, Spielleute und Händler sind in Gewänder des späten Mittelalters gekleidet und bauen Marktstände auf, wie sie auch schon im Mittelalter gebaut wurden. Zur Handwerkszunft zählen unter anderem Löffelschnitzer, Riemenschneider, Seiler, Filzer und Zinngießer, die längst untergegangene Handwerke vorführen. Als Freunde des Mittelalters könnt ihr hier rustikal speisen und trinken, euch an den derben Späßen der Gaukler belustigen oder von den Klängen fahrender Spielleute bezaubern lassen. In diesem Spektakel gibt es für Kinder immer etwas zu lachen. Besondere Theateraufführungen auf dem Markt, Märchen für die Kleinen, thematische Führungen und vieles mehr machen den Mittelalterlichen Markt zur Weihnachtszeit zu einem ganz besonderen Erlebnis. Und stellt euch vor: Am Stand von The Moccamaker gibt es sogar einen mittelalterlichen Vorläufer des Happy Meals: »Das kleine Kamel« ist ein Kindertee mit köstlichem Kuchen.

Karneval im Rhein-Sieg-Kreis

▶ Auch im Rhein-Sieg-Kreis habt ihr die Qual der Wahl, welchen Karnevalsumzug ihr euch anschauen wollt:

Karnevalssamstag
Niederkassel-Lülsdorf, Samstagszug
Seelscheid, Karnevalszug, anschließend Kostümball

Karnevalssonntag
Meckenheim, Karnevalszug
Niederkassel-Rheidt, Sonntagszug

Rosenmontag
Rosenmontagszüge in Lohmar, Meckenheim-Altendorf/Ersdorf, Meckenheim-Lüftelberg, Much, Niederkassel, Niederkassel-Mondorf und Neunkirchen-Wolperath

Veilchendienstag
Veilchendienstagszüge in Niederkassel-Uckendorf und Niederkassel-Ranzel

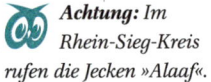 So ein Karnevalszug zieht etwa 1 – 2 Stunden an euch vorbei. Also besser Getränke mitnehmen!

Achtung: Im Rhein-Sieg-Kreis rufen die Jecken »Alaaf«.

BONN

Moers · Duisburg · ESSEN · Bochum
Krefeld · Mülheim · Ruhr · 46
57 · 3 · 1
51 · 44 · Rhein · 44
Viersen · 52 · DÜSSELDORF · 45
Mönchen-gladbach · Neuss · Solingen
46 · Dormagen · 59 · Wermelskirchen
Grevenbroich · 3
Pulheim · 57 · Leverkusen · Gummersbach
Elsdorf · Bergheim · KÖLN · Bergisch Gladbach · 4
Jülich · Kerpen · 1 · Rösrath · Much
4 · Düren · 59 · Troisdorf · Siegburg · Windeck
Erftstadt · St. Augustin · Hennef · Sieg
Euskirchen · BONN
1 · Bad Godesberg · Bad Honnef
1 cm · 61 · Rhein · 3
20 km

Der weltberühmte Komponist Beethoven lebte in Bonn. Darauf sind die Bonner sehr stolz. Die Stadt war jahrzehntelang Hauptstadt der Bundesrepublik Deutschland, deshalb steht immer noch »Bundesstadt« auf dem Ortseingangsschild, die Bonner mussten sich also rein sprachlich nur wenig umstellen, als es nicht mehr Bundeshauptstadt hieß. Doch sprechen wir lieber über die Gegenwart: Hier geht es so bunt, trubelig und international zu, da werdet ihr euch bestimmt wohl fühlen.

Bei spannenden Stadtführungen geben euch gut informierte Führer einen Überblick über die Stadt oder informieren tief gehend über einzelne Themen. Wer es besonders international liebt, macht beim Welt-StadtSpiel mit.

Viele, viele Museen stellen wertvolle Gegenstände zu Geschichte, Kunst, Natur und Technik aus. Und natürlich gibt es Schwimmbäder, Kindertheater und Naturerkundungsstationen in dieser sehr grünen und gemütlichen Stadt.

In den Rheinauen ist immer etwas los: Konzerte, Spielfeste und Kunstausstellungen. Im Sommer könnt ihr dort jeweils am 3. Samstag im Monat stundenlang über den größten Trödelmarkt am Rhein schlendern.

@ www.bonn-region.de.

ADAC Stadtplan Großraum Bonn 1:20.000, ISBN 3-8700-3282-0.

Gar nicht langweilig: In den Bonner Museen wird allerhand für Kinder geboten, nicht nur beim Museumsfest

Mit der **Bonn Regio WelcomeCard** könnt ihr kostenlos Bus und Bahn fahren. Außerdem freier oder ermäßigter Eintritt in Museen, zu verschiedenen Sehenswürdigkeiten, Freizeitangeboten, Schiffstouren, Theater- und Musikveranstaltungen. Die Karte verhilft euch sogar noch tief im Rhein-Sieg-Kreis zu freiem Eintritt, z.B. in der Grube Silberhardt oder im Schloss Drachenburg. Eine Familie mit 2 Erwachsenen und 2 Kindern unter 14 Jahren zahlt für 24 Stunden 18 €, für 48 Stunden 28 € und für 72 Stunden 38 €, Preisvorteile für ADAC-Mitglieder.

BONN

TIPPS FÜR WASSER-RATTEN

Frei- & Hallenbäder

Viktoriabad

Franziskanerstraße 9, 53113 Bonn-Zentrum. ℡ 0228/ 772458, Fax 772459. sport-und-baederamt@bonn.de. **Anfahrt:** Fast alle Busse bis Markt, U16, 18, 63, 66 – 68 Universität/Markt. **Zeiten:** Mo, Do 6.30 – 21 Uhr, Di 13.30 – 16 Uhr, Mi 6.30 – 16 Uhr, Fr 6.30 – 15 Uhr, Sa 7 – 13 Uhr. In der Freibadsaison: Mo – Fr 6.30 – 21 Uhr So, Fei 8 – 15 Uhr. **Preise:** 3 €; Kinder 3 – 6 Jahre 1 €, 7 – 14 Jahre 1,60 €. **Infos:** Bad ist behindertengerecht und barrierefrei für Rollstuhlfahrer.

▶ Das Hallenbad verfügt über 5-m-Sprunganlage und ein Mehrzweckbecken mit Wasserschütte.

Melbbad

Trierer Straße 59, 53115 Bonn-Poppelsdorf. ℡ 0228/ 772461, Fax 2424416. sport-und-baederamt@bonn.de **Anfahrt:** Bus 624 – 627 Melbbad. **Zeiten:** Mo – Fr 12 – 19.30 Uhr, Sa, So, Fei 9.30 – 19.30 Uhr. **Preise:** 3 €; Kinder 3 – 6 Jahre 1 €, 7 – 14 Jahre 1,60 €.

▶ Das Melbbad verfügt über ein 50-m-Schwimmerbecken, 1- und 3-m-Sprungbrett und ein großes Mehrzweckbecken mit unregelmäßiger Form und Rutsche. Die ganz kleinen Badegäste können sich in einem Plantschbecken erfrischen, das mit Wasserdüsen und einem Rutschelefanten ausgestattet ist. Außerdem gibt es einen Kiosk, eine Spielecke und einen Beachvolleyball-Platz.

Frankenbad

Adolfstraße 45, 53111 Bonn-Nordstadt. ℡ 0228/ 772462, Fax 772463. sport-und-baederamt@bonn.de. **Anfahrt:** Bus 625, 635. **Zeiten:** Di, Mi, Fr 13 – 21 Uhr, Sa 12.30 – 17 Uhr, So, Fei 8 – 15 Uhr. **Preise:** 3 €; Kinder 3 – 6 Jahre 1 €, 7 – 14 Jahre 1,60 €. **Infos:** nicht zugänglich für Rollstuhlfahrer.

▶ Hallenbad mit 5-m-Sprungturm, Mehrzweckbecken und Lehrschwimmbecken.

Römerbad

Eduard-Spoelgen-Straße 11, 53117 Bonn-Castell.
✆ 0228/677611, Fax 6897625. sport-und-baeder-amt@bonn.de. **Anfahrt:** Bus 551, 628, 638. **Zeiten:** Mo – Fr 6.30 – 19.30 Uhr, Sa, So, Fei 9.30 – 19.30 Uhr. **Preise:** 3 €; Kinder 3 – 6 Jahre 1 €, 7 – 14 Jahre 1,60 €. **Infos:** zugänglich für Rollstuhlfahrer.

▶ Die Sportler unter euch werden sich in diesem Schwimmbad über eine 50-m-Sportbahn und einen 10-m-Sprungturm freuen. Außerdem sind ein großes Wellenbad, ein Plantschbecken, eine große Spiellandschaft sowie Liege- und Spielwiesen vorhanden. Das Bad liegt unmittelbar am Rheinufer.

Hallenbad-Freibad Hardtbergbad

In der Dehlen, 53125 Bonn-Duisdorf. ✆ 0228/626218, Fax 6201371. sport-und-baederamt@bonn.de. **Anfahrt:** Bus 630 Hardtbergbad. **Zeiten:** Hallenbad Di, Fr 13 – 21 Uhr, Mi, Do 13 – 17.45 Uhr, Sa 7 – 17 Uhr, So, Fei 8 – 15 Uhr. Freibad Mo – Fr 12 – 19.30 Uhr, Sa, So, Fei 9.30 – 19.30 Uhr, Sommerferien täglich 9.30 – 19.30 Uhr. **Preise:** 3 €; Kinder 3 – 6 Jahre 1 €, 7 – 14 Jahre 1,60 €. **Infos:** barrierefrei für Rollstuhlfahrer.

▶ Das Hardtbergbad ist das einzige kombinierte Hallen- und Freibad in Bonn. Es liegt recht hoch über der Stadt, bei gutem Wetter reicht die Sicht bis zum Kölner Dom. Draußen könnt ihr nicht nur im Wasser toben oder in der Sonne liegen, in der Matschecke könnt ihr euch auch gegenseitig herrliche Schlammpackungen machen. Außerdem gibt es draußen einen lustigen, künstlich angelegten Bach, der einem Plantschbecken entspringt und auf dem man mitgebrachte Schiffchen schwimmen lassen kann.

Freibad Friesdorf

Margaretenstraße 14, 53175 Bonn-Friesdorf.
✆ 0228/311150, Fax 3869548. sport-und-baederamt@bonn.de. **Anfahrt:** Bus 612 Klufterplatz. **Zeiten:**

BONN

Mo – Fr 12 – 19.30 Uhr, Sa, So, Fei 9.30 – 19.30 Uhr. **Preise:** 3 €; Kinder 3 – 6 Jahre 1, 7 – 14 Jahre 1,60 €.

▶ Den Badegästen stehen Sport-, Lehrschwimm- und Plantschbecken zur Verfügung. Des Weiteren gibt es eine große Kinderspiellandschaft mit Karussell, Wippfiguren und mehr sowie einen Kiosk.

Kurfürstenbad

Kurfürstenstraße 7a, 53177 Bonn-Bad Godesberg. ✆ 0228/353986, 773278, Fax 3681171. sport-und-baederamt@bonn.de. **Anfahrt:** Bus 610, 612 – 614, 617 Rigal'sche Wiese, U16, 63, 67 Stadthalle. **Zeiten:** Di, Fr 13 – 21 Uhr, Mi, Do 13 – 17.45, Sa 7 – 17 Uhr, So, Fei 8 – 15 Uhr. **Preise:** 3 €; Kinder 3 – 6 Jahre 1 €, 7 – 14 Jahre 1,60 €.

▶ Schwimmbad mit Mehrzweckbecken, 1- und 3-m-Sprungbrett. Im Nichtschwimmerteil dürfen auch Gummiringe und Schwimmmatten benutzt werden. Hier kommt Urlaubsgefühl auf, denn es gibt Liegestühle, Sauna und eine Massageabteilung.

Hunger & Durst

Das Wasser der bekannten **Kurfürstenquelle** kann unentgeltlich zur Erfrischung getrunken werden.

Freibad Rüngsdorf

Am Schwimmbad 8, 53179 Bonn-Bad Godesberg. ✆ 0228/331324, Fax 9527377. sport-und-baederamt@bonn.de. **Anfahrt:** Bus 613. **Zeiten:** Mo – Fr 12 – 19.30 Uhr, Sa, So, Fei 9.30 – 19.30 Uhr. **Preise:** 3 €; Kinder 3 – 6 Jahre 1 €, 7 – 14 Jahre 1,60 €. **Infos:** Die Anlage ist zugänglich für Rollstuhlfahrer.

▶ Der 10-m-Turm ist das Wahrzeichen des Freibades und in der Nacht beleuchtet. Für puren Badespaß sorgen Wasserkanonen, Wasserpilze und Gegenstrom-Schwimmanlage. Ein besonderer Anziehungspunkt ist der Wildwasserkanal. Für die ganz kleinen Badegäste steht ein Plantschbecken mit einer kleinen Rutschbahn, einem Wasserpilz und einem Wasserigel zur Verfügung. Es gibt einen Kiosk und ein vom Schwimmbad aus zugängiges Restaurant mit Sonnenterrasse und einem wunderschönen Blick auf das Siebengebirge.

Ennertbad

Holtorfer Straße 40, Bonn-Beuel. ✆ 0228/482764.
Anfahrt: Bus 537 HoltorferStraße/Ennertbad, Bus 628
Im Thelenpfand. **Zeiten:** Mo – Fr 12 – 19.30 Uhr, Sa,
So, Fei 9.30 – 19.30 Uhr. **Preise:** 3 €; Kinder 3 – 6 Jah-
re 1 €, 7 – 14 Jahre 1,60 €. **Infos:** Das Bad ist behin-
dertengerecht und auch für Rollstuhlfahrer geeignet.

▶ Schönes Bad am Waldrand mit 5-m-Sprunganlage,
Wasserpilz, Wasserkanonen und Kinderspielplatz.
Für die kleineren Badegäste gibt ein Plantschbecken.
Ein Kiosk ist ebenfalls vorhanden.

Boots- & Schiffstouren

Kanu fahren auf dem Rhein

StattReisen Bonn erleben e.V., Hauptbahnhof Bonn,
Nordflügel, 1. Stock, 53111 Bonn. ✆ 0228/654553,
2425256 (Info-Line), Fax 2425255. www.stattreisen-
bonn.de. stattreisen.bonn@t-online.de. **Zeiten:** Zeiten
und Startpunkt auf Anfrage.

▶ In Bonn habt ihr die Möglichkeit, zwei Abschnitte
des Rheins vom Wasser aus kennen zu lernen: Am
Samstag fahrt ihr im 10er-Canadier den Abschnitt
von Hammerstein nach Bonn-Oberkassel, am Sonntag von Oberkassel nach Köln. Natürlich werdet ihr
vor Tourbeginn genau in die Technik des Kanufahrens
eingewiesen, immerhin ist der Rhein der größte
Strom Deutschlands und birgt gewisse Gefahren.
Der Preis von 55 € pro Tag umfasst eine Begleitung,
die Benutzung der Ausrüstung und die Versicherung.
Pro Tag solltet ihr etwa 6 Stunden plus Verladen der
Boote einplanen.

*Bei so einem viel
befahrenen Fluss
ist man doch überrascht:
kleine Inseln, Auwälder
und unverbaute Sand-
strände säumen den
Fluss an vielen Stellen.*

Bootsfahrt in der Rheinaue

Bonn-Bad Godesberg. Erlebnisweg Rheinschiene.
Zeiten: April – Sept täglich 11 – 18 Uhr.
▶ In der Bonner Rheinaue könnt ihr auf dem Schiff-
chensee und dem Auensee Bötchen fahren. Für eine

halbe Stunde zahlt ihr für ein Tretboot 5 €, für ein Ruderboot 4,50 €.

Schiffstouren ab Remagen

BPS Bonner Personenschifffahrt, Am Alten Zoll, Brassert-Ufer, 53111 Bonn. ✆ 0228/636363, Fax 695212. www.b-p-s.de. info@b-p-s.de. **Anfahrt:** Wechsel von Bahn auf Schiff in jedem Rheinort möglich. **Preise:** ↗ Homepage; Kinder bis 13 Jahre zahlen in Begleitung eines Erwachsenen nur 3 €; Di, So während der Schulferien in NRW ermäßigte Familien-Ferienkarten.

▶ Je 4 Linienfahrten ab Remagen rheinaufwärts bis Bonn über Unkel, Rolandseck, Bad Honnef, Königswinter und Bad Godesberg, rheinabwärts bis Linz. Rundfahrten täglich zwischen Bonn und Koblenz, mit Halt in Remagen, Bad Breisig und Andernach.

Auf dem Rhein unterwegs

Personenschifffahrt Franz Schmitz, Hauptstraße 52, 53639 Königswinter. ✆ 02223/22578, Fax 21200. Handy 0171/7793377. www.schiff-schmitz.de. info@schiff-schmitz.de. **Anfahrt:** Bhf Königswinter. **Zeiten:** April – Okt, Abfahrtszeit nach Wunsch, Voranmeldung erforderlich. **Preise:** Kinder Linienstrecken 3 €, Tagesfahrten halber Fahrpreis. **Infos:** besondere Angebote für Gruppen ab 25 Personen.

▶ Rheinschifffahrtslinie Bonn – Linz, die in Bonn, City, Oberkassel, Bad Godesberg, Königswinter, Bad Honnef, Rolandseck, Unkel, Remagen und Linz anlegt. Weiter stehen Rundfahrten von Königswinter auf dem Programm. Außerdem bietet sie Tages- und Abendfahrten an.

Tipp: Eine ganz besondere Fahrt könnt ihr in jeder Vollmondnacht zwischen Mai und September für 29 € buchen: Eine Mondscheintour von Königswinter nach Unkel. Dort holt euch ein Nachtwächter zu einer nächtlichen Stadtführung durch die schummrig dunklen Gassen ab. Nach einem leckeren Winzerschmaus geht es zurück nach Königswinter.

Alle Ausflugslinien bieten Sonderfahrten zum Sommernachtsfest in Bad Breisig und zum Fest der 1000 Lichter in Andernach an.

Hunger & Durst
Auf allen Schiffen gibt es ein kleines Bordrestaurant oder zumindest einen Schiffskiosk.

Radeln & Skaten

Bonn für Skater, Blader und Boarder

▶ Das bekannteste und beliebteste Ziel für Skater in Bonn ist die 16 m breite Spine-Halfpipe in der Rheinaue. Auch der Weg dorthin ist ein Genuss, denn es gibt dort viele glatt asphaltierte Wege. In der Bonner City ist der Brunnen am Kaiserplatz *der* Spot für Skater. Die Parkplätze der Uni Bonn in Poppelsdorf sind ein heißer Spot für Streethockey-Fans. Weitere Treffpunkte: Stadthaus, vor C&A, Rheinaue rechtsrheinisch, Beethovenhalle, Friedrich-Ebert-Allee, Rigalsche Wiese (Godesberg) und der Platz unter der Autobahnbrücke der A565 Brüser Berg/Ückersdorf (Hardtberg).

Wer einfach nur gemütlich eine Strecke skaten will, kann auf der Rheinuferpromenade seine Bahnen ziehen, bei Bedarf bis nach Remagen oder Köln.

Fahrradrallye für Kinder: Bonn-Beuel

Planungsamt der Stadt Bonn, 53225 Bonn-Beuel. ✆ 0228/774476, Fax 775837. regina.jansen@ bonn.de. **Länge:** 15 km, etwa 2 Stunden durch das rechtsrheinische Bonn. **Anfahrt:** U62, U65 – 67 Konrad-Adenauer-Platz.

▶ Diese Radtour führt über eine Strecke, die Bonner Kinder als Fahrradrallye ausgearbeitet haben. Sie beginnt auf dem Konrad-Adenauer-Platz an der Kennedybrücke. Ich beschreibe Sie euch als Radtour, spannender ist es, sich das Faltblatt mit zwölf Fotos für die Bildersuchfahrt zu besorgen.

Vom **Konrad-Adenauer-Platz** fahrt ihr am Rhein nach Norden Richtung Vilich-Rheindorf und Schwarzrheindorf. Dort biegt ihr rechts in die Arnoldstraße ab und links in die Bergheimstraße. Kurz darauf führt der Weg wieder rechts in die Liesstraße. Dieser folgt ihr bis zur Autobahn, unterquert sie aber nicht, sondern fahrt parallel zu ihr bis zur Beueler Straße. Erst dort geht's unter der Autobahn durch. In die Beueler Stra-

@ Auf www.bonn.de findet ihr im Menüpunkt Umwelt & Gesundheit/Planen, Bauen & Wohnen einen Punkt Stadtplanung. Auf Verkehrsplanung klicken und dann auf Fahrradrallyes. Dort könnt ihr die beschriebene Radtour als Rallye sehen und herunterladen.

BONN

ße biegt ihr links ein und fahrt nach Vilich-Müldorf rechts in die Straße Am Herrengarten. In Bechlinghoven nun die 2. große Straße rechts (Karmeliterstraße), diese macht am Friedhof einen Linksbogen. In Holzlar links in den Holzlarer Weg und den Ort Richtung Osten verlassen. Hier findet ihr auch die **Jugendfarm Bonn.** Nun rechts in die Straße Am Rehsprung und wieder rechts An den Hecken. Vor der Autobahn müsst ihr nun kurz einen Haken nach rechts schlagen, bis ihr sie unterqueren könnt und in Pützchen auf dem Pützchensweg zum **Flutgraben** und zum Schließbergweg fahren könnt. Am Ende dieses Weges könnt ihr schön eine Rast in der rechtsrheinischen Rheinaue machen, dort gibt es einen großen **Spielplatz.** Von hier fahrt hier nur noch rheinabwärts zurück zum Ausgangspunkt.

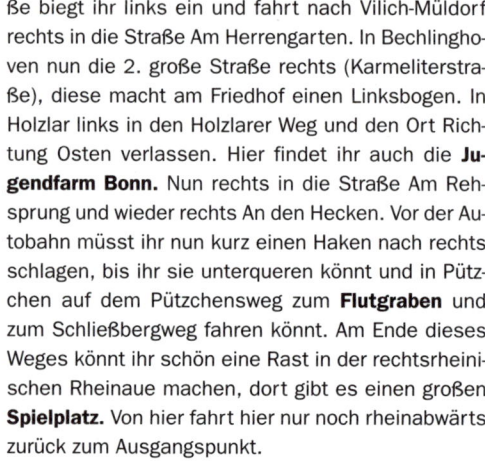

Wenn euch diese Tour gefallen hat, versucht auch die übrigen drei Bonner Fahrradrallyes durch Bad Godesberg, die Nordstadt und den Brüser Berg.

Natur & Umwelt erforschen

Planetenlehrpfad Bonn

Länge: 6 km. Meist autofreie, ebene Strecke entlang des Rheins, für Fußgänger, Skater und Radler geeignet. **Anfahrt:** Sonne: U16, 63, 66, 67, 68 Heussallee. Pluto: Bus 638 Kranenweg/Graurheindorf. Rad: Radwanderweg Rhein.

▶ Das alte Bundeshaus ist nun auch für Mini-Astronomen interessant. Hier beginnt nämlich der Planetenlehrpfad von Bonn. Im korrekten Größenverhältnis werden Sonne, Planeten und Monde unseres Sonnensystems gezeigt und erklärt. Am Start ist die **Sonne** als große gelbe Kugel zu finden. Die Planeten reihen sich an der Rheinpromenade an: **Merkur** nach 59,9 m, **Venus** nach 108 m, **Erde** nach 150 m und **Mars** nach 228 m. Der Asteroidengürtel wurde ausgespart, ihr müsstet ein Mikroskop für die kleinen Staubteilchen mitbringen, wenn es maßstabgetreu sein sollte. Bis zu den äußeren Planeten müsst ihr dann schon weitere Strecken gehen: **Jupiter** ist

Dieser Planetenlehrpfad geht auf eine Idee von Schülern der Bertolt-Brecht-Gesamtschule zurück!

778 m vom Wasserwerk entfernt (Höhe Villa Hammerschmidt), **Saturn** 1427 m (2. Fährgasse), **Uranus** 2870 m (SWB Theaterstraße) und **Neptun** 4497 m (Römerbad). Nach 5946 m endet der Planetenlehrpfad mit dem **Pluto** in Graurheindorf.

Ihr geht den Weg von der Sonne zum Pluto. Dies zeigt die Größe des Sonnensystems eindrucksvoll und ihr überlegt bestimmt, welcher Stern wohl als nächstes kommt, wenn ihr den Rhein weiter nach Köln und Düsseldorf hinablaufen würdet.

Sonne, Mond und Sterne in der Volkssternwarte Bonn

Astronomische Vereinigung e.V., Poppelsdorfer Allee 47, 53113 Bonn-Poppelsdorf. ✆ 0228/222270 (Mo 18 – 19 Uhr), www.volkssternwarte-bonn.de. vorstand@volkssternwarte-bonn.de. **Anfahrt:** Straßenbahn 61, 62 Poppelsdorfer Allee. **Zeiten:** Sonnenbeobachtungen April – Sept Mo 18 – 19 Uhr, Sternführungen Nov – März Mo 19.30 Uhr. **Infos:** Nur bei klarem Wetter.

▶ Jeden Mo im Sommer könnt ihr am Refraktorium durch spezielle Augen schützende Filter die Sonne ansehen. Erfahrene Hobby-Astronomen beantworten euch alle Fragen rund um Sterne, Planeten, die Milchstraße und Astronomie. Bei besonderen astronomischen Ereignissen, z.B. Mond- oder Sonnenfinsternis werden Spezialtermine angeboten. Ferner werden im Nov – März öffentliche Beobachtungen in der Reihe »Bonner Sternenhimmel« am Teleskop der Universitätssternwarte in Bonn-Endenich angeboten. Dabei könnt ihr euch eine echte Sternwarte von innen ansehen.

Haus der Natur

An der Waldau 50, 53127 Bonn-Venusberg. ✆ 0228/ 285107. **Anfahrt:** Bus 625 Waldau. **Zeiten:** April – Okt Di – Fr 13 – 18 Uhr, Sa, So 11 – 18 Uhr, Nov – März Di – Fr 13 – 17 Uhr, Sa, So 11 – 17 Uhr und nach Terminabsprache. **Preise:** Eintritt kostenlos.

Das **Restaurant Waldau** (℡ 0228/281884, www.waldau.de, geöffnet täglich 10 – 24 Uhr) im selben Gebäudekomplex hat eine eigene Konditorei und eine Waldterrasse, auf der ihr im Sommer auch draußen lecker essen könnt. Es gibt viele edle Wildgerichte, ein riesiges Kuchenbuffet und So ab 11 Uhr einen rustikalen Brunch in der Scheune.

▶ In einem alten Bauernhof, der früher im Hunsrück stand, haben die Stadt Bonn und das Staatliche Forstamt Kottenforst-Ville ein Waldinformationszentrum eingerichtet. Hier gibt eine **Dauerausstellung** einen Einblick zu Themen wie Gestein & Boden, Klima & Wetter, Baumarten, Tier- und Pflanzenwelt im Naturpark Kottenforst-Ville und im Bonner Stadtwald. Wer auf dem Weg zum Haus der Natur eine Pflanze oder ein Tier entdeckt hat, das er nicht kennt, kann in der Bücherecke in einem der vielen Bestimmungsbücher nachschlagen.

In den Sommermonaten könnt ihr einen lebenden Bienenstock besuchen. Draußen werdet ihr viele Naturerlebnisse im **Bauerngarten,** auf dem **Naturlehrpfad** und im **Wildgehege** haben. Und nach so viel Natur könnt ihr auf dem Spielplatz toben.

Gruppen können auch eine **Waldführung** mit den Forstleuten vereinbaren.

Im Kottenforst

Waldlehrpfad Waldau

Haus der Natur – Waldinformationszentrum, An der Waldau 50, 53127 Bonn-Venusberg. ℡ 0228/285107, **Länge:** 1,2 km, leichter Rundweg. **Anfahrt:** Bus 625 Waldau. **Zeiten:** frei zugänglich.

▶ Der Kottenforst ist quasi der Stadtwald von Bonn. Hier wachsen viele Baumarten vom jungen Birkenschössling bis zur uralten Eiche. Damit ihr die unterschiedlichen Gehölze vor lauter Bäumen überhaupt erkennt, wurde rund um das Haus der Natur ein Waldlehrpfad angelegt, auf dem über 20 Tafeln einen Teil der hier typischen Bäume und Sträucher erläutern. Für euch gut zu wissen ist, dass auch die wenigsten Erwachsenen eine Vogelkirsche oder Pechkiefer sicher bestimmen können. In einer Schutzhütte findet ihr zudem noch Schautafeln zu Waldthemen.

Tierparks & Gärten

Naturpark Kottenforst-Ville
Bonn-Bad Godesberg. **Radweg:** Wasserburgenroute.

▶ Südwestlich von Bad Godesberg liegt der große Naturpark Kottenforst-Ville, in dem ihr immer wieder neue schöne Ecken für Wanderungen, Radtouren, Geländespiele und andere Waldaktivitäten finden werdet.

Botanische Gärten der Universität Bonn
Meckenheimer Allee 171, 53115 Bonn-Poppelsdorf. ✆ 0228/735523, 732259 (Kinderführungen), Fax 739058. www.botgart.uni-bonn.de. botgart@uni-bonn.de. **Anfahrt:** Bus 620, 624 – 627 Botanischer Garten. A565 AS7 BN-Poppelsdorf. **Zeiten:** April – Okt täglich außer Sa 9 – 18 Uhr, Nov – März Mo – Fr 9 – 16 Uhr, Gewächshäuser 10 – 12 und 14 – 16 Uhr. **Preise:** Eintritt frei, Führungen 3 €, Kinder bis 6 Jahre frei, ab 6 Jahre 2 €. **Infos:** Öffentliche Führungen April – Okt So, Fei 11 und 15 Uhr.

▶ Rund um das **Poppelsdorfer Schloss** könnt ihr auf 6,5 Hektar Fläche mehr als 8000 verschiedene Pflanzenarten sehen und kennen lernen. Ins Auge fallen als erstes die **Teiche** mit riesigen Seerosen und Wasserschildkröten, danach die **Gewächshäuser,** in denen sich Pflanzen aus Regenwäldern und Wüsten wohl fühlen. Das **Arboretum** ist eine parkartig angelegte Sammlung von etwa 700 verschiedenen Bäumen und Büschen. Außerdem gibt es eine **Systematische Abteilung,** in der rund 1.200 Arten nach ihrer stammesgeschichtlichen Verwandtschaft in Beeten zusammengestellt sind. In der **Geografischen Abteilung** sind die Pflanzen nach ihrer Herkunft geordnet.

Hunger & Durst
Direkt am Gartenzaun könnt ihr leckeres Eis essen: **Gelateria Italiana,** Clemens-August-Straße 1, ✆ 0228/638240.

Standhaft: Flamingos vorm Schloss

BONN

Fotoapparat nicht vergessen! Hobbyfotografen können besonders in der Sonderausstellung tolle Makrofotos machen.
Schaut euch auch die ↗ Botanischen Gärten in der Meckenheimer Allee 171 an!

Cooles Kraut: Die Sporen des Hexenkrauts sind explosiv und wurden früher bei Feuerwerk eingesetzt

 Der **Hofladen** ist Mo – Fr 10 – 18 Uhr, Sa 9 – 13 Uhr geöffnet.

Nutzpflanzengarten der Universität Bonn

Katzenburgweg, 53115 Bonn-Poppelsdorf. ✆ 0228/735523, Kinderführungen 732259, Fax 739058. www.botanik.uni-bonn.de/botgart. botgart@uni-bonn.de. **Anfahrt:** ↗ Botanische Gärten, gegenüber Straße überqueren, nach wenigen Metern auf der linken Seite in den Katzenburgweg einbiegen, der Straße 30 m folgen. A565 AS7 BN-Poppelsdorf. **Zeiten:** ↗ Botanische Gärten. **Preise:** Eintritt frei, Führungen 3 €, Kinder 2 €.

▶ Der Nutzpflanzengarten ist für viele von euch spannender als der große botanische Garten. Hier wachsen Pflanzen, die man nutzen kann. Viele Pflanzen sind essbar, manche werden für Tees oder Medizin verwendet. Der Nutzgarten umfasst zwei Teilstücke, die durch die Carl-Troll-Straße voneinander getrennt sind. Im ersten Teil findet ihr tropische und subtropische Nutzpflanzen, zum Teil in Gewächshäusern. Hier sehr ihr, dass Kiwis nicht im Supermarktregal wachsen. In den Beeten hinter diesen Gewächshäusern sind die Nutzpflanzen der gemäßigten Zone thematisch geordnet angepflanzt.

Im zweiten Teilstück werden heimische Wildpflanzenarten in Beeten kultiviert. Beliebt bei Harry-Potter-Fans ist der **Hexen- und Zauberpflanzengarten,** in dem ihr zu jeder Pflanze den lateinischen, deutschen und volkstümlichen Namen sowie die Funktion erfahrt, z.B. »Blitzschutz«, »Hexen erkennen« oder »Liebeszauber«.

Ein Bauernhof mitten in Bonn

Gut Ostler, Indra und Dr. Martin Baumgart, Burgweg 19, 53123 Bonn. ✆ 0228/640895, Fax 649812. Handy 0175-9371172. www.gutostler.de. M.Baumgart-Gut.Ostler@t-online.de. **Anfahrt:** Bus 623, 610, 630 Gielsdorfer Straße. **Zeiten:** Nach Absprache.

▶ Das Gut Ostler liegt sehr verkehrsgünstig direkt in Bonn, trotzdem können hier Schulklassen und Kindergartengruppen sehr viel über die Natur lernen. Es leben hier Nutztiere wie Schafe, Kühe, Schweine, Pferde, Esel, Bienen. Angeboten werden **Aktivprogramme** wie das Projekt Kartoffel, Schafschur oder Traktor fahren, diese können sogar mit einer Nacht im **Heuhotel** kombiniert werden. Projekt inkl. Übernachtung/Verpflegung ab 23 € pro Person.

Damit nicht genug: Es gibt auch noch eine **Imkerei**, in der ihr viel über Bienen und Honig lernen könnt. Für den **Kinderkochkurs** müsst ihr erst die Zutaten ernten: Äpfel pflücken, Salate schneiden, Pfefferminze zupfen, Kartoffeln ausbuddeln und Eier aus dem Hühnerstall holen. Danach wird geschnitten, gerührt, gewürzt und genascht. Das dauert mit Essen 3 Stunden und kostet 125 € für eine Gruppe von bis zu 10 Kindern.

Wildfreigehege Waldau

An der Waldau 50, 53127 Bonn-Venusberg. ✆ 0228/ 285107. **Anfahrt:** Bus 625 Waldau. **Preise:** Eintritt frei.

▶ Ein weitläufiges Tierfreigehege mit Rehen, Hirschen und Wildschweinen. Die Hirsche sind ein beliebtes Fotomotiv, es gibt für sie sogar eine Aussichtsplattform. Lustig ist es, den Wildschweinen beim Wühlen zuzusehen. Riecht ihr den ganz besonderen Wildschwein-Geruch? Den riecht ihr vielleicht auch schon einmal bei der einen oder anderen Wanderung.

Freizeitpark Rheinaue

Bonn-Bad Godesberg. **Radweg:** Erlebnisweg Rheinschiene. **Zeiten:** frei zugänglich.

▶ Mitten in Bonn könntet ihr eine Zwei-Tages-Wanderung machen, ohne die Rheinauen zu verlassen, denn es gibt ein Fußwegenetz von 45 km im Freizeitpark Rheinaue. Er ist damit so groß wie die Bonner Innenstadt. Hier ist den ganzen Sommer etwas los. An sonnigen Tagen könnt ihr zuerst Boot fahren, dann einen der Gärten besuchen, Drachen steigen lassen, Frisbee oder Fußball spielen und als Ab-

Happy Birthday!
Kindergeburtstag auf dem Bauernhof mit einer ausgiebigen Hofführung, bei der die Kinder (max. 10) allen Tieren beim Füttern und Versorgen ganz nah kommen. Eselreiten und eine Traktorfahrt bilden den Höhepunkt. Ganzjährig Mo – Sa 15 – 18 Uhr; 125 € inkl. Kuchen und Getränke.

Bitte nehmt den Tieren nichts zu fressen mit, was ihnen schaden könnte. Fast alles, was wir gerne essen, ist für sie ungesund.

Hunger & Durst
In der urigen Holzhütte am großen Spielplatz gibt es am Wochenende Kakao und Kuchen.

Von März bis Oktober findet hier an jedem 3. Samstag im Monat der größte **Trödelmarkt** des Rheinlandes statt.

BONN

Hunger & Durst

Im **Parkrestaurant Rheinaue**, ✆ 0228/374030, täglich ab 9.30 Uhr, mit Café, Biergarten und Terrasse, lässt es sich gut essen: www.rheinaue.de. Von dieser Seite kommt ihr auch auf eine Seite mit virtuellem Rundgang durch die Rheinaue.

Happy Birthday!

Geburtstagskinder haben freien Eintritt und können in vier verschiedenen Geburtstagsräumen feiern.

Hunger & Durst

Ihr habt die Wahl: In der Gastronomie gibt es Leckeres zu essen, ihr dürft aber auch eigene Speisen und Getränke mitbringen.

schluss auf einem der elf Grillplätze euer Abendessen grillen. Wenn ihr im Parkteil westlich der Konrad-Adenauer-Brücke seid, solltet ihr euch die Mammutbaumscheibe ansehen. Sie ist nicht weit entfernt von der Anlegestelle für die Schiffsmodelle auf dem Auensee. Dort gibt es auch einen Bootsverleih. Wer es sportlich liebt, kann Minigolf spielen, auf der riesigen Halfpipe üben oder den Bonn Capitals beim Baseball zuschauen. Bei ungemütlichem Wetter werdet ihr vielleicht in das Spielhaus flüchten wollen. Und natürlich gibt es mehr als einen schönen Spielplatz dort, außerdem zwei Abenteuerspielplätze, eine Balancierstraße, einen Kompostlehrpfad und einen Übungsplatz der Jugendverkehrsschule.

Erlebniswelten & Grillplätze

Joey's Kinderparadies

Christian-Lassen-Straße 6, 53113 Bonn-Buschdorf. ✆ 0228/9676999, Fax 9106600. www.joeys-kinderparadies.de. joey@joeys-kinderparadies.de. Neben Praktiker-Baumarkt. **Anfahrt:** Bus 630 Ernst-Robert-Curtius-Straße. **Zeiten:** Mo – Fr 13 – 19 Uhr, Sa, So, Fei, Ferien 10.30 – 19 Uhr. **Preise:** 2,50 €, Senioren frei; Kinder ab 2 Jahre 3,50 €, ab 3 Jahre 6,50 €; Spättarif ab 17 Uhr Kinder 4 €, Erwachsene 1,50 €.

▶ Ein Indoor-Spielplatz mit Außenanlage. Dort gibt es ein Bungeetrampolin, einen großen Sandplatz, einen Pool und eine Riesenwasserrutsche. Drinnen findet ihr alles, was ihr von einem Indoor-Spielplatz erwartet: Trampolinanlage, Bullriding, Ball-Pool, Kletterwände, Hindernisbahn, Riesenrutsche, Elektroautos, Air Hockey. Gar nicht so einfach ist es, im Softmountain das Gleichgewicht zu halten. Und bei der Krake ist an jedem der sechs Arme etwas anderes zu erleben.

Grillhütten in Bonn

Bonn, Rheinaue: Insgesamt 11 Grillplätze.
Bonn-Bad Godesberg: Rigal'sche Wiesen: Hütte mit Grillplatz.
Bonn-Duisdorf: Grillplatz der Wanderfreunde Duisdorf, Kontakt Herr Krips, ℃ 0228/623411.
Bonn-Lengsdorf: Kreuzbergpark, Kontakt Herr Flatten, ℃ 0228/254230.

Bonner Hofgarten

Adenauerallee, 53113 Bonn. **Anfahrt:** U16, 63, 66 – 68 Universität/Markt. Rad: Erlebnisweg Rheinschiene.

▶ Mitten in der Stadt gibt es in Bonn eine riesige Rasenfläche, auf der ihr ohne drohenden Blick von Nachbarn Fußball und Nachlaufen spielen könnt. Viele bringen auch ihren Drachen oder die Frisbeescheibe mit. Hier könnt ihr auch sehr gut picknicken, meist werdet ihr sogar von jungen Musikstudenten verwöhnt, die in dieser Umgebung viel lieber üben, als in ihrer winzigen Studentenbude. Wem es auf der freien Fläche zu heiß wird, der findet ringsherum bestimmt eine Bank unter den vielen alten Kastanienbäumen oder vergnügt sich auf dem großen Spielplatz.

Gleich nebenan liegt das ↗ Akademische Kunstmuseum.

Wintersport

Bonn on Ice

Friedensplatz, 53115 Bonn. Handy 0171/3696404.
Zeiten: 19. Nov – 23. Dez Mo – Do, So 11 – 19 Uhr, Fr, Sa 11 – 20 Uhr. **Preise:** 3,50 € pro Std, Schuhe 3 € pro Leihe; Mo – Do fahren Kinder bis 5 Jahre zwischen 14 und 16 Uhr eine Stunde gratis.

▶ Im Bonner Weihnachtsmarktgetümmel könnt ihr euch die Paradiesapfel-Kalorien gleich wieder abtrainieren: Auf der etwa 300 qm großen Eisbahn am nördlichsten Ende des Weihnachtsmarktes auf dem Friedensplatz könnt ihr eure Runden und Pirouetten drehen.

 Wegen der Verletzungsgefahr bitte auch an warmen Tagen Handschuhe anziehen.

HANDWERK UND GESCHICHTE

Bei dieser Wassermühle fließt das Wasser oben auf das Mühlrad, das nennt man Oberwasser. Und weil sich bei dieser Technik das Rad mit weniger Wasser schneller bewegt als bei Unterwasser (dabei liegt das Mühlrad quasi im Mühlbach), heißt es immer noch, dass jemand Oberwasser hat, wenn er die Gegebenheiten besser ausnutzt oder im Vorteil ist.

Rodeln in Bonn

▶ Wer für Schlitten, Bob, Ski, Snowboard oder Plastiktüte einen kleinen Hang sucht, ohne stundenlang im Auto sitzen zu müssen, wird im Kottenforst, in der Rheinaue und an den Hängen des Venusbergs fündig.

Betriebs- & Stadtbesichtigungen

Holzlarer Mühle

53229 Bonn-Holzlar. ✆ 0228/484551, 483345, www.holzlarer-muehle.de. lenders@uni-bonn.de.
Anfahrt: Bus 625, 634 Heideweg. A59 AS41 BN-Pützchen. **Zeiten:** Mai – Okt Mi 15 – 17 Uhr, Deutscher Mühlentag (Pfingstmontag) und nach telefonischer Vereinbarung.

▶ Die Wassermühle in Holzlar wurde 1502 erstmals erwähnt und war bis 1965 in Betrieb. Die Mitglieder des Mühlenvereins und des Technischen Hilfswerks haben sie liebevoll restauriert. Nun kann sie als einzige funktionsfähige Mühle im gesamten Bonner Raum besichtigt werden. Bei einer Führung wird euch genau erklärt, wie diese Mühle gebaut wurde. Wahrscheinlich haben nicht einmal eure Eltern gewusst, dass bei Wassermühlen der Mühlenstuhl gar nicht mit dem Mühlengebäude verbunden ist. Er wird vorher gebaut und das Gebäude erst später drumherum gemauert.

Stadtrundfahrt im Cabriobus

Bonn Information, Windeckstraße 1, am Münsterplatz, 53103 Bonn. ✆ 0228/775000, 19433, Fax 775077. www.bonn.de. Treffpunkt: Bonn Information. **Zeiten:** April – Okt Mi – So, Fei 14 Uhr, Nov – März Sa 14 Uhr. **Preise:** 13 €; Kinder 6,50 €; Familien 20 €.

▶ Zweieinhalb Stunden werdet ihr durch die ehemalige Bundeshauptstadt gefahren und könnt bei der großen Stadtrundfahrt durch die Stadtteile auf bei-

Relaxter Sommer: Im Eis-
café die Zeit verbummeln

den Rheinseiten viel über die Geschichte der Stadt
und ihren jetzigen Stellenwert in der Welt erfahren.

Bonn für Kinder

StattReisen Bonn erleben e.V., Hauptbahnhof Bonn,
Nordflügel, 1. Stock, 53111 Bonn. ℂ 0228/654553,
2425256 (Info-Line), Fax 2425255. www.stattreisen-
bonn.de. stattreisen.bonn@t-online.de. **Zeiten:** Einzel-
termine im Internet, Gruppen nach Vereinbarung.
Preise: 4,50 €, Gruppen bis zu 23 Kinder 90 €, jedes
weitere Kind 4,50 €.

▶ Eine Kinderstadtführung für Kinder von 7 bis 12
Jahre, bei der alte Münzen geprägt werden und eine
Flaschenpost geschickt wird. Danach schreibt ihr wie
die Römer und sucht nach St. Martin. Jedes Kind erhält ein »Bonn-Büchlein« als Andenken, das die Stationen des dreistündigen Rundgangs in bunten Bil-
dern nachzeichnet.

Stadtrundgang speziell für Kinder

BonnTipps, Gaby Brennig, Am Nordpark 41, 53117
Bonn. ℂ 0228/679916, Handy 0162/6798348.
www.bonntipps.de. BonnTipps@web.de. **Preise:** 5 €,
Gruppen ab 40 €.

*An der Zahl und Lage der Partner-
städte von Bonn merkt
ihr, dass diese Stadt einmal Bundeshauptstadt
war. Es sind in Frank-
reich: St. Cloud, Mire-
court und Villemomble;
in Großbritannien: Ox-
ford, Windsor and Mai-
denhead; in Polen: Op-
peln; in der Türkei: Yalo-
va; in Brandenburg:
Potsdam; in Israel: Tel
Aviv/Jaffa; in Belgien:
Kortrijk; in Ungarn Bu-
dafok/Budapest und in
Italien Frascati.*

> Frau Brennig liebt ihre Stadt und wird euch auch innerhalb von wenigen Minuten dazu bringen, Bonn zu lieben. Sie weiß einfach alles über die Geschichte, die Kultur und die schönsten Plätze in Bonn und kann es auch noch superspannend erzählen. Die Touren werden ganz nach euren Wünschen und Interessen zusammengestellt und nehmen natürlich auch auf eure Kondition Rücksicht.

Museen

Beethoven Haus

Bonngasse 24 – 26, 53111 Bonn. ✆ 0228/9817525, Fax 9817526. www.beethoven-haus-bonn.de. museum@beethoven-haus-bonn.de. **Anfahrt:** Fast alle Busse, U62, U65 – 67 Bertha-von-Suttner-Platz.
Zeiten: April – Okt Mo – Sa 10 – 18 Uhr, So, Fei 11 – 16 Uhr, Nov – März Mo – Sa 10 – 17 Uhr, So, Fei 11 – 16 Uhr. **Preise:** 4 €; Kinder 3 €; Familien 10 €.

> Das Haus, in dem Ludwig van Beethoven 1770 geboren wurde, ist ein Anziehungspunkt für Besucher aus aller Welt. Regelmäßig jeden 3. So im Monat können Kinder ab 8 Jahre das Museum erkunden und auf den Spuren Beethovens wandeln. Der Kammermusiksaal bietet regelmäßig auf Kinder abgestimmte Konzerte. Und es gibt neuerdings auch Museumsnachmittage, bei denen sich alles um Beethoven und die Musik dreht.

Besonders beliebt sind die Ferien-Workshops für 8- bis 11-Jährige: Hier bekommt ihr Einblicke in das Leben Beethovens, seine Musik und das Museum. Unter der Anleitung von zwei netten Musikerinnen wird Musik gehört, gebastelt und gesungen.

Akademisches Kunstmuseum

Am Hofgarten 21, 53113 Bonn. ✆ 0228/737738, 735011, Fax 737282. www.antikensammlung.uni-bonn.de. akmuseum@uni-bonn.de. **Anfahrt:** U16, U63,

Happy Birthday!
Wie wär's mit einem musikalischen Geburtstagsfest im Museum?

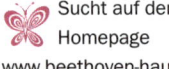 Sucht auf der Homepage www.beethoven-haus-bonn.de die Familienrallye durch das Museum, druckt sie aus und schon habt ihr einen lustigen Ausflug ins Museum vor euch!

U66 -68 Universität/Markt. **Zeiten:** Abgusssammlung So – Fr 10 – 13 Uhr, Do 16 – 18 Uhr, Originalsammlung nur Di, Do, So. **Preise:** 1,50 €; Kinder, Schüler, Studenten frei. **Infos:** Ansprechpartner Aktivprogramm Marcus U. Heinrich, ✆ 02292/922348, heinrich@marcus-u-heinrich.de.

▶ Das Akademische Kunstmuseum hat die Aufgabe, griechisch-römische Kunst aus den Mittelmeerländern in Abguss und Original zu sammeln. Inzwischen gibt es dort Gipsabgüsse von 300 Statuen und 200 Reliefs, dazu 2000 originale Werke aus Marmor, Terrakotta und Bronze. Jeweils am 3. So im Jan, April, Juli und Okt finden um 11.15 Uhr Kinderführungen statt. Nach Absprache sind auch thematische Führungen und Aktivprogramme zu anderen Zeiten möglich. In den Ferien stehen Aktivprogramme für alle auf dem Terminplan, bei denen ihr Gipsabgüsse, römische Wachstafeln oder einen Tempelgiebel herstellt.

Göttlich: Statue im Akademischen Kunstmuseum

Ägyptisches Museum

Regina-Pacis-Weg 7, 53113 Bonn. ✆ 0228/739710, Fax 737360. www.aegyptisches-museum.uni-bonn.de. aegyptisches-museum@uni-bonn.de. **Anfahrt:** U16, U63, U66 Universität/Markt, Bahn/Bus Hauptbahnhof. **Zeiten:** Di, Mi, Fr 10 – 14 Uhr, Do 14 – 18 Uhr, 1. Sa im Monat 13 – 17 Uhr (geschlossen 15. Dez – 15. Jan und 15. Aug – 15. Sept). **Preise:** 2,50 €, angemeldete Gruppen ab 10 Personen 1,50 €; Kinder 1,50 €, angemeldete Gruppen 1 €.

▶ Eine übersichtliche Ausstellung zu den alten Ägyptern. In der **Abteilung Haus** wurde alles zusammengetragen, was mit dem Alltag der Menschen zu tun hat, z.B. ein 4000 Jahre altes Kleid. Die **Abteilung Tempel** stellt die altägyptische Religion dar und in der **Abteilung Grab** erfahrt ihr viel über den Totenkult der Ägypter. In den Vitrinen seht ihr eine Katze mit Ohrringen, einen Steinsarg für einen Skarabäuskäfer und sogar mumifizierte Eidechsen, Schlangen und Falken. Das waren damals heilige Tiere, sie wurden

Happy Birthday!
Das Ägyptische Museum Bonn lädt deine Geburtstagsgruppe ein, eine Rallye durchs Museum zu machen, zu schreiben und zu malen wie im Alten Ägypten und einen kleinen Preis mit nach Hause zu nehmen. An Freitag- oder Samstagnachmittagen, jeweils für zwei Stunden, für bis zu 12 Kinder ab 7 Jahren, 70 €.

BONN

mit der gleichen Sorgfalt einbalsamiert und mumifi-
ziert wie Menschen. Wenn die Führerin von »Fritte«
spricht, benutzt sie nicht etwa ein anderes Wort für
»Pommes«, sondern meint eine altägyptische Vorstu-
fe von Glas mit matter Oberfläche.

Das Museum bietet Führungen für Schulklassen und
Feriennachmittage für Kinder an, bei denen es z.B.
»Spaß und Spiel am Nil« heißt. Dabei macht ihr eine
Rallye durch das Museum und lernt, euren Namen in
Hieroglyphen zu schreiben.

Haus der Geschichte der Bundesrepublik Deutschland

Museumsmeile, Willy-Brandt-Allee 14, 53113 Bonn.
☎ 0228/91650, 9165400 (Besucherdienst), Fax
9165302. www.hdg.de. post@hdg.de. **Anfahrt:** U16,
63, 66 – 68 Heussallee/Museumsmeile, Bus 610,
630 Bundeskanzlerplatz/Heussallee. B9 Richtung Koblenz. **Zeiten:** Di – So 9 – 19 Uhr. **Preise:** Eintritt frei.

▶ Hier könnt ihr die Geschichte der Bundesrepublik
Deutschland von 1945 bis heute hautnah erleben. In
den Hallen sind Gegenstände und Schriftstücke ausgestellt, die sehr anschaulich erklären, wie sich das
Leben für eure Großeltern und Eltern im Nachkriegs-
deutschland und im Kalten Krieg anfühlte. Einiges
wird euch fremd vorkommen, vieles bekannt, spannend ist fast alles. Da sind Armeeautos zu sehen,
das Gestühl aus dem ersten Plenarsaal des alten
Bundestages und weiter hinten Stücke von der Berliner Mauer. Im Museumsgarten ist dargestellt, wie
unterschiedlich in den Jahrzehnten Gärten angelegt
wurden. Dort gibt es außerdem einige historische
Spielgeräte zu bewundern.

Für **Gruppen** ab 15 Personen und **Kindergeburtstage**
lässt sich der Besucherdienst immer etwas nettes
einfallen. Für Familien besonders empfehlenswert
sind die **Mitmach-Programme**. Das sind Hefte zu bestimmten Themen (1 €, ab 10 Stück 50 Cent), mit denen ihr eine Rallye durch das ganze Museum macht.

Tipp: Wer von euch am
Sonntagmorgen immer
die Sendung mit der
Maus ansieht, wird sich
hier ganz besonders
über ein Video mit der
Sachgeschichte »Nach-
kriegsmaus«, eine Zeit-
reise ins Jahr 1945,
freuen.

Hunger & Durst

Im **Museumscafé** gibt
es Frühstück, Mittag-
essen und leckere Zwi-
schengerichte. Wenn ihr
die italienische Küche
mögt, seid ihr hier
genau richtig: Der Päch-
ter ist Italiener!

Kunst- und Ausstellungshalle der Bundesrepublik Deutschland

Museumsmeile, Friedrich-Ebert-Allee 4, 53113 Bonn. ✆ 0228/9171200, 9171292 (Museumspädagogik), Fax 234154. www.bundeskunsthalle.de. info@kah-bonn.de. **Anfahrt:** ↗ Haus der Geschichte. **Zeiten:** Di, Mi 10 – 21 Uhr, Do – So, Fei 10 – 19 Uhr. **Preise:** 7 €, Zweitageskarte 9,50 €, Gruppen ab 10 Personen 4,50 €; Kinder 6 – 17 Jahre 3,50 €, Zweitageskarte 5 €, Gruppen ab 10 Personen 2,50 €; Familien (max. 2 Erw, mind. 1 Kind) 10,50 €. **Infos:** Freitags für angemeldete Schulklassen Eintritt frei.

▶ Die Bundeskunsthalle ist ein Museum, in dem es keine feste Dauerausstellung gibt. Dort finden hochinteressante Ausstellungen jeweils für einige Monate statt. Bis Mai 2005 ist zum Beispiel der Pharao Tutenchamun mit den Grabschätzen aus dem Tal der Könige zu Gast. Danach sind Ausstellungsstücke aus Jordanien, dem mongolischen Reich und dem Vatikan anzuschauen. Hier lohnt ein Blick auf die Ausstellungsvorschau. Der museumspädagogische Dienst bietet für jede neue Ausstellung Sonderführungen, Kindergeburtstage und Workshops für Kinder an.

Kunstmuseum Bonn

Museumsmeile, Friedrich-Ebert-Allee 2, 53113 Bonn. ✆ 0228/776260, Fax 776220. www.kunstmuseum-bonn.de. kunstmuseum@bonn.de. **Anfahrt:** ↗ Haus der Geschichte. **Zeiten:** Di – So 10 – 18 Uhr, Mi bis 21 Uhr. **Preise:** 5 €, Gruppen ab 15 Pers. 4 €; Kinder 2,50 €, ab 15 Kindern 2 €; Familien 10 €.

▶ Im Kunstmuseum Bonn werden Werke deutscher Künstler gesammelt. August Macke, Max Ernst und Joseph Beuys haben große eigene Bereiche erhalten. Das Kunstmuseum Bonn hat ein umfangreiches pädagogisches Programm. Die Rubriken »Sonntags im Museum« und »Ferienwerkstatt« sind seit Jahren ein Publikumsmagnet. Zudem lassen sich freie Ver-

Hunger & Durst

Restaurant Diners, ✆ 0228/9171420, geöffnet wie die Ausstellungshalle, mit internationalen Hauptgerichten, Snacks, knackigen Salaten und frischem Kuchen. Bei schönem Wetter wird auch im Biergarten auf dem Vorplatz serviert. Außerdem ein **Café** im Foyer, an dem ihr Erfrischungen, Snacks und einen kostenlosen Hot Spot der T-Com für euer Laptop findet.

BONN

anstaltungen wie Kindergeburtstage und dergleichen im Bonner Kunstmuseum buchen.

Arithmeum

Forschungsinstitut für diskrete Mathematik, Lennéstraße 2, 53113 Bonn. ℡ 0228/738790, Fax 738771. www.arithmeum.uni-bonn.de. arithmeum@or.uni-bonn.de. **Anfahrt:** Bonn Hbf. **Zeiten:** Di – So 11 – 18 Uhr. **Preise:** 3 €; Kinder 2 €. **Infos:** Führungen nach Absprache 25 €, für Schulklassen nur normaler Eintritt. Öffentliche Führungen So 11 Uhr.

▶ In diesem Museum dreht sich alles ums Rechnen. Über 1200 mechanische Rechenmaschinen sind zu sehen, die ältesten über 300 Jahre alt. Noch älter sind Rechenbretter aus der Antike und aus dem Mittelalter. Natürlich dürfen die ersten Ziffern und Zahlen der Sumerer von vor 6000 Jahren nicht fehlen. Jeden 1. Sa im Monat können Kinder ab 8 Jahre für 6 € an einem Kinderprogramm wie »Rechnen einst« oder »Rechnen heute« teilnehmen. Geheimnisvoll ist das Kryptographieprogramm: Hier gibt es einiges über Codierungen, Chiffrierscheiben und andere verschlüsselte Nachrichten zu erfahren. Ihr dürft eure eigenen Geheimnachrichten mit der legendären »**Enigma**« verschlüsseln.

Museum Koenig

Zoologisches Forschungsinstitut und Museum Alexander Koenig, Museumsmeile Bonn, Adenauerallee 160, 53113 Bonn. ℡ 0228/91220, 9122211 (Besucherinformation), Fax 9122212. www.zfmk.de. info.zfmk@uni-bonn.de. **Anfahrt:** U16, U63, U66 – 68 Museum Koenig. An der B9. **Zeiten:** Di, Do – So 10 – 18 Uhr, Mi 10 – 21 Uhr. **Preise:** 3; Kinder ab 6 Jahre 1,50 €. **Infos:** Behindertengerechtes WC, Wickelmöglichkeit im EG.

▶ Das Museum Koenig ist für die Erforschung der Artenvielfalt berühmt. Es hat große wissenschaftlichen Sammlungen von Wirbeltieren und Insekten. Die **Dauerausstellung** »Unser blauer Planet – Leben im

Hunger & Durst

Das **Café** ist Di – So 10 – 20 Uhr geöffnet. Dort gibt es Frühstück, Mittagessen, Kaffee, Kuchen und Snacks.

Enigma wurde die Verschlüsselungsmaschine der Nazis genannt. Sie sorgte in den ersten Jahren des Zweiten Weltkrieges dafür, dass die Alliierten mit den Wehrmachts-Funkmeldungen nichts anzufangen wussten. Als die deutschen U-Boote im Atlantik immer häufiger die für England überlebenswichtigen Konvois abfingen, wurde die Lösung des Enigma-Rätsels zur vordringlichen Aufgabe des britischen Nachrichtendienstes.

Aufmerksame Lauscher: Audioführung im Museum Koenig

Netzwerk« zeigt die Lebensräume Savanne, Regenwald und Mitteleuropa. Außerdem gibt es eine große Abteilung zur Vogelwelt. Im **Vivarium** im Untergeschoss sind lebende Tiere zu sehen: Warane, Eidechsen und Schlangen.

Für Gruppen hält das Museum ein ganzes Heft voller **Führungen** und **Programme** bereit. Besonders beliebt sind der *Tanz der Vampire* (Alles über Fledermäuse), die *Reise nach Afrika* und *Die Dinos sind los.* Mädchen lieben die *Schmetterlingsparty* und den *Bienentanz.* Schulklassen können sich auch zur **Museumsschule** anmelden.

Kelten, Römer und Straßengestank

Rheinisches LandesMuseum Bonn, Colmantstraße 14 – 16, 53115 Bonn. ✆ 0228/20700, 01805/743465263 (Infotelefon der Kulturinfo Rheinland, auch für Anmeldungen zu Führungen und Workshops), Fax 2070150. www.rlmb.lvr.de. rlmb@lvr.de. **Anfahrt:** Bonn Hbf, durch die Unterführung rechts über die Quantiusstraße. A565 AS6 BN-Endenich, Parken Tiefgarage Pauschaltarif für Museumsbesucher 2,50 €. **Zeiten:** Di, Do, Sa 10 – 18 Uhr, Mi, Fr 10 – 21 Uhr, So 11 – 18 Uhr. **Preise:** 5 €, Gruppen ab 10 Personen 4,50 €; Kin-

Hunger & Durst
Restaurant und Café **DelikArt** täglich außer Mo 10 – 24 Uhr, ✆ 0228/1841438.

BONN

An der Kasse und im Shop gibt es einen kleinen Kinderführer, der die Themen des Museums kurz und verständlich aufarbeitet, Preis: 2 €. 3 x im Jahr erscheint eine Museumszeitschrift für Kinder und Jugendliche (Jule), mit Infos zur Arbeit im Museum, zu Ausstellungsthemen, einem Minimuseum zum Sammeln, Terminübersicht u.v.m. Die Zeitschrift ist kostenlos im Museum erhältlich.

@ Interessant ist der Kids Corner auf www.mineralwasser.com.

Nach dem Museumsbesuch wisst ihr, dass jemand, der euer Kinderzimmer mit »gediegen« bezeichnet, euch gar nicht beleidigen kann. Denn bei Gold bedeutet »gediegen« die besonders reine Form des Edelmetalls. Und was ist so schlimm daran, ein besonders reines Kinderzimmer zu haben?

der 6 – 16 Jahre 2 €, Gruppen ab 10 Personen 1,50 €; Familien Di – Fr 10 €, Sa, So 5 €.

▶ Das Rheinische LandesMuseum Bonn ist ein Themenmuseum. Ihr könnt euch bei einem Museumsbesuch einfach nur das Thema Handel, Macht oder Religion vornehmen und erhaltet dennoch einen Überblick über dessen gesamte Geschichte. Mit dem Audio-Guide könnt ihr euch die Ausstellung erklären lassen, außerdem gibt es viele Mitmach-Bereiche, in denen ihr selbst etwas machen könnt, z.B. auf eine römische Wachstafel schreiben. Eine Station werdet ihr so schnell nicht vergessen: Beim Thema Epochen könnt ihr sogar riechen, wie schlimm die Kanalisationsdüfte im Mittelalter waren.

An den Wochenenden könnt ihr euch einer **Kinderführung** von etwa 1 Stunde für Kinder ab 6 Jahre anschließen (4,50 €) oder an einem zweistündigen **Workshop** für Familien teilnehmen (7 €).

Mineralogisches Museum

Poppelsdorfer Schloss, 53115 Bonn-Poppelsdorf. ☏ 0228/739047, 732764, Fax 732763. www.min.uni-bonn.de. R.Schumacher@uni-bonn.de. **Anfahrt:** Bus 620, 624, 627 Botanischer Garten. A565 AS7 BN-Poppelsdorf. **Zeiten:** Mi 15 – 17 Uhr, So 10 – 17 Uhr. **Preise:** 2,50 €; Kinder bis 16 Jahre frei. **Infos:** Gruppenführungen nach Vereinbarung.

▶ Hier ist alles ausgestellt, was mit »Steinen« zu tun hat. Schautafeln erklären den Vulkanismus und die Entstehung der Gesteine in Eifel und Siebengebirge. Ihr seht Minerale, Edelsteine, Gold, Erze und Meteoriten. Ganz hinten im Museum hängt ein Vorhang vor einer Vitrine. Wenn Ihr Euch das Tuch über die Schultern zieht und auf einen Lichtschalter drückt, könnt Ihr Minerale sehen, die im Dunkeln leuchten. Spannend ist es, zu sehen, wie ein künstlicher Kristall zum Wachsen gebracht wird. Mo 15 Uhr sind nach Anmeldung Kindernachmittage unter der Überschrift »Katzengold und Tigerauge« möglich.

Goldfuß-Museum

Universität Bonn, Institut für Paläontologie, Nussallee 8, 53115 Bonn-Poppelsdorf. ✆ 0228/733103, 734069 (Kindergeburtstage), Fax 733509. www.uni-bonn.de/paleontology. palinst@uni-bonn.de. **Anfahrt:** Bus 620, 624, 627 Botanischer Garten. A565 AS7 BN-Poppelsdorf. **Zeiten:** Mo – Fr 9 – 16 Uhr, So 13 – 17 Uhr. **Preise:** Eintritt frei.

▶ Ihr interessiert euch für Dinosaurier? Dann seid ihr im Goldfuß-Museum goldrichtig. Hier trefft ihr auf unendlich viele Fossilien, die Millionen von Jahren alt und zum Teil sehr selten sind. Vom *Tyrannosaurus rex* ist leider nur ein Schädelabguss ausgestellt, die Versteinerungen eines Dino-Eis und eines Dino-Kothaufens sowie das 20.000 Jahre alte Skelett eines Höhlenbären sind aber echt. Und stellt euch vor: In einem Becken zwischen all den Versteinerungen gibt es »lebende Fossilien«. So bezeichnen die Mitarbeiter Pfeilschwanzkrebse, das ist eine Tierart, die schon seit 150 Millionen Jahren auf der Erde leben.

Das Goldfuß-Museum bietet Führungen ab dem Kindergartenalter an, auf Wunsch zu speziellen Themen. Im Sommer werden manchmal Exkursionen mit Helm und Hämmerchen angeboten. Auch könnt ihr euren Geburtstag im Museum feiern. Eine Museumspädagogin kann die Versteinerungen toll erklären und bastelt hinterher mit euch auch noch eine »Fossilie«.

@ Auf der Homepage des Museums wurde eine extra Kinderseite eingerichtet, auf der ihr viel über Fossilien, Dinosaurier & Co. erfahrt.

☼ Lasst euch von einem Mitarbeiter die Geschichte der Lügensteine erklären!

Deutsches Museum Bonn

Ahrstraße 45, 53175 Bonn. ✆ 0228/302255, Fax 302254. www.deutsches-museum-bonn.de. info@deutsches-museum-bonn.de. **Anfahrt:** U16, U63 Hochkreuz 10 Minuten, Bus 610 Danziger Straße, Bus 614 Ahrstraße. B9 Richtung Koblenz. **Zeiten:** Di – So 10 – 18

Happy Birthday!

Ein Kindergeburtstag im Museum kostet 40 € für den Führer und 1,50 € für jedes Kind.

🍎 Für die Bastler und Schrauber unter euch hat der gut sortierte **Museumsshop** einiges zu bieten.

🦉 *Wenn euch der Weg zum Museum über die Brücke führt, werdet ihr euch vielleicht über die Brückenmännchen wundern. Denn als die Brücke gebaut wurde, wollte sich Beuel an den Kosten nicht beteiligen. Die Bonner bauten die Brücke deshalb allein, knöpften den Beuelern aber einen saftigen Brückenzoll ab und bauten Brückenmännchen mit dem Po Richtung Beuel, um damit zu zeigen, was sie von der fehlenden Bereitschaft zur Zusammenarbeit hielten.*

Uhr. **Preise:** 4 €, Gruppen 1,50 €; Kinder ab 6 Jahre 2,50 €; Familien 7 €. **Infos:** Wokshops 4 €. Nach Anmeldung barrierefreier Zugang möglich.

▶ Fr ab 15 Uhr bietet die kleine Eule Pfiffikus in diesem Museum lustige und informative Kinderprogramme an. Bei *Sternengucker* erwartet euch eine Entdeckungsreise durch das Weltall, bei *Wer war der Detektiv?* löst ihr mit ausgewählten Methoden der Kriminalistik einen kniffligen Fall und bei *Roberta* können Mädchen mit Bausätzen einen Roboter bauen und am Computer programmieren. Auf dem Programm stehen Museumsrallyes und Museumsnächte zu verschiedenen Themen wie Krimi oder Harry Potter. Dazu schaut ihr am besten in den Kalender auf der Homepage.

Heimatmuseum Beuel

Heimat- und Geschichtsverein Beuel am Rhein e.V., Wagnergasse 2 – 4, 53225 Bonn-Beuel. ✆ 0228/ 463074, Fax 463074. www.hgv-beuel.de. info@hgv-beuel.de. **Anfahrt:** Straßenbahn 62, 65 – 67 Konrad-Adenauer-Platz. **Zeiten:** Mi, Sa, So 15 – 18 Uhr. **Preise:** Eintritt frei.

▶ In diesem Heimatmuseum könnt ihr im Hauptgebäude die gesamte Geschichte des Ortes Beuel nachvollziehen, von der Vorgeschichte bis zum Jahr 1969, als Beuel Stadtteil von Bonn wurde. Nebenan liegt der Stall und an seinem rechten Ende ein Plumpsklo – wer kennt das heute schon noch? Bis vor einigen Jahren war es noch in Gebrauch, als Studenten im Fachwerkhaus wohnten. Im Stall ist eine Schuhmacherwerkstatt zu sehen, besonders interessant sind darin die »Schusterkugeln«. Schließlich ist nebenan noch eine Schmiede und Schlosserei eingerichtet – mit Werkzeug, das heute höchstens eure Großeltern noch aus dem Alltag kennen.

Theater & Action

Junges Theater Bonn

Hermannstraße 50, 53225 Bonn. ✆ 0228/463672, Fax 696007. www.jt-bonn.de. info@jt-bonn.de. **Anfahrt:** Bus 529, 537, 622 Beuel Krankenhaus oder Straßenbahn 62, 65 – 67 Konrad-Adenauer-Platz. **Preise:** 8 €, Gruppen ab 5 Personen 7 €; Kinder 6 €, Gruppen ab 5 Kindern 5 €. **Infos:** Schulklassen, Gruppen und Kindergärten erhalten eine Freikarte.

▶ Für Kinder ab 5 Jahre werden hier erstklassig inszenierte Stücke gespielt. Der Intendant ist mutig genug, um sich an bekannte Buchvorlagen wie *Das Dschungelbuch, Der Zauberer von Oz, Der Wunschpunsch* von Michael Ende oder *Tom Sawyer* zu wagen.

Theater Marabu

Theaterwerkstatt Brotfabrik Bonn, Kreuzstraße 16, 53225 Bonn-Beuel. ✆ 0228/4339759, Fax 4335808. www.theater-marabu.de. mail@theater-marabu.de. **Anfahrt:** U66 Konrad-Adenauer-Platz, U62 Ob.-Wilhelm-Straße, Bus 529, 537, 625, 628, 635 Kreuzstraße. A59 AS40 Beuel/Hangelar, A565 AS1 BN-Beuel. **Zeiten:** aktuelles Programm im Internet oder telefonisch anfordern. **Preise:** 7 €; Kinder 5 €, Gruppen ab 15 Personen 4 €.

▶ Beim Theater Marabu sind Kinder und Jugendliche ernstzunehmende Zuschauer mit dem gleichen Anrecht auf gutes, anspruchsvolles Theater wie Erwachsene. Das Theater Marabu legt viel Wert auf eine originelle Bearbeitung von Themen, die Kinder und Jugendliche beschäftigen. 5 – 6 Theaterstücke für jedes Alter stehen immer auf dem Programm. Die Geschichten sind mal heiter, mal traurig, werden mit oder ohne Worte erzählt, spielen mit Sprache, Bewegung, Objekten oder Puppen und sind so vielschichtig wie die Welt, in der wir leben.

Theater Die Raben

dramatisches zentrum bonn, Auguststraße 10, 53229 Bonn. ✆ 0228/476727, Fax 478028. Handy 0172/5804938. www.theater-die-raben.de. die_raben@t-online.de. **Anfahrt:** Straßenbahn 62, Beueler Bahnhof. Dort Unterführung, Ampelkreuzung passieren, links halten, Marquardtstraße hoch, rechts in die Auguststraße, Hausnummer 10, 1. Stock.

▶ Im Theater Die Raben werden Figurentheaterstücke für Kinder ab 4 Jahre aufgeführt. Außerdem werden Theaterworkshops und Projekttage für Kinder, Jugendliche und Schülergruppen angeboten.

Jugendfarm Bonn

Holzlarer Weg 74, 53229 Bonn-Pützchen. ✆ 0228/6298790, 62987911, Fax 62987990. www.jugend-farm-bonn.de. info@jugend-farm-bonn.de. **Anfahrt:** Bus 624, 634 Pützchen Schule. A59 AS 41 BN-Pützchen. **Zeiten:** Di – Sa 14 – 18 Uhr, Erlebnistag vormittags nach Absprache. **Preise:** Eintritt kostenlos, Erlebnistage 6 €.

▶ Hier können Kinder von 6 bis 14 Jahren Tiere pflegen, füttern, misten, streicheln, reiten, Buden bauen, basteln, malen, werken, Kioskverkäufer sein, Fussball spielen, Abenteuer erleben und vieles mehr. Ein Erlebnistag mit der Schulklasse beginnt im Tierbereich mit Pferden, Schweinen, Eseln, Schafen, Ziegen und Gänsen. Wer frisches Obst mitgebracht hat, darf damit auch die Tiere füttern – aber bitte nicht mit anderen Sachen.

Nach einer gemeinsamen Frühstückspause könnt ihr euch beim Erlebnistag für eines der Angebote im Erlebnisbereich entscheiden, wo es einen Bauspielplatz, eine Werkstatt und ein Spielhaus gibt.

Happy Birthday!

Kinder zwischen 6 und 14 können ihren Geburtstag auf der Jugendfarm feiern. Darüber hinaus kann für die Kinder Ponyreiten und Stockbrot angemeldet werden.

Tausche Kastanien gegen Gummibären

Haribo, Truchseßstraße, 53173 Bonn-Bad Godesberg. ✆ 0228/537111, Fax 537635. www.haribo.com. pr@haribo.com. Gegenüber der Feuerwache. **Zeiten:** letzter Do und Fr in den NRW-Herbstferien 7 – 16 Uhr.

▶ Das ist doch einmal eine leckere Aktion! Seit rund 70 Jahren steigt jedes Jahr im Herbst Haribos große Kastanienaktion: Tauscht eure Kastanien und Eicheln gegen Haribo-Artikel ein! Für 10 kg Kastanien oder 5 kg Eicheln gibt es 1 kg Haribo, die maximale Annahmemenge beläuft sich auf 50 kg pro Person. Bitte Kastanien und Eicheln in getrennten Tüten sammeln. Denn alles Gesammelte geht in die Winterfütterung von vielen, vielen Wildfreigehegen in ganz Deutschland und Österreich.

 Rechnet mit langen Wartezeiten, d.h. dicke Jacke und Picknickpaket einpacken.

Achtung: Wahrscheinlich wird der Tauschplatz ab 2005 verlegt. Bitte vor dem Start zur Tauschaktion erst im Internet nachschauen oder anrufen.

Der Name Haribo ist einfach nur die Abkürzung für den Firmengründer HAns RIegel aus BOnn.

Märkte & Feste

Festkalender Bonn
Mai/Juni: Bonn, Museumsmeilenfest.
Juni: Münsterplatzfest.
September
1. Sa: Bonn, Rheinaue, Internationales Begegnungsfest.
1. So: Bonn-Rhöndorf, Wein- und Heimatfest.
2. Sa: Bonn-Brüser-Berg, Familienfest.
2. Wochenende: Bonn-Pützchen, Pützchens Markt.
3. Wochenende: Bonn, Weltkindertag auf dem Münsterplatz.
September/Oktober
Bonn, Internationales Beethovenfest.
November
10. Nov und Nachbartage: Martinszüge in allen Stadtteilen und Dörfern.

Adventszeit in Bonn
Täglich ab 1 Woche vor 1. Advent: Bonner Weihnachtsmarkt auf dem Münsterplatz.

1. – 4. Advent: Täglich: Bad Godesberg, Nikolaus-markt auf dem Theaterplatz.

1. Advent:
Do – So: Duisdorf, Adventsmarkt.
Sa, So: Beuel, Nikolausmarkt.

2. Advent:
Sa, So: Endenich, Adventsmarkt.
Sa: Friesdorf, Weihnachtsmarkt.
Sa: Holzlar, Weihnachtsmarkt in der Holzlarer Mühle.
So: Lannesdorf, Weihnachtsmarkt.

Hunger & Durst

Auf keinem Weihnachts-markt der Region gibt es so viele verschiede-ne Heißgetränke für Kin-der wie in Bad Godes-berg: Kakao, Kinder-punsch, Ingwertee, Früchtetee, heißer Apfel, heiße Banane und mehr.

Basteltipp: Der 4. Dezember ist der Barbaratag, benannt nach der heiligen Barba-ra. Schneidet euch an diesem Tag Zweige von Pflaumen-, Kirsch- oder Birnenbaum ab und stellt sie in eine Vase mit Wasser. Am 25. Dezem-ber werden sie wunder-schön blühen.

Weihnachtsmarkt in der City

Münsterplatz, Bonn. **Termin:** Fr eine Woche vor dem 1. Advent – 23. Dez 11 – 20 Uhr (Totensonntag geschlos-sen).

▶ Vom Friedensplatz bis zum Münsterplatz laden weihnachtlich geschmückte Stände und Buden zu Kinderpunsch, Lebkuchen und heißen Maronen ein. Neben kulinarischen Genüssen bietet der Markt aber auch wieder viel Handwerkliches: Weihnachts-schmuck und Krippen gehören ebenso dazu wie Sil-berschmuck oder Volkskunst aus dem Erzgebirge. Speziell für Kinder gibt es auf dem Bonner Weih-nachtsmarkt Karussell, Mini-Riesenrad und Aktivan-gebote wie Töpfern, Wachs kneten, Glas blasen und Seidenmalerei. Ihr arbeitet dabei unter Anleitung von Kunsthandwerkern und könnt selbst Weihnachtsge-schenke herstellen. Auf der Aktionsbühne wird an al-len Tagen Programm gemacht. Gleich nebenan auf dem Friedensplatz könnt ihr unter dem Motto »Bonn on Ice« eure Runden auf der Eisbahn drehen.

Der größte Adventskalender von Bonn

Termn: 1. – 24. Dez.

▶ Ab dem 1. Dez erscheint die Fassade des Alten Rathauses als überdimensionaler Adventskalender, der von 18.000 Glühbirnen beleuchtet wird.

Karneval in Bonn

▶ Puh, wer versucht, alle Bonner Karnevalszüge anzusehen, ist mehr als eine Woche fast täglich unterwegs und wird trotzdem spätestens am Karnevalssamstag aufgeben müssen.

Sa vor dem Karnevalswochenende: Karnevalszüge in Graurheindorf, Mehlem, Kessenich und Tannenbusch.

So vor dem Karnevalswochenende: Karnevalszüge in Ippendorf, Schweinheim und Heidebergen.

Weiberfastnacht: Karnevalszug in Beuel.

Karnevalssamstag: Karnevalszüge in Dransdorf, Schwarz-Rheindorf, Oberkassel, Holzlar, Vilich-Müldorf, Niederholtdorf, Buschdorf, Rüngsdorf und Lessenich-Meßdorf.

Karnevalssonntag: Karnevalszüge in Endenich, Bad Godesberg, Röttgen und der LiKüRa-Zug in Limperich, Küdinghoven und Ramersdorf.

Rathauserstürmungen in Bonn, Beuel und Bad Godesberg.

In Bonn lautet der karnevalistische Schlachtruf »Alaaf«.

Warum der Nubbel jedes Jahr aufs Neue sterben muss

▶ Am Veilchendienstag, dem Tag vor Aschermittwoch, wird in vielen Orten der Region der Nubbel verbrannt. Das ist quasi der moderne Jesus des Rheinlandes: eine lebensgroße Puppe aus Stroh und alten Kleidern, die am letzten Tag des Karnevals alle Sünden auf sich nehmen muss, die die Jecken an den tollen Tagen begangen haben. Kurz vor Mitternacht wird er unter großem Jammern und Wehklagen dem Feuer übergeben. Mit seinem Ende sind auch die Sünderlein rein gewaschen und können am Aschermittwoch ohne Gewissensnot in der Kirche ihr Aschenkreuz abholen. ◀

@ Eine leicht verständliche ausführliche Erklärung zum Nubbel findet ihr unter http://grundschule-koeln.de/nubbel/nubbel.html im Internet.

In manchen Orten heißt der Nubbel auch Zacheies.

BONN

Rosenmontag: Bonn, großer Rosenmontagszug.
Lannesdorf, Karnevalszug.
Veilchendienstag: Lengsdorf, Karnevalszug.

Rosenmontagszug in Bonn

Termin: Rosenmontag 12 Uhr.

▶ Auch Bonn hat einen großen Rosenmontagszug, bei dem ihr riesige Festwagen sehen, bunte Kostüme bestaunen und viele Leckereien fangen könnt. Er wird zwar nicht im Fernsehen übertragen wie seine großen Brüder in Köln, Düsseldorf und Mainz, ist aber in jedem Fall einen Besuch wert.

Der Rheinländer fängt nicht, sondern schnappt! Und zwar Kamelle (Bonbons), Strüssjer (Blumensträußchen) und Bützjer (Kusshändchen/Flugküsse).

SERVICE & KARTEN

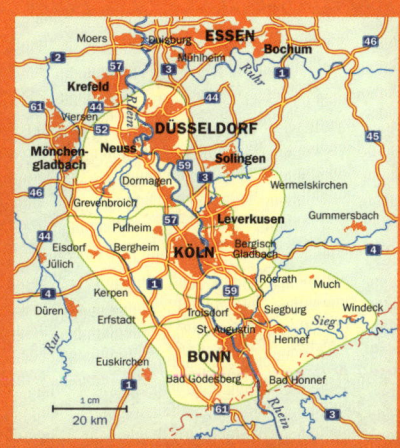

Moers Duisburg **ESSEN** Bochum 46
2 57 Mülheim Ruhr 1
Krefeld 52 44
61 44 Rhein **DÜSSELDORF**
Viersen 45
Mönchen- **Neuss** Solingen
gladbach 59
Dormagen 3 Wermelskirchen
46 Grevenbroich 57 Gummersbach
Pulheim **Leverkusen**
44 Eisdorf Bergheim **KÖLN** Bergisch 4
Jülich Gladbach
Kerpen 1 Rösrath Much
4 59 Windeck
Düren Erftstadt Troisdorf Siegburg Sieg
St. Augustin
Euskirchen **BONN** Hennef
Rur Bad Godesberg Bad Honnef
1 61 Rhein 3
1 cm
20 km

Wissen ist Macht …

Wer eine Unterkunft sucht, sich aktuell über örtliche Veranstaltungen informieren oder mehr über die Region ergattern will, schaut am besten beim Fremdenverkehrsamt oder Verkehrsbüro des betreffenden Ortes vorbei oder auf dessen Internetseite. Bücher und Karten findet ihr in eurer Buchhandlung. Beachtet dazu die Literatur- und Kartentipps in den Randspalten dieses Buches!

Touristen-Information

▶ Ein erholsamer Urlaub fängt wie ein gelungener Ausflug mit guter Vorbereitung an. Mit diesem Reiseführer habt ihr schon die wichtigsten Informationen über euer Wunschziel in der Hand. In den örtlichen Touristen-Informationen gibt es aber vielleicht noch Karten, aktuelle Tipps zu Festen und Veranstaltungen sowie weitere Übernachtungsadressen.

Düsseldorf: Düsseldorf Marketing & Tourismus GmbH, Der Neue Stahlhof, Breite Straße 69, 40213 Düsseldorf. ✆ 0211/172020, Fax 17202930. www.duesseldorf-tourismus.de. info@duesseldorf-tourismus.de.

Dormagen: Stadt Dormagen, Stadtmarketing, Schlossstraße 2 – 4, 41541 Dormagen-Zons. ✆ 02133/257683, 257684, Fax 257685. tourismus@stadt-dormagen.de. **Anfahrt:** Dormagen erreicht ihr über die A57 AS25 Dormagen. **Zeiten:** Mo – Fr 9 – 13 Uhr, 14 – 16 Uhr.

Neuss: Touristinformation Neuss, Neusser Tagungs & Tourismus GmbH, Büchel 6, 41460 Neuss. ✆ 02131/4037795, 273242, Fax 4037797. www.neuss.de. tourist-information@neusserttgmbh.de. **Anfahrt:** Neuss erreicht ihr über die A46, A57 oder A52. **Zeiten:** Mo – Fr 10 – 14, 14.30 – 18, Sa 10 – 14 Uhr. Hier erhaltet ihr kostenlos einen Innenstadtplan mit erklärtem Stadtrundgang.

Neuss: Verkehrsverein der Stadt Neuss am Rhein e.V., Oberstraße 7 – 9, 41460 Neuss. ✆ 02131/908301, 273242, www.verkehrsverein-neuss.de. **Anfahrt:** Neuss erreicht ihr über die A46, A57 oder A52.

… und Connexions sind alles!

www.nrw-tourismus.de: Homepage des Nordrhein-Westfalen Tourismus e.V. mit Infos über Kultur, Radfahren, Wandern, Sport, Wellness, Spaß und mehr zu allen Reiseregionen des Landes.

www.rheinischersagenweg.de: eine neue Ferienstraße entlang des Rheins. 48 Orte zwischen Düsseldorf und Mainz mit ihren bekanntesten und schönsten Sagen und Geschichten werden erläutert.

www.bonn-region.de: Infos über die Region rund um Bonn, den Rhein-Sieg-Kreis und den Kreis Ahrweiler.

www.naturpark-kottenforst-ville.de: Südlich von Pulheim und Bedburg beginnt der Naturpark Kottenforst-Ville, der bis an die Landesgrenze zu Rheinland-Pfalz reicht. Auf der Homepage findet ihr eine interaktive Karte mit Detailinfos beim Anklicken.

SERVICE & KARTEN

Grevenbroich: Verkehrsverein Grevenbroich, Am Markt 1, 41515 Grevenbroich. ✆ 02181/608350, Fax 608351. werner.amian@grevenbroich.de. **Anfahrt:** Grevenbroich erreicht ihr von Aachen und Düsseldorf über die A46 AS13 oder von Köln über die B59.

Bergheim: Rats- und Bürgermeisterbüro Öffentlichkeitsarbeit, Bethlehemer Straße 9 – 11, 50126 Bergheim. ✆ 02271/89483, Fax 89482. www.bergheim.de. info@bergheim.de. **Anfahrt:** Bergheim erreicht ihr über die A61 AS18 Bergheim.

Rhein-Erft-Kreis: Rhein-Erft Tourismus e.V., Europaallee 33, 50226 Frechen. ✆ 02234/95568-30, Fax 95568-68. www.rhein-erft-tourismus.de. info@rhein-erft-tourismus.de. **Anfahrt:** Frechen erreicht ihr über die A1 AS104 Frechen (von der A4 im Kreuz Köln West Richtung Koblenz).

Puhlheim: Stadt Pulheim – Abteilung für Öffentlichkeitsarbeit, 50259 Pulheim. ✆ 02238/9650020, Fax 962809. www.pulheim.de. Auf Anfrage erhaltet ihr eine kostenlose Broschüre ErlebnisPulheim mit Tourentipps und Wandervorschlägen für alle Ortsteile. Die Strecken sind gut erklärt und zwischen 5 und 16 km lang. Besonders schön ist die 6-km-Runde durch das Naturschutzgebiet Ommelstal bei Manstedten.

Brühl: Tourist-Information Brühl, brühl-info, Uhlstraße 1, 50321 Brühl. ✆ 02232/79345, Fax 79346. www.bruehl.de. bruehl.info@t-online.de. **Anfahrt:** Ihr erreicht Brühl über die A61, dann A553 AS4 Brühl-Ost oder über die A555 AS4 Godorf oder über die A4 AS11 Köln-Klettenberg, dann B265. **Zeiten:** Nov – April Mo – Fr 9 – 19 Uhr, Sa 9 – 13 Uhr, Mai – Okt Mo – Fr 9 – 19 Uhr, Sa 9 – 16, So 13 – 17 Uhr.

Köln: Köln Tourismus, Unter Fettenhennen 19, 50667 Köln. ✆ 0221/22130400, Fax 22130410. www.koelntourismus.de. koelntourismus@stadt-koeln.de. **Anfahrt:** Direkt am Hbf. **Zeiten:** Okt – Juni Mo – Sa 9 – 21 Uhr, So, Fei 10 – 18 Uhr, Juli – Sept Mo – Sa bis 22 Uhr.

Windecker Ländchen: Verkehrsverein Windecker Ländchen, Rathausstraße 12, 51570 Windeck-Rosbach.

Auf euren Ausflug nach Bergheim könnt ihr euch mit dem Bergheim-Spiel vorbereiten. Das ist ein Faltblatt mit Würfelspiel, bei dem ihr einiges über die Stadt erfahren könnt. Verschickt wird es vom Rats- und Bürgermeisterbüro.

Für 1,50 € gibt es bei brühl-info eine Rallye für Kinder namens »Auf Entdeckungsreise durch Brühl«.

© 02292/19433, Fax 601294. www.windeck-online.de. tourismus@gemeinde-windeck.de. **Anfahrt:** Windeck erreicht ihr über die A560 AS7 Hennef-Ost, dann links und sofort rechts Siegtalstraße oder die A4 AS26 Reichshof/Waldbröl, dann B256 Richtung Rosbach. **Zeiten:** Mo – Mi 8.30 – 15.30 Uhr, Do 8.30 – 17 Uhr, Fr 8.30 – 12.30 Uhr.

Rheinbach: Bürgerinfothek Rheinbach, Schweigelstraße 23, 53359 Rheinbach. © 02226/13298, www.rheinbach.de. **Anfahrt:** Rheinbach erreicht ihr über die A61 AS28 Rheinbach. **Zeiten:** Mo – Mi 8 – 17 Uhr, Do 8 – 18 Uhr, Fr 8 – 12 Uhr.

Königswinter: Touristeninformation Königswinter, Tourismus Siebengebirge GmbH, Drachenfelsstraße 11, 53639 Königswinter. © 02223/917711, Fax 917720. www.siebengebirge.com. info@siebengebirge.com. **Anfahrt:** Königswinter erreicht ihr über die A59 oder B42. **Zeiten:** Mo 10 – 17 Uhr, Di – Fr 9 – 17 Uhr, Sa (nur Ostern – Sept) 10 – 13 Uhr.

Siegburg: Tourist Information Stadt Siegburg, Europaplatz 3, 53721 Siegburg. © 02241/19433, 9698533, Fax 9698531. www.siegburg.de. tourismus@siegburg.de. **Anfahrt:** Siegburg erreicht ihr über die A3 AS31 Lohmar (von Norden) oder AS32 Siegburg/Hennef (von Süden) oder A560 AS3 Siegburg. **Zeiten:** Mo – Fr 8.30 – 18 Uhr, Sa 10 – 15 Uhr. Die Tourist Information bietet verschiedene thematische Wanderungen, z.B. Klosterwanderungen oder Trinkwasserwanderungen sowie spezielle Kinderwanderungen an. Erwachsene 2,50 €, Kinder 1 €.

Hennef: Tourist Information Stadt Hennef, Frankfurter Straße 97, 53773 Hennef. © 02242/19433, Fax 888157. www.hennef.de. info@hennef.de. **Anfahrt:** Hennef erreicht ihr über die A560 AS6 Hennef-West, von der A3 im Kreuz Bonn/Siegburg Richtung Altenkirchen.

Eitorf: Tourist Information Gemeinde Eitorf, Markt 1, 53783 Eitorf. © 02243/19433, Fax 89179. www.eitorf.de. touristinfo@eitorf.de. **Anfahrt:** Eitorf erreicht ihr über die A560 AS7 Hennef-Ost, dann links und sofort rechts Siegtalstraße.

In den Jahrhunderten hat sich der Ortsname häufig geändert: Im Jahr 762 hieß es Reginbach, 943 Rembach, 1085 Regenbach, 1120 wieder Reginbach, 1178 Rheinbagh, 1277 Reinbach, 1259 Reyinbag und 1295 Reymbagh.

Steht ein wichtiges Familienfest vor der Tür? Bei der netten Frau Jachmich von Benimm Kids, © 02233/691484, www.benimmkids.de, lernt ihr mit anderen 6- – 13-Jährigen, wie man sich im Hotel, beim Telefonieren oder beim Essen richtig benimmt. Oder wisst ihr schon, zu welchem Gang welches Glas und welches Besteck benutzt wird?

Much: Much Tourismus, Hauptstraße 12, 53804 Much. ✆ 02245/610888, Fax 610841. www.much.de. tourismus@much.de. **Anfahrt:** Much erreicht ihr über die A3 AS31 Lohmar, dann weiter auf B56. **Zeiten:** Mo – Do 10 – 17 Uhr, Fr 10 – 13 Uhr, Sa (Juni – Okt) 10 – 13 Uhr.

Bonn: Bonn Information, Windeckstraße 1 (am Münsterplatz), 53111 Bonn. ✆ 0228/775000, 19433, Fax 775077. bonninformation@bonn.de. **Zeiten:** Mo – Fr 9 – 18.30 Uhr, Sa 9 – 16 Uhr, So, Fei 10 – 14 Uhr. Die netten Berater in der Bonn Information bieten außer gewöhnlichen Touristeninformationen auch eine wirklich gute Verkehrsmittelberatung mit Ticketverkauf an. Außerdem: Stadtrundfahrten, Theater- und Konzertkasse.

Mit Bahn und Bus durchs Rheinland

@ Den Verkehrsverbund Rhein-Ruhr findet ihr unter www.vrr.de, den Verkehrsverbund Rhein-Sieg unter www.vrsinfo.de. Beide Verbunde haben Links zu den örtlichen Partner-Unternehmen, Netzpläne und Preisinfos auf ihren Internet-Seiten.

▶ Zwischen den großen Städten Düsseldorf, Leverkusen, Köln und Bonn gibt es so viele Bahnverbindungen, dass ein Auto sogar bei einem längeren Urlaub entbehrlich ist. Zu den größeren Orten der Landkreise sind die Verbindungen ebenfalls recht gut. Wer zwischen den Städtchen und Gemeinden umweltschonend mit Bahn und Bus reist, hat es allerdings nicht leicht: Das Bahn- und Busnetz ist dünner geworden. Längst nicht jedes Ausflugsziel ist ohne anschließenden Gewaltmarsch erreichbar und bei vielen anderen beschränken sich die Verbindungen auf zwei bis drei Fahrten pro Werktag. An den Wochenenden und während der Schulferien existiert zumeist noch nicht einmal diese Schmalkost. Umweltbewusste Familien mit Kindern, die mit öffentlichen Verkehrsmitteln unterwegs sind, tun gut daran, sich rechtzeitig vor der Reise die entsprechenden Fahrpläne zu besorgen oder einen Blick ins Internet zu werfen.

Im gesamten Rheinland gelten die **Tarife des Verkehrsverbundes Rhein-Ruhr VRR** und des **Verkehrsverbundes Rhein-Sieg VRS.** Es gibt eine ganze Reihe von sehr günstigen Tageskarten namens *SchönerTag-Ticket NRW,* durch die Familien auf Ausflügen Geld sparen können. Für Erwachsene gibt es ein *Schönes-WochenendeTicket* für 30 €, für Schüler ein *Schöne-FerienTicket NRW* zu 38 € (Sommerferien) bzw. 15,50 € (Ostern, Herbst, Winter).

Rheinfährbetrieb Schäfer GmbH, Lotharstraße 22, 40667 Meerbusch-Langst. ℡ 02150/1002, 6530 (an Bord), Fax 6593. www.rhein-faehre.de. **Zeiten:** April – Okt Mo – Fr 7 – 20 Uhr, Sa, So, Fei 9 – 20 Uhr, Nov – März Mo – Fr 7 – 19 Uhr, Sa, So, Fei 10 – 18 Uhr. Betriebsferien 23. Dez – Ende Jan. **Preise:** 0,90 €; Kinder bis 10 Jahre 0,40 €; Gruppen-ermäßigung ab 10 Personen. **Infos:** PKW 2 €, Rad 1,40 €, Kinderfahrrad 0,90 €, Hund 0,40, Kinderwagen 0,90 €.
▶ Die Wagen- und Personenfähre Michaela II bringt euch sicher von Meerbusch-Langst nach Düsseldorf-Kaiserswerth.

Mit der Fähre nach Köln, 51377 Leverkusen-Hitdorf. Handy 0178/8323473. **Zeiten:** April – Sept Mo – Fr 6 – 20 Uhr, Sa, So, Fei, 9 – 20 Uhr, Okt – März Mo – Fr 6 – 19 Uhr, Sa, So, Fei 10 – 19 Uhr. **Preise:** 1 €.
▶ Den Rhein auf einer Fähre zu überqueren, ist we-sentlich schöner als über eine Brücke. Ihr spürt die Kraft des Wassers und steht nicht auf der Autobahn-brücke im Stau. In Leverkusen-Hitdorf startet am En-de der Fährstraße die Autofähre nach Köln-Langel.

Personen-Rheinfähre nach Lülsdorf, 50389 Wesseling. ℡ 02208/94660, Handy 0172/2663835 oder 0171/ 2663835(Fährmann). **Zeiten:** Sommer Mo – Fr 6 – 19 Uhr, Sa 8.30 – 15 Uhr, So 9.30 – 19 Uhr, Winter Mo – Fr 6 – 18.40 Uhr, Sa, So, Fei kein Fährbetrieb. **Preise:** 1,50 €; Kinder 4 – 10 Jahre 0,80 €.
▶ Mit der Personenfähre fahrt ihr nicht einfach nur auf gerader Strecke über den Rhein. Der Fährmann muss erst bis zu einem bestimmten Punkt flussauf-wärts fahren, bevor er das gegenüberliegende Ufer

Seit Sommer 2004 gelten für den Nahverkehr in ganz Nordrhein-Westfalen einheitliche Regeln: Kinder bis 6 Jahre fah-ren kostenlos in Bussen und Bahnen, bis 14 Jahre gibt es einheit-liche Ermäßigungen.

Auch im Rhein-park liegt ein **Minigolfplatz,** ℡ 02236/41458.

ansteuern darf. So habt ihr insgesamt 1400 m Fahrspaß auf der 65 Personen fassenden Fähre.

Fähren in Köln: Die Linie Zündorf – Weiß transportiert nur Fußgänger und Radfahrer. Betrieb März – Okt Mo – Fr 10 – 19 Uhr, Sa, So 10 – 20 Uhr. Die Fähre Langel – Hitdorf verkehrt von April – Sept Mo – Fr 6 – 19 Uhr, Sa, So 10 – 19 Uhr, Okt – März Mo – Fr 6 – 20 Uhr, Sa, So 9 – 20 Uhr. Genau in der Innenstadt von Köln Domseite – Messeseite könnt ihr Ostern – Okt je nach Wetter etwa 10 – 17 Uhr übersetzen.

FERIEN-ADRESSEN

Unterkünfte

▶ Aus der Vielzahl von Unterkünften, die sich für erlebnisreiche Wochenenden und Ferienaufenthalte eignen, habe ich eine Auswahl vorgenommen, bei der die Bedürfnisse von Kindern, Jugendlichen und Familien im Vordergrund stehen.

Hotel PhantASIA, Phantasialand, Schmidt Löffelhardt GmbH & Co. KG, Berggeiststraße 31 – 41, 50321 Brühl. ☎ 02232/36666, 36974, Fax 36236. www.phantasialand.de. info@phantasialand.de.

▶ Dieses Viersternehotel wurde speziell für die Freizeitparkgäste gebaut, Wünsche von Familien können also leicht erfüllt werden. Mit drei Spielbereichen, Swimmingpools außen und innen und kleinem Geschäft. Alle Zimmer haben ein Doppelbett und ein Stockbett. Nichtraucherzimmer und behindertengerechte Zimmer auf Wunsch. Kleinere Haustiere dürfen nach Absprache mitgebracht werden. Die Übernachtung in den Vierbettzimmern kostet mit Frühstück für Erwachsene 106 € (bei Einzelbelegung), 70 € (2er), 57 € (3er), 51 € (4er), für Kinder von 4 bis 11 Jahren 52 € (2er), 39 € (3er), 33 € (4er). Mit Preispaketen Hotel + Eintritt Phantasialand wird es günstiger. **Tipp:** Wer »Last-Minute« am Tag vor der Anreise bucht, spart 35 % gegenüber dem Listenpreis.

Hunger & Durst

Ein Traum sind die Cocktails in der Dragon Bar. Ja, richtig, ich empfehle eine Bar, denn hier gibt es unzählige Säfte und 10 verschiedene nichtalkoholische Cocktails. Da verzichten sogar Erwachsene auf Alkohol. Und Mongolisches Feuer, Konfuziusrolle und Drachenkult, die Snacks in der Bar, sind alle so lecker, dass man gar nicht weiß, für welches man sich entscheiden soll.

Ferien auf Bauernhof und Reiterhof

▶ Auf einem richtigen Bauernhof mit Tieren und Feldern zu wohnen, ist für viele Kinder ein spannendes Erlebnis. Mit Tieren spielen, beim Füttern zuschauen oder sogar ein wenig bei der Feldarbeit mithelfen bringt zusätzlichen Spaß. Auf den Wiesen haben Kinder viel Platz zum Herumtollen.

Ferien auf dem Reiterhof haben einen sehr speziellen Charakter, Kinder kommen hierher zum Reiten, entweder um es überhaupt erst zu erlernen, oder um ihr Hobby zu pflegen.

MD Bauernhof, Margot Döpper, Zur Linde 38 – 41, 51515 Kürten-Engeldorf. ✆ 02207/4146, Handy 0177/714755. www.mdbauernhof.de. mdbauernhof@aol.com.

▶ Wenn ihr in Frau Döppers Heuhotel übernachtet, könnt ihr Heutiere basteln, Töpfern oder einfach einen Erlebnistag mit ihr zu veranstalten: toben auf dem Heuboden, Lagerfeuer, Zelten, Erkundungen am Bach, Fluss oder Wald. Immer ein besonderer Genuss ist das Pudding kochen aus frischer Milch. Oder wollt ihr lieber im laufenden Milchviehbetrieb helfen, Kühe von der Wiese holen und Kälber füttern? Bei der Ernte dürft ihr auf dem Trecker mitfahren. Einige Tiere warten auf zärtliche Streichelhände: Katzen, Kühe, Kälber und ein Minipferd.

Ferienhof Biesenbach, Weidener Straße 66, 51515 Kürten-Weiden. ✆ 02268/2882, Fax 3244. Handy 0172/8682362. www.ferienhof-biesenbach.de. info@ferienhof-biesenbach.de. **Anfahrt:** Bus 427 Kürten-Weiden. L195.

▶ Herrliche Reiterferien mit Kaltblütern und Shettys könnt ihr in Weiden verbringen. Wer über 10 Jahre alt ist, darf allein kommen, Jüngere lassen sich von einem Erwachsenen begleiten. Ihr könnt sogar euren Hund mitbringen, wenn er sich mit den Hofhunden verträgt. Auf dem Hof gehören die Pferdepflege, die Pflege des Sattelzeugs und anschließendes Säubern des Hofes zu den täglichen Pflichten.

Abkürzungen bei Unterkünften:

AFM – für Familienzuschüsse anerkannte Unterkünfte

bf – behindertenfreundlich, Näheres erfragen!

DZ – Doppelzimmer

EZ – Einzelzimmer

HP – Halbpension

JH – Jugendherberge

K – kleinkindgerecht

MBZ – Mehrbettzimmer

Ü – Übernachtung

ÜF – Ü mit Frühstück (jeweils pro Person)

VP – Vollpension

Die italienische Stadt Rodengo Saiano ist Partnerstadt von Kürten.

SERVICE & KARTEN

Reiterhof Fanny, Niederheiden 22, 53804 Much. ✆ 02245/ 2697, Fax 618691. www.fannyhof.de. info@fannyhof.de.

▶ Auf dem Fannyhof könnt ihr auch in der Gruppe Reiterferien verbringen, in den über 50 Betten ist Platz für Schulklassen, Kindergärten und Kindergruppen. Als Anfänger lernt ihr den Umgang mit dem Pferd, die Pflege, das Satteln und natürlich auch das Reiten. Zum Rahmenprogramm gehören Kutschfahrten, Grillen, Nachtwanderungen und Discoabende. Reiterferien für Mädchen 6 – 16 Jahre So – Fr mit Vollpension, Reiten und Rahmenprogramm kosten 220 €, Schulfahrten mit 2 Übernachtungen 75 €.

Much hat eine französische Partnergemeinde (Doullens) und eine deutsche (Groß Köris/Brandenburg).

Jugendherbergen

▶ In Jugendherbergen schläft man in 4- bis 6-Bettzimmern, isst in Speisesälen und spielt mit vielen anderen Kindern auf einem Bolzplatz oder einem großen Spielplatz. In jüngster Zeit sind viele JH renoviert und modernisiert worden. Fast alle bieten im Haus und dessen Umfeld gute Möglichkeiten zu Sport und Spiel. Viele organisieren Ausflugsprogramme mit dem Bus, dem Rad oder zu Fuß.

Um in Jugendherbergen übernachten zu können, braucht man einen gültigen Herbergsausweis, wofür ein Jahresbeitrag von 10,50 € (Personen bis 26 Jahre, Junioren genannt) oder 18 € (Familien und Personen ab 27 Jahre = Senioren) fällig ist. Entgegen dem Begriff »Jugend«herberge können in Deutschland mit Ausnahme von Bayern auch Senioren, also auch ältere Familienmitglieder (sogar Opa und Oma), in Jugendherbergen übernachten.

Informationen zu Jugendherbergen unter www.djh.de. Unter service-center@djh-rheinland könnt ihr das Heft »Ferien in den rheinischen Jugendherbergen« mit Pauschalangeboten für Gruppen, Schulklassen und Familien anfordern.

Achtung: Die meisten JH sind über Weihnachten geschlossen, wenn nicht anders angegeben 24. – 26.12.

Der Standard und die Anlage und Architektur der Herbergen ist sehr unterschiedlich. Manche sehen wie moderne Hotels aus, andere sind in gewaltigen mittelalterlichen Burgen untergebracht. Auch bei den Übernachtungspreisen bestehen deutliche Unterschiede. Nicht alle Jugendherbergen entsprechen dem Klischee von der Billigunterkunft, aber im Großen und Ganzen sind die Preise erträglich niedrig.

Jugendherberge Düsseldorf, Düsseldorfer Straße 1, 40545 Düsseldorf-Oberkassel. ✆ 0211/557310, Fax 572513. www.duesseldorf.jugendherberge.de. duesseldorf@jugendherberge.de. **Anfahrt:** Düsseldorf Hbf Bus 725, am Kirchplatz umsteigen in Bus 835, 836 Richtung Oberkassel, Haltestelle Jugendherberge.

▶ Die Jugendherberge Düsseldorf liegt linksrheinisch der Altstadt gegenüber in unmittelbarer Nähe zum Rhein. 89 Zimmer mit insgesamt 272 Betten, meist Vierbettzimmer, davon 75 mit Waschgelegenheit, 25 Leiterzimmer, 6 Familienzimmer, 7 Tagungsräume und ein Fernsehraum. ÜF inkl. Bettwäsche 20,90 €, Mittag- oder Abendessen 5 €. Für Familien und Kindergartengruppen gelten Sonderpreise.

Jugendherberge Neuss, Macherscheider Straße 109, 41468 Neuss-Uedesheim. ✆ 02131/718750, Fax 7187510. www.neuss.jugendherberge.de. neuss@jugendherberge.de. **Anfahrt:** Hbf Neuss Bus 851 Macherscheider Straße.

▶ Die JH liegt in den Rheinauen am südlichen Stadtrand von Neuss. 32 Zimmer mit 142 Betten (2 – 6 Betten), alle Zimmer mit Dusche, WC und als Familienzimmer geeignet. 4 Tagesräume, Bistro, Wickelraum mit Spielstation für Kleinkinder, Badewanne, Flaschenwärmer, Hochstühle, Bobbycars, Babysitter-Vermittlung, Kaminzimmer, Disco-/Clubraum, Grill, Tischtennis, Outdoor-Spielstation, Sitzecken im Garten und große Sonnenterrasse, Fahrradkeller, Spielzimmer und Spielwiese. Junioren/Familien zahlen 15,60 € für ÜF, 19,60 € für HP, 21,90 € für VP. Kinder bis einschließlich 2 Jahre frei, zwischen 3 und 5 Jahre 30 % Ermäßigung. Ermäßigung für Gruppen in der Nebensaison und Kindergartengruppen.

Jugendherberge Köln-Deutz, Siegesstraße 5, 50679 Köln-Deutz. ✆ 0221/814711, Fax 884425. www.koeln-deutz.jugendherberge.de. koeln-deutz@jugendherberge.de. **Anfahrt:** Ab Köln Hbf 15 Minuten laufen über Hohenzollernbrücke;

*In dieser Jugend-
herberge wohnen
sogar Hasen, die gestrei-
chelt werden dürfen.*

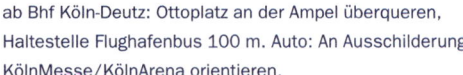 ab Bhf Köln-Deutz: Ottoplatz an der Ampel überqueren,
Haltestelle Flughafenbus 100 m. Auto: An Ausschilderung
KölnMesse/KölnArena orientieren.

▶ Stadt-Jugendherberge im Zentrum von Köln mit 506 Betten. 72 Vierbett-Zimmer, 69 DZ, 8 bf Fünfbett-zimmer, 6 Sechsbettzimmer, Speiseräume, alle Mahlzeiten als Büffet, 7 Räume 20 – 180 Plätze, Bis-tro-/Discoraum, 3 Gepäckräume, Waschmaschinen und Trockner, 40 Pkw-, 3 Busparkplätze, Gästetele-fon, Internet. ÜF inkl. Bettwäsche im Mehrbettzim-mer 23 €, Kinder 4 – 12 Jahre 13 €, bis 3 Jahre frei, weitere Mahlzeiten 5 €.

Die Jugendher-berge Köln-Deutz wurde vom ADFC als fahrradfreundliche Unterkunft zertifiziert. Das heißt: Eure Fahrrä-der werden sicher unter-gebracht, Trockenmög-lichkeit für nasse Klei-dung, Werkzeug für kleine Reparaturen, Radwanderkarten und Radlerfrühstück.

Jugendherberge Köln-Riehl, An der Schanz 14, 50735 Köln-Riehl. ✆ 0221/767081, Fax 761555. www.koeln-riehl.jugendherberge.de. koeln-riehl@jugendherberge.de.
Anfahrt: U17 – 19 Boltensternstraße.

▶ Die Jugendherberge Köln-Riehl liegt direkt am Rhein, nicht weit vom Zoo. In der behindertenfreund-lichen Jugendherberge stehen euch 114 Zimmer mit 369 Betten zur Verfügung. Alle Zimmer haben eigene Dusche/WC. Außerdem: Bistro mit Fernseher und Musikanlage, Disco/Partykeller, Tagungs- und Semi-narräume, Grillplatz, Fahrradkeller und Trockenraum für Fahrradkleidung. ÜF mit Bettwäsche 22,20 €, Mit-tag- oder Abendessen 5 €. Für Familien gelten Son-derpreise.

Waldjugendherberge Rosbach, Herbergsstraße 19, 51570 Windeck-Rosbach. ✆ 02292/5042, Fax 6569. www.wind-eck.jugendherberge.de. windeck@jugendherberge.de.
Anfahrt: B256 bis Waldbröl, weiter Richtung Windeck-Ros-bach. Im Ort links Hurster Straße. Rad: Siegtalradweg, dann steil den Berg hinauf.

▶ Die Waldjugendherberge liegt im Naturpark Bergi-sches Land. Rollstuhlgerechte Gemeinschafts- und Schlafräume sowie Sanitäranlagen, 42 Vierbettzim-mer mit 142 Betten, 13 Leiterzimmer mit eigener Du-sche und WC, 6 bf Schlafräume, Wickelraum, 5 Ta-

gesräume, Besprechungsraum, Werkraum, Disco-raum, Lehrerzimmer, Waschmaschine und Trockner. Außen Tischtennis, Boule, Fußball und Basketball möglich. ÜF 14,90 €, HP 19 €, VP 21,40 €, Sonderpreise für Gruppen und Familien in der Nebensaison.

Jugendherberge Bad Honnef, Selhofer Straße 106, 53604 Bad Honnef-Selhof. ✆ 02224/71300, Fax 79226. www.bad-honnef.jugendherberge.de. bad-honnef@jugend-herberge.de.

▶ Die Jugendherberge liegt am südlichen Ortsrand von Bad Honnef. 41 Zimmer mit 208 Betten, die 2- bis 11-Bettzimmer haben alle Dusche und WC. Außerdem: 2 behindertenfreundliche Mehrbettzimmer, 2 Tagesräume, 3 Besprechungsräume, Speisesaal und Bistro mit Biergarten, Mehrzweckraum/Disco, kleines Theater mit 60 Sitzplätzen, Amphitheater mit Open-Air-Bühne (200 Sitzplätze), Fahrradkeller. ÜF inkl. Bettwäsche 19,50 €, HP 22,50 €, VP 25 €. Für Familien gelten Sonderpreise.

Jugendherberge Bonn, Haager Weg 42, 53127 Bonn-Venusberg. ✆ 0228/289970, Fax 2899714. www.bonn.ju-gendherberge.de. bonn@jugendherberge.de. **Anfahrt:** Bus 621 Jugendgästehaus.

▶ Die Jugendherberge liegt auf dem Venusberg, am Rande des Naturparks Kottenforst. Im Gebäude findet ihr 81 Zimmer mit 249 Betten in Zwei- und Vierbettzimmern, 9 Leiterzimmer, 2 Zweibettzimmer für Schwerbehinderte mit E-Rollstuhl, Fernsehraum, Bistro, Kaminzimmer, Gartenterrasse, Grill, Tischtennisplatten, Fahrradkeller und Trockenraum für Fahrradkleidung. ÜF inkl. Bettwäsche 21,50 €, Mittags- oder Abendbuffet 5,10 €. Für Familien gelten Sonderpreise. Kinder bis einschließlich 2 Jahre schlafen und essen kostenfrei, Kinder zwischen 3 und 5 Jahre mit 50 % Ermäßigung und Kinder von 6 bis 12 Jahren mit 30 % Ermäßigung

Von dieser Jugendherberge starten auch geführte Waldexkursionen mit einer Försterin.

Vorbildlich: Dies ist die einzige Nichtraucherjugendherberge im Rheinland.

Achtung: Die Jugendherberge wird umgebaut und voraussichtlich zum 1. Mai 2005 wiedereröffnet.

Tipp: Neben Gruppenreiseangeboten bietet die Jugendherberge an ausgewählten Wochenenden die Familienfreizeit »Wheels & Feet« an, ein erlebnispädagogisches Programm für Rolli-Familien.

SERVICE & KARTEN

Naturfreundehäuser

▶ Äußerlich sehen sich Naturfreundehäuser und Jugendherbergen mitunter zum Verwechseln ähnlich, die Geschichte ist aber eine andere: So sind die Naturfreunde als Spross der Arbeiterbewegung seit ihrer Gründung um soziale Solidarität bemüht. Politische Diskussionen mit gesellschaftskritischer oder ökologischer Zielsetzung waren und sind selbstverständlich. In einigen Häusern wird noch die Selbstverwaltung, das heißt der ehrenamtliche Hüttendienst, praktiziert. Die meisten Häuser haben Lokale und Biergärten, in denen man preiswert essen und trinken kann.

Die Naturfreundehäuser befinden sich oft in landschaftlich sehr schöner Lage, weshalb sie manchmal weit vom nächsten Ort und den Haltestellen der öffentlichen Verkehrsmittel entfernt sind. Art und Zustand der Häuser ist sehr unterschiedlich – von hotelähnlich bis Wanderhütten-Stil, was sich in den Übernachtungspreisen niederschlägt.

Naturfreundehäuser stehen allen offen, also auch Nichtmitgliedern, allerdings zahlen Letztere ein wenig mehr. In diesem Buch sind nur die Preise für Nichtmitglieder festgehalten. Der Mitgliedsbeitrag liegt je nach Ortsgruppe bei etwa 40 € für einen Erwachsenen und dessen Kinder und etwa 65 € für ein Elternpaar mit Kindern.

@ Unter www.naturfreundehaeuser.de findet ihr alle Naturfreundehäuser Deutschlands.

Erfttalhaus, Coloniahalde 12, 50169 Kerpen-Brüggen. ✆ 0221/591970, Fax 591970. Handy 0171/9854457. www.jugendherberge-zeltplatz.de. erfttalhaus@netcologne.de.

Bis zum nächsten **Minigolfplatz** sind es nur 300 m.

▶ Dieses NFH liegt mitten im Wald und doch nicht weit von Ausflugszielen in Kerpen, Hürth und Köln entfernt. Es hat 32 Betten, 10 Caravan-Stellplätze und einen Zeltplatz. Im Haus sind 2 Aufenthaltsräume für 20 und 50 Personen, ein Saal und eine Selbstverpfleger-Küche vorhanden, draußen Grillplatz und Bolzplatz. Übernachtung mit Küchenbenutzung

13,50 €. Das Zelten kostet 6 €, Bettwäsche falls gewünscht 3 €. Ab 20 Personen ist ein Betreuer gratis, für Gruppen gibt es Sonderrabatte nach Absprache. Kaution für Endreinigung 30 €.

Villehaus, Adolf-Dasbach-Weg 5, 50354 Hürth-Alt-Hürth. ✆ 02233/42463, Fax 16351. www.villehaus.de. info@villehaus.de. **Anfahrt:** U18 Hürth-Hermülheim, dann Bus 979 Kendenich, Bus 713 Kendenicher Straße. A4 AS11 K-Klettenberg, links, dann ausgeschildert.

▶ Dieses NFH 7 km vor Köln hat 68 Betten in 4- bis 6-Bettzimmern. Das Haus ist voll bewirtschaftet, ihr könnt anstelle des Abendessens einen Grillabend auf dem Waldgrillplatz buchen. Auf dem Gelände liegt ein kleiner Spielplatz. Familien/Gruppen zahlen je nach Aufenthaltsdauer ab 13 € für ÜF, 17,80 € für HP und 21,30 € für VP. Ermäßigung für Kindergärten und Kinder unter 5 Jahren. Kinder bis 2 Jahre übernachten kostenlos.

Naturfreundehaus Am Block, Am Block 4, 42799 Leichlingen. ✆ 02175/2917, Fax 2917.

▶ Kleines Naturfreundehaus mit 40 Betten, 20 Caravan-Stellplätzen und großem Zeltplatz. Zwei Aufenthaltsräume für 40 und 60 Personen, Kinderspielplatz, Sportplatz, Grillhütte, Waldlehrpfad. Übernachtung 12 €, Frühstück 4,50 €.

Naturfreundehaus Neuenkamp, Neuenkamp 10, 42799 Leichlingen. ✆ 02175/5612, Fax 5612. www.naturfreundehaus-neuenkamp.de. info@naturfreundehaus-neuenkamp.de. **Anfahrt:** Ab Bhf LEV-Oplanden: Bus 239/240 Hüscheid, von dort etwa 1,2 km. Ab Bhf Leichlingen: Bus 253 Balken, 1 km bis zum Haus. B232, am Ortsrand von Pattscheid ausgeschildert.

▶ Gemütliche Gruppenunterkunft für Selbstverpfleger mit Zwei-, Vier- und Sechsbettzimmern, insgesamt 34 Betten. Ein Aufenthaltsraum für 50 Personen, von dem ein kleiner Raum mit 12 Plätzen abge-

 Das Villehaus ist ein guter Startpunkt für eine Wanderung (45 Min.) durch das Landschaftsschutzgebiet Hürther Berg. Einfach vom Parkplatz aus dem Adolf-Dasbach-Weg am Villehaus vorbei bis zur Schönen Aussicht folgen, wo ihr bei klarem Wetter nicht nur ganz Köln, sondern sogar das Siebengebirge sehen könnt. Dann den Berg hinab zu dem kleinen Weiher und am Spielplatz vorbei zurück. Dort kann man sich kaum verlaufen.

trennt werden kann. Tischtennisplatte, Spielhof, Grillplatz und Freizeitraum. Übernachtung 13 € für Erwachsene, 10 € für Kinds 4 – 17 Jahre, Ermäßigung für Gruppen und längere Aufenthalte.

Naturfreundehaus Köln-Kalk, Kapellenstraße 9a, 51103 Köln-Kalk. ✆ 0221/8701058, Fax 9875397. Handy 0171/5438694. www.naturfreundehaus-koeln.de. NFH.Schulz@t-online.de. **Anfahrt:** Straßenbahn 1, 9 Kalk-Kapelle.

▶ Kleines Naturfreundehaus mit 15 Betten in 1-, 3- und 4-Bettzimmern sowie weiteren 9 Plätzen im Lager. Die Zimmer sind teilweise mit Waschbecken ausgestattet, außerdem je 2 Wasch- und Duschräume.

Naturfreundehaus Hardt, Hardt 44, 51429 Bergisch Gladbach-Herkenrath. ✆ 02204/867558, Fax 867563. Handy 0173/2558022. www.haus-hardt.de. info@haus-hardt.de.

Schlafsäcke müsst ihr selbst mitbringen.

▶ Tief im Wald liegt das Haus Hardt. Es hat 26 Betten in Zimmern mit 2, 3, 4 und 5 Betten; pro Nacht 10 €, Frühstück 5 €. In dem großen Speisesaal finden bis zu 80 Gäste Platz. Es gibt zwei Grillplätze, einen großen Spielplatz und einen Bolzplatz.

Jugendfreizeit- und Gästehäuser, Heuhotels

▶ Jugendfreizeit- und Gästehäuser ähneln in ihrer Einrichtung den JH und NFH. Oft ist ihr Standard aber niedriger oder anders, besonders bei Heuhotels. Sie sind für große Kinder- und Jugendgruppen gedacht. Entsprechend ihrer bescheidenen Ausstattung sind auch die Tarife angenehm niedrig.

Knechtstedener Heuhotel, Missionshaus Knechtsteden, 41540 Dormagen. ✆ 02133/869120, Fax 869121. http://spiritaner.de/knechtsteden/heuhotel.html. libermannhaus@spiritaner.de.

Das Kloster liegt in einem kleinen Wäldchen, in dem sich herrlich Mini-Wanderungen und Geländespiele durchführen lassen.

▶ Wollt ihr einmal im Kloster schlafen? In Ordnung, auf nach Knechtsteden! Bis zu 40 Personen können im Mai – Sept im herrlich frisch riechenden Heu schlafen. ÜF für Menschen unter 14 Jahre 9, darüber 12 €. Und wer nicht nur im Heu toben will, hat hierzu auch auf dem Spielplatz im schwarzen Garten des Klosters Gelegenheit.

Heuhotel Hof Fröhling, Rauner Hohn 20, 51570 Windeck-Hurst. ℰ 02292/7327, Fax 680067. Handy 0160/7272859. www.hof-froehling.de. hof-froehling@t-online.de. **Anfahrt:** In Hurst der Reiterstraße folgen.

▶ Bis zu 25 Personen können hier in feinstem Wiesenheu vom Biolandhof schlafen. Selbst im Winter stehen 15 Schlafplätze zur Verfügung, denn das Heu ist in einem schnieken Gebäude mit Fußbodenheizung (!) aufgeschüttet. Es gibt einen Spielplatz, ein Saunahaus und einen Grill auf dem Gelände. Die Übernachtung kostet für Gruppen ab 8 Personen mit Frühstück 15 € pro Person. Es sind auch Grillabende, Planwagenfahrten und Ponyreiten möglich.

Tipp: Hier gibt es auch Ferienwohnungen, in einer davon sind Haustiere erlaubt.

Jugendzeltplätze

▶ Jugendzeltplätze sind zweifellos die einfachste, wildeste und auch preiswerteste Variante des Campens. In der Regel existieren auf diesen Plätzen nur ganz einfache Waschgelegenheiten und Toiletten, keine Lokale und nur in Ausnahmefällen Aufenthaltsräume. Dafür gibt es viel Gelände, sodass die Kinder und Jugendlichen sich so richtig austoben können. Oft haben diese Plätze eine Stelle für zünftige Lagerfeuer und liegen in schöner Landschaft am Bach, Fluss, See oder Waldrand.

 Wer Schlafsack oder Decke mitbringt, spart die 3,50 € für ein Bett-Set, die sonst noch zum Übernachtungspreis hinzukommen.

Smokey's Digger Camp, Schmidt Löffelhardt GmbH & Co. KG, Berggeiststraße 31 – 41, 50321 Brühl. ℰ 02232/369494, Fax 369601. www.phantasialand.de. camp@phantasialand.de. **Anfahrt:** Phantasialandbus.

▶ Von April – Okt könnt ihr *im* Phantasialand zelten. Zehn Tipis für 7 oder 12 Personen laden Wochenend-Indianer in das Dorf am »Smokey Mountain« ein. Die Übernachtung kostet 12,50 €, ab 10 Personen 10 €.

Hunger & Durst

Frühstück 8 – 9.30 Uhr für 3,50 €, Abendessen wird nicht angeboten, allerdings kann ein Grill gegen Gebühr zur Selbstverpflegung genutzt werden. Bratwürste und marinierte Holzfällersteaks könnt ihr vor Ort kaufen.

Alle Zelte sind beheizt und mit Feldbetten ausgestattet. Elektrisches Licht und Spannbetttuch sind im Preis enthalten. Das Verwaltungsgebäude im Camp beherbergt den Frühstücks- und Waschraum mit WC und Duschen sowie eine Terrasse mit Grillplatz.

Pfadfinderzentrum Hürth, Luxemburger Straße 519, 50354 Hürth-Kendenich. Handy 0179/7891469 (Peter Gammersbach). www.pfadfinderzentrum-huerth.de. webmaster@pfadfinderzentrum-huerth.de. **Anfahrt:** U18 Hürth-Hermülheim, dann Bus 979 Kendenich. A4 AS11 K-Klettenberg, links die Luxemburger Straße hoch.

▶ Im alten Tierpark Scalare wohnen jetzt die Hürther Pfadfinder und laden euch ein, hier eure Zelte aufzubauen. Der Zeltplatz reicht für etwa 50 Personen. Für Betreuer, Warmduscher und Familien gibt es 8 Betten. Auf dem Gelände findet ihr ein Gebäude mit Küche, Dusche/WC und Kaminraum sowie Grillplatz, Lagerfeuer, Bolzplatz, Klettermöglichkeit und eigenen Wald. Für die Übernachtung zahlt ihr 4 € (Sommer) bzw. 6 € (Winter) im Haus und 2 bzw 3 € im Zelt. Ermäßigte Preise bei längerem Aufenthalt.

Jugendökologiezeltplatz, Herbergsstraße 19, 51570 Windeck-Rosbach. ✆ 02292/5042, Fax 6569. www.djh.de/jugendherbergen/windeck. jh-windeck@djh-rheinland.de. an der Waldjugendherberge. **Anfahrt:** B256 bis Rosbach, dort Richtung Hurst. Rad: Siegtalradweg, dann steil den Berg hinauf Richtung Hurst/Waldkrankenhaus.

▶ Der Jugendökologiezeltplatz ist für Kinder- und Jugendgruppen bis zu 80 Personen eingerichtet. Es sind zwei getrennte Sanitärtrakte jeweils mit Toiletten, Waschgelegenheiten und Duschen vorhanden. Außerdem: Küche mit Elektrokocher, Elektroherd und Kühlschränken, kleiner Aufenthaltsraum, Feuerstelle, Bolzplatz, Bowlingbahn und Grillfeuerstelle. Die Übernachtung kostet 3 € pro Person, hinzu kommen Endreinigung 57 €, Küchenbenutzung, Wasser, Strom, Müllentsorgung und Feuerholz.

🍎 Zwischen 8 und 13 Uhr finden in Hürth folgende **Wochenmärkte** statt: Di Efferen, Mi Alt-Hürth und Gleuel, Do Berrenrath und Hermülheim, Fr Efferen, Sa Gleuel und Alt-Hürth.

Tipp: Auf Wunsch werdet ihr auch bekocht: Frühstück 4,30 €, andere Mahlzeiten 4,50 €.

pmv PETER MEYER VERLAG

Vor die Haustür, fertig — los!

Mit den Ausflugsführern aus dem pmv
kommen kleine Leute ganz groß raus!

Zum Beispiel in der **Eifel**:
Über 700 kindgerechte Tipps zu Badespaß drinnen und draußen, Tierparks und Walderkundungen, Radtouren und Reitanlagen, Abenteuer-, Waldspiel- und Grillplätzen, Museen und Schlössern, Kino, Theater und Festen. Spannung und Abwechslung rund ums Jahr. Für Kids von 3 – 13. Preiswerte Ausflugslokale und familienfreundliche Unterkünfte garantieren gute Laune auch bei den Großen.
pmv Freizeitführer gibt es in jeder Buchhandlung oder unter www.PeterMeyerVerlag.de

EIFEL
MIT KINDERN
700 Ausflüge, Aktivitäten und Adressen für Ferien und Freizeit
von Ingrid Retterath

Der clevere Freizeitspaß im Baukastensystem.
320 Seiten, 12,95 €
ISBN 3-89859-408-4

RHEINLAND-PFALZ
MIT KINDERN
Natur und Abenteuer für die ganze Familie
herausgegeben von Ministerpräsident Kurt Beck, recherchiert von Eberhard Schmitt-Burk.

Alles, was Kindern in der Natur Freude macht: im und am Wasser, im Wald, in Höhlen und in luftiger Höhe.
320 Seiten. 12,95 €
ISBN 3-89859-401-7

WESTERWALD
MIT KINDERN
700 Ausflüge, Aktivi- täten und Adressen für Ferien und Freizeit
… zwischen Rhein, Lahn, Dill & Sieg.
Von Eberhard Schmitt- Burk genauestens erkundet, getestet und erforscht.

320 Seiten,
Serviceteil, 12,95 €
ISBN 3-89859-405-X

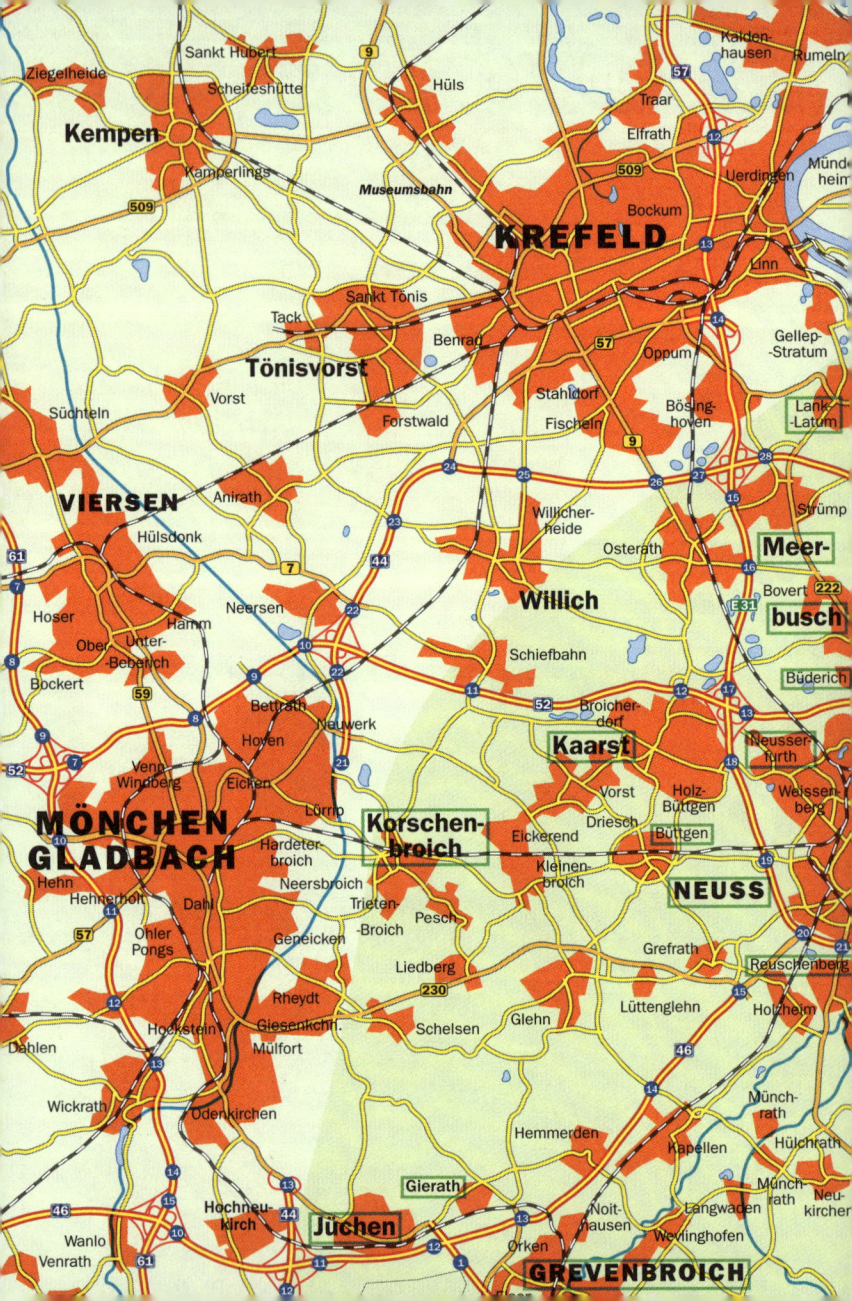

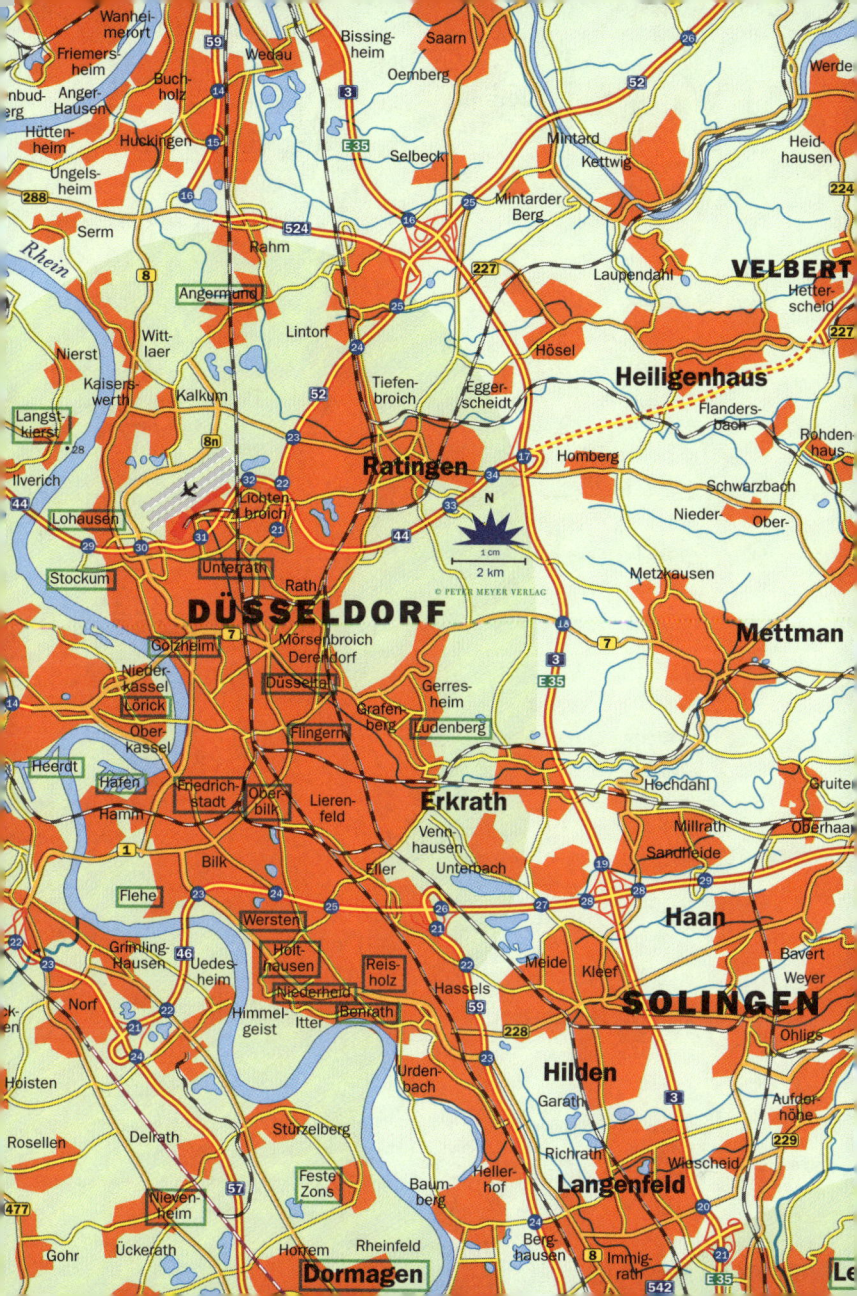

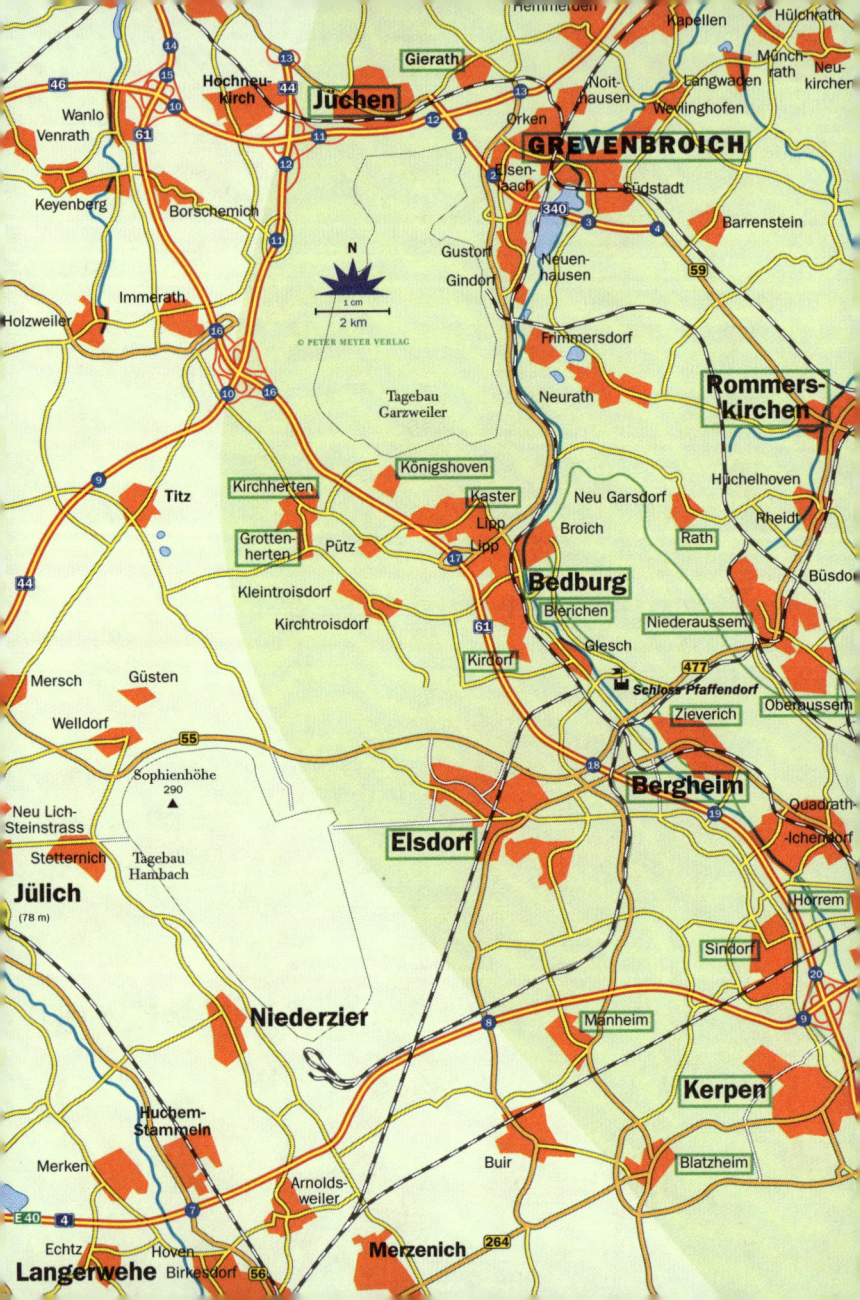

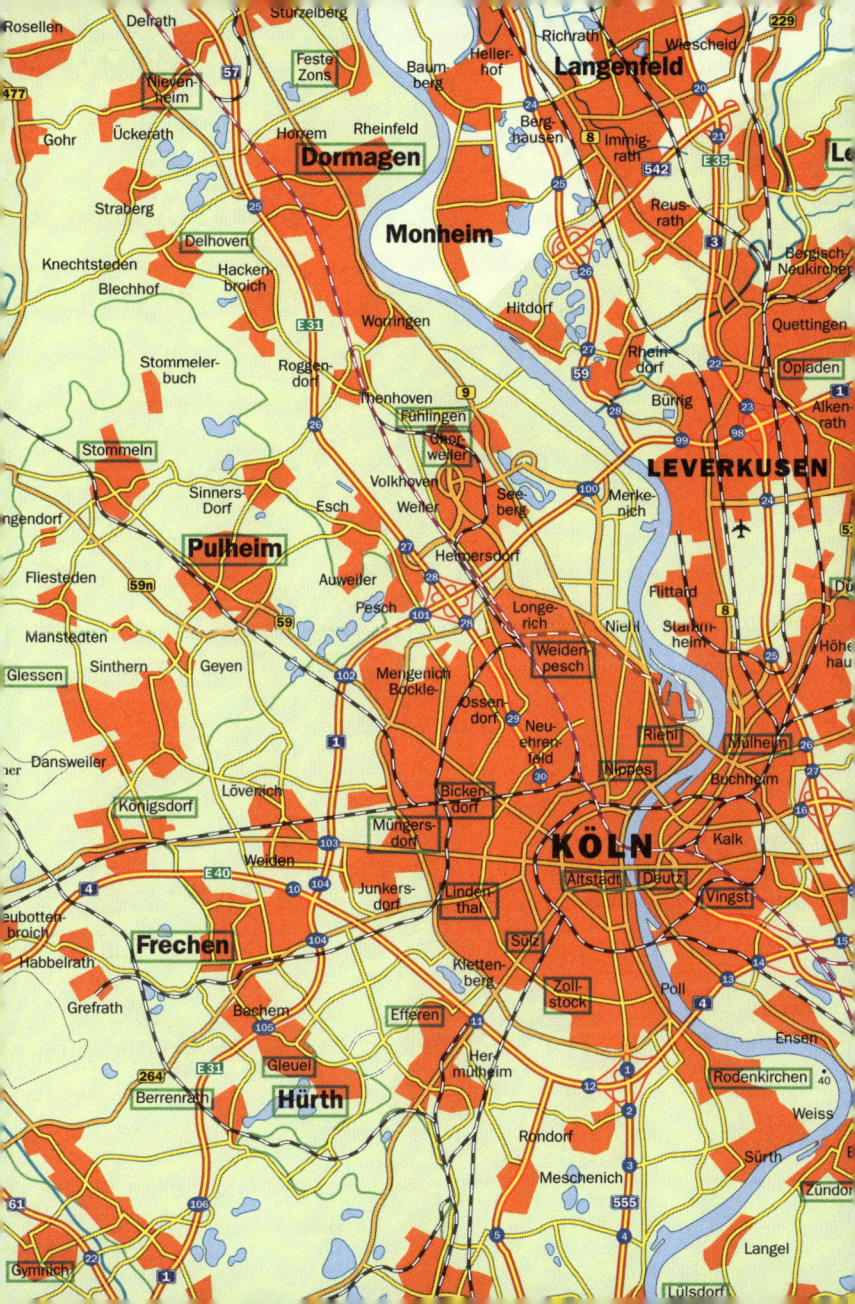

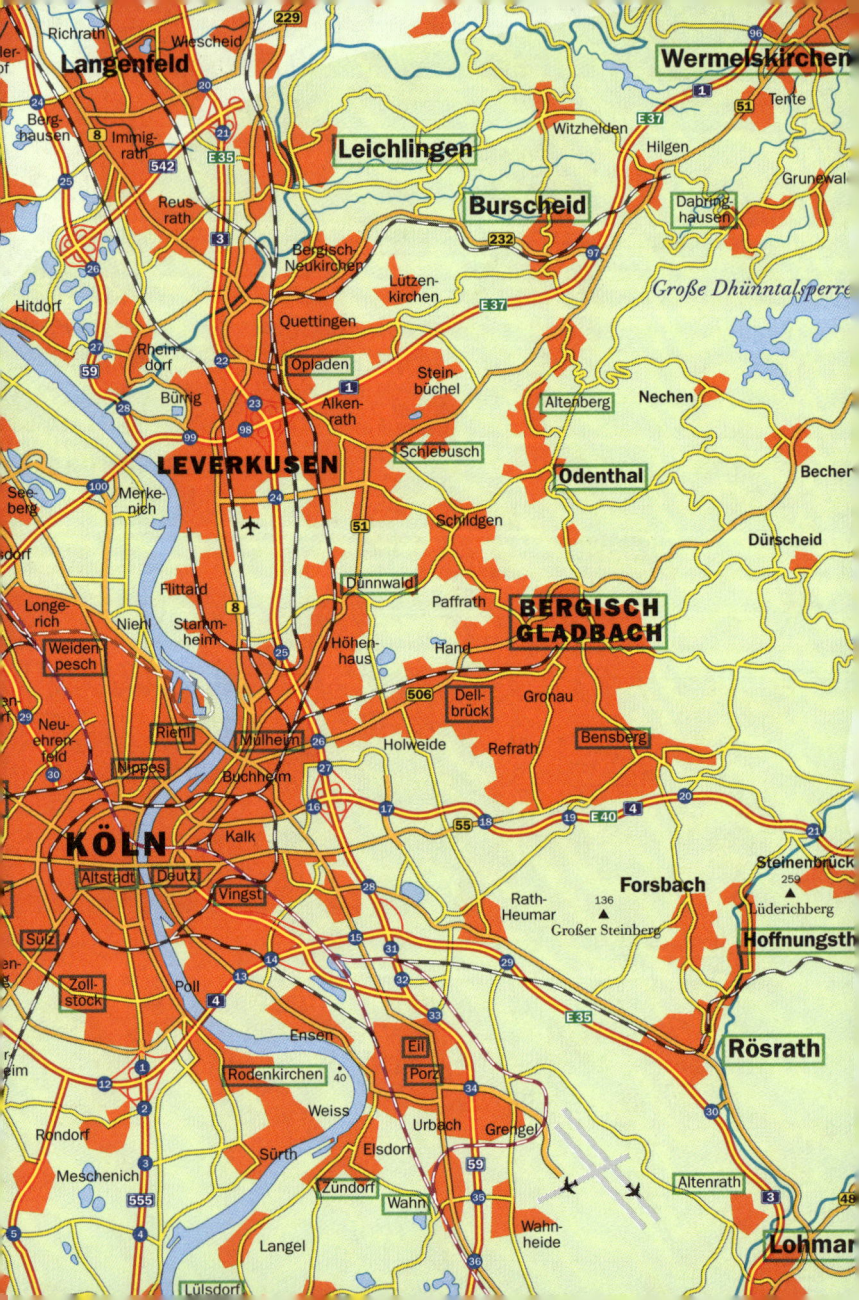

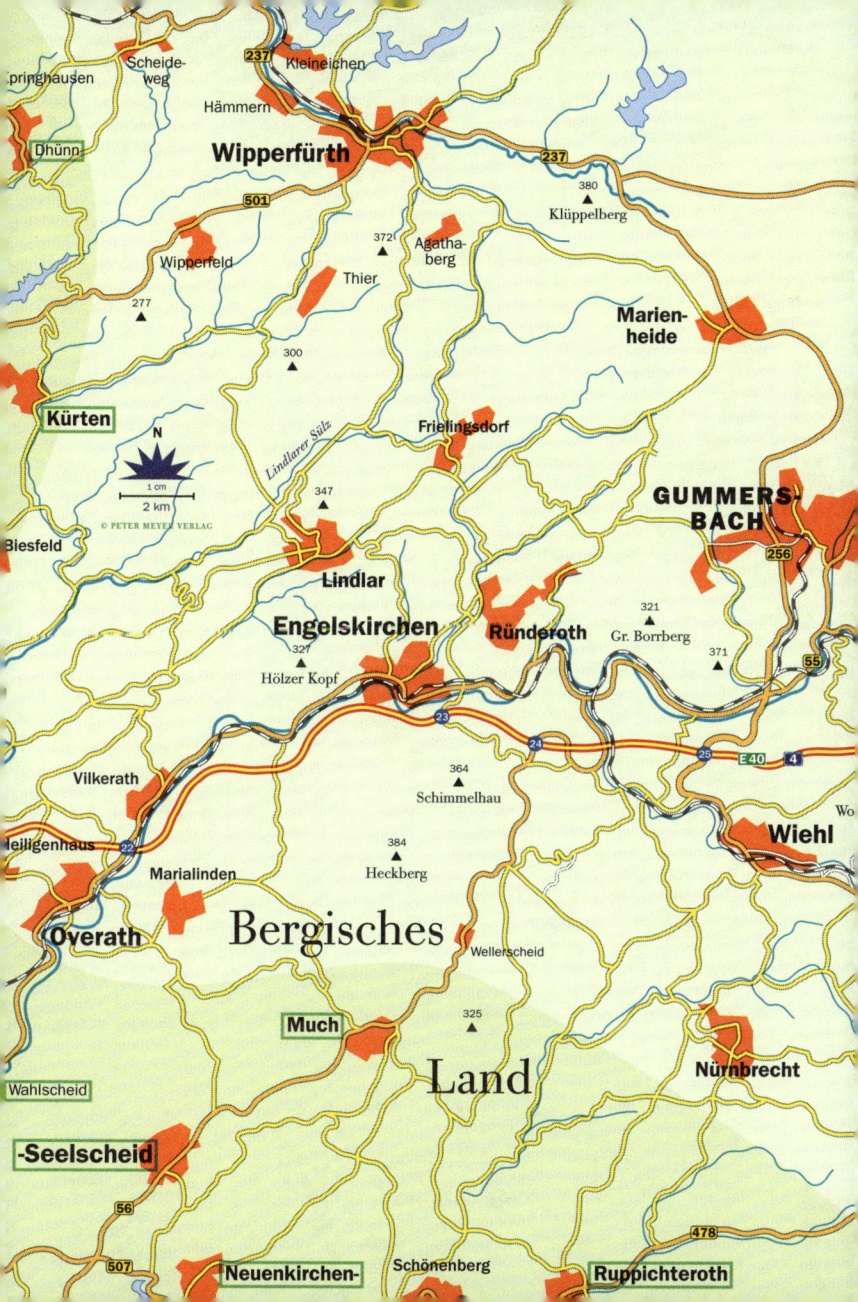

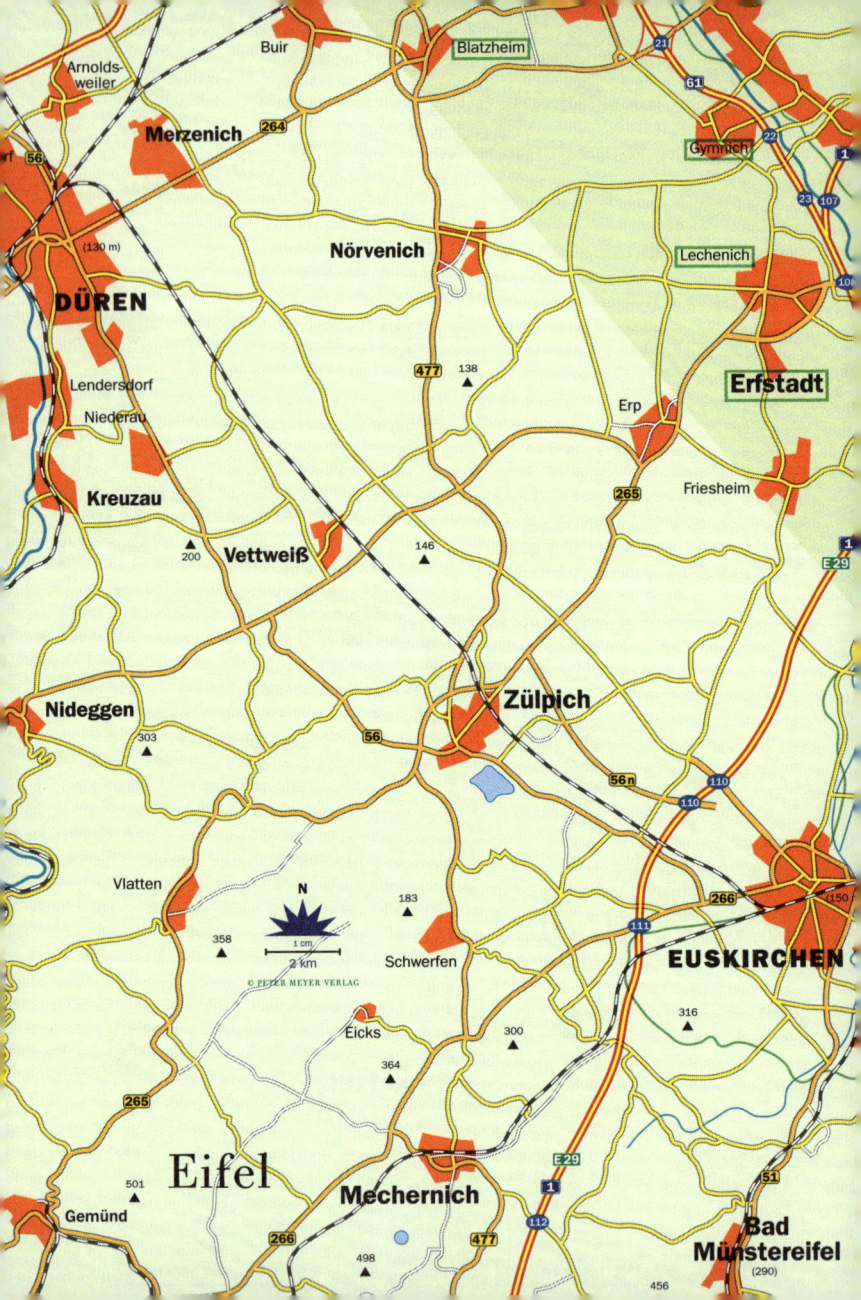

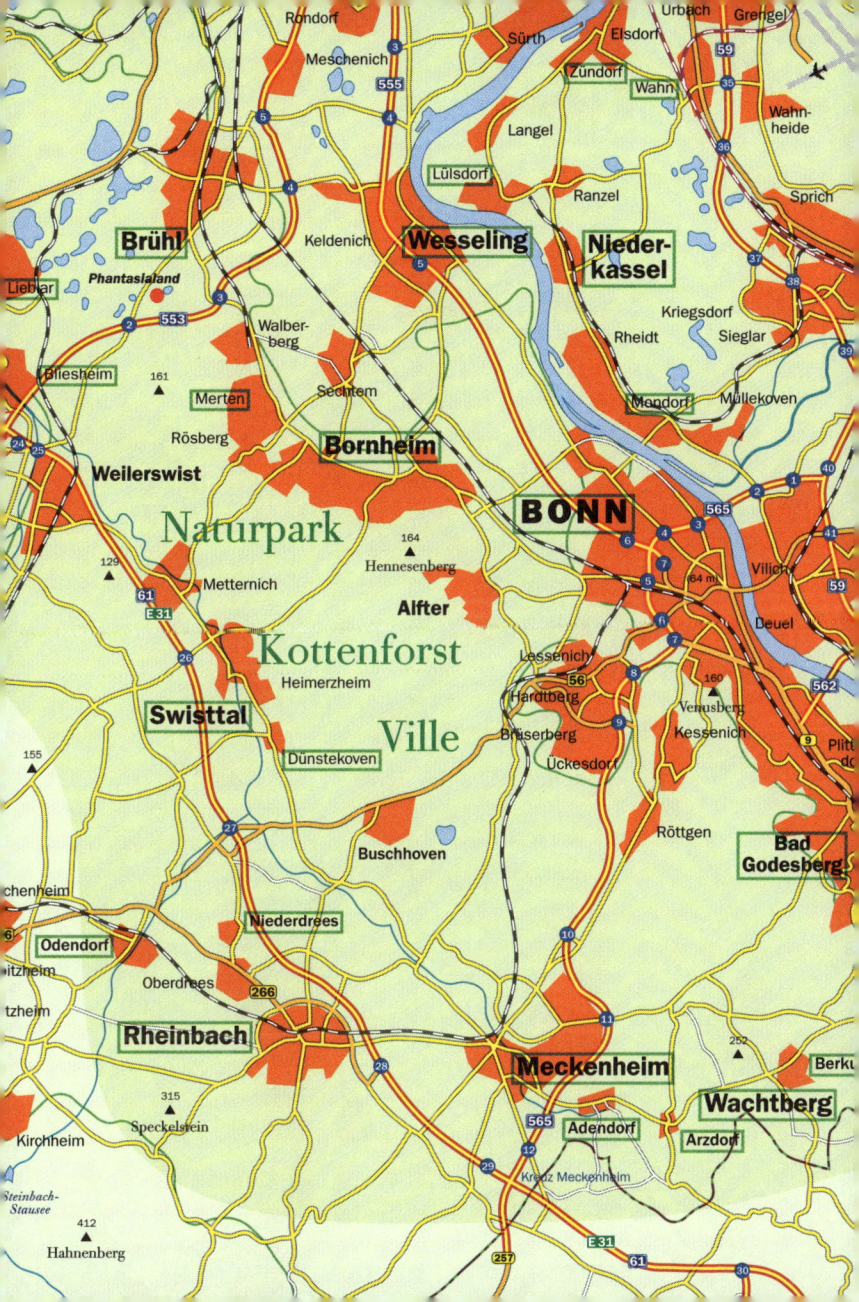

IMPRESSUM

Unsere Inhalte werden ständig gepflegt, aktualisiert und erweitert. Für die Richtigkeit der Angaben kann der Verlag jedoch keine Haftung übernehmen. | © 1. Auflage 2005 | Peter Meyer Verlag, Schopenhauerstraße 11, 60316 Frankfurt am Main | www.PeterMeyerVerlag.de, info@PeterMeyerVerlag.de
Umschlag- und Reihenkonzept, insbesondere die Kombination von Griffmarken und Schlagwort-System auf dem Umschlag, sowie Text, Gliederung und Layout, Karten, Tabellen und Illustrationen sind urheberrechtlich geschützt. | **Druck & Bindung:** Kösel, Krugzell; www.KoeselBuch.de |
Umschlaggestaltung: Agentur 42, Mainz, www.agentur42.de | **Fotos:** Wenn nicht angeben, Dirk Winter |
Zeichnungen: Silke Schmidt | **Karten:** Peter Meyer Verlag | **Lektorat & Layout:** Annette Sievers |
Bezug: über Prolit, Fernwald-Annerod, oder über den Verlag, vertrieb@PeterMeyerVerlag.de
ISBN 3-89859-409-2